Student Guidance and Counseling

학생 생활지도와 상담

강진령 저

학지사

머리말

PREFACE

인간은 호모 비아토르Homo Viator! '길 위의 존재' '길 가는 존재'다. 프랑스 철학자 가브리엘 마르셀(Gabriel Honore Marcel, 1889~1973)의 말이다. 우리는 각자 삶의 의미를 찾아 길 떠나는 여행자다. 출생에서 죽음, 현재에서 미래로 길 가는 존재다. 길 가는 과정에 있는 아동기와 청소년기는 새로운 도전과 방황이 점철되는 시기다. 도전은 자기 대면과 성찰을 선물한다. 방황한다고 길을 잃은 것은 아니다. 삶의 여정에서 우회로와 막다른 길을 만나는 시행착오가 없다면, 성장과 성숙이라는 선물은 없을 것이다. 생활지도와 상담은 어린 호모 비아토르, 아동과 청소년의 삶의 여정을 안내하는 활동이다.

이 책은 교사 및/또는 예비교사들이 어린 호모 비아토르, 즉 유치원 아동에서부터 고등학교 청소년들을 성장과 성숙의 길로 잘 안내할 수 있도록 돕기 위한 마음으로 그려진 지도map다. 이 지도는 총 3부, 13장으로 구성되어 있다. 1부는 '생활지도의 이해'에 관한 것으로, 생활지도의 기초(1장)와 학생 이해를 위한 상담이론(2장)으로 나뉘어 있다. 1장에는 생활지도의 정의 · 발달사 · 목표 · 주체에 관한 내용이, 2장에는 교사 또는 예비교사들이 학생을 이해하는 데 도움을 줄 정신분석, 행동치료/인지행동치료, 인간중심치료, 해결중심단기치료가 소개되어 있다.

2부는 '생활지도의 영역'에 관한 것으로, 학생면담(3장), 학급회의(4장), 학업문제와 지도(5장), 진로지도(6장), 심리검사의 이해와 활용(7장)이 포함되어 있다. 좀 더 구체적으로 말하면, 3장은 학생면담의 원리 · 과정 · 기술 · 전략, 4장은 학급회의의 기능 · 이점 · 운영지침 · 진행지침, 5장은 학업문제의 이해, 학업에의 영향 요인, 학업지도, 학업중단, 6장은 진로지도의 기초 개념 · 목표를 비롯하여 진로지도 이론(파슨스의 특성요인이론, 홀랜드의 진로선택이론, 수퍼의 생애진로발달이론), 학교급별 진로지도, 진로지도 방법, 그리고 7장에는 심리검사의 이해를 비롯하여 지능 · 적성 · 성취 · 흥미 · 성격검사가 수록되어 있다.

3부는 '생활지도의 쟁점'에 관한 내용으로, 위기학생(8장), 학교폭력(9장), 자살 · 자해(10장), 특수아(11장), 다문화가정 학생(12장), 그리고 학부모 면담(13장)을 돕는 내용이 실려 있다. 더 구체적으로 살펴보면, 8장은 위기의 정의 · 유형, 위기반응 단계, 위기개입의 목표 · 단계, 9장은 학교폭력의 정의 · 특징 · 주체 · 원인 · 감지와 조치, 예방 및 대처, 학교폭력 사건의 처리 절차, 학교폭력 가해 · 피해 학생 지도, 그리고 10장에는 청소년 자살의 특징, 자살의 영향 요인, 자살행동의 사정, 자살예방 방안, 자살의 개입 전략이 수록되어 있다.

또 11장은 특수아의 정의, 특수아 지도 방안, 지적장애, 주의력결핍 과잉행동장애(ADHD), 자폐스펙트럼장애(ASD), 12장은 다문화사회의 이해, 다문화교육의 이해, 다문화가정 학생 지도, 그리고 13장에는 학부모 면담의 정의 · 절차 · 전략, 교사를 힘들게 하는 학부모의 태도에 관한 내용이 수록되어 있다. 추가로, 각 장의 끝부분에는 '복습문제'와 '소집단 활동'을 첨부했다. 복습문제는 문제를 직접 풀어 봄으로써, 각 장의 내용에 대한 독자들의 학습효과를 높이고자 하는 생각의 결과였으며, 소집단 활동을 통해서는 각 장의 내용에 대한 학습자의 이해와 통찰을 돕고자 하였다.

끝으로, 이 책이 세상에 모습을 드러내기까지 진솔한 지지와 격려로 도와주신 학지사 김진환 사장님, 한승희 부장님, 김정현 차장님, 유은정 선생님을 비롯한 모든 분께 감사의 인사를 드린다. 모쪼록 이 책이 학교 안팎에서 어린 학생들의 학업과 지도를 위해 애쓰는 선생님들과 예비 선생님들께 도움이 되어, 대한민국의 생활지도와 상담 역사의 모퉁이를 돌아 새로운 시대에 걸맞은 풍광을 펼칠 수 있기를 소망한다.

2022년 7월

저자

차례

CONTENTS

PART 02 생활지도의 영역

Chapter 05 학업문제와 지도 _ 111

Chapter 06 진로지도 _ 137

Chapter 07 심리검사의 이해와 활용 _ 163

PART 03 생활지도의 쟁점

Chapter 12 다문화가정 학생 _ 287

Chapter 13 학부모 면담 _ 307

PART 1

생활지도의 이해

Chapter 01

생활지도의 기초

개요

- ▢ 생활지도의 정의
- ▢ 생활지도 발달사
- ▢ 생활지도의 목표
- ▢ 생활지도의 주체
- ■ 복습문제
- ■ 소집단 활동

학습목표

1. 생활지도 및 학교상담과 관련된 기본 개념의 정의를 이해 · 설명할 수 있다.
2. 생활지도에서 학교상담 시대로의 발달과정을 이해 · 설명할 수 있다.
3. 생활지도와 학교상담의 목적 · 목표를 이해하여 학생지도에 적용할 수 있다.
4. 생활지도와 학교상담의 주체를 이해 · 설명할 수 있다.

학교는 아동 · 청소년 교육을 체계적으로 계획 · 조직 · 실행하는 공적 기관이다. 학교에서 교육의 주축은 교사다. 교사들에게 요구되는 사회적 책무성은 다음 두 가지 질문을 통해 확인할 수 있다. 하나는 '사회에서 교사가 필요한 이유는 무엇인가?'이고, 다른 하나는 '교사는 사회에서 요구하는 임무를 효과적으로 수행하고 있는가?'다. 교사에게 주어진 사회적 책무성 완수를 위해 교사는 교과지도 외에도 학생들에 대한 생활지도 역량을 갖춰야 한다.

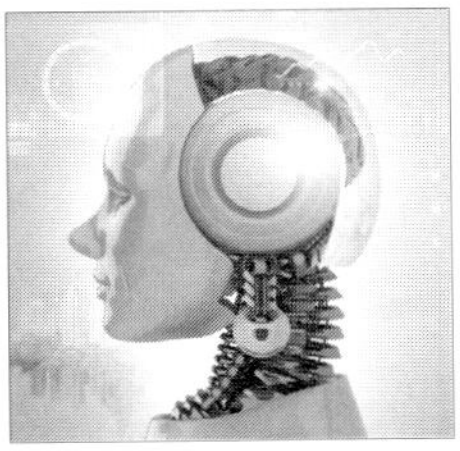

역사적으로, 학교교육과 생활지도는 정치, 경제, 사회, 문화 등 다양한 영역에서의 변화에 영향을 받아 왔다. 최근 제4차 산업혁명, 인구구조 변화, 전염병(COVID-19) 등으로 사회변화가 가속화되면서 학교는 새로운 도전에 직면하고 있다. 학습자 중심의 맞춤형 지도, 학생 배려 · 공감 기반의 교육 강조, 교원 간 협력을 통한 공동체적 대응, 학부모 소통 역점, 다양한 분야에 대한 융 · 복합 역량을 강조하는 시대가 교육 소비자들의 곁에 도래했다. 이러한 변화는 기존의 학교 패러다임을 새 시대에 교육 소비자 중심의 패러다임으로 대체해야 한다는 사회와 교육계의 요구에 따른 것이다.

학교는 구성원들의 참여 · 상호존중 · 협력하는 민주주의 교육의 산실이다. 민주적인 학교는 구성원 모두가 공동체의 일원으로 의사결정에 참여할 수 있는 민주적인 구조와 과정을 갖추고 있다(Apple & Beane, 2007). 학교는 학생들에게 민주적인 경험을 제공할 수 있는 교육과정 개발과 실천은 물론, 이들을 위한 생활지도 프로그램에도 끊임없는 변화를 추구해야 할 것이다.

교사는 교과교육과 생활지도의 주체로, 학생 개개인과 직접적인 상호작용을 통해 영향을 주고받는 존재다. 이런 점에서 학생 개개인의 성장과 발달을 위해 학교교육과 생활지도에서 교사의 역할은 참으로 막중하다. 이에 이 장에서는 ① 생활지도의 정의, ② 생활지도 발달사, ③ 생활지도의 목표, ④ 생활지도의 주체에 관해 살펴보기로 한다.

생활지도의 정의

> 청소년기는 정체성을 찾기 위해 여행을 떠나는 시기다. 이는 '나는 누구인가?' '나는 어디서 와서 어디로 가는가?' '나는 타인과 어떻게 다른가?'라는 실존적 질문에 대한 답을 찾아가는 여정이다. 모방/동일시와 남과 다른 내가 되어야겠다는 의식이 공존하는 것도 바로 이 시기다. 이에 '나를 찾아 떠난 여정'에서 감정이라는 파도에 쉽게 흔들리기도 한다. 그동안 마음속에 있었던 삶의 태도, 옳고 그름에 대한 판단기준은 대부분 부모로부터 물려받은 것이다. 하지만 10대가 되면, 나만의 것을 만들어야겠다는 마음이 강해지면서 갈등이 생기기 시작한다. 이 작업은 종종 부모나 교사가 제시해 온 기준을 전면 부정하는 것에서 시작해야 하기 때문이다.

생활지도란 무엇인가? 또 학교상담은 무엇인가? 여기서는 생활지도를 비롯하여 이와 관련된 개념의 정의를 살펴보기로 한다.

생활지도

생활지도guidance는 학생 개개인('객체')이 학교, 가정, 지역사회에서의 적응과 성장에 필요한 자기이해self-understanding, 자기결정self-determination, 자기지도self-guidance 능력 배양을 돕기 위해 교사('주체')가 수행하는 일련의 활동이다. 이 활동은 학생의 학업 · 진로 · 개인 · 사회성 발달뿐 아니라, 포괄적 성장과 발달을 돕는 데 역점을 둔다. 학교는 아동 · 청소년의 학업을 위한 공교육 기관이다. 이러한 점에서 생활지도는 일차적으로 학생들의 학업을 돕는 활동에 중점을 둔다. 단, 교과교육이 인지적 측면을 강조한다면, 생활지도는 정의적 측면을 강조한다.

생활지도는 학교교육의 목적 달성을 위한 방법의 하나다. 이는 학교에서 교사에 의해 수행되고, 학생들을 대상으로 한다. 생활지도는 교사에게 주어지는 중요한 책무다. 그러나 교사들은 때로 학생지도에 어려움을 호소한다. 전국의 초 · 중 · 고등학교 교사 1,269명이 참여한 조사에서 35.5%가 생활지도를 가장 고통스러운 일이라고 답했다(박숙영, 2014).

미국의 경우, 종전에 'guidance', 즉 생활지도로 불렸던 활동은 이젠 전문적 학교상담자professional school counselor에 의해 수행되는 학교상담school counselor으로 통합되었다. 반면, 우리나라는 교사 중심의 생활지도, 진로진학상담교사 중심의 진로지도, 그리고 전문상담교사 또는 전문상담사 중심의 상담으로 분화되어 있다. 이는 학교상담과 생활지도에 대한 전문가들의 합의가 이루어지지 않았기 때문이다. 그러므로 이 땅에도 우리의 교육·사회·문화적 특수성을 고려한 독자적인 학교상담 모형 개발이 요구된다. 그러면 종래의 생활지도 모형에서 학교상담 모형으로 학생 서비스 패러다임을 바꾼 미국의 사례를 살펴보기로 한다.

학교상담

학교상담school counseling은 전문적 학교상담자가 개인 또는 집단 형태로 학생들의 학업, 진로, 개인·사회성 발달을 돕는 활동이다(강진령, 2015). 이 활동은 단순히 학교에서 진행되는 상담을 일컫는 말이 아니다. 1997년 미국학교상담자협회American School Counselor Association(ASCA)는 종래의 여러 모형을 통합한 **학교상담 국가표준모형**을 발표했다. 이 모형은 학교상담에 관한 개념적 틀로, 학교상담을 통해 제공되어야 할 서비스를 포괄적으로 설명하는 이론적 체계다. 이 체계는 종전의 의료모형 중심의 서비스에서 탈피하여 모든 학생에게 제공되어야 할 서비스를 포괄적으로 아우르는 종합적 발달모형으로 거듭난 것이다. 이 모형에서는 학교상담 영역을 ① 학업발달academic development, ② 진로발달career development, ③ 개인·사회성 발달personal and social development로 구분하는 한편, 영역별로 학생들이 갖춰야 할 지식·기술·태도를 명시했다. 개인발달과 사회성 발달 영역은 상관관계가 높다는 점에서 이 두 영역을 하나로 통합했다. 영역별 활동 내용은 표 1-1과 같다.

표 1-1. ASCA 학교상담 모형의 영역별 내용

발달 영역	내용	
1. 학업	❍ 공부·학습 기술 증진 ❍ 비판적 사고 기술 습득	❍ 학업상의 강점과 약점 이해 ❍ 학생의 학습패턴 이해 및 확인

2. 진로	❍ 학생의 특성, 흥미, 가치관, 적성, 기능 이해 ❍ 직업세계의 다양성을 인식 · 존중하는 태도 형성 ❍ 학교생활과 진로선택의 관계 이해 ❍ 일에 대한 긍정적 태도 함양
3. 개인 · 사회성	❍ 자기이해와 자기수용 능력 배양 ❍ 의사결정 기술 개발 ❍ 개인적 책임감 형성 ❍ 타인이해와 존중태도 형성 ❍ 대인관계와 의사소통 기술 배양

표 1-1에 제시된 학업, 진로, 개인 · 사회성 발달 영역은 서로 연결되어 있어서 학생상담 시 이 영역 간의 관련성을 고려해야 한다. 예를 들어, 학업부진(학업)으로 친구들에게 무시 또는 따돌림당하는(사회성) 학생은 자신감을 잃고 무력감이 들어(개인) 장차 자신이 어떤 일에 흥미와 적성이 있는지 탐색하는 일(진로)조차 무의미하다고 생각할 수 있다. 이에 학교상담 모형에서는 학교상담자가 학생들의 학업, 진로, 개인 · 사회성 발달을 종합적으로 촉진하는 역할을 담당할 것을 제안한다. 이 모형은 또한 개인상담 또는 소집단상담 같은 심리치료 형태보다는 학급단위 생활교육 · 상담 프로그램의 적용을 적극 권장하고 있다.

일찍이 위트머(Wittmer, 2000)는 학교상담자가 개인상담에 근무시간의 1/3 이상을 할애하고 있다면, 이는 학교상담실 운영에 실패한 것임을 강조했다. 모든 학생의 성장 · 발달을 촉진하려면, 상담교사는 학생들의 생활교육과 상담활동의 리더가 되어 객관적인 성과를 산출할 체계적인 프로그램을 기획 · 실행해야 한다는 것이다. 이 모델의 강조점을 우리나라 학교 현장에 적용한다면, 진로진학상담교사는 진로와 직업 교과를 중심으로, 창의적 체험활동의 일환으로 학생들의 진로발달을 촉진하는 프로그램을 기획 · 실행해야 할 것이다. 교사들 역시 학생들의 문제행동에 초점을 맞추기보다 교과교육과 연계하여 생활교육 프로그램을 적극 실행해야 할 것이다.

학교상담 모형의 **수행체제 영역**으로는 종래의 학교상담자가 일대일로 학생들을 상담하는 방식을 지양하는 대신 네 영역, 즉 ① 생활지도 교육과정guidance curriculum(GC), ② 반응적 서비스responsive service(RS), ③ 개별학생계획individualized student planning(ISP), ④ 체제지원system support(SS)에서의 포괄적인 상담 서비스를 제공하는 방식을 지향하고 있다. 학교상담의 주요 영역에 관한 설명은 표 1-2와 같다.

표 1-2. 학교상담 모형의 수행체제 영역

영역	내용
1. 생활지도 교육과정(GC)	❍ 학생의 성장 · 발달 촉진을 위해 학년별 발달수준에 따른 일련의 교육 내용 ❍ 예방 차원에서 학급단위 생활교육을 교실수업 형태로 실시함
2. 반응적 서비스(RS)	❍ 부적응 학생에게 개인 또는 소집단 상담을 통한 개입(예 정서문제를 겪는 학생에 대한 개인상담, 전입생 대상 소집단상담을 통한 학교생활 적응 조력)
3. 개별학생계획(ISP)	❍ 학생이 자신의 능력을 극대화하기 위한 개별화된 계획 수립을 도움(예 학생의 흥미와 적성을 고려하여 최적의 과목 선택을 도움)
4. 체제지원(SS)	❍ 세 영역(GC, ISP, RS)에서의 활동 지원을 위한 제반 활동 ❍ 다양한 행정적 지원 서비스(예 교사 대상 생활지도 연수, 생활교육 자료 개발, 예산지원, 공문처리, 학교상담 관련 시설 확충 등)

학교상담 모형의 수행에서 생활지도 교육과정(GC), 반응적 서비스(RS), 개별학생계획(ISP), 체제지원(SS)에 관한 시간비율은 학교급에 따라 차등 배분되어야 한다 (Gysbers & Henderson, 2012). 학교급에 따른 학교상담자의 시간배분에 관한 내용은 그림 1-1과 같다.

▢ 초등학교	GC 35～45%	RS 30～40%	ISP 5～10%	SS 10～15%
▢ 중학교	GC 25～30%	RS 30～40%	ISP 15～25%	SS 10～15%
▢ 고등학교	GC 15～25%	RS 25～35%	ISP 25～35%	SS 15～20%

[그림 1-1] 학교급에 따른 학교상담자의 시간배분 비교

주. GC=생활지도 교육과정, RS=반응적 서비스, ISP=개별학생계획, SS=체제지원

예컨대, 초등학교의 경우, 생활지도 교육과정(GC)에 가장 많은 시간을 할애하여 예

방에 초점을 둔다면, 고등학교에서는 개별학생계획(ISP)에 중점을 두어 학생 개개인의 적성에 맞는 진로선택에 중점을 둔다. 반면, 반응적 서비스(RS)의 비율은 학교급에 따라 뚜렷한 차이는 없지만, 생활지도 교육과정의 경우, 학교급이 올라갈수록 점차 줄어든다. 이는 어린 학생들에게 예방적 성격이 강한 생활교육을 집중적으로 실시하여 이들의 성장 · 발달을 돕는 한편, 이 시기에 흔히 발생하는 발달문제를 예방하는 효과를 얻기 위한 목적이 있다.

학교상담자

학교상담자school counselor란 행동과학에 기반을 두고, 학교 현장에 적합한 임상기술 훈련을 통해 독특하고 구분이 될 만큼 준비된 상담전문가를 말한다(우리나라의 경우, '전문상담교사'). 이들은 학생 개개인의 성장 · 발달을 돕고, 학생의 권리가 학교 프로그램 구조 내에서 적절히 보호받을 수 있도록 자신의 특화된 기술을 사용한다. 학교상담자는 글상자 1-1에 제시된 내용처럼 자신의 고유 업무 수행 시, 전문가로서 학생의 권리를 존중해야 한다(ASCA, 2010).

글상자 1-1. 학교상담자의 전문적 책임과 관련된 윤리적 서약

1. 각 개인은 독특한 인간으로서 존중과 존엄에 대한 권리와 사람, 성격, 신념, 혹은 실천에 관한 선입관 없이 상담 서비스를 받을 권리가 있다.
2. 각 개인은 자기지도와 자기발달에 대한 권리가 있다.
3. 각 개인은 의사결정에 대한 선택과 책임이 있다.
4. 각 개인은 사생활에 대한 권리와 상담자-내담자 관계가 비밀유지에 관한 모든 법률, 정책, 그리고 윤리기준에 따르도록 기대할 권리가 있다.

학교상담자는 학생들을 돕기 위해 네 가지 개입 방법, 즉 ① 상담(개인과 집단), ② 자문, ③ 조정, ④ 교실생활교육을 통해 학생들에게 도움을 제공하는 특수전문가specialist다. 학교상담자의 핵심 업무는 학생발달(학업, 진로, 개인 · 사회성)과 종합적 학교상담 프로그램을 기획 · 실행 · 평가하는 것이다. 이러한 역할은 흔히 4C's, 즉 ① Counseling/상담, ② Consultation/자문, ③ Coordination/조정, ④ Classroom Guidance/교실생활교육으로 나타낸다(ASCA, 2010).

첫째, 학교상담에서 **상담**counseling은 학교상담자가 개별 또는 소집단 형태로 학생들

의 문제 또는 발달상의 관심사를 해결 · 대처하도록 돕기 위한 활동으로, 비밀유지가 요구되는 관계 또는 과정이다. 학교에서 상담은 일반적으로 ① 학업, ② 진로, ③ 예방 · 발달 영역으로 구분된다. 영역별 활동 내용은 표 1-3과 같다.

표 1-3. 학교상담에서 상담활동의 세 영역

상담 영역	활동 내용
1. 학업	❍ 학생들의 학습 동기를 증진하는 활동을 전개함
2. 진로	❍ 직업의식을 고양하고, 직업 홍미와 적성 탐색의 기회를 제공함
3. 예방 · 발달	❍ 사회기술(의사소통 기술, 대처 전략, 문제해결 방법, 관계 기술 등)의 교육 · 상담을 통해 기술 부족으로 인한 문제 발생을 방지함

둘째, **자문**consultation은 학교상담자가 학부모, 교사, 학교경영자, 학교심리학자, 사회복지사, 방문교사, 의료전문가와 지역사회 건강 관련 기관 인사들과의 협력을 통해 학생들의 성공적인 학교생활을 돕는 활동이다. 자문은 학교상담자가 학생들에게 서비스를 직접 제공하지 않고 다른 전문가를 통해 제공한다는 특징이 있다.

셋째, **조정**coordiation은 학교상담자가 학교상담 프로그램과 관련된 활동을 조직 · 관리 · 평가하는 리더십 과정이다. 학교상담자는 학부모를 도와 의뢰, 추수지도, 그리고 학교와 지역사회 기관 사이에서 연락자 역할을 통해 학생들에게 필요한 서비스가 원활하게 제공될 수 있도록 돕는다. 조정은 교내와 교외 활동으로 나뉘는데, 교내조정은 교내에서 진행되는 학생발달을 위한 행사를 위해 교육 주체들 간의 협력을 유도하는 것이다. 반면, 교외조정은 학생을 학교 밖 전문기관(예 Wee 센터, 청소년상담복지센터, 사설 상담기관, 병원)에 의뢰하는 경우, 학부모, 교사, 외부 전문가 사이에서 소통을 촉진하는 일이다. 학교폭력 예방을 위해 관련된 동영상 시청은 방송부 지도교사, 글짓기 대회는 국어교사, 사생대회는 미술교사, 학교폭력 안전지킴이 발대식은 전문상담교사와 협력하는 것이 그 예다.

끝으로, **교실생활교육**classroom guidance은 발달단계 또는 학년별 발달과업에 초점을 둔 예방적 · 선제적 성격의 수업이다('대집단 생활교육large group guidance'으로도 불림). 이는 발달적 생활교육 프로그램 활동으로, 학생들의 학업, 진로, 개인 · 사회성 발달을 위한 것이다. 교실생활교육은 주로 학급단위로 진행되나, 때로 학년 전체를 대상으로 실시

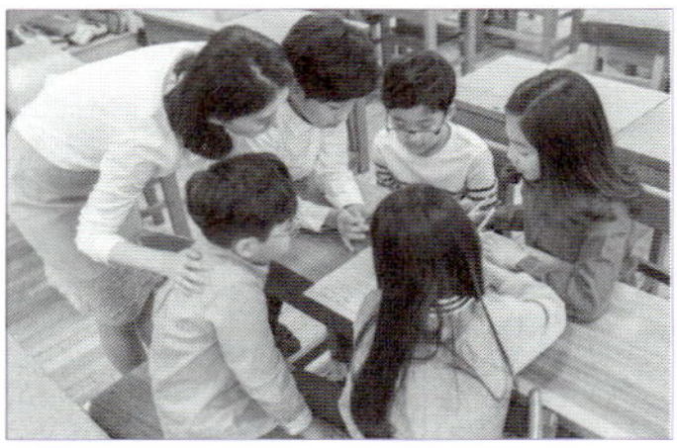

된다. 이 수업에 앞서 학교상담자는 학생, 교사, 학부모를 대상으로 한 요구조사를 통해 학생들에게 가장 필요한 주제를 선정한다. 생활교육의 진행에는 담임교사의 협조가 필수적이다. 수업은 담임교사 및/또는 교과교사와 팀티칭 형식으로 진행하거나, 방과 후 또는 창의적 재량활동 시간을 활용할 수 있다. 이처럼 미국의 학교상담에서 교실생활교육이 강화되고 있다면, 우리나라에서는 회복적 생활교육 활동이 점차 확대되고 있다.

전인교육과 회복적 생활교육

단원 김홍도의 풍속도 〈서당〉

우리나라 생활지도는 전통적으로 전인교육을 지향해 왔다. **전인교육**whole person education은 학생들의 지·덕·체·미를 조화롭게 발달시켜, 균형 잡힌 인격체로의 성장을 추구하는 교육이다. 전인교육은 교육의 궁극적인 지향점으로, 지식과 기능에 편중되지 않고 학생의 모든 자질의 조화로운 발달을 지향한다. 전인교육의 영역으로는 지적 능력 개발, 인성 계발, 신체건강 증진, 감수성·심미적 능력 발달 등이 있다. 그러나 종전의 생활지도는 훈육, 훈계, 처벌, 교외지도 같은 활동에 치우치는 경향이 있었다. 그 결과, 생활지도는 학생들의 문제행동을 지도·교정하는 활동으로 인식되는 결과를 낳았다. 이에 이러한 편견을 바로잡기 위해 일부에서는 '생활교육' 또는 '회복적 생활교육'으로 대체하려는 움직임이 생겨났다.

회복적 생활교육restorative guidance(RG)은 법조계에서 창안된 **회복적 정의**restorative justice를 교육에 적용하면서 관심을 집중한 활동이다. 이 활동은 학교 구성원 간의 관계에 초점을 두고, 갈등 또는 문제에 소통과 대화를 중심으로 접근할 것을 강조한다. 회복적 생활교육의 목적은 학생들의 올바른 행동을 촉진하고, 행동에 책임질 수 있도록 돕는 것이다. 이를 위해 회복적 생활교육에서는 처벌보다는 공감, 성찰, 소통, 책임, 배려, 수용에 중점을 둔다. 즉, 종전의 행동주의적 접근보다는 인본·실존주의적 관점을 지향한다. 회복적 생활교육의 핵심 목표는 글상자 1-2와 같다(Amstutz & Mullet, 2015).

글상자 1-2. 회복적 생활교육의 핵심 목표

1. 피해 사실을 즉시 이해하고 피해자 · 가해자 모두의 공감 돕기
2. 피해자 · 가해자 모두의 요구를 경청하고 그에 답하기
3. 문제해결 과정의 협력적 계획 · 진행을 통해 얻은 성찰로 책임감 · 의무감 배양하기
4. 가해자(필요한 경우, 피해자 포함)를 공동체에 가치 있는 구성원으로 다시 받아 주기
5. 상호돌봄 · 배려 분위기를 조성하여 건강한 공동체 구축하기
6. 발생한 피해해결 방향으로 시스템 정비하기

글상자 1-2에 제시된 것처럼, 회복적 생활교육의 목표는 구성원 전원이 능동적으로 각자의 책임과 역할을 다하고, 다른 구성원들과 건강한 관계 형성 과정을 경험하게 하는 것이다. 이는 궁극적으로 자신 · 타인 · 세상에 대한 긍정적 태도 형성, 상호존중 및 협력적 대인관계 구축 같은 목표를 성취하게 한다.

생활지도 발달사

역사적으로, 학생들을 위한 조직적 · 체계적인 생활지도는 누가, 언제, 어디서, 어떻게 시작했고, 어떤 과정을 거쳐 발달했을까?

생활지도의 효시

아동 · 청소년들을 위한 조직적이고 체계적인 생활지도 활동은 미국의 파슨스(Frank W. Parsons, 1854~1908)가 주도한 **직업지도 운동**에서 시작되었다. 19세기 산업혁명이 불러온 직업의 분화는 당시 농경사회였던 미국의 청소년들에게 적잖은 혼란을 안겨 주었다. 이에 1907년 파슨스는 청소년들을 대상으로 직업지도 활동을 전개했다. 그의 노력은 1908년 보스턴시에 직업국 설치로 이어졌다. 파슨스(Parsons, 1909)는 자신의 경험을 토대로 『직업선택(*Choosing a Vocation*)』을 출판했는데, 이 책은 최초의 생활지도 교재로 인정받고 있다. 이 책에는 세 영역(① 개인 조사, ② 산업체 조사, ③ 조직/일)으로 구분하여 직업지도에 활용할 수 있는 기법이 소개되어 있다.

그 후, 파슨스의 직업지도 운동은 미국 대학에 직업지도 강좌를 개설하는 계기가 되었고, 직업교육과 교원연수 지원을 위한 법안 제정에 기여했다. 파슨스는 이러한

업적을 인정받아 '**생활지도의 아버지**'로 불린다. 청소년의 직업선택에 초점을 맞췄던 초기의 직업지도 활동은 직업의 분화와 조력 활동 범위의 확대로, 점차 학교생활 관련 영역(① 학생이해 활동, ② 상담 활동, ③ 정치 · 배치[실습] 활동, ④ 정보 활동, ⑤ 추수지도 활동)으로 확대되었다. 또한 학생의 관심사를 논의할 개인상담의 필요성도 강조되면서 직업지도vocational guidance에서 '직업'이라는 말은 점차 사라지고, 안내와 교육의 의미를 지닌 'guidance', 즉 다면화된 생활지도 운동으로 이어졌다.

우리나라 생활지도의 발달

학생들을 위한 조직적 · 체계적인 생활지도가 국내에 소개된 것은 일제 강점기를 막 벗어난 시기였다. 이 시기에 한국 교육은 일제의 식민지 교육을 청산하는 한편, 서구 민주주의 사상과 과학적 사고방식에 입각한 한국적 교육의 정체성을 세우고자 새교육 운동을 전개하고 있었다. 이러한 분위기에 편승하여 아동 중심의 교육사상은 학교 현장에 자연스럽게 유입되었다. 이런 움직임은 당시 신문에서도『조선교육』제1집에 실린 글을 인용하여 글상자 1-3과 같이 언급하고 있다.

글상자 1-3.『조선교육』제1집에 실린 아동 중심 교육사상에 관한 글

> 교사 중심의 교수법에서 아동 중심의 지도법으로, 주입식 교육에서 자발적 교육으로, 일반적 교육에서 개성 · 적응 교육으로, 교과서 지상에서 경험 중심으로, 기억 본위의 지도에서 생활 본위의 지도로 전향시키려면, 사회생활과의 착실한 실천에 기대하는 바가 대단히 클 것입니다. (조선일보, 1946. 11. 8.)

존 듀이(John Dewey, 1859~1952)

새교육 운동은 아동의 복지, 인간성 존중, 그리고 청소년의 개인 · 정서 · 사회적 적응을 중시하는 개혁의 움직임이었다. 이 시기에 로저스의 비지시적 상담이 존 듀이의 진보주의 교육사상과 함께 이 땅에 소개되었다. 이들의 접근법은 엄격한 훈육에 익숙했던 당시 교사들에게 신선한 충격이었다. 특히, 로저스의 비지시적 상담은 새시대에 걸맞은 민주적인 학교교육을 실현하려는 교육자들에게 이상적인 학생지도 모형으로 인식되었다. 이러한

시대적 분위기는 교도교사제도 시행으로 이어졌다.

교도교사제도 시행. **교도교사제도**는 1957년 서울특별시 교육위원회 교육정책 요강 제6항("중학교, 고등학교에 카운슬러 제도를 둔다.")에 의거하여 1958년 생활지도 전담교사를 양성·배치하기 위한 연수를 통해 시행된 자격제도였다. 안타깝게도, 이 제도는 교도교사의 전문성 논란, 연수 교육과정 미비, 강사의 전문역량 부족, 행정적 지원 미흡 등으로 중단되었다. 비록 지속되지는 않았지만, 교도교사제도는 생활지도를 전담할 수 있는 인적자원 개발을 위한 최초의 시도였다는 점에서 의의가 있다. 이러한 시도는 다양한 상담이론을 기반으로 효과적인 생활지도 모형 탐색과 심리검사에 대한 관심으로 확대되었다. 이후, 급변하는 시대의 흐름에 따라 효과적인 생활지도와 상담에 대한 요구는 21세기에 들어서면서 전문상담교사제도로 결실을 맺었다.

전문상담교사제도 시행. **전문상담교사제도**는 1998년 전문상담교사 양성제도에 관한 시행령이 통과되면서 설치 허가를 받은 전국의 교육대학원에서 1999년 3월부터 1년 과정으로 학교상담 전문인력을 양성하기 위해 시행된 제도다. 2004년 「초·중등교육법 개정안」에서 전문상담교사는 1급과 2급으로 구분되었고, 전문상담교사 배치 등에 관한 조문이 신설되었다. 동년 9월에 개정된 「초·중등교육법 시행령」 제40조 2항에 전문상담순회교사의 배치기준이 신설되었다. 이를 근거로 2005년 처음으로 기존의 교사 중 전문상담교사를 희망하는 교사들을 선발했다. 이로써 총 308명이 전문상담순회교사라는 직함으로 지역교육청에 배치되어, 지정된 학교를 방문하여 순회상담을 실시했다. 그 후, 2007년부터 선발된 전문상담교사들은 학교 장면에서 학생상담과 생활지도 활동을 시작했다.

2007년 학교상담망 구축을 위한 일환으로, 일부 학교에서 교내 대안교실('친한 친구 교실')이 시범 운영되었다. 이 사업의 성과를 토대로, 2008년에는 전국의 31개 지역교육청과 504개 학교에서 **Wee 사업**(We + Emotion + Education의 약자)이 시작되었다. 이 사업은 지역교육청에 48개의 **Wee 센터**(지역교육청 상담센터), 1,000개 이상의 학교에 **Wee 클래스**(학교상담실)가 설치되었다. 이어 2009년에는 Wee 센터에서 해결할 수 없거나 장기적인 치유가 필요한 학생을 위한 **Wee 스쿨**(지역공립형 대안학교)이 설립되었다. 한편, 전문상담교사의 임용 비율에 비해 Wee 센터, Wee 클래스, Wee 스쿨에 필요한 인력이 크게 부족하게 되자, 전문상담사가 고용되어 지역교육청의 Wee 센터와 학교의 Wee 클래스에서 전문상담교사를 대신하여 활동하게 되었다.

2009년 개정 교육과정에 따라 진로 관련 과목 개설 및 대학입학사정관제 운영에 관한 논의가 이루어졌다. 이듬해인 2010년에는 새로운 입시정책인 입학사정관제가 조기에 정착하기 위해서는 중등학교 단계에서부터 다양한 입시전형에 따른 체계적인 진로지도가 필요하다는 인식이 싹트게 되었다. 이에 2010년 교육개혁점검회의에서는 초 · 중등 진로교육을 활성화하기 방안 마련을 위해 진로진학상담교사 확충을 통한 입학사정관제 정착 지원에 관한 방안이 논의되었다. 이를 기반으로 2011년 학교에서의 진로 · 진학 상담을 전담할 진로진학상담교사제도가 법제화되었다. 이를 근거로 기존의 교사 중 희망자들을 대상으로 부전공 자격연수를 통해 진로진학상담교사가 양성 · 배치되었다.

진로진학상담교사제도 시행. **진로진학상담교사**란 법령의 절차에 따라 「교원자격검정령 시행규칙」 제2조 제2항의 '진로진학상담' 과목으로 자격을 취득하고, 시도 교육감의 발령을 받은 자를 말한다. 진로진학상담교사가 되려면 교육부의 기본계획에 따라 각 시도에서 실시하는 진로진학상담교사 부전공 자격연수를 이수해야 한다. 부전공 자격연수는 중등 1급 정교사 자격증을 소지하고, 연수 실시연도 1월 1일 기준 만 55세 미만의 교사여야 한다. 부전공 자격연수 대상자 선발 기준은 진로진학지도 경력, 관련 분야 교육 이수, 전문성, 연구 성과 등을 고려하여 시도 교육감이 정하되, 교과교사 중 전문상담교사 자격증 소지자를 우선 선발하게 되어 있다.

「교원자격검정령 시행규칙」에 의하면, 진로진학상담교사의 학교 배치는 고등학교, 중학교 순서로 하고, 이들이 배치되는 학교에는 진로진학상담부를 설치해야 하며, 진로진학상담부장은 진로교사로 보하여야 한다. 또한 전문상담교사(전문상담인턴교사, 전문상담사 포함)는 진로진학상담부에 배정하여 학교의 진로진학 · 교육 총괄 및 프로그램 기획 · 운영, '진로와 직업' 교과수업을 담당하도록 되어 있다. 단, '진로와 직업' 교과를 개설하지 않는 학교는 창의적 체험활동 중 진로활동을 주당 10시간 이내로 지도해야 하고, 진로진학 관련 학생상담을 주당 평균 8시간 이상 실시해야 한다.

생활지도의 목표

교육은 개인의 요구와 필요에서 출발하여 학생의 능력을 발견하고 노력과 시간, 훈계와 감화, 지도와 조언을 통해, 개인적으로는 자기실현, 국가와 사회적으로는 민주사회의 자유시민의 완성으로 인도하는 의도적인 작업이다. 그러나 가르치고 배우는 교과 지도만으로는 교육 목적의 달성은 쉽지 않다. 이에 교과지도 외에 학생 개개인의 ① 자기이해, ② 잠재능력 개발, ③ 사고와 행동 변화, ④ 문제해결 능력 개발, ⑤ 의사결정 능력 신장, ⑥ 대인관계 능력 배양을 목표로 하는 생활지도가 절실히 요구된다.

자기이해

소크라테스
(Socrates, BC 470~399)

생활지도의 첫 번째 목표는 학생 개개인의 자기이해를 돕는 것이다. 삶은 개인마다 진정한 자기를 찾아 떠나는 여정이다. 세상에서 자신과 가장 가까운 곳에 있으면서도 미지의 존재는 바로 자기 자신이다. 아무리 어려운 상황에 놓여 있어도 한 사람만 설득하면 극복할 수 있는데, 그 사람은 바로 자기 자신이다. 고대 그리스의 철학자 소크라테스는 제자들에게 "너 자신을 알라(gnōthi seauton)."고 말했다. 인간중심치료의 창시자 칼 로저스는 사람들이 '나는 무엇인가?(What am I?)'라는 질문에 명쾌한 답변을 하지 못하기 때문에 문제를 겪게 된다고 믿었다. 학생 스스로 세상의 중심에 홀로 서려면, 자기self 안에서 모든 것을 구해야 한다. 자기와 현실의 알아차림은 새로운 선택을 가능하게 한다.

사람은 누구나 외모가 다르듯이 태도, 성격, 능력, 적성, 흥미, 가치관 등이 다르다. 학생 개개인은 과거에도 없었고 미래에도 없을 독특하고 장엄한 존재다. 그러므로 학생 개개인이 자신을 소중한 인격체로 인정하고, 개성을 존중하며, 올바른 자기이해를 하도록 돕는 것은 생활지도의 중요한 목표다. 자기 발견 · 수용 · 이해는 개인이 처한 상황에서 최상의 판단과 선택을 가능하게 한다. 이를 위해 교사는 생활지도를 통해 학생들이 자신의 생각 · 감정 · 욕구를 정확하게 충족시키고, 자신의 남다른 강점, 흥미, 적성, 포부 등을 이해 · 수용 · 계발할 수 있도록 돕는다.

잠재능력 개발

생활지도의 두 번째 목표는 학생 개개인의 잠재능력 개발을 돕는 것이다. 사람은 누구나 발전 가능한 잠재능력이 있으나, 여건이 갖추어지지 않으면 이를 제대로 발휘하지 못하고 살아가게 된다. 사람들은 잠재능력의 10%밖에 발휘하지 못하고 살아간다고 한다. 이에 혁신과 창의성의 아이콘, 스티브 잡스는 "항상 갈구하고 무모할 정도로 도전하라(Stay hungry, Stay foolish)."고 했다. 그의 말처럼, 학생들은 자신의 마음에 번개처럼 스치는 섬광을 발견하는 법을 습득할 필요가 있다.

스티브 잡스
(Steve Jobs, 1955~2011)

생활지도는 섬광처럼 학생 개개인에게 찾아오는 직관intuition에 주목하도록 돕는 활동이다. 학생들은 때로 자신에 대해 제대로 표현하지 않거나, 자신의 독특하고 창의적인 생각을 드러내기를 꺼리는 경향이 있다. 그러나 학생들은 자기 일에 마음을 쏟고 최선을 다했을 때, 안도하고 즐거울 수 있음을 경험할 필요가 있다. 재능을 내버려 두는 한, 그 사람에게는 어떤 영감도 창조도 희망도 기대하기 어렵다. 그러므로 학생 개개인이 자신을 신뢰하도록 도와야 한다. 95%의 무의식 세계를 어떻게 활용하느냐에 따라 삶의 질이 달라지기 때문이다.

"나는 누구인가?"라는 물음은 우리가 살아 있는 한, 함께 가져가야 할 화두다. 생활지도는 학생 개개인의 가능성을 깊이 인식하고, 잠재능력 개발을 돕는 활동이다. 이를 위해 교사는 학생이 환경과의 상호작용을 통해 자신의 지적 호기심, 흥미, 적성, 능력 등을 발견하여 성장할 수 있도록 도와야 할 것이다. 인간은 적절한 조건이 갖춰지면 잠재능력을 발아시킬 수 있는 존재다. 학생의 잠재능력 개발은 생활지도에서 중점을 두어야 할 영역이다.

사고와 행동 변화

생활지도의 세 번째 목표는 학생의 사고와 행동 변화를 돕는 것이다. 이 목표는 학생이 더 생산적이고 행복한 생활을 영위하는 데 방해되는 행동을 감소·제거하는 한편, 긍정적·합리적 사고로 대체하여 효율적이고 생산적인 행동을 증가시키는 것이다. 근대 철학의 아버지로 불리는 프랑스의 철학자 데카르트는 "나는 생각한다. 고로 나는 존재한다."고 말했다.

르네 데카르트
(René Descartes, 1596~1650)

사람들은 종종 생각의 감옥에 갇힌다. 오래된 사회의 관습과 개인의 신념은 한 체제와 같아서, 그 안에 갇힌 사람은 그 틀을 지키기 위해 자유를 포기하곤 한다. 그러면서 이들은 때로 자유의지free will, 자기신뢰self-trust, 자기의존self-reliance을 내려놓고 새로운 발상과 창조를 좋아하지 않게 된다. 이 과정에서 개인의 생각은 왜곡·편향되며, 고정관념과 선입관이 형성된다. 사고, 감정, 행동은 서로 영향을 주고받는 관계에 있다. 변화가 필요한 사고와 행동으로는 학교생활 적응, 생활습관, 의사소통, 가족상황 수용, 학습습관 등에 관한 것들이 있다. 이에 교사는 학생의 사고와 행동 변화를 도움으로써, 그의 정신건강 향상과 인간적 성장을 도울 수 있다. 건강한 정신은 학생의 관계 형성 능력을 길러 주고, 학교생활 적응력을 높이기 때문이다. 또한 학생의 합리적이고 생산적인 사고와 행동은 다양한 문제상황에 효과적으로 대처할 수 있는 능력을 높여 준다.

문제해결 능력 개발

생활지도의 네 번째 목표는 학생의 문제해결 능력 개발을 돕는 것이다. 살다 보면 누구나 삶에서 해결해야 할 문제가 있다. 어린 학생들도 예외가 아니다. **문제해결** problem-solving은 특정한 전략, 노력, 활동을 통해 목표를 성취하는 일련의 계획적이고 체계적인 인지과정이다(강진령, 2022). 사람들은 문제해결책을 종종 외부에서 찾고자 하면서, 내면에는 관심을 기울이지 않는다. 참된 나로 존재하며 문제해결 능력을 갖춘 창조적인 인간이 되려면, 자기 내면의 목소리에 귀 기울여야 한다. 삶의 문제는 종종 내면의 갈등에서 시작되기 때문이다. 문제해결 능력 개발은 학생들이 자기 유기체의 지혜를 신뢰하도록 돕기 위한 생활지도의 목적이다.

문제해결은 일반적으로 ① 문제 인식, ② 해결책 모색, ③ 해결책 선정, ④ 해결책 수행, ⑤ 평가 단계를 거친다. 이 과정에서는 지식, 인지 전략, 정서, 신체활동, 환경이 상호작용한다. 또한 수렴적 사고와 확산적 사고, 의식과 무의식도 영향을 미친다. 삶의 문제는 대개 어떤 상황으로 인해 생기기보다, 개인에 의해 창조된다. 달리 말하면, 문제는 문제로 여기기 전까지는 문제가 아닐 수 있다. 이에 학생의 삶에 다양한 일이 일어날 수 있지만, 그 문제나 사건보다는 그것을 문제로 지각하는 학생 자신에게 초점을 맞출 필요가 있다.

의사결정 능력 신장

생활지도의 다섯 번째 목표는 학생의 의사결정 능력 개발을 돕는 것이다. 삶은 끊임없는 선택의 과정이다. 삶은 B-C-D, 즉 Bbirth(출생)에서 Ddeath(죽음)로 이어지는 과정에는 C^{choice}(선택)이 있다. 현명한 의사결정은 성공적인 삶의 초석이 되지만, 잘못된 의사결정은 낭패와 좌절의 원인이 된다. 학생이 현명한 의사결정을 하기 위해서는 자기 자신과 환경에 대한 이해가 선행되어야 한다. 또한 의사결정을 통해 얻는 것과 잃는 것이 무엇인지 헤아릴 수 있어야 한다.

1978년 노벨 경제학상을 수상한 인지과학자 사이먼은 일찍이 인간의 인지능력의 한계에 주목했다. 그는 어떤 의사결정 상황이든 간에 선택 대상이 될 수 있는 대안의 수는 매우 많을 것으로 보았다. 이에 모든 부분을 빈틈없이 고려해서 최적의 대안을 선택하는 것은 애초부터 인간의 인지능력 밖의 일이므로, 그리 현실적이지 못한 방법이라고 단정했다. 그보다는 자신이 만족하는 순간 또는 수준에서 판단을 확정하고 결정을 내려야 한다고 주장했다. 이에 교사는 학생이 스스로 선택 · 결정하는 데 필요한 정보를 제공하고, 의사결정에 영향을 주는 감정 또는 심리적 특성을 확인하여 걸림돌을 극복하도록 도와야 할 것이다.

허버트 사이먼
(Herbert A. Simon, 1916~2001)

대인관계 능력 배양

생활지도의 여섯 번째 목표는 학생의 관계 능력 배양을 돕는 것이다. **대인관계 능력**이란 학교생활에서 학생이 다른 구성원(학생, 교사 등)과 협력하고 원만하게 교류하며, 서로의 요구를 충족시킬 수 있는 기술과 역량을 말한다. 사람의 문제는 대부분 사람과의 관계에서 발생한다. 관계 문제는 학생에게 좌절, 분노, 불행감, 배신감, 외로움, 절망감 등을 겪게 하고, 학교생활에 대한 만족도를 크게 떨어뜨린다(강진령, 2015). 성공적인 학교생활을 위해 학생은 다른 사람들과 건전하게 더불어 사는 법을 습득할 필요가 있다. 원만한 관계는 학생에게 소속감과 안정감을 제공하여 성장의 발판이 되기 때문이다. 특히, 친밀한 교우관계는 긍정적인 품성 형성에 자양분이 되고, 성숙한 관계 형성의 초석이 된다. 반면, 학교에서 외톨이가 되거나 따돌림을 당하는 경험은 학생에게 정신적 외상으로 남을 수 있다는 점에서 교사의 특별한 관심과 지도가 필요하다.

생활지도의 주체

학교에서 **학생 생활지도의 주체**는 담임교사, 교과교사, 전문상담교사, 진로진학상담교사, 그리고 학교경영자다. 학생들은 많은 시간을 학교에서 보낸다. 학년 초가 되면 학생들의 관심은 새 학년 새 학급의 어떤 담임교사를 만나게 될 것인지에 쏠린다. 담임교사는 학생들의 교과지도뿐 아니라, 인성을 올바르게 길러 주고 지도할 책임이 있다. 가정에서 부모가 자녀교육을 담당한다면, 담임교사는 학교에서 학생들의 지적 · 정서적 · 사회적 발달을 돕는다. 그렇다면 학생들에게 담임교사는 어떤 존재인가?

담임교사

담임교사는 학급 운영의 주체로, 학급 전체 학생과 학급의 전반적인 운영에 대한 책임이 있다. 이를 위해 담임교사는 조 · 종례 시간을 통해 공지사항 전달에서부터 학급의 연 · 월 · 주간 계획 수립 · 시행에 이르기까지 다양한 업무를 수행한다. 학교에서 담임교사는 학생들을 직접 관찰 · 지도할 수 있는 위치에 있다. 이 과정에서 담임교사는 학생의 특성(가정환경, 특성, 흥미, 강점, 장래희망 등)을 비롯한 생활 전반(올바른 생활태도 또는 습관, 규칙준수, 배려, 의사소통, 갈등해결 등)에 대해 지도하게 된다. 즉, 학생들의 학교생활 적응을 돕고, 학급 내에서 일어나는 학생들 간의 갈등해결을 돕는 역할을 한다. 생활지도의 필수요소는 교사와 학생 관계의 질이다. 학생과의 신뢰관계 형성과 유지를 위해 담임교사에게 요구되는 태도는 글상자 1-4와 같다.

글상자 1-4. 생활지도에서 담임교사에게 요구되는 기본 태도

1. 학생 개개인을 독특한 인격체로 존중하는 마음으로 대한다.
2. 학생을 진심으로 이해하고 있음을 표현하고, 그의 감정과 생각을 적극 경청한다.
3. 학생의 잠재력을 신뢰하고, 학생 스스로 주도권을 가지고 변화를 시도하도록 돕는다.
4. 학생들 간에 차이가 있음을 인정 · 존중한다.
5. 학생의 문제행동을 그가 처한 환경 또는 상황으로 인해 겪는 어려움으로 이해하되, 도덕적 잣대로 학생을 판단하지 않는다.
6. 학생의 행동변화가 조기에 나타날 것을 기대하기보다 끈기, 여유, 이해심으로 기다려 준다.

담임교사는 학생의 **전체 욕구**total needs(학업, 진로, 개인 · 사회성) 충족과 발달을 극대화하기 위해 노력해야 한다. 이를 위해 학생의 발달을 촉진하는 환경 조성에 중점을 두어야 한다. 예방은 반응적 개입보다 더 효과적이기 때문이다(Hahn et al., 2007). 이에 담임교사는 학생의 당면 문제를 발달과정에서 겪는 일시적인 부적응 현상으로 간주하는 한편, 학생이 스스로 해결할 수 있도록 돕고, 학생에게 미치는 환경 개선을 위해 노력한다. 이 과정에서 학생을 둘러싼 다양한 인적자원(학부모, 다른 교사, 상담교사, 학교경영자 등)과의 협력을 통해 학생의 성장 · 발달을 돕는다.

교과교사

교과교사란 초 · 중 · 고교에서 교과교육을 담당하는 교사를 말한다. 교과교사는 교과수업을 진행하고 학습을 지도한다. 일반적으로 생활지도는 담임교사의 주된 역할로 여기기 쉬우나, 교과교사 역시 교실에서 학생들의 학습태도를 관찰할 수 있는 위치에 있다. 이들은 수업시간에 학생들의 학업은 물론, 수업태도와 행동패턴 등을 정확하고 구체적으로 관찰 · 지도한다. 교과교사는 담당 과목에 관한 지식 전달 외에, 교과와 관련된 직업을 소개함으로써, 학생들에게 학업과 진로 발달에 흥미와 동기를 유발할 수 있다. 그리고 필요한 경우, 교과교사는 담임교사에게 학생에 관한 정보를 전달하는 한편, 생활지도에 필요한 활동계획 수립을 도울 수 있다.

전문상담교사

전문상담교사는 학교 현장에서 상담 관련 업무를 전담하는 전문 인력이다. 이들은 교과수업을 담당하지 않는 대신, 학생들의 심리적 발달을 돕기 위해 모든 학생에게 상담 서비스를 제공한다. 이들의 업무는 학생들의 발달단계에 따른 요구, 과업, 흥미에 따라 정해진다. 학급 또는 학교에서 학생문제가 발생하는 경우, 담임교사가 일차적으로 면담을 통해 학생을 지도한다. 그러나 만일 더 전문적인 상담이 요구된다면, 전문상담교사에게 의뢰한다. 또한 필요한 경우, 지역교육청 Wee 센터에 의뢰할 수 있다. 학교에 배치된 전문상담교사는 소속 학교 학생의 특성 파악이 더 용이하다는 이점이 있다. 이에 비해, 지역교육청 Wee 센터는 학교상담실보다 규모가 더 크고 더 다양한 서비스를 제공한다는 이점이 있다. 만일 학생의 문제가 더 심각하다면, 교사는 학생을 학부모 또는 보호자의 동의하에 다른 외부 전문가 또는 전문기관에 의뢰할 수 있다.

진로진학상담교사

진로진학상담교사는 소속 학교의 진로지도와 교육을 총괄하는 관리자로, 학생들의 진로개발 촉진, 진로문제 중재, 입시전형 준비 지원, 지역사회 지원 연계를 담당한다(교육과학기술부, 2010). 이들은 주로 진로교육 기획 · 총괄, 진로 · 진학 관련 학생지도와 상담, 진로교육 여건 조성 등 진로진학에 필요한 광범위한 지도 · 상담 · 지원 업무를 담당한다(교육과학기술부, 2011). 이러한 업무의 일환으로, 진로진학상담교사는 '진로와 직업' 교과 수업을 담당한다. 또한 중 · 고등학생의 진로 발달 · 선택 · 결정을 촉진하고, 진로 관련 문제에 개입하며, 상급학교 진학을 돕는다. 중학교의 경우, 자유학기제 시행을 위한 프로그램을 기획 · 개발 · 운영한다. 이에 비해 고등학교의 경우, 대학진학지도, 취업지도, 군입대 관련 정보 제공 등의 업무를 담당한다.

학교경영자

학교경영자란 단위 학교의 경영을 책임지는 사람, 즉 교장과 교감을 가리킨다. 이들을 학교경영자라고 명명하는 이유는 학교의 교육목표 달성을 위해 모든 교육조건을 계획 · 조직하고, 교육활동이 효율적으로 이루어지도록 조정 · 통합 과정을 책임지고 있기 때문이다. 학교경영자는 학교 운영에 필요한 제반 계획을 세우고, 사업에 필요한 예 · 결산 관리 등을 담당한다. 또한 생활지도와 관련된 학교 전체의 운영방침, 위원회 구성 · 운영 등에 관한 사업계획을 수립하는 한편, 예 · 결산, 업무분장 등에 관한 계획을 세운다. 그리고 전문상담교사와 진로진학상담교사의 업무를 지도 · 조언 · 협조한다. 학교경영자는 학교 내에서 수행되는 학생지도에 대한 전반적인 내용을 파악하고, 지속적으로 검토 · 관리한다.

복습문제

다음 빈칸에 들어갈 말을 써 보세요.

1. 생활지도는 학생 개개인이 학교, 가정, 지역사회에서의 적응과 성장에 필요한 ________, 자기결정, ________ 능력 배양을 돕기 위해 교사가 수행하는 일련의 활동이다.

2. 미국의 경우, 생활지도로 불렸던 활동은 ____________ 면허를 소지한 학교상담 전문가에 의해 수행되는 ________(으)로 통합되었다.

3. 학교상담은 전문적인 교육과 연수를 받고 자격증을 갖춘 ________이/가 개인적, 사회적, 또는 기타 관심사가 있는 학생을 개인 또는 집단 형태로 돕는 활동이다.

4. 미국의 학교상담 국가표준모형에서는 학교상담의 주요 영역을 학업발달, 진로발달, ________발달로 구분하여, 영역별로 학생들이 갖춰야 할 관련 지식, 기술, ______이/가 명시되어 있다.

5. ____________은/는 발달단계 또는 학년에 따라 요구되는 발달과업에 초점을 맞춘 예방적 · 선제적 성격의 수업이다. 이는 발달적 생활지도 프로그램 활동의 일종이다.

6. 역사적으로, 생활지도의 효시는 미국의 파슨스가 주도한 ________운동이라고 알려져 있다.

7. 2008년 전국적으로 Wee 사업이 시작되었는데, 이 사업에 의해 지역교육청에는 Wee 센터, 학교에는 ________, 그리고 2009년에는 Wee 센터에서 해결할 수 없거나 장기적인 치유가 필요한 학생을 위한 ______이/가 설립되었다.

8. 생활지도의 목표의 하나로, ________은/는 특정한 전략, 노력, 활동을 통해 목표를 성취하는 일련의 계획적이고 체계적인 인지과정이다.

9. ________은/는 학급 운영의 주체로, 학급 전체 학생과 학급의 전반적인 운영에 대한 책임을 진다.

10. ________은/는 학교상담 영역에서 소정의 교육과 훈련을 받고 자격증을 소지한 교육자로, 학교 현장에서 상담과 관련된 업무를 전담하는 전문 인력이다.

소집단 활동

다음에 제시된 질문에 대한 답을 적고 나서, 2인 1조로 짝을 지어 각자의 답변을 토대로 둘이 함께 나를 찾아 떠나는 여행을 해 봅시다.

1. 나는 누구인가?

2. 나는 무엇을 원하는가?

3. 나는 무엇을 할 때 행복한가?

4. 나는 무엇을 잘하는가?

소감

Chapter 02

학생 이해를 위한 상담이론

개요

- ▢ 정신분석
- ▢ 행동치료/인지행동치료
- ▢ 인간중심치료
- ▢ 해결중심단기치료
- ■ 복습문제
- ■ 소집단 활동

학습목표

1. 정신분석을 통해 학생들의 성격 발달과 그 과정을 이해할 수 있다.
2. 행동치료/인지행동치료 내용의 이해 · 숙지를 통해 학생지도에 적용할 수 있다.
3. 인간중심치료의 내용 이해를 통해 학생지도에 적용할 수 있다.
4. 해결중심단기치료의 내용 숙지를 통해 학생지도에 적용할 수 있다.

학생 생활지도는 인간 이해를 기반으로 수행된다. 인간 이해에는 다양한 심리학적 지식과 경험이 수반된다. 그러나 교사는 상담전문가도 정신건강 전문의도 아니다. 삶의 문제는 대부분 확실한 답이 없다. 그렇지만 상담이론은 학생 이해를 돕는 틀과 이들의 성장을 도울 방법과 절차를 제공한다. 이러한 점에서 상담이론은 생활지도 효과성의 극대화를 위한 필수 지식이 될 것이다. 게다가 증거 기반evidence-based 생활지도는 교사의 체계적인 학생 지도 역량을 높여 줄 것이다.

상담이론은 상담전문가들이 경험적 연구와 임상 경험을 통해 축적해 놓은 삶의 지혜다. 각 이론에는 인간 이해와 변화를 돕는 방법이 수록되어 있다. 이러한 점에서 상담이론은 교사들에게 학생 이해와 변화를 돕기 위한 로드맵road map 역할을 한다. 지금까지 창안된 상담이론의 수는 450가지 이상인 것으로 추산된다. 그러나 여기서는 오늘날 다수의 상담자가 사용하고 있고, 과학적 · 경험적 연구를 통해 효과성이 검증된 이론들만을 추려서 소개한다. 이 책의 목적이 상담전문가 교육이 아니라, 교사의 생활지도 역량 향상을 돕는 것임을 고려할 때, 선택된 이론에서도 학생지도에 도움이 되는 내용을 중심으로 살펴보고자 한다(상담이론에 대한 상세한 설명은 이론서 참조).

정신분석

지그문트 프로이트
(Sigmund Freud, 1856~1939)

정신분석Psychoanalysis(PA)은 프로이트가 창시한 최초의 성격 이론이자 심리치료 모형이다. 프로이트는 인간을 ① 심적 결정론과 ② 무의식적 동기의 관점에서 보았다. 첫째, **심적 결정론**psychic determinism은 개인의 모든 행동에는 의미와 목적이 있다는 것이다. 이에 정신분석에서는 개인의 평범한 행동, 기괴한 행동, 꿈, 설단현상 등 모두가 중요하고 의미 있는 자료로 활용된다. 둘째, 행동은 비이성적인 힘, **무의식적 동기**unconscious motivation, 생물학적 · 본능적 욕동drive에 의해 결정된다는 것이다. 무의식적 동기는 주로 생애 첫 5~6년 동안 발달한다. 이로써 정신분석에서는 개인문제의 원인은 이 시기에 형성된 무의식적 성격구조에서 비롯된다고 가정한다. 즉, 문제행동의 주원인은 무의식 때문이므로, 치료는 무의식의 의식화에 중점을 둔다. 프로이트는 이 가정을 통해 이전에 설명되지 않았던 이해하기 힘든 심리적 현상을 설명할 수 있었다. 정신분석에서 건강한 행동은 자기동기의 이해에 기반한 행동이다.

핵심 개념

정신분석의 핵심 개념으로는 ① 의식구조, ② 성격구조, ③ 본능, ④ 불안, ⑤ 방어기제가 있다.

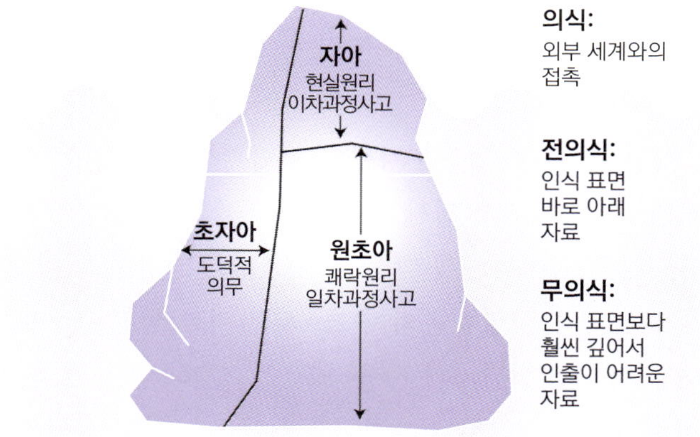

[그림 2-1] 의식수준과 성격구조 도식

의식구조. **의식구조**는 ① 의식, ② 전의식, ③ 무의식으로 구성되어 있다. **의식**consciousness이 순간순간 알거나 느끼는 모든 경험과 감각이라면, **전의식**preconsciousness은 보통 의식되지 않지만, 조금만 노력하면 의식될 수 있는 정신세계('이용 가능한 기억')다. 반면, **무의식**unconsciousness은 가장 강력하고 이해하기 어려운 부분으로, 불안을 막기 위해 의식으로부터 배제된 욕동, 동기, 감정, 생각, 사건으로 구성되어 있다. 정신분석에 의하면, 학생의 행동은 주로 무의식적 동기와 욕동에 따라 결정된다.

성격구조. 프로이트가 창안한 **성격의 삼원구조론**Tripartite Theory of Personality에 의하면, 성격은 ① 원초아, ② 자아, ③ 초자아로 구성되어 전체로서 기능한다. **원초아**id는 태어날 때부터 존재하는 성격의 깊고 쉽게 접근할 수 없는 심적 에너지의 저장소다. 이는 생물적 충동(성, 섭식, 수면, 배변)으로 구성되어 있고, **쾌락원리**pleasure principle(상황과 결과를 고려하지 않고 본능적 욕구의 즉각적인 충족을 추구함)에 따라 작동한다. **자아**ego는 현실과의 접촉을 통해 발달하고, 원초아와 현실의 요구를 중재하는 **현실원리**(현실적·논리적 사고를 통해 욕구 충족을 위한 계획을 수립·실행함)에 따라 작동한다. 반면, **초자아**superego는 어린 시절 부모의 영향을 받은 전통적 가치, 도덕, 양심, 규범, 이상이 내면화된 부분이다. 이는 자아가 원초아의 충동을 억제하고, 이상적인 목표를 수립하여 부모나 사회의 지시를 따르는 보상행위를 통해 완벽을 추구하게 한다.

본능. **본능**instinct은 정신분석의 핵심개념으로, 개인을 기능하게 하는 에너지를 생성하며, 개인과 인류의 생존을 위해 사용된다. 이 개념은 정신분석의 핵심이다. **리비도**libido는 본래 성적 에너지를 지칭했으나, 이후 모든 생의 본능을 포함하는 힘 또는 동기의 원천을 나타내는 개념으로 사용된다. 본능은 삶과 죽음의 본능으로 나뉜다. **삶 본능**(에로스Eros)은 신체적 충동(성, 갈증, 배고픔 등)으로, 행동의 긍정적·건설적 측면의 기초가 되고, 문화의 창조적 요소(문학, 음악, 예술 등)로 작용한다. 반면, **죽음 본능**(타나토스Thanatos)은 행동의 어두운 측면으로, 인간의 무능성(공격 행동, 신경증 환자의 강박적인 자기파괴 행동, 전쟁 반복 등)을 설명하는 토대가 된다. 본능은 관찰·측정할 수 없지만, 정신분석에서 모든 행동은 본능으로 설명된다.

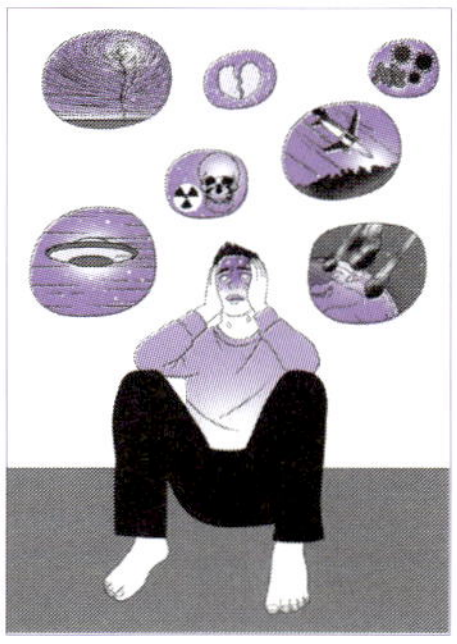

불안. **불안**anxiety은 개인이 처해 있는 내·외적 위험을 알려 주어 자아가 이를 피할 수 있게 하는 대처 기능이다. 불안은 신경증적·도덕적·현실 불안으로 나뉜다. **신경증적 불안**neurotic anxiety은 원초아가 약한 자아를 압도하는 상태로, 성욕·공격성의 압력을 받은 원초아의 본능적 충동이 의식화되어, 자아가 이를 통제할 수 없을 것에 대한 두려움이다. 신경증적 불안이 심하면, 신경증neurosis 또는 정신병psychosis으로 발달한다. **도덕적 불안**moral anxiety은 초자아가 약한 자아를 압도하는 상태로, 자아가 초자아에게 처벌받을 것에 대한 두려움이다. 이는 때로 심한 죄책감으로 이어져 정신병리의 원인이 되기도 한다. 반면, **현실 불안**reality anxiety은 실제로 존재하는 외부 위협의 지각에 따른 반응으로, 자아가 유해 상황의 감지·처리를 위해 동기화될 때 발생하는 두려움이다('**객관적 불안**objective anxiety'으로도 불림). 자아는 불안 감소를 위해 방어기제를 작동시킨다.

자아방어기제. **자아방어기제**ego defense mechanisms는 위협적 충동 또는 외부 위협을 직시하기보다 자아 보호를 위해 무의식적으로 작동하는 책략이다. 불안은 행동을 동기화시키는 긴장 상태다. 불안은 한정된 심적 에너지에 대해 원초아, 자아, 초자아 간의 갈등이 통제 범위를 넘어설 때 유발된다. 통제할 수 없다고 느끼는 수준의 불안은 자아를 위협한다. 자아가 합리적이고 직접적인 방법으로 불안을 제거할 수 없다고 판단되는 경우, 방어기제라는 비현실적인 방법에 의존하게 된다. 즉, 자아가 불안을 의식수준에서 합

리적으로 다룰 수 없다고 판단할 때, 무의식적으로 현실을 왜곡하는 방어기제가 동원된다(표 2-1 참조).

표 2-1. 자아방어기제

기제	설명
□ 기만형: 불안/위협을 감정/태도를 변경함으로써 인식을 달리하려는 기제	
합리화	❍ 인식하지 못한 동기에서 나온 행동을 지적으로 이치에 닿는 이유를 내세움으로써, 그 행동이 정당하고 인정받을 만하다는 것을 증명하려는 현상
억압	❍ 의식에서 용납하기 힘든 욕망, 충동을 무의식 속으로 눌러 넣어 버리는 현상
투사	❍ 용납하기 어려운 충동을 인정하기보다 타인이나 외부에 돌려 버리려는 현상
억제	❍ 의식적 노력 과정이 포함된 기제로, 의식적/반의식적으로 잊기 위해 노력하는 현상
□ 대체형: 불안/위협을 그럴듯한 것으로 대체하려는 기제	
보상	❍ 결함/약점(성격, 지능, 외모 등)으로 인한 좌절을 다른 데서 과잉충족함으로써 자존심을 세우려는 현상
전치	❍ 원래의 무의식 대상에게 주었던 감정을 덜 위험한 대상에게로 옮기는 현상
치환	❍ 에너지를 바라던 목표에서 대용의 목표로 전환함으로써 불안이나 위기의식을 방출하는 현상
반동 형성	❍ 위험하고 불안한 욕구 노출을 막기 위해 욕구/생각과 정반대되는 태도나 행동을 과장하여 나타내는 현상
승화	❍ 본능적 욕구나 참아 내기 어려운 충동의 에너지를 사회적으로 용납되는 형태의 다른 목표나 욕구를 충족시킴으로써 만족을 얻는 현상
지성화	❍ 불안, 불편감, 충동을 억누르기 위해 이를 직접 경험하는 대신, 인지과정을 통해 해소하려는 현상
□ 도피형: 불안/위협적 현실에서 비현실적 세계로의 도피를 통해 만족/위안을 추구하려는 기제	
고착	❍ 불안이나 자아의 위협에서 벗어나기 위해 발달의 특정 단계에 멈추는 현상
퇴행	❍ 심한 좌절로 인해 만족이 주어졌던 초기 발달단계의 덜 성숙된 반응을 보이는 현상
부인	❍ 의식화되면 감당 못할 생각, 욕구, 충동, 위협적 현실을 지각하지 않는 현상
동일시	❍ 우월하다고 여겨지는 인물/집단과 강한 정서유대 형성을 통해 만족을 추구하는 현상

출처: 강진령. (2015).

성격발달. 프로이트의 심리성적발달이론에 의하면, 성격은 ① 구강기, ② 항문기, ③ 남근기, ④ 잠복기, ⑤ 성기기를 거쳐 발달한다(특히, 초기 3개 단계에 주로 발달함).

1단계, **구강기**Oral stage(출생~18개월)에서 입/구강은 쾌락의 근원으로, 물고 빨고 내뱉는 행위는 입술과 구강의 촉각을 자극한다. 이 시기의 태아는 생존을 위해 중요한 타인(주로 어머니)에게 의존한다. 구강기에 형성된 자아는 **구강자아**mouth ego로 불리며, 이후 행동특성의 원형이 된다. 구강기에 수유가 지나치게 규칙적이거나 너무 일찍 젖을 떼면, **구강고착 성격**oral fixated personality 또는 **구강의존 성격**oral dependent personality(섭식, 흡연, 음주에 집착하거나, 타인에 대해 지나치게 비판적이거나, 반대로 의존적이어서 타인의 말을 여과 없이 받아들여 잘 속는 성격)이 형성된다.

2단계, **항문기**anal stage(18개월~3세)에 실시되는 배변훈련(배설, 배설보류)은 사회적 권위와 압력과의 첫 대면으로, 실시 연령과 방법, 배변/청결에 대한 중요한 타인의 태도는 유아의 성격발달에 영향을 준다. 즉, 배변에 대한 칭찬은 유아에게 자신이 생산적인 사람이라고 인식하게 하여 창의적 성격 형성의 기초가 된다. 반면, 배변훈련이 너무 엄격하면, **항문고착 성격**anal fixated personality(청결 · 질서 · 절약에 집착, 인색, 고집이 세고 욕심이 많으며, 외부 압력에 저항하는 적대적 태도와 행동이 특징)이 형성된다. 또 배변에 의한 쾌감에 고착되면, **항문폭발 성격**anal explosive personality(자유분방, 낭비벽, 잔인, 방종, 파괴적, 짜증을 잘 내는 것이 특징)이 발달한다.

그리스 신화의 오이디푸스와
그의 딸 아티고네

3단계, **남근기**phallic stage(3~6세)에 유아에게는 감각적인 충동이 이성 부모에게 향해 있어서, 동성 부모에게는 공격적 충동이 있는 **오이디푸스 콤플렉스**Oedipus Complex(OC)와 **엘렉트라 콤플렉스**Electra Complex(EC)가 발달한다. 전자(OC)가 보편적 성향의 남아가 어머니를 차지하고 아버지를 제거하고 싶어 하는 욕구를 의미한다면, 후자(EC)는 여아가 아버지를 원하고 어머니를 제거하고 싶어 하는 욕구를 의미한다. 이 시기에 유아는 리비도의 본능을 초자아 발달을 통해 적절한 성역할과 행동양식을 학습한다.

4단계, **잠복기**latency period(6~12세)는 성에 관한 관심이 성격의 배경으로 잠복하게 되면서 자아를 확장하는 시기다('잠재기'로도 불림). 이 시기의 아동은 더 이상 일차과정 사고에 지배되지 않고 충동을 자제하는 법을 습득한다. 이전 단계에서 오이디푸스 또는 엘렉트라 콤플렉스를 성공적으로 해결한다면, 아동은 자신감을 가지게 되고 학교와 사회의 요구에 부응할 수 있는 능력을 갖추게 된다. 잠재된 성 충동은 부모에 대한 적개심, 가족의 정서적 유대 와해, 그리고 오랜 기간 좌절의 원인으로 작용하기도 한다.

5단계, **성기기**genital stage(12세 이후)에 청소년은 호르몬 변화와 성적으로 성숙하게 됨으로써 자연스럽게 성에 관심을 가지고 성숙한 방식으로 사랑할 수 있게 된다. 성인이 되면서 원초아, 자아, 초자아가 조화롭고 균형 있게 기능하게 되면, 욕동drive과 좌절감을 조절할 수 있는 안정된 삶을 영위하게 된다. 이 시기에는 남근기에 나타났고 행동의 일차 동력인 성적 욕구와 공격적 충동이 다시 나타나면서 이성, 그리고 가족 외의 사람들과의 관계에 관심을 가지게 되고, 결혼과 가정 형성에 압력을 받게 된다. 또 적절한 방어기제 사용을 통해 비교적 안정된 삶을 영위하게 된다.

치료 목표와 기법

정신분석의 목표는 무의식의 의식화를 통한 **성격 재건**('성격 재구성'으로도 불림)이다. 이를 위해 주로 ① 자유연상, ② 해석, ③ 꿈 분석, ④ 저항 분석과 해석, ⑤ 전이 분석과 해석이 사용된다.

첫째, **자유연상**free association은 의식적으로 자신의 억압된 생각을 내려놓고, 비이성적 · 선정적이거나 고통스러운 것이라도 머릿속에 떠오르는 대로 말하게 하는 기법이다. 이 기법은 자아를 침묵하게 하고, 원초아에게 말할 기회를 제공하기 위한 것으로, 무의식적 소망, 환상, 동기의 굴레에서 벗어나도록 돕는다.

둘째, **해석**interpretation은 꿈, 자유연상, 저항, 그리고 치료과정에서 떠오른 내담자의 생각, 감정, 사건과 관련된 가능한 의미를 설명해 주는 기법이다. 이 기법은 내면세계에 대한 가설로, 사건 · 행동 · 감정에 의미를 부여하여, 무의식을 의식화하기 위한 도구다(Rutan et al., 2014).

셋째, **꿈 분석**dream analysis은 꿈의 의미를 여러 조각으로 나누어 표현적 내용에 나타난 상징을 명료하게 하는 기법이다. 이 기법은 무의식적 욕동 탐색과 이해, 그리고 미해결 문제에 대한 통찰을 돕기 위해 사용된다. 프로이트는 꿈을 '무의식으로 통하는 왕도'로 보았다. 꿈을 통해 개인의 무의식적 욕구, 소망, 두려움이 표현되기 때문이다. 용인될 수 없는 내용의 꿈은 가장되거나 상징 형태로 표출된다.

넷째, **저항 분석과 해석**은 감당하기 힘든 불안으로부터 자아를 보호하려는 무의식적 역동을 명료하게 자각하여 처리하도록 돕는 기법이다. **저항**resistance은 과거에 억압·부인되었던 위협적인 무의식적 내용의 의식적 표면화를 꺼리는 심리적 현상이다. 이러한 현상은 주로 글상자 2-1에 제시된 행동으로 나타난다.

글상자 2-1. 내담자의 저항으로 표출되는 행동의 예

1. 단순 사교를 위한 상담 참여	5. 불신 행동
2. 만성 지각 또는 결석	6. 비협조적 행동
3. 무관심한 태도	7. 부적절한 충동 행동(예) 불손한 언행 또는 태도)
4. 지성화	

다섯째, **전이 분석과 해석**은 내담자가 과거에 중요한 타인과의 미해결된 문제로 인해 현재 상황을 왜곡해 과거 중요한 타인에 대한 감정을 치료자에게 투사하는 감정의 재경험을 돕는 기법이다. **전이**transference는 내담자가 과거의 중요한 인물에 대한 반응에서 비롯된 정적·부적 감정, 태도, 환상을 무의식적으로 치료자에게 옮기는 심리적 현상이다. 정신분석은 ① 시작, ② 전이발달, ③ 훈습, ④ 전이해결 순으로 진행된다.

행동치료/인지행동치료

행동치료behavior therapy는 과학적 접근, 즉 객관적으로 관찰 및 측정 가능한 행동만을 대상으로 삼는 행동주의 심리학에 기반을 둔 치료적 접근이다. 행동치료의 이론적 토대를 마련한 인물로는 스키너와 반두라가 있다. 이 접근에 의하면, 행동은 환경과의 상호작용을 통해 후천적으로 학습된 것이고, 개인은 특정 행동의 결핍 또는 과다로 인해 어려움을 겪는다. 부적응 행동 역시 학습된 것으로 간주하여 **행동수정**behavior modification 원리를 적용하여 제거하거나 긍정적 행동의 학습을 통해 내담자의 적응을 돕는다.

행동치료는 전통적으로 ① 내담자에 대한 종합적인 사전평가, ② 구체적인 치료 목표와 전략 수립, ③ 증거 기반 기법 적용, ④ 사후평가로 진행된다. 또 관찰 가능한 행동, 현재 행동의 결정요인, 변화 증진을 위한 학습경험, 내담자에 특화된 상담 전략, 엄밀한 검사와 평가를 중시한다. 그러나 20세기 중반 이후부터 내담자의 인지적 측면을 중시하게 되면서 인지행동치료의 양상을 띠기 시작했다. 행동치료는 부적응 행동이 습득유지 또는 적응행동으로 수정하는 과정을 네 가지 주요 접근, 즉 ① 고전적 조건형성, ② 조작적 조건형성, ③ 사회학습이론, ④ 인지행동치료를 기반으로 설명한다.

고전적 조건형성

고전적 조건형성classical conditioning은 러시아의 생리학자 파블로프가 개의 침 분비와 소화에 관한 연구를 수행하던 중 개가 먹이(무조건자극[US])가 제시되지 않고 종소리(중립자극[NS] → 조건자극[CS])만 듣고도 침을 분비(무조건반응[UR] → 조건반응[CR])하는 현상을 기반으로 체계화한 이론이다. 이 이론은 무조건반응(침 분비 행동)을 발생시키는 무조건자극(먹이)과 중립자극(종소리)이 반복적인 노출을 통해 연합되어 **조건형성**conditioning이 되면, 조건자극이 되어 무조건반응(침 분비 행동)과 유사한 조건반응(행동)을 유발한다는 내용의 학습이론이다.

이반 파블로프 (Ivan P. Pavlov, 1849~1936)

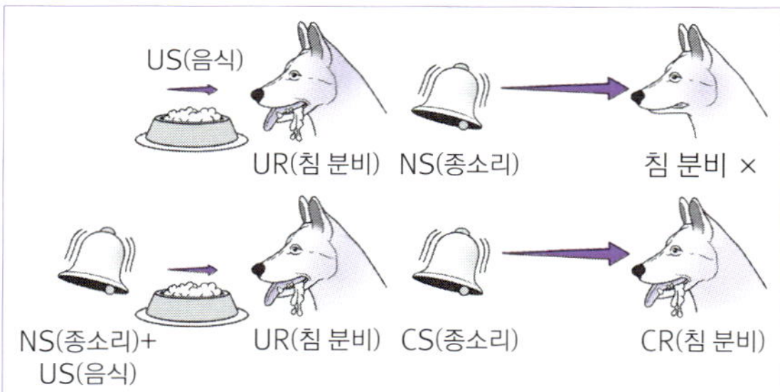

[그림 2-2] 고전적 조건형성 과정 도식

조작적 조건형성

조작적 조건형성operational conditioning은 스키너가 창안한, 우연히 발생한 행동이 그 행동의 긍정적 또는 부정적 결과와 연합되어 행동의 증가 또는 감소를 초래한다는 학습이론이다. 조작적 조건형성의 핵심 개념으로는 ① 강화와 ② 벌이 있다.

버러스 스키너 (Burrhus F. Skinner, 1904~1990)

강화. 강화reinforcement는 자극의 제공이 행동의 발생 빈도를 증가시키는 과정이다. 강화는 **정적 강화**positive reinforcement(바람직한 행동이 나타날 때마다 유쾌조건을 제공함으로써 특정 행동의 발생 빈도수를 높이는 기제)와 **부적 강화**negative reinforcement(바람직한 행동이 나타날 때마다 불쾌조건을 제거해 줌으로써, 특정 행동의 발생 빈도수를 높이는 기제)로 나뉜다. 아이의 칭얼거림이 정적으로 강화되는 이유는 어머니의 관심이라는 강화물을 얻기 때문이다. 칭얼거림에 대한 어머니의 반응이 부적으로 강화되는 이유는 아이의 칭얼거림이라는 혐오자극을 종료시키기 때문이다.

이처럼 부적 강화는 혐오자극을 제거함으로써 안도감을 제공하는 것으로, 특정 행동의 재발 가능성을 증가시킨다. 물질 사용자에게 금단의 고통을 종료시키는 부적 강화는 다시 약물을 갈망craving하게 만드는 강력한 이유가 된다(Baker et al., 2004). 이에 내담자의 행동 통제 또는 변화를 위해 보상체제를 사용하려면, 그에게 보상이 되는 것을 파악해야 한다. 이러한 원리를 적용하여 행동의 빈도를 증가시키기 위한 방법은 표 2-2와 같다.

표 2-2. 강화 원리를 적용한 행동의 빈도를 증가시키기 위한 방법

강화	원리	예시
□ 정적 강화	❍ 바람직한 자극 제공	▪ 부를 때 달려오는 강아지 쓰다듬어 주기 ▪ 집안일을 도와준 아이에게 칭찬해 주기
□ 부적 강화	❍ 혐오자극 제거	▪ 통증 완화를 위해 진통제 복용하기 ▪ 안전벨트 착용을 통해 경고음 제거하기

강화계획. **강화계획**reinforcement schedule이란 특정 행동에 대한 강화를 비율이나 간격에 따라 제시·중단하는 절차를 말한다.

□ **연속강화**continuous reinforcement는 학습이 빠르게 일어난다는 점에서 한 가지 행동을 숙달시키기 위한 최선의 선택이 된다. 반면, 소거(보상이 따르지 않는 행동의 발생 빈도가 점차 감소하다가 결국 사라지는 현상)가 신속하게 일어난다. 스키너의 실험에서 쥐가 지렛대를 눌렀음에도 먹이 공급을 차단할 때처럼 강화를 중단하면, 그 행동도 곧 소거된다. 잘 작동하던 자판기가 2회 연속 작동하지 않으면, 돈을 집어넣지 않게 되는 이치와 같다. 연속강화는 실생활에서는 실현 가능성이 작다. 영업사원이 고객을 끌어들일 때마다 물건을 팔 수는 없다. 그러나 이런 노력이 때로 보상을 받기 때문에 계속하는 것이다. 이는 간헐강화계획의 전형적인 특징이다('**부분강화**partial reinforcement'라고도 함).

□ **간헐강화**intermittent reinforcement는 연속강화보다 학습이 느리게 진행되지만, 소거에 대

한 저항은 더 커진다. 먹이를 위해 원판 쪼기를 학습한 비둘기는 먹이 제공이 점차 뜸해지고 예측할 수 없게 되면, 보상 없이도 15만 번을 쪼게 될 수 있다(Skinner, 1953). 슬롯머신 역시 같은 방식으로 도박에 빠진 사람에게 보상을 준다. **간헐강화계획**은 ① 고정비율계획, ② 변동비율계획, ③ 고정간격계획, ④ 변동간격계획으로 구분된다. **비율계획**ratio schedule은 유기체가 나타내는 반응수에 의존한다. 두 가지는 고정된 것이고, 나머지 두 가지는 예측 불가능하게 변동된다.

고정비율계획fixed ratio schedule(FR계획)은 일정한 수의 반응 다음에 나타나는 행동을 강화한다(예 도급제). 실험실 쥐는 고정비율에 따라 10번의 반응마다 한 번의 강화를 받을 수 있다. 일단 조건형성이 되면, 유기체는 강화를 받은 후 잠시 휴식 후 다시 빠른 속도로 반응하게 된다. **변동비율계획**variable ratio schedule(VR계획)에서는 특정 횟수의 반응을 나타낼 때 강화를 받지만, 횟수는 예측할 수 없다. 변동비율 계획에서의 반응은 휴지기간이 없다. 이는 아무런 소득이 없어도 노름, 낚시, 슬롯머신이 소거되기 어렵게 만드는 원인이 되기도 한다. 반응 수가 증가함에 따라 강화도 증가하므로, 변동비율계획은 가장 높은 비율의 반응을 생성한다. 강화계획을 표로 제시하면 표 2-3과 같다.

표 2-3. 강화계획

구분	고정계획	변동계획
□ 비율계획	○ **고정비율**: 고정된 수의 반응 후 강화 (예 5잔의 커피를 사면, 1잔 공짜)	○ **변동비율**: 예측할 수 없는 수의 반응 후 강화(예 노름, 낚시, 슬롯머신)
□ 간격계획	○ **고정간격**: 고정된 시간 경과 후 강화 (예 금요일 특별할인)	○ **변동간격**: 무선적인 시간 경과 후 강화(예 이메일, 페이스북)

간격계획interval schedule은 특정 시간이 경과한 후에만 강화가 제공되는 절차다. **고정간격계획**fixed interval schedule(FI계획)은 정해진 시간이 지난 후에 나타나는 첫 번째 반응을 강화하는 것이다. 고정간격계획에서 유기체는 보상 예상시간이 가까워질수록 더 자주 반응하는 경향이 있다. 비둘기는 강화시간이 가까워질수록 원판을 더 빠르게 쫀다. 사람들은 메일 도착시간이 가까워질수록 메일함을 더 자주 확인한다. 고정간격계획 역시 강화 후에 휴지기간이 있다. **변동간격계획**variable interval schedule(VI계획)에서는 가변적인 시간간격 후에 나타나는 첫 번째 반응이 강화된다. 이메일을 반복적으로 확인할수록 "딩동! 메일이 도착했습니다."라는 보상을 받게 되는 것처럼, 변동간격계획은 느리지만 꾸준한 반응을 생성한다. 언제 기다림이 끝날지 알 수 없기 때문이다.

강화는 일반적으로 반응시간(간격계획)이 아니라 반응 수(비율계획)와 연계되어 있을 때 반응률이 더 높다. 그러나 강화가 예측 가능(고정계획)할 때보다 예측 불가능(변동계획)할 때의 반응이 더 오래 지속된다. 스키너(Skinner, 1956)는 조작적 조건형성의 강화원리는 보편적이어서 어떤 반응, 어떤 강화물, 어떤 종이든 강화계획의 효과는 유사하다고 주장했다("비둘기, 쥐, 원숭이? 아무런 차이가 없다. 행동은 놀랄 정도로 유사한 특성을 보인다."). 강화와 벌을 도식으로 나타내면 그림 2-3과 같다.

	쾌 자극	불쾌 자극
적용 +	정적 강화	1차 벌/정적 벌
철수 −	2차 벌/부적 벌	부적 강화

[그림 2-3] 강화와 벌의 도식

벌. **벌**punishment은 특정 행동을 **소거**extinguish(보상이 따르지 않는 행동의 발생 빈도수가 점차 감소하다가 결국 사라지는 현상)하기 위해 학습자에게 혐오자극을 가하거나('**일차 벌**') 선호자극을 일시적으로 제거하는('**이차 벌**') 기법이다. 동시에, 벌은 행동의 빈도·강도 감소를 위해 사용되는 혐오자극이기도 하다. 예를 들어, 거짓말을 한 아이를 꾸중하는 것이 일차 벌이라면, 아이가 좋아하는 게임을 못 하게 하는 것은 이차 벌이다. 벌은 바람직한 행동에 대한 정적 강화와 함께 사용될 때 강력한 효과가 있다. 그렇지 않은 경우, 꾸중 또는 타임아웃 등의 벌을 받은 아이는 응종compliance이 증가한다. 벌은 바람직하지 않은 반응을 억제하는 효과가 있지만, 글상자 2-2에 제시된 것과 같은 문제점을 야기할 수 있다(Gershoff, 2002).

글상자 2-2. 벌의 문제점

1. 처벌받은 행동은 망각하는 것이 아니라 억제된다.
2. 강화는 해야 할 것을 알려 주지만, 벌은 하지 않아야 할 것을 알려 준다.
3. 벌은 상황 변별을 가르쳐서 변별을 통해 다른 곳에서는 괜찮다는 것을 학습하게 할 수 있다.
4. 연합을 통해 벌주는 사람 또는 상황에 대한 공포를 학습하여 등교 기피 또는 불안을 유발할 수 있다
5. 극단적이거나 고통스러운 벌은 바람직하지 않았던 행동보다 더 심각한 공격행동을 유발할 수 있다.
6. 벌은 문제해결 방법으로 공격행동을 시범 보이게 되어 공격성 증가를 초래할 수 있다.

오늘날 행동주의 심리학자들 대부분은 벌보다는 강화를 선호한다. 즉, 문제행동을 나타내는 학생에게 올바른 행동에 주목하게 하고, 그 행동에 강화자극을 제공하는 것이다. 벌을 적용한 기법으로는 반응대가, 사회적 질책, 타임아웃, 과잉교정, 신체 벌, 수반적 전기자극 등이 있다.

사회인지이론

앨버트 반두라 (Albert Bandura, 1925~2021)

사회인지이론social cognitive theory은 반두라가 창안한 것으로, 학습은 인지, 행동, 경험, 환경의 상호작용을 통해 이루어진다는 내용의 학습이론이다. 이 이론은 사회학습이론에 환경의 영향을 추가하여, ① (사회적) 환경(타인[부모, 직장동료, 친구], 사회경제적 지위, 주거지, 인종적 다양성 등), ② 개인의 특성(동기, 사고, 기대, 신념 등), ③ 행동양식의 삼원관계를 골자로 수정·발표한 학습이론이다. 종전의 행동주의 학습이론은 인간을 주어진 자극에만 반응하는 수동적 존재로 보고, 조건형성과 강화에 의한 학습에 초점을 두었다. 이와 달리, 사회인지이론은 인간을 자신의 행동을 결정·실행·변화·향상을 추구하는 능동적 존재로 보고, 학습의 사회적·인지적 과정을 중시한다.

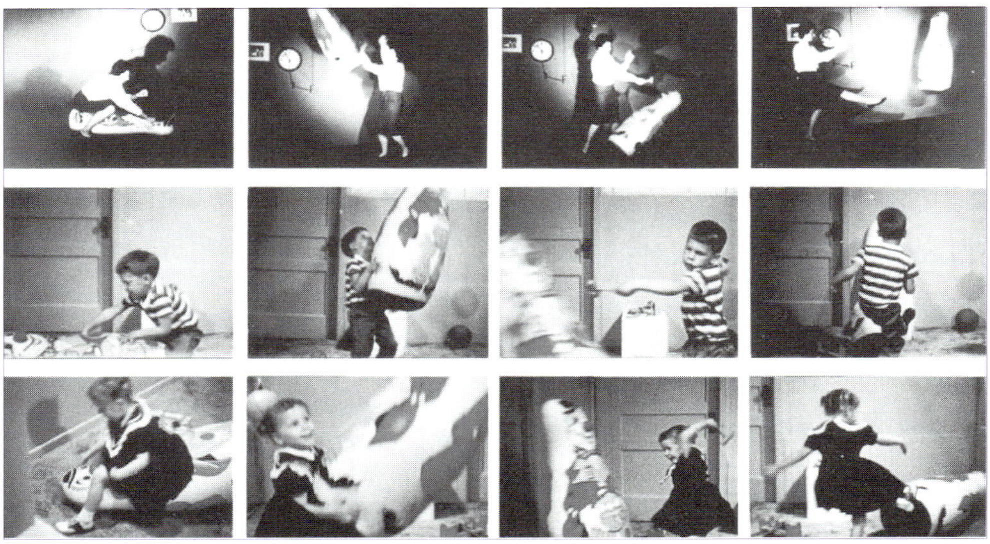

[그림 2-4] 보보인형 실험 장면

1961년 반두라는 보보인형 실험을 통해 아동들의 폭력적 행동에 관한 연구를 수행한 후, 그 결과를 토대로 **관찰학습**observational learning 개념을 소개했다(그림 2-4 참조). 관찰학습은 ① 집중attention, ② 파지retention, ③ 재생reproduction, ④ 동기화motivation 단계 순으로 진행된다. 각 단계의 특성을 정리하면 표 2-4와 같다.

표 2-4. 관찰학습의 과정

단계	설명
1. 집중	❍ 다른 사람의 행동 또는 상황이 관찰자의 주의를 끈다.
2. 파지	❍ 관찰을 통해 학습된 정보가 내적으로 보유·강화된다(인지과정).
3. 재생	❍ 학습 내용과 관찰자의 행동이 일치하도록 자기수정이 이루어진다.
4. 동기화	❍ 학습 내용이 행동으로 나타나기 전에 기대감을 갖게 한다.

1977년 반두라는 자신의 저서 『사회학습이론(*Social Learning Theory*)』에 자신이 창안한 사회학습이론을 소개했다. **사회학습이론**은 행동이 타인의 행동 또는 상황을 관찰·모방을 통해 이루어진다는 이론이다. 즉, 관찰을 통해 학습된 정보는 **자기효능감**self-efficacy(어떤 일을 성취할 수 있을 것이라는 자기 능력에 대한 믿음을 뜻하며, '자기효율성'이라고도 함)이라는 강화를 통해 필요한 경우 행동으로 나타난다는 것이다. 이 이론은 대중매체에서 미디어 콘텐츠의 반복적 노출을 통한 폭력성, 인종차별을 조장한다는 비판 여론을 형성하게 하는 한편, 유해 콘텐츠에 대한 검열의 필요성을 인식하게 하는 데 크게 기여했다.

인지행동치료

인지행동치료Cognitive Behavioral Therapy(CBT)는 인간관, 심리적 문제 발생, 치료과정의 원리를 인지·정서적 관점에서 조망하는 이론들의 집합적 접근이다. 이 접근은 행동주의 학습이론을 토대로 인지(행동 변화를 위한 사고/신념 수정)와 행동 변화를 강조하는 형태를 띤다(Follette & Callaghan, 2011). 이러한 추세는 전통적으로 외재적 변인에 중점을 두었던 행동치료가 점차 내재적 변인(불안, 동기 등)에 관심을 가지게 되면서 비롯되었다. 인지행동치료의 기본 가정은 글상자 2-3과 같다.

글상자 2-3. 인지행동치료의 기본 가정

1. 인지는 정서와 행동을 중재한다.
2. 이상행동과 관련된 신념 · 사고는 관찰할 수 있고 변할 수 있다.
3. 인지의 변화는 행동과 정서의 지속적인 변화로 이어진다.

인지행동치료의 발달로 행동치료를 비롯한 인지와 정서에 초점을 둔 다양한 치료적 접근은 다양한 인지 · 정서 · 행동 변화를 위한 기법들을 공유하게 되었다. 인지행동치료에 속하는 이론적 접근들은 기본 가정을 공유하지만, 내담자의 문제해결을 위해 적용하는 기법과 절차는 조금씩 차이가 있다. 그러나 전반적으로는 내담자의 인지를 재구성하고 구체적인 대처행동을 훈련하는 방법을 사용한다는 공통점이 있다. 인지행동치료의 발달에 공헌한 이론으로는 반두라의 사회인지이론 외에도, ① 벡의 인지치료와 ② 엘리스의 합리정서행동치료(REBT)가 있다.

합리정서행동치료 모델. **합리정서행동치료**Rational Emotive Behavior Therapy(REBT)는 앨버트 엘리스가 창시한 것으로, 인지 변화를 통해 정서 · 행동 변화를 유발하고자 하는 이론이다. 이 이론에서는 심리적 문제를 외부 사건이 아니라, 개인의 잘못된 인식과 비합리적 인지의 산물로 본다. 이에 내담자의 비합리적 신념에 직면하여 논박을 통해 합리적 신념으로 세상과 상호작용할 수 있도록 돕는 것을 목표로 한다.

앨버트 엘리스
(Albert Ellis,
1913~2007)

REBT에 의하면, 인간은 이중적 존재, 즉 합리적이면서도 비합리적이고, 분별력이 있으면서도 어리석으며, 자기실현 경향성이 있으면서도 역기능적 행동 성향이 있는 존재다. 이러한 이중성은 타고난 것이어서, 새로운 사고방식이 습득되지 않는 한 존속된다(Ellis, 2004). REBT의 주요 개념으로는 ① 비합리적 신념, ② 당위주의, ③ 정서장해, ④ ABCDEF 모델이 있다.

첫째, **비합리적 신념**irrational beliefs(iB)이란 부적절하고 자기패배적 정서를 일으키는 생각 또는 믿음을 말한다. 이는 순간순간 개인의 정서반응에 부정적인 영향을 미치는 한편, 역기능적 사고가 계속해서 개인을 지배하게 하여 정서장해의 원인이 된다. 둘째, **당위주의**란 비합리적 사고와 정서장해의 원인이 되는 '~해야 한다'는 당위적 표현(must, should, ought to, need)을 사용하는 것을 말한다. 사람들은 흔히 자신이 소망 또는 선호하는 것에 대해 '하지 않으면 안 된다' '반드시 해야 한다' '당연히 해야 한다' 같은 당위적 신념을 지니고 있다. 사람들이 일상에서 정신건강을 성취·유지하기 어려운 이유는 자기패배적 신념을 내면화하여 스스로를 정서적으로 혼란스럽게 만드는 경향이 강하기 때문이다. 이러한 신념은 분열적 감정과 역기능적 행동을 만들어낸다(A. Ellis & Ellis, 2011).

셋째, **정서장해**emotional disturbance란 비합리적 신념에 의해 동반되는 부적절한 정서, 즉 심각한 정도의 불안, 우울, 분노, 죄책감, 소외감 등을 말한다. 이러한 정서는 생애 초기에 무비판적으로 받아들인 비합리적·비논리적·완벽주의적 사고와 부정적·독단적·비논리적인 자기대화의 반복을 통해 형성된 자기패배적 신념체계에 의해 발생·유지된다. 사람들은 아동기에 중요한 인물로부터 비합리적 신념을 처음 습득하지만, 성장과정에서 스스로 비합리적 독단 또는 근거 없는 믿음을 만들어내기도 한다. 이는 자기암시와 반복과정을 통해 자기 패배적·파괴적 신념이 강화되고, 비합리적 신념이 유용한 것 같은 행동을 통해 강화된다.

끝으로, **ABCDEF 모델**은 비합리적 신념을 확인하여 논박을 통해 합리적 신념으로 대체함으로써 새로운 감정을 느끼게 되는 일련의 치료적 절차로, ABC 모델의 요소 외에 D(논박), E(효과), F(감정) 순으로 전개된다. D(논박)는 비합리적 신념에 대해 합리적·논리적 근거를 제시하도록 하여 합리성 여부를 판단하도록 돕는 기법이다. E(효과)는 비합리적 신념을 직면·논박을 통해 얻게 되는 효과적·합리적 신념을 말한다. F(감정)는 합리적 신념으로 대체된 후에 얻게 되는 자기수용적 태도와 긍정적인 느낌을 말한다. 이를 도식으로 나타내면 그림 2-5와 같다.

[그림 2-5] ABCDEF 모델

인지치료 모델. **인지치료**Cognitive Therapy(CT)는 애런 벡이 창시한 것으로, 정신장애를 유발하는 인지적 요인을 정교하게 설명하고 구조화된 개입 방법을 갖춘 이론이다. 이 이론은 1960년대에 정신분석과 행동치료로 잘 치료되지 않았던 우울증 치료를 위해 개발되어 그 효과를 인정받았다. 거의 같은 시기에 철학적 교의를 토대로 개발된

REBT와는 달리, 인지치료는 경험적 연구에 기초하여 개발되었다. 이 모델에 의하면, 심리적 문제는 일상에서 작동하는 인지왜곡의 결과가 누적되어 발생한다. 특히, 우울증을 호소하는 내담자들은 인지왜곡을 통해 삶의 경험을 부정적으로 해석하는 경향이 있다. 이들은 자신, 세계, 미래에 대해 부정적 · 회의적 믿음을 가지고 있는데, 공통적인 특징은 글상자 2-4와 같다.

애런 벡(Aaron T. Beck, 1921~2021)

글상자 2-4. 우울증이 있는 사람들의 공통적인 특징

1. 극도로 자기비판적이다.	3. 세상을 불공평하고 비지지적인 것으로 간주한다.
2. 때로 부적절한 죄책감을 가지고 있다.	4. 미래가 나아질 것이라는 희망을 갖지 않는다.

정서문제의 원인이 부정적 사고임을 강조한 엘리스와는 달리, 벡은 우울증이 부정적 사고뿐 아니라 유전적 · 신경생물학적 · 환경적 변화 요인에 의해서도 발생한다고 보았다. 벡은 우울증의 원인을 구체적으로 알지 못하더라도 **부정적 인지삼제**negative cognitive triad, 즉 ① 자신(자기비난), ② 세상(비관주의), ③ 미래(무망감)에 대해 부정적 관점을 가지고 있을 거라는 예측을 가능하게 했다. 즉, 부정적 생각이 우울증 발생 원인이 아닌 경우에도 인지삼제로 인해 우울증이 발생할 수 있다는 것이다(Beck, 1967).

오늘날 인지치료에서는 문제가 되는 역기능적 사고 조절에 인지적 · 행동적 기술 모두를 사용한다. 이는 벡의 딸 주디스 벡이 인지치료에 행동적 요소를 가미하게 되면서 비롯되었다. 인지치료의 주요 개념으로는 ① 자동사고와 ② 인지왜곡이 있다.

주디스 벡 (Judith S. Beck, 1954~현재)

첫째, **자동사고**automatic thoughts는 생활사건을 접하게 되면 거의 자동적으로 유발되는 일련의 생각을 말한다. 우울증이 있는 사람들은 흔히 자기, 타인, 세상에 대해 부정적인 생각을 가지고 있다. 인지치료에서는 내담자가 생활사건을 부정적 의미로 과장하거나 왜곡하는 부정적인 사고 경향, 즉 자동사고에 초점을 둔다. 우울증을 비롯한 정서장해가 있는 사람들의 자동사고의 특징은 인지왜곡에 의해 현실을 과장 또는 왜곡된 형태로 본다는 것이다.

둘째, **인지왜곡**cognitive distortion이란 정보처리 과정에서 생활사건의 의미를 자의적으로 해석하여 자동사고를 생성해 내는 인지과정을 말한다('인지오류cognitive errors'라고도 함). 인지왜곡의 유형으로는 ① 임의적 추론arbitrary inference, ② 양분법적 사고dichotomous thinking, ③ 선택적 추론selective abstration, ④ 과잉일반화overgeneralization, ⑤ 확대 · 축소magnification and minimization, ⑥ 개인화personalization, ⑦ 잘못된 명명mislabeling, ⑧ 파국화catastrophizing가 있는데, 이에 관한 설명은 표 2-5와 같다.

표 2-5. 인지왜곡의 유형

유형	설명
1. 임의적 추론	○ 적절한 근거 없이 또는 정반대의 근거로 파국 또는 극단적 시나리오를 생각하는 현상(예 바쁜 일과를 보낸 여성이 자신은 엄마 자격이 없다고 단정함)
2. 양분법적 사고	○ 사건의 의미를 성공, 아니면 실패같이 한 극단으로 범주화하는 현상(예 "원하는 대학에 떨어지면 실패한 인생이야!"라고 생각함)
3. 선택적 추론	○ 일부 정보만 선택적으로 받아들여 전체인 것처럼 해석하고, 다른 명확한 정보는 무시하는 현상('정신여과mental filtering'로도 불림)(예 모임에서 여자친구가 머리를 옆에 앉은 남성 쪽으로 약간 기울인 것을 본 남성이 질투심으로 격분함)
4. 과잉일반화	○ 한 가지 사건을 근거로 형성된 극단적인 결론을 관계없는 상황에도 부적절하게 적용하는 것(예 소개팅에 나갔다가 실망한 여성이 "남자는 모두 똑같아. 늘씬한 여자만 찾잖아!"라고 불평함)
5. 확대 · 축소	○ 특정 사건의 의미 또는 중요성을 실제보다 확대 또는 축소시키는 현상(예 발표하면서 조금이라도 긴장된 모습을 보이는 것은 끔찍한 재앙이라면서 파국화함[확대], 치명적인 병에 걸린 엄마를 감기에 걸렸다고 여김[축소])
6. 개인화	○ '머피의 법칙', 즉 자신과 무관한 일을 자신과 관련된 것으로 해석하는 경향성(예 "내가 세차를 하면 꼭 비가 오더라."라고 푸념함)
7. 잘못된 명명	○ 특정 대상의 특징이나 행위에 대해 과장되거나 부적절한 명칭을 붙여 자신의 정체성을 창출하는 오류(예 소개받은 여성 앞에서 사소한 실수를 한 남성이 "역시 난 바보야. 그러니까 여자들한테 인기가 없지"라고 푸념함)
8. 파국화	○ 관심 있는 한 가지 사건을 과장하여 비극적 결말을 예상하는 경향성(예 한 남성이 마음에 드는 여성을 보고는 "저 여성은 나보다 모든 면에서 뛰어나기 때문에 나 같이 능력 없는 남자에게는 관심조차 없을 거야"라고 생각함)

인간중심치료

칼 로저스
(Carl Rogers, 1902~1987)

인간중심치료Person-Centered Therapy(PCT)는 1940년대 칼 로저스가 인본주의 심리학에 근거하여 창시한 치료적 접근이다. 이 접근을 학생지도에 적용한다면, 교사는 학생의 심리적 성장을 도와 완전히 기능하는 사람이 되도록 촉진하는 것을 학생지도의 목표로 두어야 한다. 이를 위해 교사는 학생에게 삶의 방향을 지시하기보다 실현경향성을 촉진할 조건을 제공하는 역할을 해야 한다. 적절한 조건이 주어지면, 학생은 스스로 문제를 해결하고 삶을 긍정적으로 변화시킬 힘을 증대시킬 것이다.

로저스의 관점에 따르면, 학생은 긍정적 변화를 위한 내면적 동기와 잠재력을 소유한 존재다. 이에 교사가 학생에게 수용적이고 공감적인 분위기를 조성하면, 학생은 스스로 변화를 모색하고 문제를 해결할 것이다. 학생들에게는 실현경향성, 즉 잠재력을 발현 · 성장하려는 성향이 있다. 학생들이 부적응 문제를 나타내는 이유는 바로 실현경향성이 차단되었기 때문이다. 그리고 자기개념과 유기체적 경험이 괴리될수록, 학생은 점차 심한 불안을 겪게 되고 상황에 잘 적응하지 못하게 될 것이다.

핵심 개념

인간중심치료(PCT)의 핵심 개념으로는 ① 현상적 장, ② 실현경향성, ③ 자기 또는 자기개념, ④ 가치조건, ⑤ 완전히 기능하는 사람이 있다.

첫째, **현상적 장**phenomenal field이란 매 순간 개인의 의식에 지각되고 경험되는 모든 것을 의미한다. 주관적 현실로서의 현상적 장은 개인이 변화하는 세계를 지각하고 경험하는 심리적 공간으로서 개인의 사적이고 주관적인 경험 세계를 의미한다.

둘째, **실현경향성**actualization tendency이란 잠재력을 개발하여 더 가치 있는 존재로 성장하려는 선천적인 성향을 말한다. 이러한 성향은 개인의 주된 동기이자, 다른 모든 동기의 원천이다. 실현경향성에 따른 행동과 경험은 유기체적 가치화 과정을 통해 긍정적이며 소중한 것으로 존중되고, 이는 긍정적인 자기존중감으로 이어져 건강한 자기개념과 자기존중감의 바탕이 된다. 그러나 실현경향성이 차단되면, 부정적 감정과 행동으로 문제행동이 나타난다. 이는 인간의 본성에 기인한 것이 아니다. 누구나 타고난 욕구, 재능, 잠재력을 가지고 태어나기 때문이다.

셋째, **자기**self 또는 **자기개념**self-concept은 현재 자신이 어떤 사람인지에 대한 인식을 말한다. 자기에 대한 인식은 어린아이가 내면에서 지각되는 경험과 타인에 대한 경험을 구별할 수 있게 되면서 발달한다. 자기개념에는 현실적 자기와 이상적 자기가 포함되는데, **현실적 자기**real self는 현재의 자기 모습을 반영한 것인 반면, **이상적 자기**ideal self는 중요한 타인에게서 긍정적 존중을 받기 위한 가치조건을 반영한 자기 모습이다. 건강한 자기개념은 있는 그대로의 자기 모습에 근거한 현실적 자기가 주축을 이룬다. 그러나 자기와 경험이 불일치할수록, 자기구조는 가치조건에 기반을 둔 긍정적 자기존중감을 얻기 위해 방어기제를 발달시키고, 세상을 경직되고 부정확하게 지각하게 된다. 이런 경험이 자기개념으로 통합되지 못할 때, 심리적 부적응이 발생한다.

넷째, **가치조건**conditions of worth이란 특정 경험이 유기체로서의 자신을 고양하는지 여부와 관계없이 중요한 타인이 부여한 가치에 의해 자신의 경험을 긍정적 또는 부정적으로 평가하는 현상을 말한다. 생애 초기에 가치조건을 자기개념의 일부로 내면화한 아이는 이와 일치하지 않는 자신의 특성 또는 경험을 불쾌한 것으로 여기게 된다. 자신에 대한 인식이 발달하면서 아이는 부모를 비롯한 중요한 타인에게서 인정과 사랑뿐 아니라, 신체적 · 정서적 보살핌을 통해 **긍정적 존중**positive regard을 받고 싶은 욕구도 함께 발달한다. 중요한 타인의 긍정적 존중은 아이의 **자기존중감**self-esteem과 **자기가치감**self-worth에 직접적으로 영향을 미친다. 따라서 아이는 중요한 타인의 긍정적 존중을 통해 자존감과 자기가치감을 높이고자 한다.

끝으로, **완전히 기능하는 사람**a fully-functioning person은 자신의 유기체적 경험을 자기개념과 일치하는 것으로 받아들여 통합함으로써 건강한 심리적 적응을 가능하게 하는 인간상이다. 인간중심치료의 궁극적인 목표는 내담자가 완전히 기능하도록 돕는 것이다. 완전히 기능하는 사람의 특징은 경험에 대한 개방성이다. 이는 자기를 신뢰하고 외부의 가치나 권위적 타인의 영향을 덜 받으며, 자기 경험을 두려움이나 방어적 태도 없이 있는 그대로 받아들이는 것을 의미한다. 또한 행동과 결과에 책임지면서 자유롭게 삶을 생산적인 방향으로 주도해 가는 특징이 있다.

인간중심치료 기반 학생지도

학생 생활교육에 인간중심치료를 적용한다면, 교사는 학생의 유기체적 경험을 왜곡 없이 지각하여 자기개념에 통합할 수 있는 조건을 제공하고자 노력해야 할 것이다. 즉, 교사는 학생의 경험에 선순환(순간순간의 경험에 대한 자각 증가 → 자기수용과 자기 표현 증가 → 방어 감소 → 경험에 대한 개방 증가)이 일어나도록 돕는다. 이를 위해 교사는 세 가지 태도적 자질attitudinal qualifications, 즉 ① **무조건적인 긍정적 존중**unconditional positive regard(학생의 생각, 감정, 행동에 대해 어떤 판단이나 평가도 내리지 않는 순수한 보살핌), ② **공감적 이해**empathic understanding(교사가 마치 학생이 된 것처럼 학생의 주관적 경험 세계를 정확하고 깊이 있게 이해하는 것), ③ **진솔성/일치성**genuineness/congruency(교사가 자신을 교사의 역할 뒤로 숨기려 하기보다 꾸밈없이 있는 그대로의 모습을 나타내는 것)의 구현을 추구한다. 인간중심치료의 기법은 표 2-6과 같다.

표 2-6. 인간중심치료의 기법

기법	내용
1. 진솔해지려는 노력	○ 자신의 속마음과 일치하는 말과 행동을 나타냄(긍정성에 초점)
2. 적극적 경청	○ 학생의 메시지에 대해 교사의 참신한 말로 바꾸어 되돌려줌으로써, 학생에 대한 진정한 관심과 공감을 전달함
3. 공감적 반영	○ 학생의 내면세계를 정확하게 이해하려는 노력으로, 교사가 학생의 내면세계에 대해 이해한 바를 전달함
4. 즉시성	○ '지금 여기'에서 교사가 경험하는 생생한 체험을 학생에게 구두로 전달함
5. 자기노출	○ 교사가 의도적으로 자신의 생각과 경험을 학생에게 개방함
6. 교사의 개성 유지	○ 교사의 성격과 스타일에 따라 다양한 창조적 방식으로 상호작용함

해결중심단기치료

해결중심단기치료Solution-Focused Brief Therapy(SFBT)는 1980년대 초 미국의 드세이저와 김인수가 사회구성주의 철학을 기반으로 창안한 것으로, 개인의 문제 변화와 해결에 중점을 두는 치료 방법이다. 전통적인 심리치료가 내담자 문제의 근원 및 원인 탐색에 중점을 두었다면, SFBT는 문제해결과 미래 모습에 집중한다는 차이가 있다. SFBT의 관점에서 볼 때, 학생은 근본적으로 건강하고 능력이 있으며, 자신의 문제를 해결할 능력이 있는 존재다("학생은 삶에 대한 도전을 해결할 능력을 이미 갖추고 있지만, 때로 방향감각을 잃어버리고 자신에게 능력이 있음을 잊고 있을 뿐이다."). 이에 교사는 학생 생활교육에서 학생의 결핍, 단점, 약점, 문제보다는 해결책과 강점을 중시한다. SFBT의 기본 가정은 글상자 2-5와 같다.

김인수
(Insoo Kim Berg, 1934~2007)

스티브 드세이저
(Steve de Shazer, 1940~2005)

글상자 2-5. SFBT의 기본 가정

1. 문제보다는 긍정적인 상황에 초점을 두는 것이 더 효과적이고 바람직한 방향으로 변화를 유도한다.
2. 학생의 삶에서 발생하는 작은 변화는 더 큰 변화로 발전한다.
3. 학생들은 자기 삶이 더 나은 방향으로 바뀌기를 원한다.
4. 학생의 삶에서 발견되는 예외상황이 더 자주 일어나도록 격려하는 것은 학생이 문제를 스스로 통제할 수 있다는 자신감과 해결책에 대한 가능성을 깨닫게 한다.
5. 학생의 문제에 대한 탐색이나 그 원인을 파악하려는 노력은 효과가 크지 않다.
6. 저항/반항하는 학생이 있는 것이 아니라, 유연성이 결여된 교사가 있을 뿐이다.

SFBT를 적용한 학생 생활교육에서는 학생이 삶에서 변화되었으면 하는 것을 명확하게 인식하도록 하고, 그 변화를 이루기 위해 해야 할 일들을 기초로 다양한 계획을 세워 보도록 한다. 교사는 학생의 성공 경험, 즉 예외를 발견하고 그 경험에 사용된 다양한 능력을 지속하여 성공적인 삶을 이어 가도록 격려한다. SFBT의 변화 원리는 표 2-7과 같다.

표 2-7. SFBT의 변화 원리

기본 가정	변화 원리
1. 변화는 필연적 · 지속적이다.	☛ 변화를 기회로 인식한다.

2. 못 쓸 정도가 아니면 그대로 쓴다.	☛ 학생이 문제로 여기지 않는 행동은 변화시키려 하지 않는다.
3. 잘 작동하는 부분이 있다면, 그 부분을 더 활용한다.	☛ 무엇이 작동하고 있고 더 잘 기능할 것 같은가?
4. 작동하지 않으면, 다른 방법을 모색 · 사용한다.	☛ 학생에게 맞는 방법을 찾을 때까지 다른 행동을 시도한다.
5. 학생은 우리에게 자신의 자원과 강점을 알려 준다.	☛ 학생은 자신의 삶에서 어떤 것이 효과적이고, 어떤 것이 그렇지 않은지 알고 있다.
6. 작은 진척이 큰 변화를 이끈다.	☛ 충분히 좋은 상태로 불릴 수 있을 정도로 점진적으로 나아간다.
7. 해결책과 문제 사이에 논리적인 관계가 있을 필요는 없다.	☛ 바람 빠진 타이어를 고칠 때 왜 바람이 빠졌는지 아는 것보다는 고치는 것이 더 중요하다.
8. 해결책 마련과 관련된 언어는 문제를 설명하는데 필요한 언어와 다르다.	☛ 결핍, 병리, 부정적 언어를 사용하는 문제 중심 접근보다는 해결에 초점을 맞춘다.
9. 문제는 항상 일어나는 것이 아니고, 항상 활용할 예외상황이 있다.	☛ 문제에 대한 예외상황을 탐색하여 새로운 해결책을 도출한다.
10. 미래는 창조되며 절충할 수 있다.	☛ 학생은 자기 운명의 '건축가'다. 대화를 통해 새로운 미래의 재창조를 돕는다.

출처: 강진령. (2021).

핵심 개념

SFBT의 핵심 개념으로는 ① 예외상황, ② 문제 중심의 이야기, ③ 내담자 유형이 있다. 이러한 개념들을 학생지도의 관점에서 조망하면 다음과 같다.

첫째, **예외상황**이란 학생의 삶에서 효과적이었던 시기를 말한다. 예외상황을 다루는 것은 학생의 강점을 드러내려는 목적이 있다. 이에 교사는 학생이 신속하게 변화할 능력이 있고, 새로운 현실을 위해 문제에서 벗어난 언어로 대체할 수 있다고 믿는다. 모든 문제에는 예외가 있다는 전제하에 교사는 학생이 해결에 관한 이야기를 통해 해결책을 모색하도록 돕는다.

둘째, **문제 중심의 이야기**problem-saturated story란 학생이 흔히 교사를 찾을 때 늘어놓는 이야기의 형태를 말한다. 문제 중심의 생각은 결국 문제 중심의 해결책으로 이어진다. 이에 교사는 성취 가능한 목표에 대한 믿음의 중요성을 강조하는 낙관적인 대화를 통해 학생의 부정적인 문제 중심의 이야기를 재구조화하여 그의 인식 전환을 도울 수 있다. 이는 학생이 자신의 삶에 문제만 있는 것이 아니라고 인식하게 하는 효과가 있다.

셋째, **내담학생 유형**, 즉 교사를 찾는 학생은 ① 고객형customers, ② 불평형complainants, ③ 방문자형visitors으로 구분할 수 있는데, 유형별 특징은 표 2-8과 같다(de Shazer, 1988).

표 2-8. 상담자/교사를 찾는 내담자/학생의 유형과 특징

유형	특징
1. 고객형	○ 목적이 분명하고, 문제해결을 위한 작업 준비가 되어 있음 ○ 앞으로 다룰 문제와 해결 방안을 함께 모색하게 됨 ○ 목표 달성을 위해 스스로 노력해야 한다는 것을 알고 있음
2. 불평형	○ 문제와 작업할 것을 인식하고 있지만, 해결책 발견에 어려움이 있음 ○ 문제해결은 타인에게 달려 있다고 여기고 문제에 관해 이야기만 할 뿐, 해결 방안을 모색하지는 않음 ○ 자신이 문제라고 지목한 사람을 교사가 변화시켜 주기를 기대함
3. 방문자형	○ 교사를 시험하듯이 이곳저곳을 기웃거림 ○ 타인(다른 교사, 또래, 학부모 등)에 의한 의뢰로 면담하게 됨 ○ 자신이 문제라고 여기지 않고 면담 주제의 초점을 정하기 힘들어 함

SFBT 기반의 학생지도

SFBT의 관점에서 면담을 진행하는 경우, 교사는 학생이 문제를 해결하려는 의지와 능력을 가지고 스스로 해결책을 찾아 나가도록 도움을 주는 데 주력한다. 교사는 학생과 함께 학생 자신의 미래, 그리고 삶에서 달라지기를 원하는 것에 관해 이야기를 나눈다. 교사는 규모가 작고, 현실적이며, 관찰·성취 가능한 변화에 중점을 둠으로써 긍정적인 결과로 이어지도록 돕는다. 이는 목표 성취가 작은 규모의 성공 경험에서 시작될 수 있다는 가정에 기초한 것이다(de Shazer & Dolan, 2007). SFBT를 적용한 학생지도에서는 주로 질문 기법을 통해 학생이 다르게 행동할 것에 대한 탐색을 돕는

다. 학생지도에 적용할 유용한 질문 기법에 관한 설명은 표 2-9와 같다.

표 2-9. SFBT에서 주로 사용되는 질문

질문	설명
1. 예외발견 질문	❍ 학생의 삶에서 현재 문제가 되는 일이 문제가 되지 않았던 때에 관해 탐색하기 위한 기법(예 "문제가 해결되었다면 그것을 어떻게 알 수 있을까?" "최근 들어 문제가 일어나지 않았던 때는 언제였나요?)
2. 기적 질문	❍ 학생을 만족스럽게 하는 미래의 모습을 상상하게 하는 기법(예 "어느 날 밤 연우가 잠든 사이에 기적이 일어나 연우의 문제가 해결되었다면, 그것을 어떻게 알 수 있을까?")
3. 척도 질문	❍ 학생이 자신의 문제와 관련된 상황을 0부터 10까지의 척도로 평정해 볼 수 있도록 고안된 기법(예 "0에서 10점 척도에서 10점이 가장 바람직한 상태라면, 서현이가 변화하길 바라는 정도는 몇 점이니?" "0에서 3까지 척도점수를 올리려면, 앞으로 2주 이내에 어떤 변화가 필요할까?")
4. 목표선택 질문	❍ 목표를 구체화하도록 돕기 위한 질문(예 "지우는 너의 미래가 어떻게 되기를 원하니?")
5. 평가 질문	❍ 목표 달성에 도움이 되는 행동과 그렇지 않은 행동 구분을 돕는 질문(예 "수희는 현재 무엇을 하고 있고, 그것은 효과가 있니?")
6. 대처 질문	❍ 학생이 문제해결에 도움이 되었던 과거 행동에 초점을 맞추도록 하는 질문(예 "민우는 과거에 그 문제에 어떻게 대처했니?")
7. 해결지향 질문	❍ 미래지향적이고, 목표 달성을 돕는 새롭고 긍정적인 방법을 개발할 기회를 제공하는 질문(예 "문제가 없다면, 수빈이의 삶은 어떻게 달라질까?")
8. 악몽 질문	❍ 학생이 자신의 상황이 더 악화되어야 문제에서 벗어나려는 의지를 보일 때 사용되는 기법(예 "오늘 밤 잠들었는데, 악몽을 꾸었어요. 그런데 오늘 가져온 문제가 훨씬 더 악화됐어요. 내일 아침에 무엇을 보면 악몽 같은 삶을 살고 있다는 사실을 알 수 있을까요?")
9. 보람 질문	❍ 학생의 목표 구체화를 돕기 위한 질문(예 "'아, 상담받길 참 잘했다'라는 생각이 들려면 어떤 것이 달라지면 될까?")

복습문제

다음 빈칸에 들어갈 말을 써 보세요.

1. 정신분석의 창시자 프로이트는 인간을 ________과 무의식적 동기에 의해 행동하는 존재로 가정했다. 특히, 전자는 사람의 모든 행동에는 의미와 목적이 있다는 것을 의미한다.

2. 정신분석에 의하면, ________은/는 의식구조의 구성요소로, 가장 강력하고 이해하기 어려운 부분으로, 불안을 막기 위해 의식으로부터 배제된 욕동, 동기, 감정, 생각, 사건 등으로 구성되어 있다.

3. 정신분석의 관점에서 ______은/는 개인이 처해 있는 내 · 외적 위험을 알려 주어 자아가 이를 피할 수 있게 하는 대처 기능으로, 자아는 이것의 감소를 위해 방어기제 사용을 비롯하여 현실적 적응을 위해 기능한다.

4. 행동치료에서 조작적 조건형성의 주요 개념의 하나인 ________은/는 바람직한 행동이 나타날 때마다 불쾌조건을 제거해 줌으로써 바람직한 행동 발생의 빈도수를 높이는 것을 말한다.

5. REBT의 창시자 엘리스는 내담자와 함께 ____________을/를 찾아 ______을/를 통해 ____________으로 바꾸는 것을 치료의 핵심으로 보았다.

6. 인지치료의 창시자 벡의 주요 업적으로는 우울증의 발생 원인을 구체적으로 알지 못하더라도 ______________, 즉 ① 자신(자기비난), ② 세상(비관주의), ③ _______에 대해 부정적 관점을 가지고 있을 거라는 예측을 가능하게 한 것이다.

7. 벡의 인지치료에 의하면, ________은/는 정보처리 과정에서 생활사건의 의미를 자의적으로 해석하여 자동사고를 생성해 내는 인지과정을 말하는데, 이 중 __________은/는 적절한 근거 없이 또는 정반대의 근거로 결론을 내리는 현상을 말한다.

8. 인간중심치료의 창시자 칼 로저스는 잠재력을 개발하여 더 가치 있는 존재로 성장하려는 선천적인 성향을 __________(이)라고 명명했다.

9. 해결중심단기치료의 기법인 ____________은/는 학생의 삶에서 현재 문제가 되는 일이 문제가 되지 않았던 때에 관해 탐색하기 위한 기법으로, "문제가 해결되었다면 그것을 어떻게 알 수 있을까?" 또는 "최근 들어 문제가 일어나지 않은 때는 언제였나요?" 같은 질문이 그 예다.

10. SFBT에 의하면, 교사는 성취 가능한 목표에 대한 믿음의 중요성을 강조하는 낙관적인 대화를 통해 학생의 부정적인 _________________을/를 재구조화하여 그의 인식 전환을 도울 수 있다.

소집단 활동

알아차림

게슈탈트치료의 창시자 펄스(Perls, 1969)는 자신의 저서 『쓰레기통의 안과 밖(*In and Out of the Garbage Pail*)』에서 자신의 치료적 접근과 관련된 명언을 남겼다. 5인 1조로 나누어 다른 조원들과 이 글을 읽고 난 소감을 나누어 보자.

> 나는 있는 그대로 나다.
> 장미는 장미이고, 장미는 장미다.
> 강물을 재촉하지 말라! 강물은 스스로 흐른다.
> 전체가 나누어지면, 전체는 사라진다.
> 현명한 사람은 자신의 연기를 이해한다.
> 알아차림이 없으면, 아무것도 없다.

소감

PART 2

생활지도의 영역

Chapter 03

학생면담

개요

학습목표

1. 학생면담의 원리를 이해하여 학생지도에 반영할 수 있다.
2. 학생면담의 과정을 이해하여 학생지도에 적용할 수 있다.
3. 학생면담의 기술을 이해 · 습득하여 학생지도에 활용할 수 있다.
4. 학생면담의 전략을 체득하여 학생지도의 성과를 극대화할 수 있다.

교사는 때로 생활지도를 목적으로 학생을 면담할 때가 있다. 이러한 형태의 면담을 학교 현장에서는 종종 학생상담으로 불린다. 그러나 상담은 상담자 교육과 훈련을 받은 전문가가 수행하는 활동 또는 과정이다. 따라서 교사가 전문적인 상담자 교육과 훈련을 받지 않았다면, 도움이 필요한 학생을 면대면 또는 비대면 상태로 도움을 제공하는 과정은 상담이 아니라 면담이라는 말이 더 적절하다. 학생들이 흔히 겪게 되는 고민이나 관심사는 발달과정에서 흔히 나타나는 성장통으로 시간이 지나면서 어느 틈엔가 자연스럽게 해결되기도 한다. 교사는 이에 관한 지식과 경험을 갖추고 학생의 성장·발달을 도와야 한다.

면담이란 얼굴 면面, 이야기 담談, 즉 알고 싶은 내용을 알아보기 위해 두 사람 또는 그 이상의 사람이 얼굴을 마주하고 이야기하는 것을 말한다. 학생면담은 교사가 학생을 대상으로 하고, 학교 현장(교무실, 교실, 상담실 등)에서 이루어지며, 주로 학생의 학업, 진로, 개인·사회성 발달과 관련된 사안을 다룬다. 면담을 통해 면담자(교사)는 피면담자(학생, 학부모)에게서 알고 싶은 내용 또는 정보를 자세하고 정확하게 알 수 있다. 또한 궁금한 점이 있으면 질문을 통해 쉽고 빠르게 알 수 있다는 이점이 있다. 면담은 일상적인 대화와는 달리 공식적인 성격을 띠며, 정보수집, 문제해결, 및/또는 설득을 목적으로 한다. 이 장에서는 ① 학생면담의 원리, ② 학생면담의 과정, ③ 학생면담의 기술, ④ 학생면담의 전략으로 나누어 교사의 면담역량 배양을 위한 방안에 대해 살펴보기로 한다.

학생면담의 원리

교사가 학생과 많은 대화를 나누고 감정을 교류하는 것은 꼭 필요하고 아주 중요한 일이다. 현실적인 관심거리 또는 걱정거리를 나누는 것도 좋은 일이다. 학생과 이런저런 이야기를 나누다 보면, 학생은 자신이 학급의 중요한 일원이고, 인격체로서 교사의 인정을 받았다는 자신감을 갖게 된다. 또한 교사와 상호작용하면서 교사를 자신과 동일시하고, 존경의 대상으로 보게 되는 좋은 기회가 된다. 단, 교사가 학생에게 신세 한탄을 하는 식으로 자신의 불안을 해소하려 한다면 문제가 된다.

학생면담의 원리란 교사가 학생을 면담할 때 소기의 목적을 달성하기 위해 실천해야 할 행위 규범을 의미한다. 규범은 인간이 행동 또는 판단할 때 마땅히 따르고 지켜야 할 가치판단의 기준이다. 그렇다면 학생면담의 목적을 달성하기 위해 교사가 따르고 지켜야 할 행위 규범은 무엇일까? 여기서는 ① 의사소통의 원리, ② 면담의 기본 태도를 중심으로 살펴보기로 한다.

의사소통의 원리

학생면담은 의사소통을 통해 이루어진다. **의사소통**communication은 사람들 간에 생각, 느낌, 정보 등을 주고 받는 일로, 관계 형성과 유지를 위한 중요한 수단이다. 영어의 'communication'은 '공통되는(common)' 또는 '공유하다(share)'라는 의미의 라틴어 'communis'에서 유래했다. 공동체를 의미하는 영어의 'community'는 이 말에서 파생되었다. 의사소통은 정지된 하나의 단순 행위가 아니라 시간 경과와 함께 진행되며, 개인과 타인이 상호 연결되는 일련의 행위인 동시에 과정이다.

의사소통은 구어oral language 또는 문어written language같이 언어적 요소만을 사용하는 것처럼 보인다. 그러나 동시다발적인 표정, 제스처, 자세, 시선, 어조, 억양 등의 비언어적 요소를 통한 의사소통이 훨씬 더 큰 부분을 차지한다(Mehrabian, 1971). 구어를 사용하는 의사소통은 말로 소리 내어 메시지를 주고받는다고 해서 '언어적 의사소통verbal communication'이라고 한다. 반면, 표정, 제스처, 시선 등은 음성언어(말)와 구분하여 '비언어적 의사소통nonverbal communication'이라고 한다. 즉, **언어적 의사소통**은 말을 통해 의사와 정보를 주고받는 것으로, '무엇을 말하는가'에 해당한다. 반면, **비언어적 의사소통**은 '어떤 방식으로 말하고, 어떤 행동을 통해 의사를 전달하는가'에 관한 것이다.

다년간 대인관계에서의 의사소통을 연구한 메라비언(Mehrabian, 1971)은 사람들이 처음 만났을 때 받는 첫인상을 결정하는 요인을 분석한 결과, 말하는 사람의 메시지가 언어적 행동(말의 내용) 7%, 목소리의 톤 · 어조 · 높낮이 38%, 비언어적 행동(몸짓, 표정 등) 55%로 전달하는 것으로 나타났다. 그의 연구는 의사소통에서 비언어적 행동이 얼마나 중요한지를 단적으로 증명하고 있다. 이러한 점을 고려할 때, 학생면담에서 ① **동작성**kinesics(표정, 시선 접촉, 몸의 움직임, 자세, 신체적 접촉 등), ② **근접성**proxemics(사회적 거리, 영역 등), ③ **준언어**paralanguage(말의 어조, 억양 등) 같은 비언어적 의사소통의 구성요소를 효과적으로 활용하는 것은 성공적인 학생면담에 필수다.

학생면담의 기본 태도

학생면담의 기본 태도로는 ① 관심 기울이기, ② 적극적 경청, ③ 감정 알아차리기, ④ 공감적 이해를 들 수 있다. 학생면담은 학생에 대해 관심을 나타내고 주의를 기울이는 태도로 시작한다.

관심 기울이기. 첫째, **관심 기울이기**attentiveness란 면담과정에서 교사가 학생과 그의 이야기에 주의를 기울이고, 깊은 인간적 관심을 나타내는 것을 말한다. 전직 교사이자 상담전문가 이간(Egan, 2013)은 효과적인 면담을 위한 지침을 해당 단어의 앞 글자를 딴 SOLER 개념을 소개했다(표 3-1 참조).

표 3-1. SOLER 개념

약자	내용
S	○ sit **S**quarely / 학생을 정면으로 보고 앉는다.
O	○ **O**pen posture / 개방적인 자세를 취한다.
L	○ **L**ean toward the client / 학생 쪽으로 몸을 기울인다.
E	○ maintain good **E**ye contact / 학생과 시선 접촉을 유지한다.
R	○ be **R**elaxed / 편안하고 자연스러운 자세를 취한다.

적극적 경청. 둘째, **적극적 경청**active listening은 학생의 언어적 메시지에 귀를 기울이고, 비언어적 메시지를 주의 깊게 관찰하여, 핵심 메시지를 교사의 참신한 말과 행동을 통해 되돌려 주는 행위다. 즉, 학생의 욕구, 기대, 감정 등에 중점을 두고 그의 말과 행동을 경청한 뒤, 핵심 메시지를 교사의 말로 정리하여 전달해 주는 것이다. 일찍이 펄스(Perls, 1969)는 "다투는 사람은 경청하지 않고, 경청하는 사람은 다투지 않는다."는 말로 경청의 중요성을 강조한 바 있다.

그뿐 아니라 『화성에서 온 남자, 금성에서 온 여자(*Men are from Mars, Women are from Venus*)』의 저자 그레이는 경청의 자세를 '판단, 충고, 질문 같은 반응을 보이지 않고, 있는 그대로 수용적으로 들어주는 것'이라고 했다. 경청은 기울일 경傾, 들을 청聽, 진심을 담아 귀 기울여 듣는 것이다. 이청득심以聽得心! 예로부터 귀 기울여 들으면 사람의 마음을 얻는다고 했는데, 이것이 학

존 그레이
(John Gray 1951~현재)

생면담 기술의 핵심이다.

적극적 경청은 열린 마음과 태도로 학생의 메시지에 포함된 뉘앙스까지 관심을 가지는 것이다. 이는 학생을 존중하는 태도를 나타내는 수단이며, 상호 호혜적 관계 형성을 위한 초석이다. 경청이 상담의 필수 요소라는 사실에 대해서는 대부분의 상담 이론에서도 이의를 제기하지 않는다. 그만큼 경청은 이론적 접근과 관계없이 변화의 촉매로 작용하기 때문이다. 다른 한편으로, 교사는 경청을 저해하는 요소를 알고 있어야 한다. 이에 관한 설명은 표 3-2와 같다.

표 3-2. 적극적 경청의 저해 요소

저해 요소	문제점
1. 도덕적 훈계	❍ 도덕적 계율에 순응하도록 요구하거나, 의무/책임을 부과하는 말('~해야 한다' '~하지 말아야 한다'는 형식의 반응) ❍ 학생의 판단력을 신뢰하지 않고, 교사가 옳다고 생각하는 것을 무조건 받아들여야 한다는 압력으로 작용할 수 있음
2. 해결책 제시	❍ '~하는 것이 좋겠다'라는 형식의 반응으로, 학생의 문제해결 능력을 신뢰하지 않고 있음을 나타낼 수 있음
3. 논리적 의견	❍ 학생이 비논리적이고 무지함을 암시할 수 있어서 방어와 저항을 불러일으킬 수 있음
4. 비판 · 평가	❍ 학생에게 자신이 어리석고 부적절하며 열등하고 무가치한 존재라는 느낌이 들게 할 수 있음
5. 상투적인 말	❍ 학생의 문제를 하찮은 것으로 폄훼함으로써, 이해받는 느낌이 들지 않게 할 수 있음
6. 분석 · 진단	❍ 학생에 관해 '다 알고 있다', 즉 동기가 무엇이고 왜 그런 식으로 행동하는지를 알고 있다는 인상을 줄 수 있음
7. 질문 · 추궁	❍ 학생에 대한 신뢰 결여, 의혹 또는 의심을 전달할 뿐 아니라 말하고 싶은 것에 대해 말할 수 있는 자유를 제한할 수 있음

적극적 경청을 통해 학생면담에서 기대할 수 있는 효과는 다음과 같다. 첫째, 학생은 교사에게 충분히 이해받고 있다고 느껴 만족감을 느끼고, 자신에게 솔직하게 된다. 둘째, 학생은 교사의 반응을 통해 자신의 이야기를 주의 깊게 듣게 되고, 자신의 이야기, 생각, 모호했던 감정이 명확해지며, 그것을 심리적 더 정확하게 표현하려고 노력하게 된다. 그 결과, 학생은 자기 경험을 알아차리게 되면서 심리적 성숙과 인간

적 성장을 촉진하게 된다. 역사적으로, 상담의 대가들은 훌륭한 경청자들이었다는 사실만 보더라도 적극적 경청이 학생의 변화에 미치는 영향이 크다는 것을 알 수 있다.

감정 알아차리기. 셋째, **감정 알아차리기**awareness of feeling란 학생의 이야기에서 내용보다 지금 여기에서 경험하는 욕구와 감정을 이해하는 것을 말한다. 이는 학생의 이야기에 담긴 욕구와 감정을 언어적 · 비언어적으로 다루어 주는 것이다. 이러한 반응은 학생에게 교사로부터 이해받는 느낌을 준다. 그러나 학생의 감정을 이해하고 이를 다루어 주는 일은 쉽지 않다. 특히 부정적인 감정이 학생 자신 또는 교사에 대한 것이면 더욱 그렇다. 그렇지만 교사는 이를 감정적으로 받아들이기보다는 학생이 표현하는 것을 있는 그대로 받아들이면서 그 감정을 알아줄 필요가 있다.

매 순간 자신의 감정 상태를 알아차리는 것은 정신건강과 신체건강 유지에 중요하다. 감정은 개인의 뇌 활동과 행동에 영향을 준다. 이는 속도계 확인을 통해 자동차 속도를 조절하는 것과 같다. 또 연료 게이지를 확인함으로써 얼마나 더 주행할 수 있고, 또 언제 주유해야 하는지 알 수 있는 것과 같다. 감정도 이와 같아서 자신의 감정 상태를 알아야 조절할 수 있다. 억압, 부인, 또는 회피한다고 해서 감정이 사라지는 것은 아니다. 특히, 부정적 감정과 스트레스는 적절한 방식으로 인식 · 경험 · 방출함으로써 해소될 수 있다. 학생의 감정 이해는 주로 어떤 감정 언어를 사용하는지 살펴봄으로써 가능하다.

공감적 이해. 끝으로, **공감적 이해**empathic understanding란 학생의 입장에서 그의 조회체제(사물 또는 현상을 지각 · 판단할 때 적용하는 일련의 기준)로 이해하는 것을 말한다. 즉, 기꺼이 학생의 입장이 되어, 그의 마음의 소리에 귀 기울여 이해하는 것이다. 학생이 말과 행동으로 표출하는 메시지 이면의 더 깊은 동기, 욕구, 감정 등을 인식하는 것은 '**심층적 공감**advanced empathy'이라고 한다. 공감적 이해는 단순히 가슴으로 이해하는 것으로 끝나는 것이 아니라, 이해한 것을 학생에게 전달 · 확인하는 것으로 마무리된다. 이는 때로 말없이 고개를 끄덕여 주거나, "~한 느낌이 드는구나!" 또는 "~한 마음이구나!" 같은 말로 학생의 마음을 함께 나누고 있음을 전달할 수 있다. 사람들은 갈등 상황에 놓이거나 고민거리가 생기면, 자기만의 악순환이 되는 논리에 빠질 때가 있다. 이로 인해 혼자 해결해 보려고 노력하지만, 다시금 난관에 봉착하곤 한다. 공감적

이해를 통한 대화는 이런 어려움을 겪는 학생의 문제해결에 도움을 줄 수 있다.

공감적 이해는 두 가지 방식으로 학생의 문제를 해결하도록 돕는다. 하나는 문제를 가지고 있는 학생이 진정으로 원하는 바를 깨닫도록 돕는 것이고, 다른 하나는 학생이 자기가 주장하던 논리의 모순을 알아차려, 스스로 논리를 폐기하도록 돕는 것이다. 상담에서 가장 도움이 되었던 점이 '상담자가 자신을 있는 그대로 이해해 준 것'이라고 답한 내담자가 가장 많았다는 연구 결과(Egan, 2019)는 결코 우연한 것은 아닐 것이다.

학생면담의 과정

학교에서 도움이 필요한 학생이 면담을 위해 교사를 찾기도 하지만, 학생면담은 대개 교사의 호출로 시작된다. 학생면담은 크게 ① 시작, ② 중간, ③ 종결 국면으로 진행된다.

시작 국면

학생면담은 대체로 면담사유에 관한 이야기로 시작한다. 학생의 신청에 의한 면담은 면담사유에 대한 교사의 경청이 요구되지만, 호출면담의 경우는 교사의 면담목적이 명확하게 언급되어야 한다. 학생면담은 신뢰관계를 바탕으로 한다. 신뢰trust는 교사가 먼저 학생을 있는 그대로 믿는 것이다. 학생과의 신뢰관계는 섣부른 판단 또는 비판적이지 않은 분위기 조성과 온정, 공감, 존중, 배려를 기반으로 촉진된다. 특히, 공감은 긍정적인 행동이 사소하게 보이더라도 그것이 얼마나 하기 힘든지를 가슴('공감')과 머리('이해')로 알아주는 것이다. 이를 통해 학생은 존중받는 느낌이 들고, 자신의 내면세계를 조금씩 드러낼 수 있게 된다. 또한 학생은 이 과정을 통해 자유, 독립성, 그리고 개인의 가치를 경험하게 된다.

학생면담에서 교사가 빠지기 쉬운 함정은 학생의 말에 경청하기보다 마치 학생의 문제에 대한 해결책을 알고 있는 것처럼 충고나 조언을 하는 것이다. 이는 교사가 학생의 자율성을 무시하고, 문제해결에 대한 책임을 떠안겠다고 선언하는 것과 같다. 어린 학생의 경우, 충고나 조언은 때로 면담과정에서 필요할 수 있지만, 대체로 시작 국면에서는 적절하지 않다. 경청은 신뢰를 기반으로 학생의 이야기에 귀 기울이는 것이다. 이는 학생의 이야기 주제 또는 흐름을 따라가며 교사가 이해한 내용 또는 감정을 교사의 말로 정리하여 학생에게 되돌려 주는 것이다.

전문가의 상담이 효과적인 이유는 꾸중, 비판, 판단, 또는 지시를 습관적으로 사용하는 일반적인 어른들과는 달리 온정적인 어른이 수용적인 분위기에서 학생의 관심사에 주의 깊게 들어 준다는 독특한 경험 때문이다. 이는 학생을 생리적 욕구와 심리적 욕구(사랑, 소속, 힘, 자유, 즐거움) 충족을 위해 행동하는 존재로 이해하며, 타인의 기대에 따라 살아야 할 대상이 아니라 끊임없이 성장하는 존재로 대할 때 가능해진다.

중간 국면

학생면담의 중간 국면에서는 면담 목적 달성을 위한 작업을 한다. 학생의 문제행동은 그의 욕구 충족을 위한 행동패턴과 밀접한 관련이 있다. 따라서 교사는 면담과정에서 학생의 주관적 세계(견해, 관심사, 가치관, 생활양식, 삶의 목표 등)를 탐색한다. 아들러(Adler, 1964)에 의하면, 학생의 부적응 행동은 ① 인정과 수용(주의 끌기), ② 원하는 대로 할 수 있는 능력(힘), ③ 타인 괴롭힘(복수), ④ 철수행동과 무망감 표출(부적절성) 순으로 점차 악화된 방법을 자신의 욕구 충족을 위해 사용한다. 그러므로 교사는 학생의 일탈행동 역시 그의 욕구 충족을 위한 시도로 이해하고, 학생이 사회적으로 용납되는 방식으로 욕구를 충족할 수 있도록 도와야 한다.

학생의 변화를 돕기 위해서는 그의 행동방식과 생활양식이 욕구 충족을 위한 방향과 일치하는지에 대한 탐색이 요구된다. 이를 위해 학생의 욕구, 생활양식, 가치체계의 이해를 기반으로 학생의 부적절한 목표와 욕구 충족을 위한 행동 사이의 부조화를 깨달을 수 있도록 돕는다. 욕구 충족을 위한 행동이 잘못되면, 이에 따른 자연적 결과가 초래된다. **자연적 결과**natural consequences란 타인의 간섭 없이 사건의 자연적 흐름 또는 현실에 따라 정해진 결과를 말한다. 먹지 않으면 배고파지고, 추운데 옷을 입지 않으면 추워진다. 이런 자연적 결과는 누구에게나 적용된다. 학생의 잘못된 선택은 고통과 불편감이 따르고, 학생은 그 선택에 책임져야 한다.

예를 들어, 교사의 인정을 받고 싶지만, 잘못된 행동 선택에 의한 학업부진으로 왜곡된 자기개념을 가지고 있는 학생이 있다고 하자. 교사는 학생의 욕구와 이를 충족시키기 위한 행동 사이의 불일치를 인

식할 수 있도록 돕고, 학생이 어떻게 행동해야 할 것인가를 함께 논의해 보아야 할 것이다. 그리고 학업부진의 악순환을 반복하는 학생의 행동패턴(수업 시간에 딴짓하기/백일몽 → 숙제 미제출 → 꾀병으로 조퇴/결석 → 교사의 부정적인 피드백 → 학업부진 → 부모의 압력 → 일탈행동 → 학업부진)이 생활양식으로 굳어지게 된 과정을 보여 줄 필요가 있다.

이 과정에서 교사는 학생을 꾸중, 비판, 훈계할 필요는 없다. 다만, "수업시간에 집중하지 않아서 숙제하는 데 어려움이 있었구나." "원치 않는 행동을 하게 된 것이 성적 하락으로 이어졌구나." 등의 말로 안타까움을 표현한다. 학생이 자신에게 불편감을 초래한 행동을 바꾸면 불편감은 감소 또는 사라지는데, 이 또한 자연적 결과다. 만일 학생이 불안 해소를 위해 문제에 대한 책임을 타인에게 전가한다면, 직면을 통해 학생의 비생산적인 행동과 태도가 문제의 원인으로 작용하였음을 직시할 수 있도록 돕는다. 교사는 스스로 글상자 3-1에 제시된 탐색 질문에 대한 답을 모색해 봄으로써, 학생의 행동패턴에 변화를 줄 수 있는 전략을 마련한다.

글상자 3-1. 탐색 질문의 예

1. 학생의 특정 행동은 어떤 목적으로 사용되는가?
2. 특정 행동을 통해 학생의 어떤 욕구가 충족되고 있는가?
3. 그 행동은 학생이 변화를 주고 싶다고 말하는 것과 일관성이 있는가?
4. 학생은 소속감 욕구를 충족하고 있는가?
5. 학생은 사랑 · 인정 결핍으로 고통을 겪고 있는 것처럼 보이지 않는가?
6. 학생은 힘, 즐거움, 및/또는 자유에 대한 욕구를 표출하고 있지는 않는가?

교사는 잠정적 분석과 가설을 통해 학생이 행동의 원인과 결과에 대한 통찰을 촉진하는 한편, 학생이 욕구 충족을 위한 행동을 시도할 수 있도록 돕는다. 학생면담의 중간 국면에서 교사는 단순히 학생 자신과 학생의 관심사 이해뿐 아니라, 학생이 더 높은 수준의 사회적 관심, 협력, 그리고 다른 사람에게 관심을 가지도록 돕는 것에 중점을 둔다. 이때 대화의 시제는 과거형보다는 현재형과 미래형을 사용하여, 학생이 세상에 대해 어떻게 인식하고 있는지 탐색한다. 이 과정에서 교사는 학생의 성공 경험과 강점을 드러내어 준다. 동시에 학생의 욕구 충족을 위한 생산적 · 긍정적인 행동을 실천할 수 있도록 격려한다. 이러한 일련의 과정을 통해 면담 목표가 달성되면, 면담의 종결 국면에 다다른다.

종결 국면

학생면담의 종결 국면에서는 이전 국면에서 다룬 내용을 요약 · 정리한다. 만일 학생이 교사와 행동 변화를 위한 실천과제를 약속했다면, 교사는 학생의 행동 변화를 위한 실행과제를 요약 · 정리하고, 학생이 기꺼이 실행과제를 이행할 것에 대해 격려를 아끼지 않는다. 교사는 글상자 3-2에 제시된 질문을 활용하여 면담의 종결을 준비한다.

글상자 3-2. 종결 준비상태 점검을 위한 질문 예시

1. 학생면담의 목적을 달성했는가?
2. 학생의 문제행동에 대한 해결 방안이 마련되었는가?
3. 문제행동에 대한 학생의 자각 수준이 높아졌는가?
4. 같은 사안으로 더 이상의 면담은 필요하지 않은가?
5. 학생의 행동 변화를 위해 전문가의 도움이 필요하지 않은가?
6. 학생에게 자해, 자살, 타해, 타살의 가능성은 없는가?

학생면담은 학생이 자신감을 가지도록 격려하고, 어른의 통제로부터 독립 · 성장할 수 있도록 돕는 과정이다. 따라서 교사는 학생이 자기 자신, 관심사, 행동을 새로운 관점에서 인식할 수 있도록 돕는다. 또 학생이 면담을 통해 알아차리거나, 깨닫거나, 습득한 생산적인 행동을 실생활에 적극적으로 실천하도록 격려한다.

학생면담의 기술

학생면담은 교사의 적극적 경청을 기반으로 이루어진다. 교사들은 흔히 교실의 모든 문제에 직접 개입하여 해결해야 한다는 부담을 갖는다. 그러나 어떤 문제는 학생의 문제로, 해결해야 할 책임이 학생에게 있다. 문제의 소유권이 중요한 이유는 무엇일까? 그 이유는 민주적인 교실에서는 구성원 모두가 자기 행동에 책임을 져야 하기 때문이다. 안전한 학교와 수업을 방해하는 문제는 해결되어야 한다. 교사는 다음과 같은 질문을 자신에게 던져 봐야 한다(㉮ "이 문제행동은 수업, 교권, 또는 안전을 저해하는가, 아니면 다른 학생 또는 문제를 일으킨 학생의 안전/권리를 위협하는가?"). 이 질문에 대한 답에 따라 문제 소유자가 교사인지 학생인지 결정할 수 있다.

학생면담을 위한 기본 기술로는 크게 ① 나 전달법과 ② 반영적 경청이 있다. 학생이 문제를 소유한 경우는 반영적 경청을, 교사가 문제를 소유한 경우는 나 전달법을 사용한다. 예를 들어, 다른 학생과의 다툼 때문에 한 학생이 울고 있다면, 이 문제는 학생이 소유하고 있다. 이 경우, 교사는 해당 학생에게 "○○와 다퉈서 속상한가 보구나."라는 말로 학생과 소통할 수 있다(반영적 경청). 반면, 수업시간에 의자를 앞뒤로 흔들다가 넘어질 뻔하여 수업을 방해하는 경우, 이 문제는 교사가 소유한다. 이 경우, 교사는 "의자를 앞뒤로 흔들면 선생님은 △△가 넘어져서 다칠까 봐 염려된단다."라고 말할 수 있다(나 전달법).

나 전달법

나 전달법 Sending I-message은 나(1인칭)를 주어로 교사의 감정을 표현하는 기법이다. 이 기법은 학생의 행동을 판단하지 않고 학생의 행동에 대한 교사의 감정을 언어적 · 비언어적으로 표현하는 기법이다. 나 전달법의 표현 형식은 다음과 같다(예 "네가 … 해서 [~하는 것이 나에게는 문제가 된다] 난 … 한 느낌이 드는구나. 나는 네가 … 하는 게 좋아!"). 나 전달법을 통한 의사소통 방법은 다음과 같다.

첫째, 문제가 되는 학생의 행동을 말하되, 비난이나 판단하기보다는 학생의 행동 또는 상황을 그대로 묘사한다(예 "수호는 수업시간에 선생님 설명을 듣지 않고 옆 사람과 계속 이야기를 하는구나."). 둘째, 교사의 감정을 '나'를 주어로 하여 학생에게 전달한다. 이때 부정적인 감정을 표현하기보다는 그 행동으로 인해 초래될 수 있는 결과에 대한 교사의 감정을 표현한다(예 "수호가 수업시간에 선생님 설명을 듣지 않고 옆 사람과 계속 이야기해서 선생님이 마음이 불편해지는구나.").

끝으로, 문제행동을 계속하는 경우, 예상되는 결과와 학생에게 요구사항을 전달한다. 교사가 자신의 감정 표현과 함께 학생에 대한 요구사항을 명확하게 전달하는 것이 학생의 행동 변화에 더 효과가 있기 때문이다(예 "수호가 옆 사람과 계속 얘기하고 선생님 설명을 잘 듣지 않으면, 학습 내용을 이해하지 못하게 될 거야. 수호가 선생님 설명을 잘 듣고 열심히 참여해 주었으면 좋겠구나.").

반영적 경청

반영적 경청reflective listening이란 학생의 진술에서 특정 사건, 상황, 사람, 생각에 대한 감정을 교사가 감정언어를 사용하여 참신한 말로 바꾸어 말해 주는 것을 말한다('적극적 경청'이라고도 함). 반영적 경청을 위한 표현 형식은 다음과 같다(㉠ "○○는 … 때문에 ~한 느낌이 드는구나."). 학교에서 학생들은 기쁨, 즐거움, 흥분, 좌절감, 분노, 두려움 등 다양한 감정을 느끼며 표출한다. 교사가 학생들의 언어적 · 비언어적 메시지를 반영적으로 경청하는 것은 효과적인 대화 또는 면담의 출발점이다. 이러한 역량을 갖춘 교사는 차분하게 학생의 말을 끝까지 듣고, 판단을 미루며, 반영적으로 경청한다. 또 상호 존중하는 태도로 학생의 감정을 있는 그대로 수용 · 존중하고 있음을 말과 행동으로 보여 준다. 반영적 경청을 위한 기본 기술로는 ① 재진술, ② 반영, ③ 명료화, ④ 요약, ⑤ 질문, ⑥ 직면, ⑦ 정보제공, ⑧ 조언 · 제안이 있다.

재진술. **재진술**paraphrasing은 어떤 상황, 사건, 사람, 생각을 기술하는 학생의 진술 중 핵심 내용을 동일한 의미의 참신한 말로 되돌려 줌으로써 학생의 욕구와 상태를 이해할 수 있도록 돕는 기술이다. 이 기술은 학생의 감정 상태를 잘 알 수 없거나, 감정에 대한 반응이 다소 이르거나, 학생이 자기패배/파괴적인 말을 할 때, 주로 사용한다. 재진술은 자칫 단순히 학생의 말을 반복하는 것처럼 들릴 수 있다. 그러므로 학생의 핵심 메시지를 되돌려줄 수 있을 뿐 아니라, 이야기를 계속하는 데 도움이 되도록 한다. 재진술의 예는 대화상자 3-1과 같다.

대화상자 3-1. 재진술의 예

학생: 애들하고 놀 때는 잘 모르겠는데, 밤에 자려고 누우면 엄마 생각이 많이 나요.
교사: 세아는 밤에 자려고 할 때 특히 엄마 생각이 많이 나는구나.

반영. **반영**reflection은 학생의 감정을 동일한 의미의 참신한 말로 바꾸어 말해 주는 기술이다. 이 기술은 학생의 이야기 속에 담겨 있는 사건, 상황, 사람, 생각에 대한 느낌을 거울처럼 비쳐 주는 것이다. 반영을 통해 학생은 교사에게 이해와 존중을 받고 있고, 자신의 관심사가 중요하게 다루어지고 있다는 경험을 하게 된다. 반영은 "(어떤 사건, 상황, 사람 또는 생각) 때문에 ~한 느낌이구나"의 형태로 이루어지는데, 그 예는 대화상자 3-2와 같다.

대화상자 3-2. 반영의 예

학생: 원래 수지랑 친했는데, 수지 남친이랑 저랑 그냥 초등학교 때부터 친한 사이라서 전화로 얘기하고 그랬거든요. 근데 수지가 그걸 오해해서 SNS에 막 저격글 올리고, 다른 애들한테 다 일러바쳐서 지금은 애들이 저랑 말도 잘 안 해요.
교사: 서주 너는 별 뜻 없이 한 일인데, 수지가 네가 자기 남친이랑 전화한 사실을 다른 친구들에게 알려서 친구들과 관계가 서먹해져서 당혹스러운가 보구나.

명료화. **명료화**clarification는 학생의 모호한 진술 다음에 사용되는 참신한 질문 형태의 기술이다. 이 기술은 "~라는 것은 ~라는 뜻이니?" 또는 "~라는 것은 ~라는 말이니?"의 형태로 이루어진다. 명료화는 학생이 관심사에 관한 진술 내용의 일부를 누락, 왜곡, 또는 일반화하는 경우, 자신의 진정한 사고, 감정, 행동, 경험을 명확하게 이해하는 데 도움이 된다. 또한 학생이 자기 의사를 분명히 할 수 있도록 돕고, 학생의 사고 · 감정 · 행동 · 경험 패턴, 방어기제에의 직면에 유용하게 활용된다. 명료화의 예는 대화상자 3-3과 같다.

대화상자 3-3. 명료화의 예

학생: 자꾸 이런 일이 생기니까 다시 친구로 친하게 지내는 건 힘들 것 같아요.
교사: 이런 일 때문에 다시 친해지는 게 힘들 것 같다는 것은 민수가 너에 대한 험담을 그만두면 관계가 회복될 것 같다는 뜻이니?

요약. **요약**summarization은 학생이 표출한 두 가지 이상 진술의 핵심 내용을 묶어서 동일한 의미의 참신한 말로 되돌려 주는 재진술과 반영이 확대된 형태의 기술이다. 이 기술은 학생의 진술에서 서로 관련 있는 요소들을 엮어서 공통 주제, 유형, 패턴을 밝혀내고, 두서없는 이야기를 간명하게 정리해 주며, 면담의 진척 정도를 확인함으로써 학생이 자신의 문제에 대한 통찰을 촉진하는 효과가 있다. 요약을 하고 나면, 학생에게 요약에 대한 동의나 거부 또는 빠진 부분을 보충할 수 있는 기회를 제공한다. 요약은 학생의 행동, 사고, 감정, 경험의 패턴 인식에 도움이 된다. 요약의 예는 대화상자 3-4와 같다.

대화상자 3-4. 요약의 예

> **교사**: 음, 오늘 선생님이 재범이와 30분 정도 면담을 했는데, 그 내용을 세 가지로 정리할 수 있을 것 같아. 하나는 병원에 입원하신 엄마 병간호 문제, 다른 하나는 지원이와의 갈등 문제, 그리고 중요한 시험이 얼마 남지 않았는데 공부가 잘 안 돼서 걱정된다는 이야기를 나눴지.

질문. **질문**questions은 학생에 관한 정보수집 또는 생각이나 감정 탐색을 위한 기술이다. 이 기술은 학생에게 조사받는 느낌을 줄 수 있으므로 무분별한 사용을 자제해야 한다. 질문은 정보를 요청하기 위한 것 이상으로, 교사의 의도를 기반으로 이루어지는 기술로, 학생의 관점을 더 상세히 기술하거나 관점을 바꿀 때 사용한다. 학생이 내면의 관점을 표현할 수 있도록 돕기 위해서는 개방형 질문이 유용하다. 그러나 교사가 학생에게서 구체적으로 확인 · 수집해야 할 정보가 있다면, 폐쇄형 질문이 더 유용할 수 있다. 질문의 유형에 따른 효과는 표 3-3과 같다.

표 3-3. 질문의 유형에 따른 효과

유형	효과
1. 개방형	○ 부연 설명을 촉진함(예 "검사해석을 들어 보니 어떤 느낌 또는 생각이 드니?")
2. 폐쇄형	○ 예/아니요 또는 단답형 반응을 유발하게 되어, 추가 질문이 없으면 대화가 단절될 수 있음(예 "검사해석 내용이 마음에 드니?")
3. 양자택일형	○ 둘 중 한 가지를 택하게 하여 선택의 폭을 제한함(예 "너는 너의 성격이 내성적이라고 생각하니 외향적이라고 생각하니?")
4. 왜 질문	○ 비판, 불인정, 비난받는 느낌을 주게 되어 방어적 태도 유발 및 감정보다 생각에 초점을 맞추게 함(예 "너 오늘 학교에 왜 늦게 왔어?")
5. 질문공세	○ 여러 질문을 연이어 던짐으로써 생각 또는 답변할 기회를 주지 않음(예 "지난주에 낸 숙제는 다 했니? 어때 재미는 있었어? 부모님이 잘 도와주셨니? 그런데 왜 말이 없니?")

직면. **직면**confrontation은 학생의 언어적 진술과 비언어적 행동 또는 언어적 진술들 사이의 불일치 또는 상충되는 부분을 교사의 말로 되돌려 주는 기술이다. **도전**challenge으로도 불리는 이 기술은 학생이 자신의 불일치, 비일관, 부조화, 모순된 행동을 직시하도록 돕기 위해 사용된다. 직면을 통해 교사는 학생이 자신이 표출한 행동, 사고 또는

감정 사이의 불일치를 책임지는 한편, 지각을 확대·탐색할 수 있도록 도울 수 있다. 직면은 교사 자신의 감정 확인이 우선시되어야 하되, 분노 표현의 수단으로 사용되어서는 안 된다. 직면은 현실왜곡에 대해서도 사용할 수 있다. 예를 들어, 교사는 "너는 공부에 집중하기로 결심했다고 하는데, 선생님은 그 결심에 대한 단서를 찾지 못하겠구나."라고 도전할 수 있다. 직면의 형식과 예는 글상자 3-3과 같다.

글상자 3-3. 직면의 형식과 예

- "너는 ~(이)라고 말했는데, ~(하)게 행동하고 있구나."
- "너는 ~(이)라고 말했는데, ~(이)라고도 말하는구나."
- "너는 ~ 행동을 하고 있으면서 또 ~ 행동도 하고 있구나."
- "너는 ~(이)라고 말했는데, 내 눈에는 ~(하)게 보이는구나."

예시 "선하는 단짝과의 갈등이 잘 해결되어 다행이라고 말하면서, 무척 긴장된 표정을 짓고 있구나."

정보제공. **정보제공**information-giving은 특정 자료 또는 어떤 사실에 대해 구두로 설명해 주는 것이다. 정보 제공을 통해 교사는 학생에게 의사결정을 위한 대안을 제공하고, 학생이 처한 상황을 다른 각도에서 볼 수 있게 하며, 학생의 생각이나 행동 변화의 계기로 삼도록 도울 수 있다. 이 기술의 핵심은 정보 자체보다는 학생이 정보를 인식하고 사용하는 방법에 있다. 그러므로 교사는 필요 이상으로 많은 정보를 제공하지 않도록 유의해야 한다. 정보제공에 앞서, 교사는 학생에게 제공할 정보에 관한 관심 여부를 확인한다. 그리고 정보를 제공하고 나서는 학생의 반응을 점검한다. 정보제공의 예는 대화상자 3-5와 같다.

대화상자 3-5. 정보제공의 예

학생: 요즘 다이어트 한다고 하루에 두 끼만 먹는데도 살이 안 빠져서 너무 속상해요.
교사: 현아야, 살을 빼기 위해 무턱대고 식사량만 조절하면 요요현상이 올 수 있어. 요요현상은 다이어트를 하는 사람이 처음에는 체중 감량에 성공하지만, 이후 다시 체중이 증가해서 원래대로 돌아가는 현상이거든. 그러니까 식이요법과 운동을 꾸준히 병행할 필요가 있을 것 같아.

대화상자 3-5의 대화에서 교사는 학생에게 사실적인 정보가 필요하다고 판단하여 다이어트에 관한 정보를 제공하고 있다. 그러나 학생은 단순히 교사의 지지 또는 공감을 받고 싶어서 다이어트에 관한 이야기를 꺼냈을 수도 있다. 만일 그렇다면, 학생의 마음을 알아주는 반응이 더 효과적일 수 있다. 따라서 교사는 학생의 진술에 대해 언제 어떻게 반응해야 하는지, 단순히 공감적인 반응이 필요한지, 아니면 실제로 구체적인 정보를 제공해야 하는지 수시로 판단해야 할 것이다.

조언 · 제안. **조언**advice-giving · **제안**suggestion은 교사가 학생에게 문제해결, 의사결정, 또는 행동 변화에 필요한 방법을 제시하는 것이다. 교사는 학생의 문제해결을 위해 제안을 하거나 대안을 제시할 수 있다. 하지만 실행에 대한 책임은 언제나 학생에게 주어져야 한다. 단, 학생이 기꺼이 실행에 옮기고자 하지 않는 행동은 강요하지 않는다. 조언이나 제안은 책임소재와 관련하여 논란의 여지가 있다. 그러나 법률, 의학, 교육같이 확실한 지식과 경험을 기반으로 전문성을 갖춘 사람의 조언이나 제안은 유용할 수 있다. 그렇지만 학생이 자신의 선택에 대한 책임을 수용하지 않게 되고, 교사에 대한 의존성을 키우게 된다는 제안의 문제점은 여전히 남아 있다. 만일 교사가 조언이나 제안을 하고자 한다면, 면담 초기에는 자제하되, 중간 또는 종결 국면에 조심스럽게 제공한다. 조언 또는 제안의 예는 대화상자 3-6과 같다.

대화상자 3-6. 조언 또는 제안의 예

교사: 하은아, 선생님이 제안하고 싶은 게 하나 있는데, 들어 볼래?
학생: 뭔데요?
교사: 보현이한테 먼저 미안한 마음을 전해 보는 거야.
학생: 어떻게요? 저랑 말도 안 하려고 하는데.
교사: 네가 먼저 보현이에게 '미안해, 보현아! 내 행동 때문에 너를 화나게 해서 정말 미안해!'라고 말해 보는 거지.

학생면담의 전략

학생면담의 전략이란 면담을 전반적으로 이끌어 가는 방법 또는 책략을 말한다. 그렇다면 면담을 전반적으로 어떻게 진행할 것인가? 이 질문에 대한 정답은 없다. 다만, 학생의 행동을 주의 깊게 관찰하되, 학생이 표출한 가치관의 맥락에서 논의를 진행하는 것이다. 학생면담의 기본 전략은 교사가 면담과정에 적극 개입하지만, 학생이 특정 방식으로 행동하도록 지시하거나 통제하지 않는 것이다. 면담과정에서 학생은 교사가 자신에게 주의를 집중하고 있고, 최우선으로 관심을 기울이는 대상으로 여기고 있음을 느낄 수 있어야 한다. 인간중심치료의 창시자 칼 로저스는 교육의 질은 교사와 학생 관계의 질에 달려 있음을 강조했다. 교사와 학생 관계의 질을 높이려면, 교사의 공감, 비소유적 온정, 진솔성에 기초한 격려가 요구된다.

알프레트 아들러 (Alfred Adler, 1870~1937)

격려encouragement는 아동·청소년 상담과 지도에 효과가 있음을 인정받고 있는 아들러 치료의 대표적인 상담기법이다. 아들러는 격려를 낙담한 사람에게 용기를 북돋아 줌으로써, 그의 신념 변화에 긍정적인 영향을 주는 유용한 기법임을 강조했다. 격려는 학생에게 용기 또는 의욕을 북돋워 주는 언어적·비언어적 행동으로, 영어 접두사 'en'(~하게 하다)과 명사 'courage(용기)'의 합성어다. 이는 우리말로 '용기를 주다'라는 뜻이다. 이 말의 반대말은 'discourage'로, '용기를 꺾다' '낙담시키다'라는 의미가 있다. 사람은 누구나 가치감을 필요로 한다. 자기가치감self-worth은 소속감의 일부로, 결핍되면 자기패배적 행동에 빠지거나 무가치감으로 철수행동을 보이게 된다.

어린 시절, 기쁘고 신나는 일이 생겼을 때, 누구에게 가장 먼저 알리고 싶었는가? 슬프거나 속상한 일이 생겼을 때, 누구를 찾아가 이 사실을 털어놓고 위로 또는 지지를 받고 싶었는가? 자신의 이야기를 귀담아 들어 주었던 사람은 내게 어떻게 반응해 주었는가? 그 사람의 어떤 반응이 당신에게 용기를 주었는가? 당신에게 용기를 준 사람의 반응이 바로 격려다. 교사는 격려를 통해 학생이 사랑과 존중을 받아 마땅한 가치 있는 인격체라는 사실을 느낄 수 있도록 도울 수 있다. 격려는 특히 면담을 마칠 때 또는 학생 스스로 새로운 행동을 시도할 때 필요하다(Dreikurs et al., 1959, p. 23).

글상자 3-4. 드라이커스가 강조한 격려의 중요성

> 오늘날 아이들은 좌절 경험에 노출되어 있다. 의도적인 격려는 이러한 경험을 상쇄시키는 데 중요하다. 아이들은 좌절하거나 자신이 유용한 수단으로 성공할 수 있는 능력이 있음을 믿지 않을 때 비행을 저지른다. 격려는 아이에 대한 믿음을 나타낸다. 이는 아이의 잠재력이 아니라, 강점과 능력에 대한 우리의 믿음을 소통하는 것이다. 있는 그대로의 아이에 대한 믿음이 없다면, 아이를 격려할 수 없다.

격려는 언어적 · 비언어적 행동으로 실행할 수 있다. 교사는 격려를 통해 학생들의 동기를 유발할 수 있다. 격려는 용기, 희망, 새로운 정신을 갖게 함으로써 학생에게 생기를 불어넣는 행동이기 때문이다. 학생이 새로운 행동을 시도하는 경우, 교사는 격려를 통해 학생에게 자신감을 줄 수 있는데, 이를 위한 지침은 글상자 3-5와 같다.

글상자 3-5. 면담과정에서 활용 가능한 격려행동

1. 학생의 강점에 초점을 맞추고, 노력과 향상을 인정해 준다.
2. 과거의 실패보다는 현재의 능력, 가능성, 조건에 집중한다.
3. 개별성과 독특성을 존중하고, 역량과 능력에 대해 믿음을 보인다.
4. 동등한 파트너로서 도움을 제공하고, 진척과 안녕에 관심을 보인다.
5. 유머를 사용하여 흥미를 불러일으키거나 신명 나게 하는 것에 초점을 맞춘다.
6. 수행 능력을 다른 기준과 비교하기보다 학생에게 맡긴다.
7. 성격보다는 행위에 대해 정확한 피드백을 제공한다.
8. 열정을 불어넣고 목표 완수를 요구하되, 믿음을 저버리는 행위에는 직면한다.

학생은 때로 면담을 통해 얻게 된 성과를 드러내려는 것 같이 실행하기 어려운 행동을 제안할 수 있다. 예를 들어, "지금 이후로는 수업 시간에 절대 떠들지 않을 거예요."라고 다짐하는 경우, 교사는 '앞으로 3일간 수업 시간에 떠들지 않고 열심히 참여하기' 같이 현실적이고 실행 가능한 목표를 설정하도록 돕는다. 학생면담에서 교사가 고려해야 할 사항은 표 3-4와 같다.

표 3-4. 학생면담을 위한 지침

영역	지침
1. 집중	○ 위급한 상황 외에는 면담시간이 방해받지 않도록 한다.
2. 자세	○ 면담사유를 간단명료하게 설명하고, 문제해결을 위한 방안을 모색하되, 개방적인 자세로 학생의 이야기를 경청한다.
3. 시간	○ 학생의 주의집중 시간을 고려하여 초등학교 1~3학년은 20~30분, 4~6학년은 25~35분, 중학생은 35~40분, 고등학생은 40~45분을 초과하지 않도록 한다.
4. 방법	○ 저학년 또는 지적 수준이 낮은 학생에게는 더 직접적인 접근을 사용하고 필요한 경우, 학생의 이동을 돕는다.
5. 참여	○ 처음부터 학생을 면담과정에 적극적으로 참여하게 하여 문제해결 또는 변화에 대한 동기를 부여한다.

6. 윤리	○ 학생의 인권을 존중하고, 면담에서 나눈 이야기 내용의 비밀을 유지하되, 비밀 유지 원칙의 예외상황 발생 시, 학교장에게 보고한다.
7. 침묵	○ 침묵은 학생에게 성찰할 시간을 준다. 단, 침묵이 30초 이상 지속되면 개입한다.
8. 관찰	○ 다양한 상황(예 교실, 식당, 매점, 복도, 쉬는 시간 등)에서의 수시관찰을 통해 학생 이해를 위한 자료를 수집한다.
9. 기록	○ 면담 내용은 기록으로 남겨, 생활지도 또는 다음 면담을 위한 자료로 활용한다.
10. 의뢰	○ 역량을 초과하는 문제를 지닌 학생은 상담교사의 심리상담 또는 상담교사의 자문을 얻어 외부기관에 의뢰한다.

교사가 할 일은 학생의 욕구를 사회적으로 용인된 방식으로 충족하도록 돕는 것이다. 학생의 변화를 위한 사소한 노력과 시도에 대해 교사의 격려를 통한 강화가 요구된다. 학생이 면담 목표를 달성하는 방향으로 사소한 진척이라도 보이면, 교사는 이에 대해 격려를 아끼지 않는다. 반면, 자기패배적 또는 무책임한 행동에 대해서는 주목하지 않는다. 학생이 목표 달성을 위한 시도를 실패하더라도, 비난 또는 책망하지 않는다. 학생은 욕구 충족을 위해 최선을 다하고 있기 때문이다.

학급 질서는 교사와 학생 모두에게 중요한 과제다. 학급 질서가 무너지면 학생의 안전한 학교생활은 물론 교과학습에도 부정적인 영향을 미치기 때문이다. 문제행동에 대한 처벌은 일시적으로 그 행동을 멈추게 하는 효과는 있지만, 분노와 복수심을 갖게 하여, 장기적으로는 잘못된 행동을 수정하거나 그 행동의 목적에 변화를 주기 쉽지 않다. 이에 처벌 대신 선택과 논리적 결과로 훈육함으로써, 동기를 수정하는 것이 더 효과적이다.

복습문제

다음 빈칸에 들어갈 말을 써 보세요.

1. 구어를 사용하는 의사소통은 말로 메시지를 주고받는다고 해서 언어적 의사소통이라고 하는 반면, 비언어적 요소(표정, 제스처, 시선 등)는 음성언어인 말과 구분하여 ________ (이)라고 한다.

2. 학생면담의 기본 태도에는 관심 기울이기, 감정 알아차리기, 공감적 이해, 그리고 학생의 언어적 · 비언어적 메시지 모두를 주의 깊게 듣고, 핵심 메시지를 정리하여 언어적 · 비언어적으로 되돌려 주는 ________ 이/가 포함된다.

3. ________ 은/는 '~해야 한다' 또는 '~하지 말아야 한다'는 형식의 반응으로, 의무나 책임을 부과하는 말로서, 학생과의 대화를 저해하는 요소의 하나로 꼽힌다.

4. 학생면담에서 교사가 빠지기 쉬운 함정은 면담 초기에 학생의 말에 ____ 하기보다 학생의 문제에 대한 해결책을 알고 있는 것처럼 ____ 또는 ____ 을/를 해 주려는 것이다. 이는 교사가 학생의 자율성을 무시하고 문제해결에 대한 책임을 떠안겠다고 선언하는 것과 다름이 없다.

5. ________ (이)란 다른 사람의 간섭 없이 사건의 자연적 흐름 또는 현실에 따라 정해진 결과를 말하는데, 먹지 않으면 배고파지고, 추운 겨울날 옷을 입지 않으면 추워지는 것이 그 예다.

6. 학생면담을 위한 기본 기술로는 크게 ________ 와/과 ________ 이/가 있다. 교사가 문제를 소유한 경우는 전자를, 학생이 문제를 소유한 경우는 후자를 사용한다.

7. ______ 은/는 어떤 상황, 사건, 사람, 생각을 기술하는 학생의 진술 중 핵심 내용을 동일한 의미의 참신한 말로 되돌려 줌으로써 학생의 욕구와 상태를 이해할 수 있도록 돕는 기술이다.

8. 도전으로도 불리는 ____ 은/는 학생이 자신의 불일치, 비일관, 부조화, 모순된 행동을 직시하도록 돕기 위해 사용된다.

9. 학생의 입장이 되어, 그의 마음의 소리에 귀 기울여 이해하는 것은 ________ (이)라고 하고, 학생이 말과 행동으로 표출하는 메시지 이면의 더 깊은 동기, 욕구, 감정 등을 인식하는 것은 ________ (이)라고 한다.

10. 이간(G. Egan)은 효과적인 면담을 위한 지침을 해당하는 단어의 앞 글자를 따서 ________ 개념을 소개했는데, 이 중 알파벳 ____ 은/는 피면담자를 정면으로 보고 앉아야 함을 의미한다.

소집단 활동

치료적 대화연습

다음에 제시된 지시사항에 따라 적극적 경청 기술을 사용하여 치료적 대화 연습을 해 보자. 각자 삶의 이야기를 통해 둘이 함께 자기를 찾아 떠나는 여행을 해 보자.

1. 둘씩 짝을 지어 마주 앉는다.
2. 한 사람은 말하는 사람, 다른 한 사람은 듣는 사람 역할을 정한다.
3. 말하는 사람은 상대방에게 자신이 하고 싶었던 이야기를 하고, 듣는 사람은 자신이 들은 이야기를 상대방에게 말해 준다.
4. 10분 정도 대화를 나눈 후, 서로 역할을 바꾼다.
5. 각자의 소감을 나눈다.

소감

Chapter 04

학급회의

개요

- ▢ 학급회의의 기능
- ▢ 학급회의의 이점
- ▢ 학급회의 운영지침
- ▢ 학급회의 진행지침
- ■ 복습문제
- ■ 소집단 활동

학습목표

1. 학급회의의 네 가지 기능을 이해하여, 학급회의 지도에 적용할 수 있다.
2. 학급회의의 이점을 이해하고, 이를 학급회의 지도에 활용할 수 있다.
3. 학급회의 운영지침을 숙지하여 학급회의 운영 촉진을 도울 수 있다.
4. 학급회의 진행지침을 숙지하여 원활한 학급회의 진행을 도울 수 있다.

학교는 또 다른 작은 사회다. 대한민국의 학교교육과 교육과정은 민주시민 교육과 전인교육의 실천을 지향한다. 민주시민으로 교육을 받으면서, 민주사회를 몸소 체험해 보는 공간이 바로 학교다. 민주시민 교육은 모든 학급 구성원의 평등과 상호 존중을 전제로 이루어진다. 학급 구성원에는 학생과 교사가 포함된다. 민주적인 교실에서 학급 일을 결정할 권리와 책임은 교사에게만 주어지지 않는다. 대신, 교사와 학생에게 동등한 권리와 학급에 대한 책임이 부여된다. 즉, 구성원 전원이 학급 일에 대한 책임을 공유하고, 함께 뜻을 모아 학급 일을 결정하고 실행한다. 이러한 과정이 적절히 이루어질 수 있도록 기능하는 것이 바로 학급회의다.

학급회의class meeting는 학급과 관련된 문제해결을 위해 학급 구성원들이 모여 의견을 주고받으며 최상의 해결책을 모색·결정하는 과정이다. 이 과정은 학생들에게 민주주의 사회질서와 원리를 가르치는 최선의 방법이다(Lew & Better, 1998). 학급회의를 통해 학생들은 민주시민의 핵심 역량인 의사소통과 문제해결 능력을 배양할 수 있다. 학급회의는 학급에서 의사를 결정하는 가장 민주적인 수단인 동시에, 민주적인 교실 분위기 유지에 중요한 기능을 한다. 따라서 학급회의 참여는 민주적인 교실의 구성원에게 소중한 권리이면서 의무다.

교사는 민주적인 교실의 리더로서 학생들이 학급회의를 성실히 이끌어 갈 수 있도록 도울 책임과 의무가 있다. 이에 교사에게는 학급회의를 통해 학급의 문제를 다루려는 적극적인 의지와 학급회의를 능숙하게 이끌 수 있는 역량이 요구된다. 여기서는 ① 학급회의의 기능, ② 학급회의의 이점, ③ 학급회의의 운영지침, ④ 학급회의의 진행지침에 관해 살펴보기로 한다.

학급회의의 기능

교사는 학생들에게 좋은 모습, 본받을 모습만 보여 주고 싶을 수 있다. 그렇지만 학생들은 교사가 완벽하지 않은 사람이라는 것을 자연스럽게 이해하기 시작한다. 학생들에게 완벽해 보이는 교사는 그 자체로 재앙일 수 있다. 너무나 완벽해 보이는 교사에게 가르침을 받는 학생은 실수에 대한 두려움이 지나치게 커지거나, 자신의 목소리를 내기보다는 수동적인 태도로 교사의 지시만을 기다리거나 인정받는 것에 집착하게 될 수 있다. 이처럼 완벽성에서 자유로운 학생들은 민주적인 학급회의에 기꺼이 참여하여 서로의 의견을 수렴하고, 협력을 통해 합리적인 결정을 내리는 기쁨을 누릴 수 있다. 또 실수를 두려워하지 않고 교실에서 모험해 볼 용기를 낼 수 있다.

학급회의는 학급의 일을 학생들 스스로 결정하고 실천하는 과정의 하나다. 이 과정에는 문제의 효과적인 해결보다는 자발적인 해결이 그 중심에 있다. 학생들이 서로 자신의 의견을 말하고 경청하는 과정에서 언어와 사고가 확장된다. 때로 잘못된 결정을 내릴 수도 있지만, 학생들은 이러한 시행착오를 통해 다수결이 항상 올바른 해결법이 아니고, 소수의 의견을 존중하여 토의를 통해 결정을 내려야 하며, 잘못된 것을 바로잡음으로써 진정한 민주주의를 체험할 수 있다. 이러한 학급회의의 기능은 크게 네 가지, 즉 ① 학급규칙 설정, ② 문제해결, ③ 계획, ④ 격려와 감사(Lasala et al., 2015)로 정리할 수 있다.

학급규칙 설정

공동체의 질서는 구성원들이 함께 규칙을 만들고, 그 규칙을 다 같이 지키려는 노력을 통해 유지된다. 더불어 살아가는 삶에서 규칙은 필수다. 학급 역시 하나의 공동체로서 규칙이 요구된다. 규칙의 부재는 학급의 질서 유지를 어렵게 하고, 학급 분위기를 해치는 잠재적 위험 요소가 될 수 있다. 과거에 교사가 학급을 통제하는 체제에서는 교사의 말이 곧 규칙으로 작용했던 적이 있었다. 이러한 체제의 문제점은 학생들이 내면의 자발성에 의해 규칙을 준수하게 하는 것이 아니라, 교사의 권위에 대한 두려움으로 인해 수동적으로 규칙을 따르게 할 수 있다는 것이다. 이에 교사의 관리 감독이 없다면, 학생들은 규칙을 준수해야 할 이유를 느끼지 못할 수 있다. 이로써 교사가 교실에 없는 경우, 학급 분위기는 깨지고 학급은 이내 무질서해질 수 있다.

민주적인 교실에서는 학급 구성원 모두가 함께 의논하여 규칙을 만든다. 학생들은 자신들이 만든 규칙에 강한 책임감을 느끼며 자발적으로 준수하고자 노력하게 된다. 모든 학생이 규칙을 만드는 과정에 직접 참여했기 때문이다. 이로써 민주적인 학급에서는 교사가 잠시 자리를 비워도 질서가 유지되고, 학급 분위기에도 큰 변화가 없을 가능성이 크다. 이처럼 학급의 모든 구성원이 참여하여 규칙을 만드는 과정은 학급 질서 유지에 중요한 밑거름이 된다.

학급규칙을 제정·관리하는 등 이상적인 민주주의 교육을 위한 공간은 바로 학급회의다. 학급회의는 학급의 모든 구성원이 참여하여 의견을 나누고 뜻을 모으는 자리이기 때문이다. 학년 초에 개최되는 학급회의에서는 학급규칙을 만드는 것에 중점을 둔다. 이후의 학급회의에서는 학급규칙의 타당성을 점검하고, 여건과 상황에 맞게 개정하는 작업을 한다. 학급규칙을 만들기에 앞서, 학생들에게 글상자 4-1에 제시된 질문 예시를 사용하여 토의를 유도한다(Lew & Bettner, 1998).

글상자 4-1. 학급규칙 제정을 위한 논의를 촉진하는 질문 예시

1. 학급규칙이 없다면 어떤 일이 일어날까요?
2. 어떤 상황에서 학급규칙이 도움이 될까요?
3. 학급규칙은 어떤 경우에 방해가 될까요?
4. 학급규칙이 불공평하다고 생각된다면, 무엇을 할 수 있을까요?

글상자 4-1에 제시된 질문 예시를 토대로 이루어지는 토의는 학생들로 하여금 학급규칙의 중요성을 재고해 보게 하고, 학급규칙을 만드는 과정에 더 적극적으로 참여하려는 의지를 북돋을 것이다. 학급규칙에는 공동체 생활의 두 가지 기본 원리(① 자신과 타인 존중, ② 서로 돕기)가 반영되어야 한다(Lew & Bettner, 1998).

문제해결

문제해결은 학급회의의 핵심 기능이다. 일반적으로 학급회의의 가장 많은 시간은 학급에서 일어난 문제해결에 사용된다. 학급회의에서 문제해결은 책임 공유와 협력을 전제로 한다. 즉, 학급 안팎에서 일어나는 문제에 구성원 전체가 책임을 느끼고 서로 협력할 때 가장 효과적으로 문제를 해결할 수 있다는 것이다. 학급 전체와 관련된 문제는 물론, 구성원 간의 갈등 역시 학급회의에서 다룬다. 구성원 간의 갈등은 사소한 문제로 보일 수 있으나, 이는 학급 전체에 영향을 미칠 수 있기 때문이다.

학급 구성원 간의 갈등을 학급회의에 상정·논의·해결하는 것은 당사자 간의 관

계 개선뿐 아니라, 학급 전체에도 긍정적인 분위기를 가져다줄 수 있다. 심지어 구성원의 개인적인 문제도 당사자가 원한다면 학급회의를 통해 지지와 도움이 되는 기회를 제공할 수 있다(Lasala et al., 2015). 이는 학급 구성원 간에 서로 도움을 주고받는 경험학습의 기회가 된다. 학급 구성원에게 도움을 제공하는 학생들의 이타적 행동은 학급 응집력을 강화하는 한편, 협력을 통해 더불어 성장함으로써 학급 분위기에 긍정적인 영향을 줄 수 있다. 학급회의에서 문제해결 과정에 참여하는 학생들은 글상자 4-2와 같은 소감을 표현하곤 한다(Dreikurs et al., 2004).

글상자 4-2. 학급회의에서 문제해결 과정에 참여한 학생들의 소감 예시

- "반 아이들과 함께 서로의 고민을 나누는 것은 좋은 일 같아요."
- "다른 아이들의 지지와 도움을 받으니까 나 혼자가 아니라는 느낌이 들었어요."
- "다른 사람을 돕는 일은 뿌듯함과 보람을 느끼게 하는 것 같아요."
- "여러 사람의 의견이 한 사람의 것보다 낫다는 사실을 알게 되었어요."
- "전보다 더 자신감이 높아졌다는 느낌이 들어요."
- "개인적인 문제라도 함께 머리를 맞대고 논의하면 해결할 수 있다는 사실을 배웠어요."

계획

계획은 학급에서 중요한 일을 준비하는 경우에 필요하다. 예를 들어, 교내 학예발표회가 예정되어 있다면, 어떤 공연을 어떻게 하고, 역할을 어떻게 분담하며, 언제 어디서 얼마나 연습할 것인지에 대해 구체적인 계획이 수립되어야 한다. 이러한 계획 역시 교사 혼자 결정하는 것보다 학급회의를 통해 모든 구성원이 함께 논의하는 것이 좋다. 계획 수립도 중요한 의사결정 과정으로, 이 과정에 참여할 때 학생들은 더 강한 책임감을 가질 수 있기 때문이다. 따라서 현장체험학습, 수학여행, 학예발표회 등과 같은 중요한 행사가 예정되어 있다면, 이에 대한 구체적인 계획을 수립할 시간이 학급회의에서 논의될 필요가 있다.

격려와 감사

학급회의에서 비난 또는 불평은 심심찮게 일어난다. 그러나 학급 구성원 간 서로에 대한 비난 또는 학급에 대한 불평은 학급 분위기를 해친다. 이러한 분위기는 구성원

들의 감정에 부정적인 영향을 주게 되어 문제해결 과정을 저해한다. 반면, 서로를 존중하는 태도는 서로 협력·공헌하려는 분위기 형성에 도움을 준다. 긍정적인 학급 분위기는 학생들의 사고를 유연하게 하여 창의적·효율적인 방식으로 문제해결의 가능성을 높인다(Isen, 2008). 그러므로 학급회의가 진행되는 동안 학급 구성원들이 서로 존중하고 긍정적인 학급 분위기가 조성·유지되게 하는 것은 건설적인 문제해결에 영향을 준다.

학급회의를 시작하면서 학급 구성원 간에 서로 격려하고 감사하는 시간을 갖는 일은 중요하다. 서로 격려와 감사를 주고받음으로써 학생들은 긍정적인 마음으로 회의에 참석할 수 있기 때문이다(Lasala et al., 2015). 격려와 감사는 학급 구성원들의 소속감을 강화하고, 학급 응집력을 높이며, 서로 존중·협력하는 분위기를 촉진한다. 이러한 분위기에서 서로에 대한 비난과 학급에 대한 불평은 자연스럽게 줄어드는 반면, 문제해결을 위한 건설적인 태도와 협력은 증가한다. 이에 학급회의를 시작하면서 구성원들이 돌아가면서 다른 구성원에게 감사를 표현하고, 서로 격려하는 말을 나누는 것은 학급회의의 중요한 과정에 속한다.

학급 구성원 간의 격려와 감사 표현은 반드시 학급회의에만 국한할 필요는 없다. 문제해결 또는 계획 단계에서도 얼마든지 활용할 수 있다(Dinkmeiyer et al., 2000). 예를 들어, 문제해결을 위해 한 학생이 아이디어를 제안했다면, "그것 참 좋은 방법이네요." "우리 반에 도움이 많이 될 것 같아요." "내 문제해결에 도움을 주어서 고마워요." 등과 같은 감사 또는 격려하는 반응을 할 수 있다. 이러한 반응은 구성원들의 긍정적인 감정과 서로 협력하는 분위기를 촉진한다. 따라서 학급회의 내내 기회가 될 때마다 서로에 대한 격려와 감사 표현은 적극 권장될 필요가 있다.

학급회의의 이점

민주적인 의사결정 과정이 그러하듯, 학급회의는 구성원들의 노력과 인내가 요구된다. 교사의 경우, "굳이 이렇게까지 해야 하나? 그냥 나 혼자 결정하면 편할 텐데."라는 생각이 들 수 있다. 그러나 학급회의는 실행과정에서 느껴지는 번거로움 이상의 이점을 ① 학급, ② 학생, ③ 교사 모두에게 가져다준다는 점에서 가치가 있다.

학급

학급회의가 학급에 가져다주는 이점으로는 ① 학급문제의 효과적인 해결, ② 학급 응집력과 소속감 강화를 꼽을 수 있다.

첫째, 학급회의는 학급문제의 효과적인 해결을 촉진한다. '여러 사람의 머리는 한 사람의 것보다 낫다'는 말이 있다. 이는 한 사람보다는 여러 사람이 함께 머리를 맞대고 의견을 나눌 때, 더 좋은 결론에 이를 수 있다는 말이다. 학급 일도 마찬가지여서, 교사 혼자 고심하는 것보다 학급 전체가 함께 협의할 때 더 나은 결과를 얻을 가능성이 커진다. 이를 위한 자리가 바로 학급회의다. 학급회의는 다양한 의견을 공유하는 기회를 제공함으로써, 더 효과적인 문제해결을 가능하게 한다(Dreikurs et al., 1998).

둘째, 학급회의는 학급문제에 대해 구성원들이 책임을 공유하게 하고, 이를 바탕으로 문제해결을 위해 협력할 수 있는 기회를 제공한다. 이러한 과정을 통해 학급 구성원들은 자연스럽게 상호 결속감과 유대감을 갖게 된다. 또 개인의 문제를 개방하고, 도움을 주고받는 경험은 상호 이해와 지지를 촉진한다. 이처럼 학급회의는 구성원들의 긍정적인 관계를 강화하여 학급 응집력을 강화한다. 강화된 응집력과 소속감은 구성원 간의 협력과 학급에 대한 헌신을 촉진하는 기능을 한다.

학생

학급회의가 학생들에게 가져다주는 이점으로는 ① 민주시민 의식 배양, ② 사회정서 기술 개발 촉진, ③ 사회적 관심 증진을 들 수 있다.

첫째, 학급회의는 학생들에게 민주시민 의식을 배양한다. 교사와 학생들의 협력을 기반으로 이루어지는 학급회의는 자주적인 생활 능력과 민주시민으로서 필요한 자질을 갖추는 데 도움을 준다. 이는 우리나라 「교육기본법」에 명시된 교육 목적이다. 민주시민의 자질은 어려서부터 민주주의 체험을 통해 길러진다. 학급회의는 민주적인 의사결정과 문제해결 과정을 몸소 체험하는 장이다. 이러한 체험학습은 학생들에게 민주주의의 중요성을 인식하고, 민주시민의 자질을 갖추게 하는 의미 있는 기회가 된다.

둘째, 학급회의는 학생들의 사회정서 기술 개발을 촉진한다. 사회정서 기술은 자신의 감정 이해와 표현, 타인에 대한 공감과 존중, 책임 있는 의사결정, 자기관리, 의사소통 기술, 협력과 도움을 주고받는 능력 등을 포함한다(Zins et al., 2004). 이 기술은 꾸준한 연습이 요구된다. 학급회의는 이 기술을 연마할 수 있는 좋은 장소다(Nelson & Gfroerer, 2017). 학급회의에서는 감정표현, 공감, 의사소통, 협력 등 다양한 사회정서 기술이 사용되기 때문이다. 이에 정기적인 학급회의는 사회정서 기술을 꾸준히 연습할 수 있는 장을 제공함으로써, 학생들의 사회정서 기술 발달에 기여한다.

셋째, 학급회의는 학생들의 사회적 관심을 증진한다. **사회적 관심**social interest은 개인과 공동체의 안녕과 성장에 영향을 주는 주요 요소다. 이는 타인과의 협력과 공동체에 대한 공헌을 통해 실천된다(Yang et al., 2009). 학급 구성원들의 사회적 관심은 상호 협력과 기여로 발현된다. 학급회의는 서로 협력하여 의사결정 및 문제해결을 하는 자리다. 또 학급 공동체에 어떻게 기여할지를 정하고 실천을 약속하는 공간이다. 학급회의는 협력과 공헌을 자연스럽게 촉진해 학생들의 사회적 관심 증진을 돕는다.

교사

학급회의를 주기적으로 개최하는 것은 교사에게 부담이 될 수 있다. 갖가지 업무로 바쁜 하루를 보내야 하는 교사에게 학급회의는 그 자체로 추가적인 업무로 여겨질 수 있다. 그러나 다른 한편으로, 학급회의는 교사의 업무를 덜어 주는 역할을 한다(Nelson & Gfroerer, 2017). 교사 혼자 처리해야 할 학급 구성원들의 문제를 학급회의를 통해 해결할 수 있기 때문이다. 학급회의가 없다면, 교사는 시시때때로 크고 작은 학급문제에 시달릴 것이다. 그러나 학급회의가 주기적으로 개최되는 경우, 위급한 사안이 아니라면 교사는 상정된 사안들을 학급회의에서 일괄적으로 다루게 할 수 있다.

학급회의에서는 학급 구성원 전체가 함께 논의할 수 있는 자리라는 점에서 교사는 혼자서 문제해결을 꾀하는 것보다 학생들의 다양하고 참신한 아이디어 교환을 통해 문제를 더 효과적으로 해결할 수 있게 된다. 더욱이, 학급회의는 학생들의 문제행동 교정 과정에 교사 혼자 노력하는 것보다 훨씬 더 큰 힘을 발휘할 수 있다. 학생들은 교사가 자신의 문제행동을 지적하고, 개선을 요구하는 것을 꾸중, 잔소리, 설교 등으로 받아들이기 쉽기 때문이다. 교사의 이러한 행동은 교사에 대한 학생들의 저항 또는 반항, 그리고 관계 손상으로 이어질 수 있다.

이와는 달리, 학급회의에서 또래 간에 문제행동에 대한 피드백을 주고받는 것은 상대적으로 저항이 덜 일어난다(Bitter et al., 2004). 동일한 내용이라도 교사로부터는 설교 또는 잔소리로 들리는 것이 또래들로부터는 좋은 조언 또는 관심의 표현으로 들릴 수 있기 때문이다(Nelson & Gfroerer, 2017). 게다가, 학급 구성원들의 의견은 집단 압력이라는 강한 힘으로 작용한다. 즉, 문제행동에 대한 개선 요구가 다수의 학생에 의해 일관되게 제기된다면, 문제행동의 당사자는 개선에 대한 강한 압력을 느낄 것이다. 또래집단의 압력은 교사 개인의 힘보다 훨씬 강하다.

학급회의의 운영지침

민주적인 학급회의 운영을 위한 지침으로는 ① 정기적인 개최, ② 안건 상정, ③ 회의 진행, ④ 회의규칙, ⑤ 회의절차에 관한 것이 있다.

정기적인 개최

첫째, 학급회의는 정기적으로 이루어지는 것이 바람직하다(Nelson et al., 2014; Lasala et al., 2015). 이에 학급회의는 요일과 시간을 정하여 주 1회 한 시간 동안 갖는다. 이를 위해서는 학급 시간표에 학급회의를 명시하여 학생들이 사전에 기억할 수 있도록 한다(Dreikurs et al., 2004). 만일 학급회의가 정기적으로 개최되지 않는다면, 학생들은 문제가 생길 때마다 교사를 찾아야 할 것이다. 문제해결을 위해 언제 개최될지 모를 학급회의를 마냥 기다릴 수 없기 때문이다. 반면, 학생들이 학급회의 개최 일정을 사전에 알고 있다면, 수시로 교사를 찾게 되는 일은 줄어들 것이다. 위급한 문제가 아니라면, 학생들은 교사를 찾는 대신 학급회의 안건에 자신의 문제를 상정하고 학급회의를 기다릴 것이다(Dreikurs et al., 2004). 안건을 상정하고 학급회의를 기다리는 동안 학생의 문제가 자연스럽게 해결되거나, 직접 문제를 해결하는 경우도 많다(Nelson et al., 2014).

안건 상정

둘째, 학생들은 학급회의에서 다룰 안건을 수시로 상정할 수 있다. 문제가 발생할 때마다 교사에게 의존하려는 학생들의 태도는 안건을 글로 작성하게 함으로써 줄어들게 할 수 있다. 이를 위한 교사의 진술 예시는 대화상자 4-1과 같다.

대화상자 4-1. 안건 상정을 제안하는 교사의 진술 예시

> **교사:** 지우가 도움이 될 만한 해결 방법을 스스로 찾지 못하겠다면 학급회의에서 논의해 보자. 그 문제를 학급회의에서 다루고 싶다면, 안건으로 올려 보기 바란다.

회의 진행

셋째, 학급회의는 먼저 교사가 진행을 주도한다. 학생들 대부분은 회의에 참여하는 것만으로도 생소함을 느낄 수 있다. 이에 처음부터 학생에게 회의 진행을 맡기는 것은 무리가 있기 때문이다. 학급회의의 횟수가 늘어 가면서 학생들이 회의에 익숙해지면, 학생들에게 회의 진행을 맡긴다. 가능하다면, 회의 진행은 모든 학생이 돌아가며 맡게 하는 것이 이상적이다. 이는 학급 구성원 모두가 동등함으로 느끼게 할 뿐 아니라, 학급회의 참여에 대한 책임을 느끼게 해 주고, 리더십을 개발할 기회를 제공한다.

만일 리더경험이 없는 학생이 회의 진행을 맡게 되는 경우, 교사는 이 학생 곁에서 필요할 때마다 도움을 줄 수 있다. 이때 교사는 리더의 역할을 대신하기보다 리더의 조언자 또는 자문자로 행동한다. 예를 들어, 안건을 상정한 학생에게 "그때 어떤 감정이었니?"라고 직접적으로 묻기보다 회의를 진행하는 학생에게 "그때 어떤 느낌이 들었는지 물어보는 것이 좋지 않을까?"라고 곁에서 조언한다. 회의 진행자뿐 아니라 회의 내용과 과정을 기록하는 서기 역시 돌아가면서 그 역할을 담당하게 한다.

회의규칙

넷째, 회의규칙에 관한 것이다. 학생들이 처음부터 학급회의에 능숙하게 참여하기는 쉽지 않다. 이를 위해 교사는 학생들과 협의하여 사전에 회의참여에 대한 규칙을 마련한다. 만일 회의규칙이 없다면, 교사는 학생들의 회의참여 방식을 수정하는 데 많은 시간을 소모해야 할 것이다. 학생들은 자신들이 만든 회의규칙을 더 잘 기억할 뿐 아니라, 규칙에 대해 더 강한 책임감을 느끼기 때문이다. 반면, 교사가 일방적으로 만든 규칙은 학생들의 자발적인 참여를 기대하기 어렵다. 이렇게 만들어진 회의규칙은 학생들의 참여태도 교정에 유용하게 사용될 수 있다. 예를 들어, 학급회의에서 학생들이 서로 비난하는 데 열을 올리고 있다

면, 교사는 다음과 같이 말할 수 있다(예 "지금 여러분들의 태도는 우리가 함께 정한 회의 규칙에 어긋나는 것 같아요."). 학급회의의 규칙 제정에 도움이 되는 회의참여 지침은 표 4-1과 같다.

표 4-1. 회의규칙 제정에 도움이 되는 회의참여 지침

▢ 하기/Do's	▢ 하지 않기/Dont's
1. 경청하기	1. 비웃지 않기
2. 협력하기	2. 놀리지 않기
3. 에티켓 갖추기	3. 잡담하지 않기
4. 긍정적으로 말하기	4. 욕설하지 않기
5. 박수쳐 주기	5. 상처주지 않기
6. 믿고 존중하기	

회의절차

끝으로, 학급회의는 일반적으로 개회선언, 국민의례, 안건 선정, 안건 토의, 표결, 결과 발표, 폐회선언의 순서로 진행된다. 진행순서에 관한 설명은 표 4-2와 같다.

표 4-2. 학급회의의 진행순서

순서	내용
1. 개회선언	○ 리더 또는 학급 위원이 학급회의의 시작을 선포함
2. 국민의례	○ 국기에 대한 경례를 하고 애국가를 제창함(애국가는 생략할 수 있음)
3. 안건 상정	○ 학급회의에서 어떤 내용을 토의 · 표결할 것인지 발표 · 정리함
4. 안건 토의	○ 선정된 주제에 관해 구성원들의 의견을 듣고 조율함
5. 표결	○ 선정된 주제별로 도출된 여러 해결 방안에 대해 투표함
6. 결과 발표	○ 리더 또는 학급 위원이 표결로 결정된 사항을 구성원들 앞에서 재차 확인 · 선포함
7. 폐회선언	○ 모든 주제의 토의가 마무리되면, 리더 또는 학급 위원이 학급회의가 끝났음을 선포함

표 4-2에 제시된 학급회의의 진행순서에서 추가하거나 좀 더 구체적으로 살펴볼 부분으로는 ① 격려와 감사 표현, ② 이전 해결책 결과 확인, ③ 안건 토의, ④ 계획

수립, ⑤ 회의 평가가 있다.

격려와 감사 표현. 첫째, 개회선언과 국민의례를 마치면, 본격적인 학급회의는 학생들이 서로 격려하고 감사를 표현하는 것으로 시작한다. 학생들 간에 상호 격려와 감사를 나누는 것은 학생들이 더 긍정적인 마음으로 회의에 참여할 수 있게 한다. 긍정적인 마음은 학생들이 창의적이고 효율적인 방식으로 문제해결을 가능하게 하며, 상호존중 · 협력하는 분위기를 조성한다(Lasala et al., 2015). 격려와 감사 나누기는 다양하고 창의적인 방법으로 할 수 있는데, 실행 방법은 다음과 같다.

첫째, 한 명씩 돌아가며 옆 사람에게 격려 또는 감사 메시지를 전하는 방법이다. 방향은 왼쪽 또는 오른쪽으로 변화를 줄 수 있다. 요령은 학급 구성원의 이름이 적힌 쪽지를 상자에 넣고 각자 한 사람씩 쪽지를 뽑아서, 그 학생에게 감사를 표하거나 격려를 해 준다. 처음에 학생들은 이 활동을 어색해할 수 있다. 그러므로 교사는 글상자 4-3에 제시된 격려와 감사 표현의 기본 형식을 칠판에 적어 놓고 시범을 보일 필요가 있다.

글상자 4-3. 격려/감사 표현 형식

- ☐ 격려: "(이름)야, 난 너의 (구체적인 상황)이 잘될 거라고 믿어!"
- ☐ 감사: "(이름)야, 난 네가 (구체적인 행동)해 줘서 고마워!"
- ☐ 격려/감사에 대한 반응: "(이름)야, 그렇게 말해 줘서 고마워!"

학생들은 때로 어색한 나머지 대상 학생이 아니라 교사를 쳐다보며 격려와 감사 표현을 하는 경우가 있다. 이 경우, 교사는 해당 학생을 바라보며 표현하도록 제안한다. 그런가 하면, 격려/감사 표현을 비꼬거나 빈정대는 어조로 전달하기도 한다(㉥ "세아야, 너만 알던 네가 어제 나를 도와줘서 고마웠어!"). 이는 오히려 학급 분위기를 해칠 수 있으므로, 교사의 세심한 지도가 필요하다.

이전 해결책 결과 확인. 둘째, 이전 학급회의에서 결정된 해결책이 문제해결에 도움이 되었는지 점검한다. 아무리 좋은 해결책으로 여겨지더라도 실제 상황에서는 한계가 있을 수 있다. 만일 이러한 한계로 인해 해결책이 문제해결에 도움이 되지 않았다면, 그 원인을 함께 탐색해 보는 한편, 대안을 모색해 보는 작업이 필요하다.

안건 토의. 셋째, 상정된 안건을 토의하되, 상정된 순서에 따라 처리한다. 그러나 문제의 심각성 또는 긴급한 정도에 따라 구성원들의 합의를 거쳐 순서를 바꿀 수 있다. 만일 안건으로 상정되었던 문제가 학급회의 전에 해결되는 경우, 안건을 상정한 학생에게 그 문제가 어떻게 해결되었는지 설명할 기회를 준다. 이는 실제로 문제해결에 효과가 있었던 방법을 다른 학생들과 공유하는 기회가 될 수 있기 때문이다. 안건 토의는 일반적으로 '① 문제 공유 ⇨ ② 해결 방안 탐색 ⇨ ③ 해결 방법 선택' 과정으로 진행된다. 문제 공유에 앞서, 안건을 상정한 학생이 해당 안건에 대해 구체적으로 설명한다. 학생의 설명은 안건지에 기록한 내용을 중심으로 상세히 하도록 한다(그림 4-1 참조).

학급회의 안건지					
제출자		날짜		안건번호	
□ 안건 내용 □ 안건에 대한 느낌 □ 문제해결을 위해 사용한 방법 □ 기타 사항					

[그림 4-1] 학급회의 안건지 예시

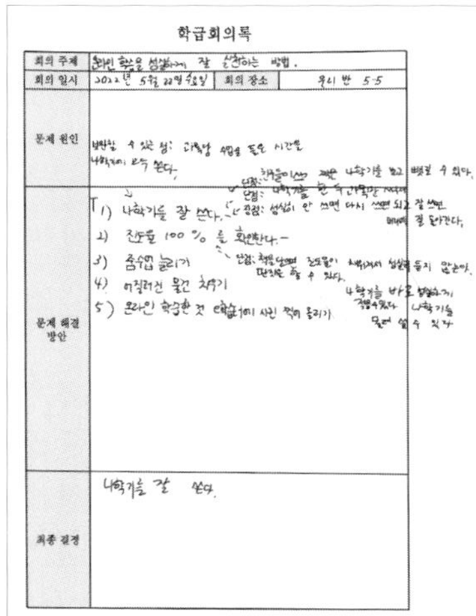
학급회의록

회의 주제	온라인 학습을 성실하게 잘 실천하는 방법.		
회의 일시	2022년 5월 22일 수요일	회의 장소	우리 반 5-5
문제 원인	발생할 수 있는 점: 과목당 수업을 듣는 시간을 나학기에 모두 쓴다.		
문제 해결 방안	1) 나학기를 잘 쓴다. 2) 진도율 100 %를 확인한다. 3) 줌수업 늘리기 4) 이질러진 물건 치우기 5) 온라인 학습한 것 e학습터에 사진 찍어 올리기		
최종 결정	나학기를 잘 쓴다.		

안건에 대한 세부 내용은 사안에 대한 학생의 감정, 문제해결을 위한 노력이 포함되도록 한다. 문제 공유는 안건을 상정한 학생이 문제에 대한 설명을 학급 구성원 전원이 경청함으로써 자연스럽게 이루어진다. 이 과정에서 안건을 상정한 학생에게 공감적으로 이해하는 말과 함께, 문제에 대해 더 깊은 이해를 위해 질문과 답변을 할 기회를 제공한다. 상정된 문제가 충분히 공유되고 나면, 해결 방안을 모색한다. 해결 방안 탐색은 학급 구성원 전원이 서로 협력하고 도움을 주고받는 과정을 통해 이루어진다. 이 과정에서는 브레인스토밍을 통해 학급 구성원들의 다양하고 창의적인 아이디어를 도출한다. 그런 다음, 도출된 다양한 해결 방안 중 가장 적절한 것을 선택한다.

계획 수립. 넷째, 표결을 통해 특정 안건이 통과되면, 통과된 안건 실행 또는 문제해결을 위한 계획을 수립한다. 계획 수립은 향후 학급활동(예 현장체험학습, 체육대회, 학예발표회 등)에 대한 구체적인 계획을 논의하는 과정이다. 만일 특별히 계획할 활동이 없다면, 이 과정은 생략한다.

회의 평가. 끝으로, 학급회의는 폐회선언에 앞서 회의에 대한 자체 평가로 마무리한다. 이 과정에서 학급 구성원들은 회의 참여 태도 또는 방식에 대해 성찰해 보는 시간을 갖는다. 회의 평가를 위한 항목의 예는 글상자 4-4와 같다.

글상자 4-4. 학급회의 평가를 위한 항목 예시

- ○ 학급 구성원 전원이 참여했는가?
- ○ 학급 구성원들은 어떤 방식으로 소통했는가?
- ○ 학급 구성원들은 회의 규칙을 잘 준수했는가?
- ○ 학급회의에서 구성원들이 특히 잘한 점은 무엇인가?
- ○ 학급 구성원들이 잘 준수하지 못하는 회의규칙은 무엇인가?
- ○ 학급회의에서 개선해야 할 점은 무엇인가?

학급회의의 진행지침

학급회의는 학생들이 올바른 민주주의 절차와 가치를 체험할 수 있도록 이해와 존중, 합의와 타협의 중요성을 깊이 인식하고 경험하는 것이 중요하다. 이에 학급회의를 진행할 때, 학급 구성원들이 유념할 점은 글상자 4-5와 같다.

글상자 4-5. 학급회의에서 학급 구성원들이 유의할 점

1. 발언은 돌아가면서 공평하게 한다.
2. 다른 급우의 의견을 비난하거나 비웃지 않는다.
3. 학급회의의 목적은 상호이해와 함께 문제를 해결해 나가는 것임을 기억한다.
4. 잘못된 결정을 내리더라도 실천하고, 다음 학급회의를 통해 바로잡는다.
5. 지난 회의에 대한 평가와 새로운 안건에 대한 준비 시간을 갖는다.

효과적인 학급회의 진행을 위한 지침으로는 ① 시간제한에 유의, ② 정기적인 개최, ③ 학생 간 공격 금지, ④ 건설적인 분위기 조성, ⑥ 학급 구성원의 평등 강조, ⑦ 회의 독점 방지, ⑧ 즉각적인 결정사항 실행, ⑨ 학급회의에 대한 평가가 있다. 이러한 지침에 관한 세부적인 설명은 다음과 같다.

시간제한에 유의

첫째, 시간제한에 유의한다. 학교 일정에서 학급회의를 위한 시간은 그리 여유가 있는 편이 아니다. 그럼에도 불구하고 학급에서 문제는 끊임없이 일어나고, 많은 학생이 다양한 문제를 학급회의 안건으로 상정한다. 경우에 따라서는 미해결 안건이 산적되어 있음에도 한 가지 안건을 논의하느라 학급회의 시간을 허비하기도 한다. 이에 모든 안건이 학급회의를 통해 적시에 논의·해결될 수 있으려면, 효율적인 시간 사용이 필수적이다. 사적인 잡담, 감정에 치우친 언쟁, 비난 또는 불평 등은 효율적인 시간 사용을 저해한다. 효율적인 학급회의 진행을 위해서는 회의 도중이라도 시간이 제한되어 있음을 알릴 필요가 있다. 학생들이 문제해결의 중요성과 시간의 한계를 동시에 인식한다면, 효율적인 회의시간 사용을 위해 노력할 것이기 때문이다.

정기적인 개최

둘째, 학급회의를 함부로 취소하지 않는다. 예정된 학급회의는 특별한 경우가 아니라면 반드시 개최한다. 문제해결을 위해 손꼽아 기다리는 학생들이 있다는 사실을 기억해야 한다. 만일 어떤 일이 있을 때마다 학급회의 개최가 취소 또는 연기된다면, 학생들은 자신이 상정한 안건이 학급회의에서 다루어질 수 있을지 기대하기 어렵게 된다. 이는 문제가 발생했을 때, 학생들이 학급회의를 기대하기 어렵게 할 수 있다. 이는 학급회의에 대한 신뢰를 떨어뜨리는 원인으로 작용하여 더 이상 학급회의에 안건으로 상정하는 것을 주저하게 된다. 대신, 학생들은 교사를 직접 찾아와 자신의 문제를 하소연하기 시작할 것이다.

학생 간 공격 금지

셋째, 학생 간 공격적 행동을 자제시킨다. 학생들은 때로 회의 도중에 공격적인 행동을 보이곤 한다. 학생들 간의 갈등이 안건으로 상정된 경우 또는 회의 도중 학생들 간에 의견이 엇갈리는 경우, 학급회의는 자칫 상호 비난이나 부정적인 감정을 표출하는 공간이 되기 쉽다. 이러한 상황은 건설적인 문제해결에 도움이 되지 않을 뿐 아니라, 서로 감정이 상하고 관계에 금이 가기 쉽다. 관계 악화는 건설적인 회의 진행에 걸림돌이 된다. 민주주의를 실천하는 학급회의는 상호존중 원칙을 기반으로 진행되어야 한다. 따라서 회의 도중에 다른 학생에 대한 불만을 표현하고 싶다면, 사전에 학생들에게 '나 전달법'을 가르쳐서, 상대방을 존중하는 태도에 입각하여 이 방법을 사용하도록 권한다.

건설적인 분위기 조성

넷째, 학급회의가 불평·불만을 토로하는 장이 되지 않게 한다. 학급회의에서 문제 제기는 해당 문제에 대한 불만에서 시작한다. 이에 회의 도중 불평을 토로하는 것은 어쩌면 자연스러운 일이다. 그러나 불평과 불만으로 이어지는 것은 오히려 효과적인 문제해결을 저해할 수 있다. 그러므로 교사는 학생들에게 불평과 불만과 변화 모색의 차이를 설명해 줄 필요가 있다. 만일 학급회의가 불평과 불만으로 이어진다면, 교사의 개입으로 이를 건설적 · 생산적인 분위기로 전환시킬 필요가 있다(예 "○○에 대해 변화가 필요하다고 인식하는 것 같은데, 변화를 위한 대안은 어떤 것이 있을까요?"). 그럼에도 불구하고 학생들의 불평 · 불만이 계속된다면, 교사는 대화상자 4-2와 같이 말할 수 있다.

대화상자 4-2. 학급회의 평가를 위한 항목 예시

교사: 선생님은 여러분이 정말로 이것을 바꾸고 싶어 하지 않는 것 같이 느껴져요. 지금 학급회의가 원활히 진행되고 있지 않아요. 선생님은 이것에 대해 여러분이 화가 나 있는 것을 잘 알고 있어요. 하지만 더 생산적인 이야기로 옮겨 봅시다. 우리는 이것을 바꾸기 위해 무엇을 할 수 있을까요?

학급 구성원의 평등 강조

다섯째, 학급 구성원의 평등을 강조한다. 민주적인 교실에서 교사와 학생들은 상호 평등하고 존중되어야 한다. 이러한 원칙은 학급회의에도 적용된다. 교사는 학생들과 동등한 위치에서 학급회의에 참여한다. 교사가 자신의 권위를 앞세워서 회의를 통제하려고 한다면, 이는 민주적이지 않다. 학생들은 교사의 권위적인 태도에 압도되어 위축될 것이기 때문이다. 이러한 상황에서는 민주적이고 건설적인 회의 진행이 어렵게 된다. 따라서 교사는 학생들과 평등관계를 강조함으로써, 학급회의가 교사가 지배하는 것이 아님을 학생들에게 인식시켜 주어야 한다. 이를 위해 교사는 학생들을 통제하려는 유혹을 극복해야 하는 한편, 회의 도중 학생들을 질책 또는 훈계를 늘어놓아서는 안 된다. 대신, 학생들의 발언 내용을 경청 · 공감해 준다.

회의 독점 방지

여섯째, 회의를 독점하는 학생이 없게 한다. 학급회의를 진행하다 보면, 때로 회의를 독점하려는 학생들이 생길 수 있다. **회의 독점**이란 다른 학생의 말을 경청하기보다 자주 자기중심적으로 발언하며, 관심의 중심이 되려는 경향성을 말한다. 학급회의는 구성원 모두를 위한 장이다. 즉, 학급회의에서는 구성원 모두가 평등하다. 평등을 바탕으로 구성원은 누구나 권리가 존중되어야 한다. 특정 학생들이 학급회의를 독점하는 것은 다른 학생들의 참여 기회를 박탈 또는 침해하는 행위다. 따라서 교사는 학급

회의가 소수에 의해 좌우되지 않도록 세심한 주의를 기울인다. 소수의 학생에 의해 학급회의가 좌지우지되는 것을 방지하기 위해 개입하는 경우, 교사가 사용할 수 있는 질문의 예는 글상자 4-6과 같다.

글상자 4-6. 회의를 독점하려는 구성원이 생기지 않게 하기 위한 질문 예시

- "학급회의에서 일부 학생들만 계속 발언한다면, 어떻게 될까요?"
- "선우의 입장은 잘 이해할 수 있어요. 다른 친구들의 의견도 궁금하네요."
- "지수가 자기 생각을 잘 설명해 주었는데, 이제 다른 사람의 의견을 들어 볼까요?"
- "한나의 생각이 잘 전달된 것 같아요. 이제 이에 대한 다른 친구들의 생각도 들어 볼까요?"
- "학급회의에서 한 학생이 다른 학생들의 말에는 귀 기울이지 않고 자기 말만 계속하려고 한다면, 어떻게 될까요?"

즉각적인 결정사항 실행

일곱째, 학급회의에서 결정된 것을 바로 실행에 옮긴다. 만일 결정사항이 이행되지 않는다면, 학생들은 불만과 허탈감을 느끼게 될 수 있다. 또한 학생들은 학급회의에 적극적으로 참여할 동기를 잃게 된다. 반면, 자신이 참여하여 결정된 사항이 바로 실행된 것을 경험한다면, 학생들은 회의 참여에 대해 큰 보람과 성취감을 경험하게 될 것이다. 이로써 학생들은 학급회의의 가치를 실감하게 되고, 이러한 경험은 학급회의에 대해 더 적극적인 참여로 이어질 수 있다.

학급회의에 대한 평가

끝으로, 학급회의를 평가한다. 학급 구성원들이 함께 학급회의를 평가하는 것은 중요하다. 회의 방식 또는 참여 태도를 자체적으로 점검하여 개선을 위해 노력할 수 있는 기회가 되기 때문이다.

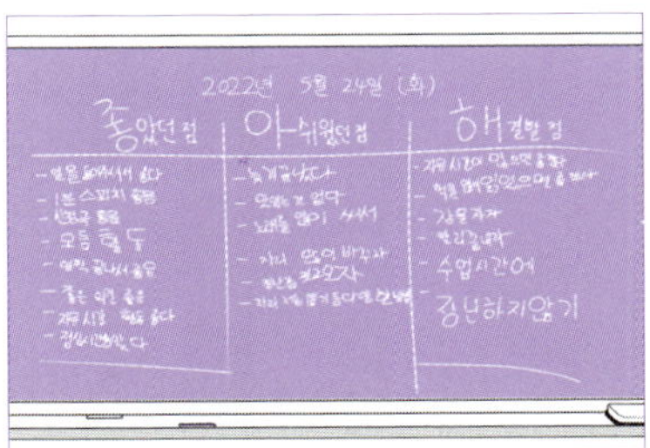

복습문제

다음 빈칸에 들어갈 말을 써 보세요.

1. 학급회의의 주요 기능 네 가지는 ① 학급규칙 설정, ② 문제해결, ③ ______, ④ 격려와 감사다. 이 중 ________은/는 학급회의의 핵심 기능으로, 일반적으로 학급회의의 가장 많은 시간은 이를 위해 사용된다.

2. 격려와 ______은/는 학급 구성원들의 소속감을 강화하고, 학급 응집력을 높이며, 서로 존중 · 협력하는 분위기를 촉진한다.

3. 학급회의가 학급에 가져다주는 이점은 두 가지, 즉 ① ________________, ② ________________다.

4. 학급회의가 학생들에게 가져다주는 이점으로는 ① ________________, ② 사회정서 기술 개발, ③ ____________을/를 꼽을 수 있다.

5. 학급회의는 ____________와/과 ____________을/를 몸소 체험하는 장이다. 이러한 체험학습은 학생들에게 민주주의의 중요성을 인식하고, 민주시민의 자질을 갖추게 하는 의미 있는 기회가 된다.

6. ____________(이)란 개인 자신의 감정 이해와 표현, 타인에 대한 공감과 존중, 책임 있는 의사결정, 자기관리, 의사소통 기술, 협력과 도움을 주고받는 능력 등을 말한다.

7. __________은/는 개인과 공동체의 안녕과 성장에 영향을 주는 주요 요소다. 이는 타인과의 협력과 공동체에 대한 공헌을 통해 실천된다.

8. 학급회의는 일반적으로 ① 개회선언, ② 국민의례, ③ ________, ④ 안건 토의, ⑤ ______, ⑥ 결과 발표, ⑦ 폐회선언 순으로 진행된다.

9. 학급회의 과정에서 학생 간 공격적 행동 금지를 위한 방안의 하나는 회의 도중에 다른 학생에 대한 불만을 표현하고 싶다면, 상대방을 존중하는 태도에 입각한 ________을/를 사용하도록 권장하는 것이다.

10. 학급회의 진행을 저해하는 요소의 하나인 ________은/는 다른 학생의 말을 경청하기보다 자주 자기중심적으로 발언을 하며 관심의 중심이 되려는 경향성을 말한다.

소집단 활동

행복 vs. 불행

현실치료의 창시자 윌리엄 글래서(W. Glasser)는 인간의 행복과 불행의 근원에 대해 다음과 같은 글을 남겼다. 2인 1조로 나누어, 글을 읽고 난 소감을 나누어 보자.

> 당신의 행복과 불행을 선택하는 사람은 바로 당신 자신이다.
> 당신이 불행을 선택한다는 것을 믿기 어려울 수 있다.
> 우리는 순간순간 바람(want)에 따른
> 기본 욕구(needs)를 충족하기 위해 행동을 선택한다.
> 당신이 우유부단해서 결정하지 않는 것도 결정을 의미한다.
> 마찬가지로, 선택하지 않는 것도 선택을 의미한다.

소감

Chapter 05

학업문제와 지도

개요

- ☐ 학업문제의 이해
- ☐ 학업에의 영향 요인
- ☐ 학업지도
- ☐ 학업중단
- ■ 복습문제
- ■ 소집단 활동

학습목표

1. 학업문제의 정의를 내릴 수 있다.
2. 학업문제의 원인을 다양한 관점에서 조망할 수 있다.
3. 학업에의 영향 요인을 이해하고 설명할 수 있다.
4. 학생들의 학업성취를 저해하는 요소를 이해하여 학업지도를 돕기 위한 자원으로 활용한다.
5. 학업중단의 영향, 원인, 예방지원 방안을 이해 · 숙지하여 학업지도에 반영한다.

학교교육은 제도화된 학교 내에서 이루어지는 제반 교육활동이다. 이는 학교 밖에서 이루어지는 교육(사회교육, 성인교육 등)과 대조된다. 학교교육 체제에서 유치원교사는 유치원생을, 초등교사는 초등학생을, 중등교사는 중·고등학생을 가르친다. 유치원교사는 취학 전 아동들을 가르치고 보살핀다. 초등학교 교사는 학생들에게 전 과목을, 중·고등학교 교사는 전공 또는 특별 연수를 마친 과목만을 가르친다. 학교교육에서 학업은 아동·청소년들의 중요한 발달과업으로, 인지·정서·행동 영역 전반에 영향을 미친다. 이는 장차 상급학교 진학, 취업 등 향후 성인으로서의 삶에도 적잖은 영향을 준다. 이런 이유로 아동·청소년들은 학업 또는 성적으로 인해 심각한 스트레스를 겪기도 한다.

학업문제로 인해 스트레스를 받는 학생의 비율(초등학생 42.5%, 중학생 71.0%, 고등학생 85.1%)은 전체 학생의 66.8%에 달한다(통계청, 2015). 일부 학생들은 심각한 정도의 학업문제를 호소하고 있고, 심지어 학업을 중도에 그만두거나 상급학교 진학을 포기하기도 한다. 학업문제는 아동·청소년의 개인 내적 요인(자기개념, 자기효능감, 자기가치감)뿐 아니라, 진로발달(상급학교 진학, 취업 등)에도 영향을 미친다. 또한 또래친구, 부모, 교사와의 관계에도 영향을 줌으로써, 학생의 심리사회적 발달을 저해하기도 한다. 이러한 점에서 아동·청소년의 학업발달을 돕는 일은 생활지도의 가장 중요한 활동이라고 해도 과언이 아니다.

학교교육에서 **학업지도**academic guidance는 학생들의 학업문제를 효과적으로 해결하고, 학업발달 촉진을 위해 실행하는 생활지도의 한 영역이다. 학업지도는 일반적으로 학생들의 새로운 학교에의 적응, 교육과정 선택, 학업부진, 특수아, 진급 또는 진학, 학습 방법과 습관 문제 등을 대상으로 한다. 이 장에서는 ① 학업문제의 이해, ② 학업에의 영향 요인, ③ 학업지도, ④ 학업중단을 중심으로 살펴보기로 한다.

학업문제의 이해

"얘, 너 지금 뭐 해? 이제 얼마 안 남았어. 시간 정말 후딱 간다. 그때 가서 울며불며 후회하지 말고!" 엄마가 휴대폰으로 아이에게 하는 말이다. '으이

구 또 시작이야!' 아이는 엄마의 말을 듣고는 있지만, 도대체 엄마의 말이 이해되지 않는다. 왜 벌써부터 대입 걱정을 해야 되지? "알았어! 조금만 하고 바로 갈게!" 아이는 친구들과 PC방으로 직행하고, 엄마는 또 속이 터진다. 중2나 된 녀석이 아직 정신을 못 차리고 있어서다. 지금부터 해도 될까 말깐데 정작 아이는 천하태평이니 ……. 얼마 후, 아이가 학원에 도착했다는 문자메시지가 오지 않는다. 엄마는 바로 아이에게 전화를 한다. "엄마, 미안! 바로 갈게." 아이는 게임을 잠깐 했을 뿐인데, 시간이 이렇게 지난 줄 몰랐다. 수업 시간에는 시간이 그렇게 안 가는데, 게임할 땐 왜 이렇게 빨리 가는 것일까?

학업이란 학교에서 교과교육을 통해 일반지식과 전문지식을 습득하기 위해 공부하는 일을 말한다. 학업문제는 학업을 저해하는 사건, 상황, 또는 학생의 특성을 가리킨다. 학업문제는 단순히 학업성적과 관련된 문제에만 한정되지 않고, 다양한 양상을 보인다. 학업이라는 개념과 비교할 때, **학습**learning은 연습, 훈련, 또는 경험의 결과로 발생하는 비교적 영속적인 행동 변화를 가리킨다. 학습은 유기체 내에서 일어나는 내재적 변화과정으로, 수행performance을 통해 관찰 가능하다. 이에 학습은 수행과 선행조건을 통해 추리할 수 있다. 단, 성숙에 의한 변화는 학습으로 간주하지 않는다. 학습이론에 따라, 학습은 조건형성, 자극과 반응의 연합, 인지구조의 변화, 또는 신경생리학적 변화 등으로 본다. 그러면 학업문제의 원인은 무엇일까?

학업문제의 원인

학업문제의 원인은 인지적 측면(지능, 학습전략)·정의적 측면(학습동기, 태도, 습관, 공부 스트레스, 시험불안)·관계적 측면(중요한 타인 또래, 교사와의 관계)에서 조망할 수 있다. 여기서는 학업 관련 문제를 ① 동기 결여, ② 학습 방법과 전략 부재, ③ 시험불안, ④ 학업소진, ⑤ 학업 관련 장애를 중심으로 살펴보기로 한다.

동기 결여. 첫째, **학업에 대한 동기 결여**는 공부에 흥미가 없고, 공부하기 싫어하며, 심한 경우 공부 자체에 회의감을 느끼는 상태를 말한다. 이는 주로 부모 또는 교사의 관점에서 관찰된다. 학업에 대한 동기가 결여되면 자연스럽게 공부에 소홀하게 되고, 학업성적에도 부정적인 영향을 미치게 된다. 이는 다시 동기수준 저하로 이어지는 악순환의 고리가 된다. 학업에 대한 동기 결여는 종종 부모로부터 공부에 대해 지나치게 압력을 받거나, 이로 인한 반발심으로 인해 발생한다. 또는 다른 활동에 더 흥미를 가지게 되면서 학업에 대한 흥미가 낮아져 공부를 소홀히 하게 되기도 한다. 그런가 하면, 반복되는 실패경험으로 인해 공부하려는 노력과 의지를 상실한 상태일 수도 있다.

학습 방법과 전략 부재. 둘째, **학습 방법과 전략의 부재**는 학업에 대한 동기가 있고 공부를 하지만, 생각만큼 능률이 오르지 않거나 성적이 오르지 않는 상태다. 예를 들어, 주의집중에 방해되는 환경에서 공부하거나, 단순 암기에 집착하거나, 시간관리를 효과적으로 하지 못해 원하는 만큼의 성과를 올리지 못하는 경우가 학습 방법과 전략 문제에 해당한다. 이 외에도, 공부하려는 의지가 있고, 실제로 많은 시간을 공부하는 데 사용하고 있음에도 성적이 부진한 경우, 학생은 자신에 대한 실망감과 좌절감을 느끼게 되고, 이는 다시 학업동기를 저하시키는 악순환의 원인이 된다.

시험불안. 셋째, **시험불안**test anxiety은 시험상황에서 겪는 과도한 상태불안으로, 학생이 중요하다고 여기는 평가 상황에서 경험하는 불안 경향성이다. 이는 인지 · 정서 · 행동 · 신체 반응을 포함하는 복합적 상태다(한국교육심리학회, 2000). 대부분의 학생은 중요하다고 여기는 시험 상황에서 상태불안을 느낀다. 그러나 이 상황을 얼마나 위협적으로 지각하는지는 개인차가 있다. 시험불안이 있는 학생은 중요하다고 여기는 시험일이 다가올수록 불안 · 초조하여 공부에 집중하지 못하고, 잠 못 이루거나, 신체화 증상(복통, 두통 등)을 호소하기도 한다. 시험을 앞두고 느끼는 불안은 자연스러운 현상으로, 시험 준비에 긍정적인 영향을 준다. 그러나 불안이 지나치면 시험 준비와 결과에 부정적인 영향을 준다. 또한 학생 자신 또는 부모의 성적에 대한 기대가 과도하게 높은 경우, 학생에게는 큰 부담으로 작용하게 되어 시험을 망칠 가능성에 대한 염려로 인한 학업문제를 초래하게 된다.

학업소진. 넷째, **학업소진**academic burnout은 학생들이 만성적인 학업 스트레스와 과도한 학업량, 그리고 기타 심리적 요인으로 인해 학업에 대해 심리 · 신체적 피로, 정서적 고갈과 좌절, 학업에 대한 무관심과 냉소적 태도, 학업에 대한 자신감 또는 성취감이 결여된 상태다. 이는 장기간에 걸친 학업 스트레스와 학업에 대한 부담으로 인해 발생한다. 학업소진을 보이는 학생은 학업에 대해 냉소적 태도와 무능감을 보이고, 실패에의 대처 능력이 떨어지며, 우울, 강박, 불안 같은 심리적 증상을 나타내기도 한다. 이러한 증상이 심해지는 경우, 자살로 이어지기도 한다(제10장 '자살 · 자해' 참조).

학업 관련 장애. 끝으로, **학업 관련 장애**로는 ① 지적장애(지능 또는 기능 수준이 유의하게 낮음), ② ADHD(부주의, 산만성, 충동성, 과잉행동 증상), ③ 학습장애(정상적인 지능과 신체 상태임에도 읽기, 쓰기, 산술적/수리적 계산 관련 기술의 학습에 현저한 어려움을 보임)가 있다. 이러한 장애가 있는 학생들은 정상적인 학업에 어려움을 겪게 된다. 이들에게는 장애 특성에 맞는 특수교육적 접근이 필요하다. 이 외에도, 학생들의 학업 관련 문제를 요약 · 정리하면 표 5-1과 같다.

표 5-1. 학생들의 학업 관련 문제

문제 유형	특징
1. 공부 방법	❍ 부적절한 방법으로 공부함으로써, 공부/성적에 부정적인 영향이 있음
2. 공부 습관	❍ 공부하려는 마음은 있지만, 체계적인 습관이 형성되지 않음
3. 동기	❍ 공부에 대한 반감은 없고, 다만 공부하려는 마음이 형성되지 않음
4. 반감	❍ 공부 자체를 싫어하고 이에 대한 반감/반발심이 있음
5. 회의감	❍ 공부의 필요성에 대한 근본적인 의문과 회의감을 가지고 있음
6. 학업부진	❍ 공부를 열심히 하고자 하고, 실제로 했음에도 결과가 좋지 않아 고민함
7. 지적능력	❍ 지능이 낮거나 기억력이 부족하여 공부/성적에 영향을 받음
8. 스트레스	❍ 성적이 떨어지거나 오르지 않아 걱정하거나 스트레스를 받음
9. 집착	❍ 점수, 등급에 얽매여 경쟁심을 느끼고, 심지어 죽고 싶다는 생각까지 함
10. 관계	❍ 공부/성적 문제로 친구, 부모, 교사와의 관계에서 문제가 있음
11. 시험불안	❍ 시험에 따른 심한 불안감, 압박감, 스트레스를 받음
12. 집중력	❍ 주의산만, 잡념 등으로 인한 집중력 저하로 공부/성적에 영향을 받음

학업에의 영향 요인

학생들의 학업에 영향을 주는 요인으로는 크게 ① 인지적 요인, ② 정의적 요인, ③ 환경적 요인으로 나눌 수 있다.

인지적 요인

학생들의 학업에 영향을 주는 첫 번째 요인은 인지적 요인이다. **인지**cognition는 정보를 획득 · 파지 · 활용하는 것을 말한다. 학생들의 학업에 영향을 주는 **인지적 요인**cognitive factors으로는 ① 지능, ② 기초학습 능력, ③ 선수학습 수준, ④ 학습 전략이 있다. 학생에게 학업문제가 있는 경우, 흔히 이 네 영역을 확인한다. 특히, 지능은 인간의 지적 능력을 나타내는 대표적인 심리학적 구성개념으로, 학업부진 문제를 진단 · 평가할 때 우선적으로 고려하는 요인이다.

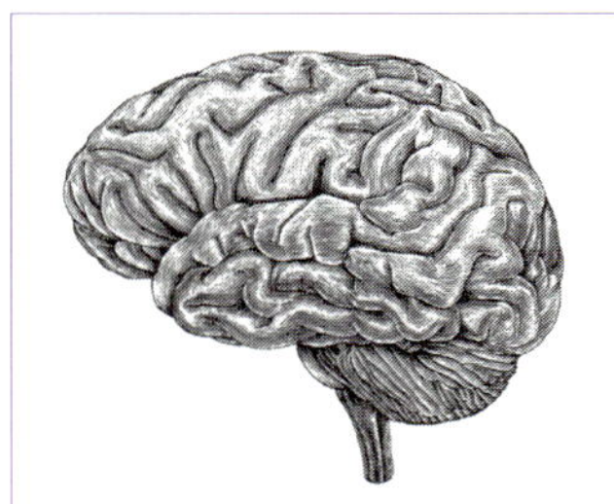

지능. **지능**intelligence quotient(IQ)은 문제에 대해 합리적으로 사고 · 해결하는 인지 및 학습 능력을 포함하는 개인의 총체적 능력이다. 이 개념은 학습역량, 지식, 새로운 환경에 대한 적응력, 문제해결 능력, 기억력, 고등정신기능(예 창의성, 개념 활용, 아이디어 통합 등), 합목적적 행동, 합리적 사고를 포함한다. 지능은 학업문제의 원인 규명을 위해 뇌 기능과 관련하여 확인하는 요인이다(예 지적장애, 발달장애). 만일 학생의 지능이 정상군에 속한다면, 지능은 학습에서의 취약점을 보완하는 학습계획 수립에 활용된다. 지능은 학생의 학업에 영향을 주기는 하지만, 학업성취의 모든 것을 결정하는 요인은 아니다. 지능은 주로 표준화된 지능검사로 측정한다(만 15세 이하는 한국판 웩슬러 아동용 지능검사KEDI-Wechsler Intelligence Scale for Children[KEDI-WISC], 만 16세 이상은 웩슬러 성인용 지능검사Korean-Wechsler Adult Intelligence Scale[K-WAIS])(제7장 '심리검사의 이해와 활용' 참조).

기초학습 능력. 둘째, **기초학습 능력**basic learning skills(BLS)은 학업수행에 필요한 가장 기본적인 능력(읽기, 쓰기, 셈하기 등)을 말한다. 기초학습 능력 평가는 특수교육이 요구되거나 특정 영역에서 학습 곤란이 있는 학생 판별과 학습 능력에 따른 개별교육계획 수립에 유용하게 활용된다. **개별화교육계획**individualized education plan(IEP)이란 학생 개개인의 능력 또는 심리적 특성에 따라 학습 목표, 학습 내용, 학습 방법, 학습 환경 등을 다르게 설정하여 교육 서비스를 제공하기 위한 교육 전략을 말한다. 일반 아동들보다 장애아동의 개인 간 또는 개인 내 차가 심하다는 점에서 각 장애아동의 구체적인 특성에 맞게 고안된 교육(IEP)이 제공되어야 한다.

기초학습능력 사정은 표준화된 학업성취검사를 통해 수행된다. 이 검사는 읽기, 쓰기, 셈하기, 상식 영역으로 나뉘어 있고, 학년 또는 연령별 집단에서 백분율로 학업 수준을 나타낸다. 대표적인 학업성취검사는 1986년 한국교육개발원(KEDI)이 개발한 기초학습기능검사KEDI-Individual Basic Learning Skills Test(IBLST), 2005년 국립특수교육원이 제작한 기초학력검사(KISE-BAAT), BASA 기초학습기능 수행평가(읽기 · 쓰기 · 산수 검사), 그리고 2015년 홍상황 등이 개발한 한국판 웩슬러 기초학습기능검사Korean-Wechsler Fundamentals Academic Skills(K-WFA) 등이 있다.

선수학습 수준. 셋째, 학생이 학업부진 또는 곤란을 겪는 경우, 과목별 선수학습 수준을 확인한다. **선수학습 수준**prerequisite learning level(PLL)이란 특정 과목의 학습을 위해 사전에 습득되어 있어야 하는 지식수준을 말한다. 예를 들어, 고등학교 1학년 학생의 경우, 과목별 선수학습 수준이 이미 고등학교 3학년에 달하는 학생이 있는가 하면, 중학교 1학년 수준밖에 되지 않는 학생이 있을 수 있다. 학업성적이 점차 하락하거나 학습곤란을 보이는 학생에 대해서는 선수학습 결손을 의심해 볼 수 있다.

만일 지능과 기초학습 능력에 문제가 없음에도 학업성취가 저조한 학생이 있다면, 과목별 선수학습 결손 여부를 확인해 볼 필요가 있다. 특히, 일부 과목에서만 학업성적이 부진하거나 중학교 또는 고등학교에 진학한 후에 학업성취에 어려움이 있는 학생의 경우, 흔히 선수학습 수준을 확인한다. 이 경우, 언제부터 해당 과목에 어려움을 느끼기 시작했는지, 성적의 변화는 어떤 추이를 보이는지를 확인한다.

학습 전략. 끝으로, **학습 전략**learning strategy이란 학습 정보의 처리, 기억, 인출, 활용 방법 등에 대한 인지적 활동 또는 과정을 말한다. 이는 학습자가 새로운 정보를 선택 · 획득 · 조직 · 저장하는 방식에 영향을 주는 전반적인 정

보처리 활동이다. 학습 전략은 학생이 의도적으로 학습을 위해 수행하는 공부 방법과 기술을 포함한다. 학년이 올라갈수록 교과 난이도가 높아지고 학습 동기와 흥미가 낮아져서 학습내용을 더 깊이 이해할 필요가 있을 때, 더 효과적인 학습 전략이 요구된다. 이에 학생은 자신의 동기, 흥미를 고려한 학습전략을 고안·활용할 수 있어야 한다.

정의적 요인

학생들의 학업에 영향을 주는 두 번째 요인은 정의적 요인이다. **정의적 요인**affective factors은 일반적으로 태도, 기질, 정서, 가치관, 동기 등의 요소를 포함한다. 정의는 주로 인지와 대비되는 개념으로, 정의적 영역에는 정서와 감정을 바탕으로 형성되는 모든 행동이 포함된다. 이에 학업문제의 정의적 요인으로는 ① 동기, ② 정서, ③ 자기개념, ④ 흥미, ⑤ 불안을 들 수 있다.

동기. 첫째, **동기**motivation는 특정 목표를 지향하는 행동을 일으키고, 행동의 방향을 설정·유지시키는 심리적 요인이다. 이 요인은 학습자가 스스로 과제를 선정하여, 선정한 과제해결을 위해 지속적 노력을 기울이고, 어려움에 직면하더라도 끈기 있게 극복하려는 힘의 근원이다. 학업에 대한 동기 수준이 학업성취도에 영향을 준다는 사실은 경험적 연구를 통해 입증되었다. 동기에는 **자기효능감**self-efficacy(특정 과제를 성공적으로 수행할 수 있는 능력이 있다고 믿는 기대와 신념)과 **자기결정력**self-determination(자기 삶의 주체자로서 스스로 선택·결정·책임지는 능력)이 영향을 미친다.

학업적 자기효능감이 높은 학습자는 도전적인 과제를 선택하고, 성공적인 과제수행을 위해 더 많이 노력하며, 끈기 있게 과제를 지속하는 특성이 있다. 게다가 학업에 대한 불안이 덜하고, 더 효과적인 학습 전략을 사용하며, 자기조절능력이 뛰어나다. 한편, 학생들은 스스로 결정한 목표에 대한 몰입과 실천 동기가 더 높다(자기결정). 즉, 내재적 동기를 가진 학습자는 과제 수행을 더 잘하고, 다른 과제에도 기꺼이 참여하려는 의지와 긍정적 정서를 보일 뿐 아니라, 개념적·창의적 사고를 하는 경향이 있다(Ryan & Deci, 2018).

정서. 둘째, **정서**emotion는 학습에 동기를 부여하는, 학습의 시작·집중·유지를 위한 중요한 요인이다. **긍정적인 정서**는 학생이 문제에 직면할 때, 학생으로 하여금 포기하지 않고, 적극적으로 문제를 해결하고자 하며, 사회적으로 원만한 관계를 형성하여 주변의 도움으로 학업성적을 유지·향상시키게 하는 특징이 있다. 반면, **부정적인 정서**는 학생이 문제해결을 쉽게 포기하게 하고, 자신을 무능한 사람으로 인식하게 하며, '머리가 나빠서 공부를 못해'라는 비합리적 사고로 쉽사리 공부를 포기하게 하는 경향이 있다. 이 외에도, 부모·또래·교사와의 갈등 또는 시험불안은 학생의 학업성취를 저해한다. 특히, 시험불안은 학년이 올라갈수록 기대에 못 미치는 성적으로 인한 실패경험으로 인해 더 가중되는 경향이 있다. 학업 수행력에 비해 성취가 저조한 학생에 대해서는 시험불안의 가능성을 살펴봐야 할 것이다.

자기개념. 셋째, **자기개념**self-concept은 개인이 자신에 대해 어떻게 느끼고 인식하고 있는지의 포괄적 견해다. 이 견해는 학생이 겪은 경험을 토대로 자신에 대해 갖는 인식, 느낌, 태도로, 학업성취에 영향을 주기도 하고 받기도 하는 요인이다. 자기개념은 학생의 사고와 행동의 중심적인 내적 성향인 동시에 관계에 영향을 주는데, 흔히 학업, 사회, 정서, 신체에 대한 것으로 구분된다. 긍정적인 자기개념은 학생의 성공기대를 가지게 하여 실제로 성공 가능성을 높이지만, 부정적인 자기개념은 학생에게 불안감과 자책감과 좌절감을 유발하는 경향이 있다.

달리 말해서, **성공경험이 많은 학생**은 긍정적 자기개념을 형성할 가능성이 크고, 이는 또 성공 가능성을 높인다. 반면, **실패경험이 많은 학생**은 부정적 자기개념을 형성하여, 실패 기대를 하게 되어 실패 가능성을 높인다. 특히, 학업 자기개념은 학업과 관련된 성공/실패 경험으로 인해 형성되어, 학업실패 또는 스트레스 대처행동에 영향을 준다. 이런 점에서 학업문제가 있는 학생 지도 시, 교사는 학생의 학업성취도뿐 아니라, 학생이 자신의 학업성취도와 관련하여 자신을 어떻게 인식하고 있는지에 관심을 가져야 한다.

흥미. 넷째, **흥미**interest는 특정 대상에 대해 특별히 주의하려는 감정, 경향, 태도다. 이는 그 정도 또는 강도가 학생마다 제각기 다르다는 특징이 있다. 예컨대, 학습에 대한 흥미가 있는 경우, 자발적 동기에 의해 이루어질 수 있다. 그러나 그렇지 않은 경우는 학습 효과를 증진시킬 수 없다. 흥미는 학생의 내적 동기로, 긍정적인 정서에 의해 유발된다. 흥미는 ① 개인적 흥미와 ② 상황적 흥미로 구분할 수 있다(Ormrod, 2020).

개인적 흥미personal interest는 개인에 내재해 있어서 관심을 유발하는 주제 또는 활동에 자발적으로 참여하게 하여 개인적 즐거움을 누리게 하는 속성이다. 이는 비교적 안정되어 있고, 장기간에 형성되어 일관성 있게 나타나며, 특정 활동에 계속해서 참여할 수 있게 한다. 또한 학습에 동기를 부여하고, 학습 내용에 관심을 가지게 하며, 학습 동기를 높인다.

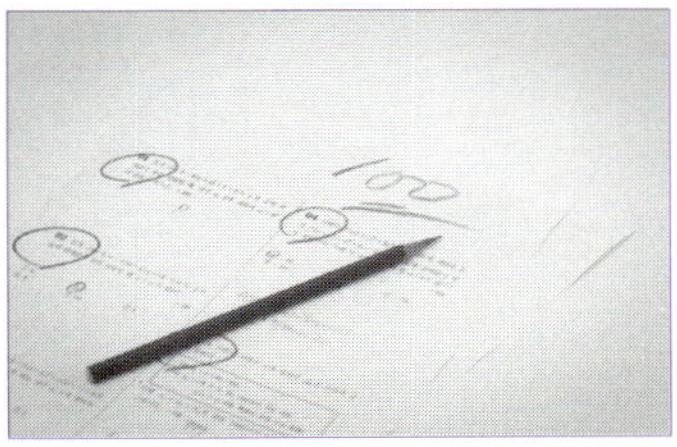

반면, **상황적 흥미**situational interest는 특정 상황(새로움, 득특함, 놀라움을 유발하는 상황)에 의해 유발되는 것으로, 짧은 시간 동안 주의집중을 하게 하는 속성이 있다. 죽음, 위협, 사랑, 파괴 등 인간의 본성과 관련된 대상은 상황적 흥미를 높인다. 특히, 예측할 수 없는 주제는 흥미, 활동, 정서 수준을 증가시킨다. 상황적 흥미로 인해 유발된 활동은 흔히 개인적 흥미로 변환되는 자원으로 작용하여 상황적 흥미와 관련된 다양한 지식을 갖추게 한다. 특정 분야에 관한 지식과 기술이 자기효능감을 증대해 내적 강화를 제공한다는 점에서 흥미와 지식은 상호보완적이다.

불안. 끝으로, **불안**anxiety은 결과를 알 수 없는 상태에 대한 불편감과 염려를 말한다. 불안은 흔히 걱정과 정서성 요소로 구분된다(Tryon, 1980). **걱정**worrying은 불안의 인지적 속성으로, 특정 상황을 다룰 능력에 대해 당혹스러운 생각 또는 믿음이다. 학생이 걱정을 하면 집중력 저하로 이어져, 효과적인 인지과정을 저해하게 되는 것이 그 예다. 반면, **정서성**emotionality은 불안의 정서적 속성으로, 생리적 반응(근육긴장, 심박수 증가 등)을 촉발한다. 학습과 관련된 정서성의 예로는 시험불안이 있다. 시험불안은 수업시간 발표, 과제물 작성 · 제출, 필기시험, 수행평가 등 평가를 받게 되는 모든 상황에서 발생하는 불안을 포함한다.

불안은 흔히 ① 상태불안과 ② 특성불안으로 구분된다. **상태불안**state anxiety은 특정 자극에 의해 일시적으로 일어나는 불안을 말한다. 예컨대, 수학과목에 자신이 없는 학생이 수학시험을 떠올릴 때마다 경험하는 일시적인 불안이다. 이에 비해, **특성불안**trait anxiety은 특정 대상, 사건, 또는 상황이 없는데도 항시 느껴지는 불안이다('특질불안'이라고도 함). 이는 개인이 행동에 확신을 갖지 못하는 상태로, 비교적 변하지 않는 개인의 성격적 특성이기도 하다. 특성불안이 높은 사람은 위험 또는 위협적인 상황에 민감하며, 이런 상황에 놓일 때 더 강렬한 상태불안을 경험한다.

환경적 요인

학생들의 학업에 영향을 주는 세 번째 요인은 환경적 요인이다. 대표적인 환경적 요인으로는 ① 가정, ② 교사, ③ 학급을 꼽을 수 있다.

가정. 환경적 요인의 첫 번째는 가정이다. 가정은 부모가 자녀의 안정적인 학습을 위해 조성하는 물리적 환경, 그리고 자녀의 학습에 대한 관심도와 표현 방법을 포함한다. 가정은 학생이 태어나면서 가장 처음 접하게 되는 사회다. 사회화 과정에서 가족원들 간의 행동, 태도, 감정은 학생에게 영향을 미친다. 특히 학업의 경우, 부모의 양육 태도, 신념, 가치관, 의사소통 방식 등은 학생의 학습 동기와 성취에 영향을 준다. 자녀의 학습 환경 또는 학습에 대한 부모의 관심 역시 자녀의 학업성취와 깊은 관련이 있다.

지지적이고 온정적인 분위기를 조성하고, 지적 호기심을 유발하며, 적절한 학습 기회와 자료를 제공하는 부모의 태도는 자녀의 학업성취에 도움을 준다(Meece, 1997). 반면, 자녀의 학업성취에 대해 비현실적으로 기대하거나 과도한 압력을 행사하는 부모의 태도는 자녀에게 스트레스를 유발하여 학업성취를 저해한다. 학업 관련 의사결정 과정에서도 자녀가 선택한 것을 실천하게 하는 것이 학습동기 부여에 도움을 준다(Ryan & Deci, 2018). 자녀의 학업과 관련된 부모의 태도는 글상자 5-1과 같이 여섯 가지로 구분할 수 있다(Eccles et al., 1998).

글상자 5-1. 자녀의 학업과 관련된 부모의 태도

1. 자녀의 학업수행에 대한 귀인
2. 과제 난이도에 대한 인식
3. 자녀의 능력에 대한 기대와 확신
4. 학업에 대한 가치 부여
5. 실제적인 성취수준
6. 성공하는 데는 장해물이 있기 때문에 이를 극복하기 위한 전략이 필요하다는 신념

교사. 환경적 요인의 두 번째는 교사다. 교사는 학생의 학습 과정과 성과에 영향을 준다. 특히, 교사의 효능감, 교수방법, 피드백, 학생에 대한 신념, 학생의 학업수행 결과

에 대한 소통방식은 학생의 학업성취에 유의한 영향을 미친다. 즉, 학생에 대해 긍정적인 믿음을 가지고 있고, 효능감이 높으며, 학생의 학업수행과 결과에 대해 긍정적이고 구체적인 피드백을 제공하는 교사는 학생들의 학업에 긍정적인 영향을 준다. 교사는 음성적 · 비음성적 행동을 통해 학생들의 학업에 대한 열정을 학생들에게 전달할 수 있다. 동시에 학생들의 감정과 생각을 이해해 줄 수 있는 공감적 이해가 요구된다.

학생에 대한 교사의 피드백이 중요한 환경적 요소가 되는 이유는 교사의 피드백 질에 따라 학생 스스로 자신의 학습 능력을 긍정적 또는 부정적으로 인식하게 될 수 있기 때문이다. 피드백의 목적은 학생의 오답을 판단하거나 비판하기 위함이 아니라, 학생이 무엇을 이해하고 배우는지 알아보는 것이다. 이러한 점에서 학업 수행에 대한 교사의 피드백은 가급적 긍정적으로 즉시 제공해야 한다. 이때 문제해결에 도움이 되는 구체적인 지침 또는 정보를 제공하는 것이 좋다. 교사의 긍정적 피드백은 ① 수행, ② 동기, ③ 귀인, ④ 전략 피드백으로 구분할 수 있다(Rosenshine & Stevens, 1986).

표 5-2. 교사의 긍정적 피드백 유형

유형	설명
1. 수행 피드백	❍ 과제수행의 정확성, 수정(예 과제를 얼마나 정확하게 수행했는가? 잘못된 부분은 어떻게 다르게 해야 하는가?)에 대한 피드백(예 "3번 문항은 잘 풀었는데, 5번 문항도 3번과 유사한 방식으로 해결할 수 있는 문항이란다.")
2. 동기 피드백	❍ 학생의 의욕 또는 자기효능감 증진을 위한 피드백(예 "선생님은 네가 이 정도 수준의 문제는 해결할 줄 알고 있었어.")
3. 귀인 피드백	❍ 학업수행 결과를 한 가지 이상의 귀인과 연결해 주는 피드백(예 "포기하지 않고 문제를 끝까지 풀더니 좋은 결과가 나타났구나.")
4. 전략 피드백	❍ 학습 전략을 얼마나 효과적으로 적용했고, 학업수행 증진을 위해 전략을 어떻게 사용할 수 있는지 등에 관한 피드백(예 "알고 있는 문제부터 먼저 푼 것이 큰 도움이 되었구나.")

출처: Rosenshine & Stevens. (1986).

학급. 환경적 요인의 세 번째는 학급이다. 학급, 즉 교실의 ① 물리적 환경(학생 수, 넓이, 구조, 온도, 온도, 책상 크기 · 형태)과 ② 사회적 환경(학급 응집력, 분위기, 구성원 간의 서로에 대한 기대, 교사/또래와의 관계 등)은 학생의 학업성취에 영향을 준다. 특히, 사회적 환경은 학생의 학업에 더 큰 영향을 준다. 학급의 분위기가 협동적인지 경쟁적인지, 학업성적에 어떤 가치를 부여하는지, 학업에 대한 자율권을 부여하는 정도, 학급 구성원의 문화적 배경 등은 학생들의 학업성취도에 영향을 미치는 주요 변인이다. 아동 · 청소년은 발달 특성상 또래들과의 관계가 개인 · 사회성 발달은 물론 학업 발달에도 영향을 준다. 학급 구성원의 인정 또는 긍정적 평가 등의 사회적 보상은 이들의 정체감 형성과 자기개념에 큰 영향을 준다.

또래집단peer group은 또한 아동 · 청소년 여가활동의 중요한 자원으로, 가치 있는 정보를 공유하는 관계에 있다. 이 관계는 스트레스 상황에서조차 서로 지지와 공감을 통해 스트레스를 극복하고 안정감을 제공하는 힘으로 작용한다. 또래관계에서의 긍정적 상호작용을 통한 정서적으로 인정받고 있는 느낌은 이들의 자기개념에도 긍정적인 영향을 준다. 반면, 또래관계의 부정적 측면은 인터넷 게임 중독, 일탈행동 등 반사회적 행동, 자기파괴적 행동, 집단 따돌림과 거부, 인정받기 위한 경쟁 등의 문제의 원인을 제공하기도 한다. 이러한 문제는 결국 학업에 대한 흥미와 관심 저하, 학교 부적응, 교사와의 갈등으로 이어질 수 있다. 그러면 학업문제를 겪고 있는 학생들은 어떻게 지도해야 할까?

학업지도

아동 · 청소년기에 공부해야 하는 이유는 무엇인가? 오늘날 적잖은 학생들이 이 질문을 던지면서 학교생활 적응에 어려움을 겪고 있다. 이는 종종 학업에 대한 동기 저하로 이어진다. 학생의 학업문제 지도를 위해서는 이 문제에 영향을 미치는 요인 탐색 또는 사정이 요구된다(예 기초학력 또는 선수학습 미달, 동기 결여, 자기개념 문제, 정서 문제, 학습 방법 또는 전략 부재, 또는 열악한 환경). 여기서는 학생들의 학업성취를 저해하는 요소로, ① 학업동기 저하, ② 학습 방법과 전략 문제, ③ 시험불안, ④ 학업소진, ⑤ 학업 관련 장애를 중심으로 학업지도 방안을 살펴보기로 한다.

학업동기 저하

학생들의 학업성취를 저해하는 첫 번째 요소는 학업동기 저하다. 학업동기가 낮은 학생에게는 공부를 열심히 해야겠다는 동기가 필요하다. 공부하려는 의지가 생겨야 효과적인 학습 방법과 전략 문제를 다룰 수 있기 때문이다. 학업동기가 낮은 학생을 돕기 위해서는 자기효능감과 자기결정력을 높여 주기 위한 노력이 요구된다. 특히 학업동기 증진에 필요한 요소에 관한 설명은 표 5-3과 같다.

표 5-3. 학업동기 증진에 필요한 요소

요소	내용
1. 성공경험	○ 적절한 학습 목표 수립, 학습 과제 완수 · 숙달 기회가 선행되어야 함
2. 대리경험	○ 비슷한 수준의 학업 수행력을 지닌 학생의 성공경험 관찰이 요구됨
3. 구두설득	○ 교사 및/또는 부모의 지지, 격려, 칭찬 같은 언어적 설득
4. 생리 · 정서 상태	○ 특정 과제수행 시 발생 가능한 생리적 · 정서적 상태(예 불안, 우울)

표 5-3에 제시된 요소들 외에도, 공부 또는 학업이 부모나 교사의 강요에 의한 것이 아니라 학생 스스로의 결정에 의한 것일 때, 학업 동기가 높아진다. 부모의 공부에 대한 지나친 잔소리는 학업 동기를 떨어뜨릴 수 있지만, 학생 스스로 공부를 해야 하는 의미를 인식하는 것은 학생의 학업 동기 증진의 촉매 역할을 한다. 이는 학생이 공부를 통해 즐거움을 느낄 수 있게 하거나 장기 목표와 연결 짓게 함으로써 가능해진다.

학습 방법과 전략 문제

학생들의 학업성취를 저해하는 두 번째 요소는 학습 방법과 전략 문제다. 학습 방법과 전략에 문제가 있는 경우, 학생은 공부를 열심히 하는데도 성적이 오르지 않는다고 호소하게 된다. 특히, 학업에 대한 동기는 높지만, 학업성적이 저조한 학생에 대해서는 학습 전략에 대한 개입이 요구된다. 학습 전략은 크게 ① 인지전략, ② 상위인지전략, ③ 자원관리전략으로 나뉜다(McKeachie et al., 1986).

인지전략. 첫째, **인지전략**cognitive strategy은 학습자가 자신의 내재적 정보처리 과정을 통제하는 기능이다. 이는 학습과 사고를 자신의 방식대로 기억 또는 사고하는 기능으로, 학습자는 자신만의 방식으로 인지전략, 즉 기억 또는 사고하는 기능을 학습한다. 인지전략에는 시연, 정교화, 조직화 전략이 포함된다.

상위인지전략. 둘째, **상위인지전략**metacognitive strategy이란 학습자가 자신의 사고과정에 대한 인지작용의 제반 양상에 대해 그 양상을 조정하는 지식 또는 인지 활동을 말한다('초인지전략'이라고도 함). 상위인지전략은 평가, 계획수립, 조정 순으로 이루어진다. 여기서 메타meta는 특정 활동 또는 행위에 뒤따르는 활동 또는 행위를 말한다. 인지전략과 상위인지전략은 학습자의 정보처리 · 통제 · 조절과 관련된 전략으로, 다수의 학습전략 프로그램의 대부분을 차지한다. 상위인지전략에는 계획, 점검, 조정 전략이 포함된다.

자원관리전략. 셋째, **자원관리전략**resource management strategy은 학습자가 학습 목표 달성을 위해 학업을 시작 · 지속할 수 있도록 지원하는 방법이다. 이는 학습과 관련된 인적 · 물적 자원 관리를 위한 전략이다. 이 전략에는 시간, 공부 환경, 노력, 타인 조력 등에 대한 관리가 포함된다. 학습 전략의 구조에 관한 설명은 표 5-4와 같다.

표 5-4. 학습 전략의 구조

학습 전략	구성요소	예시
1. 인지전략	○ 시연	• 암송, 따라 읽음, 복사, 노트 정리, 밑줄 긋기
	○ 정교화	• 매개단어법, 심상, 장소법, 의역, 요약, 유추생성, 생성적 노트정리, 질문-답변
	○ 조직화	• 결집, 기억조성법, 핵심 아이디어 선택, 개요화, 망상화, 다이어그램화
2. 상위인지전략	○ 계획	• 목표 설정, 스캔, 질문 생성
	○ 점검	• 자기검사, 시험
	○ 조정	• 독서속도 조절, 재독서, 복습, 수검
3. 자원관리전략	○ 시간	• 시간표 작성, 목표 설정
	○ 공부 환경	• 장소 정리, 조용한 장소, 조직적 장소
	○ 노력	• 노력에 대한 귀인, 기분, 자기대화, 끈기, 자기강화
	○ 타인 조력	• 교사 조력 추구, 동료 조력 추구, 동료/집단학습, 개인지도

시험불안

학생들의 학업성취를 저해하는 세 번째 요소는 시험불안이다. 시험불안이 있는 학생을 돕기 위해서는 우선 학생의 상황에 대한 공감적 이해가 선행되어야 한다. 그런 다음, 학생이 호소하는 시험불안 수준과 증상을 파악하는 한편, 이런 상태가 언제부터 시작되었는지, 문제해결을 위해 사용한 방법 등을 확인한다. 그리고 시험불안으로 인해 야기되는 문제 중 우선적으로 다루고 싶은 목표를 함께 탐색한다. 시험불안 극복에 유용한 방법으로는 ① 제이콥슨의 점진적 근육이완법, ② 비합리적 신념의 대체가 있다.

제이콥슨의 점진적 근육이완법. 첫째, 제이콥슨의 **점진적 근육이완법**Jacobson's Progressive Muscle Relaxation(JPMR)이란 제이콥슨(Jacobson, 1938)이 고안한 것으로, 신체의 각 분절에 수반되는 긴장수준을 일시적으로 증가시킨 다음, 그 분절의 근육조직에 대한 체계적 이완을 유도하는 방법이다. 이 기법은 강한 정신활동과 긴장이 근육신경 수축으로 이어져 결국 뇌신경에도 영향을 미친다는 가정에 기초하고 있다. 점진적 근육이완법 적용을 통해 학생의 신체이완을 도움으로써, 시험불안과 긴장수준을 낮출 수 있다. JPMR은 다음과 같은 절차로 진행된다. 먼저, 편안한 자세로 앉은 상태에서 눈을 감는다. 각 신체부위의 근육을 수축했다가 이완감을 느낄 때까지 천천히 숨을 깊이 들이마셨다가 내뱉기를 반복한다(오른손 → 왼손 → 오른팔 → 왼팔 → 오른발 → 왼발 → 양쪽 허벅지 → 아랫배 → 가슴 → 어깨 → 입술 → 눈 → 이마). 그런 다음, 마음속 깊이 몸과 마음이 편안하고 느긋해진다는 말을 읊조리면서 근육 수축-이완 절차를 계속한다.

비합리적 신념의 대체. 둘째, 비합리적 신념은 일상생활의 사건을 비논리적 · 비현실적 방식으로 받아들여 정서적인 어려움을 유발하는 생각 또는 믿음이다. 이러한 생각 또는 믿음은 경험적으로 타당화될 수 없고, 비현실적으로 경직된 사고방식으로, "이번 시험을 망치면 내 인생은 파멸이야!" "시험을 잘 못 보면 아무런 가치가 없는 사람이야!" "아무리 열심히 공부해도 성적은 절대 오르지 않을 거야!" 등의 형태를 띤다. 시험불안이 있는 학생은 종종 시험과 관련된 비합리적인 생각을 한다. 학업 또는 시험에 대해 비합리적인 생각을 되뇌면 학생은 더 불안해지고, 공부 또는 시험에 집중할 수 없게 된다. 이런 비합리적인 생각을 합리적인 것으로 대체한다면, 시험불안을 줄일 수 있다. 이를 위해서는 소크라테스식 질문과 논박 같은 인지행동치료의 기법 적용을 통해 합리적인 생각으로 대체하도록 돕는다.

학업소진

학생들의 학업성취를 저해하는 네 번째 요소는 학업소진이다. 학업 또는 공부에 대한 학생이 느끼는 과도한 부담감과 스트레스는 정신적 · 신체적 고갈 상태인 학업소진으로 이어지기 쉽다. 학업소진을 겪는 학생을 위한 지도 방안은 다음과 같다. 첫째, 학생의 학업소진 상태를 파악한다. 소진상태 정도를 파악하기 위해서는 객관적인 척도를 사용할 수 있다.

둘째, 휴식시간 확보다. 즉, 공부하지 않는 시간을 확보하는 것이다. 자투리 시간(이동, 식사 등)마저 공부에 투자하는 학생의 경우, 이런 시간에 휴식을 취하게 하거나 일주일 중 하루를 쉬는 날로 정하게 할 수 있다. 중요한 점은 휴식을 통해 더 효율적 · 집중적으로 공부할 수 있다는 사실을 깨닫게 하는 것이다.

셋째, 학습량 점검이다. 학습소진은 대체로 과도한 학습량으로 인해 발생한다. 따라서 현재 학습량을 산정하여 해당 학생과 협의하여 적정한 학습량으로 조정한다.

끝으로, 학업에 대한 통제감 증진이다. 학업에 대한 통제감이 높고 보상이 주어지면, 학업소진 발생 가능성은 감소한다. 학업 통제감은 학생 스스로 자율성을 확보하려는 노력과 공부에 대한 외부 압력 또는 기대 감소를 통해 높아질 수 있다. 이에 교사와 학부모는 학생이 학교와 가정에서 안전하고 안정된 분위기에서 공부할 수 있는 환경 조성을 위해 협력할 필요가 있다.

학업 관련 장애

학생들의 학업성취를 저해하는 다섯 번째 요소는 학업 관련 장애다. 학업 관련 장애가 있는 학생들에게는 특수교육적 접근이 요구된다. 학업 관련 장애로는 지적장애(지적 기능수준 저하), 학습장애(지능은 정상 수준에 속하지만, 학습 관련 뇌의 특정 영역에의 결함), 주의력결핍 과잉행동장애(주의력결핍, 과잉행동, 충동성, 산만성) 등이 있다. 여기서는 학습장애를 중심으로 살펴보기로 한다(기타 장애는 제11장 '특수아' 참조).

학습장애Learning Disorders(LD)는 정상적인 지능과 신체를 가지고 있으면서도 읽기, 쓰기, 산술적/수리적 계산 관련 기술의 학습에 현저한 결함을 나타내는 상태를 말한다. 1994년에 제정된 「특수교육법」에서는 개인의 내적 요인으로 인해 학습기능(듣기, 말하기, 주의집중, 지각, 기억, 문제해결) 또는 학업성취(읽기, 쓰기, 수학) 영역에서의 현저한 어려움이 있는 자를 학습장애로 인한 특수교육 대상자로 지정하고 있다.

학습장애가 있는 학생의 학업지도에서 가장 중요한 일은 조기에 발견하여 특수교육 또는 치료를 받을 수 있도록 돕는 것이다. 이런 학생을 방치하는 경우, 학업문제뿐 아니라 자존감 하락, 시험불안, 등교 거부 등의 문제로 이어질 수 있다. 더욱이, 청소년기에 들어서면 자존감 하락은 물론, 우울증, 사회공포증, 충동 조절 곤란, 분노폭발, 폭력적 행동의 원인으로 작용할 수 있다. 이러한 점에서 학생의 학업문제가 학습장애에 기인한 것인지를 확인 · 진단하는 과정은 학업문제뿐 아니라, 이로 인해 파생되는 심리적 문제를 예방 · 해결하는 데 중요한 역할을 한다.

학습장애에 대한 개입은 해당 학생의 능력에 맞게 학업을 효율적으로 수행할 수 있도록 돕는 한편, 학습장애로 인한 이차적인 심리적 문제해결을 돕는 것이 포함한다. 이 과정에는 특수교육, 인지행동치료, 그리고 필요한 경우 약물치료를 병행하여 학생에게 필요한 학습 및 사회적 기술 습득을 돕고, 자존감 회복과 학습에 대한 흥미와 동기수준을 높일 수 있도록 도와야 한다. 학업문제를 겪는 학생들 중에는 학업중단, 즉 학업을 중도에 그만두고 학교를 떠나기도 한다.

학업중단

아동 · 청소년의 **학업중단**dropout은 생애의 결정적 시기에 필요한 지식과 기술을 습득하지 못하게 되어 개인적 · 사회적으로 낙오의 원인이 된다. 정서적 측면에서는 '사회적 낙오자'라는 꼬리표가 붙게 되어 심리적 부담을 가중시키기도 한다. 게다가 국가적으로도 사회적 · 경제적 측면에서 심각한 위협 요소로 작용할 수 있다. 매년 6만여 명의 청소년이 학업을 중단한다고 가정한다면, 근로소득 및 세수입 감소 등으로 학업중단 학생 1인당 약 1억 원의 사회적 비용이 발생할 수 있기 때문이다(한국교육개발원, 2012).

학업중단의 영향

학업을 중도에 그만두는 청소년은 취업곤란을 포함하여 ① 낮은 사회경제적 지위, ② 범죄 연루, ③ 저소득 가정 형성, ④ 소극적 사회참여, ⑤ 낮은 건강상태 · 평균수명, ⑥ 세대 간 유동성 같은 일련의 어려움을 겪게 될 수 있다(강진령, 2015).

낮은 사회경제적 지위. 첫째, 학업중단 청소년은 장차 낮은 교육수준으로 인해 고용 가능성, 전일제 직장에 취업할 가능성, 그리고 고액의 보수를 받게 될 가능성이 적다. 설령 취업하게 되더라도 최저 임금을 받게 될 가능성이 크다. 따라서 장차 성인이 되면, 이들은 교육 수준이 높은 사람에 비해 사회경제적 지위가 낮고, 심지어 정부 보조를 받으며 살아가기도 한다(Bridgeland et al., 2006).

범죄 연루. 둘째, 학업중단 청소년은 의식주 해결을 위해 비행이나 범죄에 쉽게 노출되고(전경숙, 2006), 임신, 분만, 약물오남용 등의 문제가 동시다발적으로 발생하는 경향이 있다. 이러한 행동들은 범죄 가능성을 높여서 학업중단 청소년이 보호관찰소, 소년원, 소년교도소에, 성인이 되어서는 교도소 같은 행형시설에 수감될 가능성을 높인다(Rumberger, 2011).

저소득 가정 형성. 셋째, 학업중단 청소년은 고졸 이상의 학력을 가진 사람에 비해 십대 부모가 되거나 혼외 임신 또는 출산할 가능성이 크다. 학업중단과 세 가지 임신 패턴(① 십대 임신, ② 비계획적 임신, ③ 혼외 임신)과의 상관관계가 높다(Edin & Kefalas, 2005). 그뿐 아니라 10대 임신 또는 결혼은 저체중, 조산, 높은 사망률로 신생아의 건강을 위협하고, 산모 역시 우울, 불안정한 결혼생활, 다수와의 관계에서의 혼외 출산, 고용불안, 저소득층 또는 정부 보조 대상 가정을 형성할 가능성이 크다(Coley et al., 2004).

소극적 사회 참여. 넷째, 학업중단 청소년은 정부의 지원이 필요하면서도 국민투표에는 소극적으로 참여하는 경향이 있다. 사회 참여는 건강한 사회의 필수요소로, 국민이면 누구나 투표권 행사를 통해 정치에 참여하거나 공공기관, 종교기관, 비종교기관 등에의 참여를 통해 시민으로서의 권리를 행사할 수 있다. 그렇지만 이들은 어떤 활동에도 소극적인 경향이 있다(Dee, 2004).

낮은 건강상태 · 평균수명. 학업중단 청소년은 실업 또는 경제적 어려움에서 비롯되는 스트레스로, 심장병이나 고혈압 같은 질병에 의한 치사율, 불안 · 우울 발생률, 질병에 의한 결근 발생률이 높다(Dooley et al., 1996). 이로써 학업중단자의 평균수명은 교육수준이 높은 사람에 비해 9년 정도 짧다(Cutler & Lleras-Muney, 2006). 또한 학교교육에서의 실패경험은 무력감을 갖게 하고, 통제감을 잃게 하여 면역체계를 약화시키며, 흡연, 약물 사용, 알코올 의존 등으로 건강을 악화시킨다(Snyder & Dillow, 2011).

세대 간 유동성. 끝으로, 학업중단의 여파는 세대 간 유동성intergenerational mobility, 즉 다음 세대로 전수된다. 즉, 학업중단자의 자녀는 가난한 성인으로 살아가게 될 가능성이 크다(U.S. Department of Commerce, 2010). 생활수준이 최하위 20%에 속하는 극빈층 가정에서 자란 젊은 성인의 55%가 성인이 되어서도 같은 수준의 극빈층 가정에서 생활하는 반면, 생활수준이 최상위 20%에 속하는 부유한 가정에서 자란 사람들은 젊은 성인으로서도 최상위 20%에 속하는 부유층에서 생활하게 된다(Keister, 2005). 이처럼 학업중단에서 비롯되는 악순환의 고리를 도식으로 나타내면 그림 5-1과 같다.

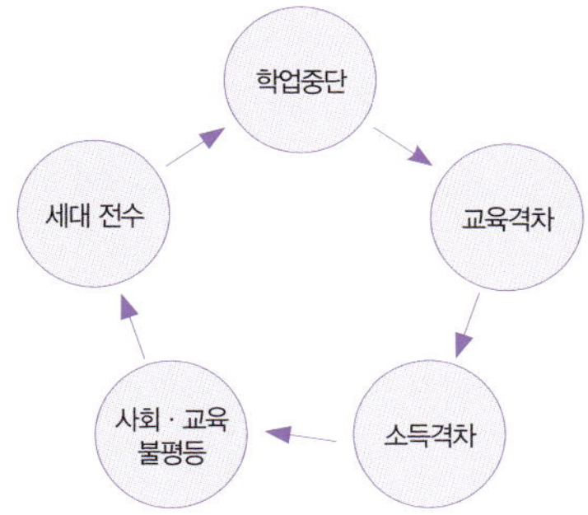

[그림 5-1] 학업중단의 악순환

출처: 강진령. (2015). p. 340.

학업중단의 원인

학업중단 청소년은 학교, 가족, 일과 관련해서 '학업성적이 저조해서' '학교가 싫어서' '학업을 따라갈 수 없어서' '지각 · 결석을 너무 많이 해서' '교칙 위반으로 징계를 받아서' 등 다양한 이유로 학교를 떠난다. 학업중단의 원인은 크게 ① 개인적 요인과 ② 맥락적 요인으로 나눌 수 있다.

개인적 요인. 학업중단과 연관이 있는 개인적 요인은 크게 ① 교육수행, ② 행동, ③ 태도, ④ 배경으로 나눌 수 있다. 특히 학생의 학업성적, 교육적 · 직업적 포부, 학생의 태도와 행동(무단결석, 비행, 임신)은 학업중단의 중요한 예측변인이다.

□ **교육수행.** 첫째, 교육수행은 학생의 학업중단 가능성을 예측할 수 있는 가장 중요한 지표다(Rumberger, 2011). 교육수행 중에서도 학업중단에 영향을 미치는 요소는 학업성취도와 학생의 유동성이다. 즉, 학업성취도가 낮을수록 학업중단의 가능성이 크다. 또한 학생의 주거지 유동성(잦은 거주지 이동)과 학교 유동성(잦은 전학)은 흔히 학생의 학교 이탈 또는 철수행동으로 이어져 학업중단의 가능성을 높인다.

□ **행동.** 둘째, 성공적인 학교생활을 하려면 학교에서 요구하는 행동을 해야 한다. 특히, 학교활동에의 참여율은 학업중단의 중요한 지표 역할을 한다. 예를 들어, 잦은 지각과 결석, 저조한 출석률, 장기결석은 흔히 학업중단으로 이어진다(Rumberger & Lim, 2008). 반면, 성별과 관계없이 스포츠 활동은 다른 어떤 활동보다도 학업중단 예방효과가 있다(Yin & Moore, 2004). 또한 저조한 과업수행, 교사와 또래와의 대인관계 문제, 일탈행동은 흔히 학업중단의 원인으로 작용한다. 그리고 일하면서 공부하는 학

생의 경우, 일하러 가야 하는 부담 때문에 학업중단의 가능성이 크다. 그러나 고등학교 시기 내내 20시간 미만으로 일하는 학생들은 20시간 이상 일하거나 전혀 일하지 않은 학생들에 비해 오히려 학업중단률이 적었다(Entwisle et al., 2004).

▢ **태도.** 셋째, 신념, 동기, 가치관, 목표, 자신과 능력에 대한 태도 및/또는 자기인식은 학생의 행동과 수행에 영향을 미쳐서 때로 학업중단의 원인이 된다. 성공적인 학교생활을 위해서는 학교의 가치를 인정해야 하고, 삶의 목표를 이루기 위해서는 학교교육이 필요하다는 믿음이 있어야 하며, 학교생활에서 성공할 수 있다는 믿음이 있어야 한다. 그러나 학교교육이 자신의 삶에 도움이 되지 않을 거라고 여기는 학생들은 흔히 학업을 중단하게 된다(Sullivan, 1989).

▢ **배경.** 넷째, 배경(인구통계학적 특성, 건강 등)은 학업중단의 예측 지표가 된다. 즉, 학업중단은 남학생들 사이에서 더 빈번히 발생하는 반면, 학업중단의 일차적인 이유는 성별과 관계없이 잦은 결석이 원인으로 작용한다. 또한 건강의 측면에서는 정신건강과 신체건강 둘 다 학업중단의 원인으로 작용한다(Rumberger, 2011).

맥락적 요인. 학업중단의 맥락적 요인은 ① 가정, ② 학교, ③ 지역사회와 또래집단으로 나뉜다.

▢ **가정.** 첫째, 가정은 학생의 학업중단과 학업복귀에 영향을 미친다. 특히 가정의 사회경제적 지위는 자녀의 학업성취도와 학업중단의 중요한 예측변인으로 작용한다. 이 중 부모의 학력은 학생의 포부와 교육적 지지(예 숙제 해결 돕기)에 영향을 미치는 반면, 가족의 수입 정도는 자녀의 학교수준 또는 학군, 방과 후 학교 및 방학 중 학교 프로그램, 그리고 가정 내 학습지원(예 컴퓨터)을 포함해서 자녀교육 지원과 직결된다. 또한 부모의 양육 방식과 가족 간 대화단절 역시 자녀의 학업중단에 영향을 준다.

▢ **학교.** 둘째, 학교는 사회적 구성요소(인구통계학적 특성), 구조적 특성(크기, 위치, 유형), 자원(재정상태, 교사의 질, 학생과 교직원), 방침과 실행(학업적 · 사회적 분위기)의 측면에서 학생의 학업수행과 학업중단에 영향을 미친다. 학교의 이러한 특성들은 직간접적으로 학생의 학업중단에 영향을 미친다. 학교는 학생의 학습에 대한 흥미를 자극하지 못하는 교육과정 운영으로 학생의 출석률과 학업성적을 떨어뜨려 학생주도로 학교를 떠나게 하기도 한다('간접적 방식'). 반면, 학교 당국이 제정한 명시적인 방침과 의식적인 결정을 통해 학교주도 학생의 학업을 중단시키기도 한다('직접적 방식').

□ **지역사회와 또래집단.** 셋째, 지역사회와 또래집단 역시 학생의 학업중단에 영향을 미친다. 열악한 환경의 지역은 자원(예 놀이터, 공원, 방과 후 프로그램)의 결여 또는 또래집단의 부정적 영향으로 청소년의 학업중단을 부추긴다. '**병리의 실타래**tangle cf pathology', 즉 실직, 가족의 불안정성, 좋지 않은 건강 상태, 물질오남용, 가난, 복지제도 의존, 범죄 변인들은 상호 연결되어 있을 뿐 아니라 특정 지역에 집중되어 있다(Moynihan, 1965). 더욱이 '**빈곤함정**poverty trap', 즉 이러한 부정적인 특성이 집중된 지역은 가난과 열악한 환경이 학업중단으로 이어져서 악순환을 되풀이하게 된다.

학업중단 예방 · 지원 방안

학업중단 청소년 예방 및 지원 프로그램은 ① 목표 중심적 접근, ② 종합적 접근, ③ 체계적 접근으로 구분된다.

목표 중심적 접근. 첫째, **목표 중심적 접근**은 가장 널리 알려진 것으로, 학업중단 위기에 처한 학생을 위한 프로그램을 개발 · 실행하는 것이다. 이 접근은 다시 두 가지 접근으로 나뉘는데, 하나는 기존의 학교 프로그램을 통해 학생에게 보완적인 서비스를 제공하는 방식이고, 다른 하나는 기존의 학교 내 학교school within a school 또는 다른 시설(예 대안학교)에서 대안적인 학교 프로그램을 제공하는 방식이다.

목표 중심적 접근에서는 학교의 변화보다는 학업중단 또는 학업중단 위기에 처한 학생을 위해 대안적인 프로그램의 개발 · 적용에 집중한다. 이 프로그램에서는 학생의 학업성적, 장기 무단결석 또는 부적응행동 여부 등을 검토하여 학업중단 위기학생을 발굴하고 이들에게 학교생활 적응에 도움이 되는 학업적 · 사회적 측면에서의 서비스를 제공한다. 목표 중심적 접근의 대표적인 예는 학업중단숙려제다.

학업중단숙려제는 학업중단 위기학생 및 학교 부적응 학생들에게 전임상담원의 상담, 체험 프로그램 등을 제공하여, 학교생활 적응력 향상과 학업중단을 예방하기 위한 제도다. 이 제도는 2012년 6월 시범운영을 거쳐 2013년부터 일선 초 · 중 · 고교에서 전면 시행된 것으로, 학업중단 의사를 밝힌 학생(자퇴, 유예 등), 또는 교사에 의해 학업중단 위기가 있는 것으로 판단되는 학생들이 학교를 계속 다닐 수 있도록 하기 위해 마련되었다. 이로써 학업중단 위기학생에게는 1~7주의 숙려 기회와 상담 등의 프로그램이 제공된다. 이에 다양한 문제(가정사정, 성적부진, 학교부적응 등)로 학업중단 위기에 처한 학생은 일정 기간 교육청이 지정한 위탁교육기관이나 학교에서 1:1

맞춤 상담, 전문직업인과 청소년 전문가로 구성된 멘토링, 여행, 체험활동 등의 프로그램에 참여하게 된다.

종합적 접근. 둘째, **종합적 접근**은 학교개혁, 새로운 형태의 학교 설립, 그리고 학교와 외부기관의 협력관계 구축 등에 중점을 둔다. 이 접근에서는 목표 중심의 보완적 프로그램이 일부 학생만을 대상으로 하기 때문에 학생의 학업중단 예방에 한계가 있다고 본다. 반면, 종합적 접근을 통해 전반적인 학교개혁에 중점을 두고 재학생 전체에 대해 보다 나은 교육을 실천함으로써 학생의 학업중단을 효과적으로 예방 · 지원할 수 있다고 본다.

체계적 접근. 끝으로, **체계적 접근**은 전체 교육체제에 변화를 주는 것을 강조한다. 이 접근에서는 체계적인 학교개혁을 통해 모든 학교가 시스템 내에서의 기능에 변화를 줄 수 있다고 본다(Smith & O'Day, 1991). 체계적 접근에서의 개혁 방안으로는 다음 세 가지, 즉 ① 의무교육 대상 연령을 만 18세로 높이는 방안, ② 고등학교 졸업을 위한 요건을 개정하는 방안(졸업을 위한 필수과목과 과목 수 조정 등), ③ 고등학교 과정 이수 또는 졸업을 위한 대안적 방법을 개설하는 방안이 있다.

복습문제

다음 빈칸에 들어갈 말을 써 보세요.

1. _____은/는 학교에서 교과교육을 통해 일반지식과 전문지식을 습득하기 위해 공부하는 일을 말하는 반면, _____은/는 유기체 내에서 일어나는 내재적 변화과정으로, 수행을 통해 관찰 가능하다.
2. __________(이)란 시험상황에서 겪는 과도한 상태불안으로, 학생이 중요하다고 여기는 평가 상황에서 경험하는 불안 경향성을 의미한다.
3. 학생들이 만성적인 학업 스트레스와 과도한 학업량, 그리고 기타 심리적 요인으로 인해 학업에 대해 심리 · 신체적 피로, 정서적 고갈과 좌절, 학업에 대한 무관심과 냉소적 태도, 학업에 대한 자신감 또는 성취감이 결여된 상태를 _________(이)라고 한다.
4. 학생들의 학업에 영향을 주는 요인의 하나인 _____은/는 정보를 획득 · 파지 · 활용하는 것으로, 이 요인에는 지능, ______________, 선수학습 수준, 학습 전략이 포함된다.
5. 문제에 대해 합리적으로 사고 · 해결하는 인지 및 학습 능력을 포함하는 개인의 총체적 능력으로, 학습역량, 지식, 새로운 환경에 대한 적응력, 문제해결 능력, 기억력, 고등정신기능, 합목적적 행동, 합리적 사고를 포함하는 개념을 _____(이)라고 한다.
6. 중학교 1학년 학생들에게 우리나라에서 가장 많이 사용되고 있는 지능검사를 실시하려고 한다면, 한국교육개발원에서 번안 · 개발한 ______________________________을/를 선택해야 할 것이다.
7. 학습 정보의 처리, 기억, 인출, 활용 방법 등에 대한 인지적 활동 또는 과정을 __________(이)라고 한다. 이는 학습자가 새로운 정보를 선택 · 획득 · 조직 · 저장하는 방식에 영향을 주는 전반적인 정보처리 활동이다.
8. 불안은 흔히 _____불안과 _____불안으로 구분된다. 전자는 특정 자극에 의해 일시적으로 일어나는 불안을 말하는 반면, 후자는 특정 대상, 사건, 또는 상황이 없는데도 항시 느껴지는 불안이다.
9. 인지전략은 학습자가 자신의 내재적 정보처리 과정을 통제하는 기능인 반면, ___________은/는 학습자가 자신의 사고과정에 대한 인지작용의 제반 양상에 대해 그 양상을 조정하는 지식 또는 인지 활동을 말한다. 이에 비해 ____________은/는 학습자가 학습 목표 달성을 위해 학업을 시작 · 지속할 수 있도록 지원하는 방법이다.
10. 실직, 가족의 불안정성, 좋지 않은 건강 상태, 물질오남용, 가난, 복지제도 의존, 범죄 변인들은 상호 연결되어 있을 뿐 아니라 특정 지역에 집중되어 있는데, 이를 일컬어 _____________(이)라고 한다. 더욱이, 이러한 부정적인 특성이 집중된 지역은 가난과 열악한 환경이 학업중단으로 이어져서 악순환을 되풀이하게 되는데, 이러한 현상을 가리켜 _________(이)라고 한다.

소집단 활동

어제 · 오늘 · 내일

의미치료(Logotherapy)의 창시자 프랭클(V. Frankl)은 삶에 의미를 부여해 주는 원천으로 다섯 가지 요소, 즉 ① 일, ② 사랑, ③ 고통, ④ 과거, ⑤ 최상의 의미를 꼽았다. 5인 1조로 나누어, 다른 조원들과 각자의 삶을 충만하게 영위해 나갈 방법에 관해 이야기를 나누어 보자.

소감

Chapter 06
진로지도

개요

- ☐ 진로지도의 기초 개념
- ☐ 진로지도의 목표
- ☐ 파슨스의 특성요인이론
- ☐ 홀랜드의 진로선택이론
- ☐ 수퍼의 생애진로발달이론
- ☐ 학교급별 진로지도
- ☐ 진로지도 방법
- ■ 복습문제
- ■ 소집단 활동

학습목표

1. 진로지도의 기초 개념의 정의를 이해 · 설명할 수 있다.
2. 진로지도의 목표를 이해하여 학생지도에 반영할 수 있다.
3. 진로선택 및 발달이론을 이해하여 학생지도에 활용할 수 있다.
4. 학교급별 진로지도를 이해하여 학생지도에 반영할 수 있다.
5. 진로지도 방법을 이해하여 학생지도에 활용할 수 있다.

생활지도의 주요 영역에는 학생들의 진로발달을 돕는 진로지도가 포함된다. 진로발달은 개인의 전 생애에 걸쳐 이루어지는 과정이다. 이 과정은 잘 준비된 진로계획과 결정에 의해 촉진된다. 학생들의 진로발달은 학교에서의 진로지도를 통해 촉진된다. 학교에서는 학생들의 진로발달 촉진을 위해 교과교육과 생활지도 활동을 통해 다양한 교육과 활동을 제공한다. 이러한 점에서 진로지도는 국가 교육과정이 제시될 정도로 학교교육의 핵심 영역인 동시에, 초 · 중 · 고교에서 학생의 진로 의식, 탐색, 및/또는 결정을 돕는 활동이다. 이 활동은 주로 정규 교육과정에서 진학 관련 정보와 활동, 직업세계에 관한 정보, 생애설계, 여가활동에 관한 지식의 제공이 포함된다.

2015 개정 교육과정(교육부가 고시한 제7차 교육과정을 개정한 교육과정)에는 중 · 고등학교 진로교육 체계를 시대적 요구에 따라 영역을 구분한 내용이 제시되어 있다. 이 교육과정에는 장차 직업인으로 성장할 학생들이 갖춰야 할 역량과 진로지도에서 학습 · 개발해야 할 내용들이 주로 담겨 있다. 여기에는 4개 영역, 즉 ① 자기이해와 사회적 역량 개발, ② 일과 직업세계 이해, ③ 진로 탐색, ④ 진로 설계와 준비로 구분되어 있다. 또한 학생 개개인이 갖춰야 할 능력, 역량, 개발할 특성, 직업세계, 직업정보, 교육경로 이해, 의사결정 방법 등이 포함되어 있다.

직업세계는 정치, 경제, 사회, 문화 등 환경적 요인들의 영향을 받아 변화를 거듭해 왔다. 오늘날 진로선택과 결정의 폭은 넓고 다양하다. 진로문제는 흔히 개인적인 문제와 밀접하게 연결되어 있다. 개인적인 문제는 진로발달을 저해하는가 하면, 진로문제가 해결되거나 직장생활이 안정되면 이내 사라지기도 한다. 진로지도가 단순히 진학 또는 취업 관련 사안 외에도 삶에서의 관심사도 다루어야 하는 것이 바로 이 때문이다. 이러한 요구는 학생들의 자기실현뿐 아니라 국가 인력의 효율성 제고를 위해 실현되어야 할 중대 과업이다. 따라서 이 장에서는 ① 진로지도의 기초 개념, ② 진로지도의 목표, ③ 파슨스의 특성요인이론, ④ 홀랜드의 진로선택이론, ⑤ 수퍼의 생애진로발달이론, ⑥ 학교급별 진로지도, ⑦ 진로지도 방법으로 구분하여, 진로지도의 효과성을 증진하기 위한 방안을 살펴보기로 한다.

진로지도의 기초 개념

> 아이와 함께 역 앞을 지나던 여성이 웅크리고 앉아 있는 노숙자를 보고는 아이에게 말한다. "너 공부 열심히 안 하면, 나중에 저렇게 돼!" 이렇게 아이에게 불안을 조장하며 겁을 주는 것은 사실 노숙자를 보면서 느낀 부모의 불안을 아이에게 전가하는 것이다. 삶은 본래 불안하고 불확실하며, 완전할 수 없는 비포장도로와 같다. 그러나 그 사실을 인정하지 못할 때, 사람들은 현재에 만족하지 못하고 불안해하며, 아이의 잘하는 면을 보려고 하기보다 미흡한 면을 부각시키곤 한다.

진로career란 개인이 전 생애에 걸쳐 선택한 직업과 역할을 가리키는 과정적 개념이다. 이 개념은 직업을 통한 개인의 노력과 생애 과정에서의 역할이 어떻게 자기를 표현하게 되는지를 나타낸다. 진로는 개인의 생애 동안 심리적 · 사회적 · 교육적 · 신체적 · 경제적 요인 등에 의해 발달한다. 진로지도의 이해를 돕기 위한 진로와 관련된 개념들의 정의는 표 6-1과 같다.

표 6-1. 진로와 관련된 개념 정의

개념	정의
1. 일work	❍ 무엇을 이루거나 적절한 대가를 받기 위해 어떤 장소에서 일정한 시간 동안 몸을 움직이거나 머리를 쓰는 활동 또는 그 활동의 대상
2. 직무job	❍ 직책 또는 직업상 책임을 지거나 담당하여 맡은 일
3. 직업occupation	❍ 생계 유지를 위해 적성과 능력에 따라 일정 기간 지속적으로 종사하는 일
4. 진로발달career development	❍ 개인의 전 생애에 걸친 일, 역할, 생업 등 질적인 변화 과정
5. 진로상담career counseling	❍ 개인의 특성과 직업세계의 이해를 기반으로 진로 의식 · 탐색 · 결정을 돕는 과정

학교에서는 학생들을 대상으로 진로지도를 실시한다. **진로지도**career guidance는 학생들이 자기이해(소질, 적성, 흥미, 성격 등)를 토대로 진로의식을 높이고, 진로계획과 결정 기술을 가르치며, 학년/발달 수준에 따라 필요한 정보와 자료를 제공하는 예방적 · 선제적proactive 조력 활동이다. 진로지도는 글상자 6-1에 제시된 원리를 바탕으로 이루어진다.

글상자 6-1. 진로지도의 기본 원리

1. 모든 학생을 대상으로 한다.
2. 학교 교육과정의 일부로서 교직원 전원이 참여한다.
3. 학생의 발달적 요구 충족을 위해 프로그램 중심으로 이루어진다.
4. 직업세계의 자원과 인력을 최대로 활용한다.
5. 직업세계의 인식을 돕기 위해 경험과 정보를 제공한다.
6. 전 생애에 걸쳐 지속적으로 이루어지는 과정으로 간주한다.
7. 자기이해, 자기결정, 자기지도를 위한 계획적인 과업으로 구성된다.
8. 학생의 존엄성과 가치를 인정함으로써 자기결정을 촉진한다.

학생들의 진로발달을 촉진하려면, 사회의 특성을 고려한 평생학습에 대한 강조가 수반되어야 한다. 급변하는 현대 사회에서는 엄청난 양의 새로운 지식과 기술이 생성되고 있다. 직업준비 과정에서 습득한 지식과 기술은 그 수명이 급격히 단축되고 있고, 이러한 변화 속도는 점차 가속화되고 있다. 이에 학생들은 효과적인 진로지도를 통해 직업세계에 관한 지식을 습득하고, 기술의 습득 방법을 학습해야 하며, 새로운 분야의 지식과 기술을 지속적으로 업데이트하는 일의 중요성을 인식해야 한다.

진로지도의 목표

진로지도의 목표와 내용은 학생들의 진로발달 촉진과 연결되어 있다. 진로지도의 목표에는 학생의 ① 자기이해 도모, ② 직업세계에 대한 이해 증진, ③ 일에 대한 긍정적 태도 형성, ④ 진로결정 능력 함양이 포함된다.

자기이해 도모

첫째, 진로지도는 학생들의 진로와 관련된 자기이해를 돕는다. 진로지도에서 자기이해는 학생이 자신의 소질, 적성, 흥미, 재능, 능력, 경험, 가치관, 성격, 포부, 기회, 생활양식 등에 관한 지식을 갖추는 것이다. 사람들은 일반적으로 자신의 개인적 특성에 맞는 일을 할 때, 그 일에 대해 더 만족스러워하고 업무 수행력도 높다. 따라서 자기에 관한 지식은 학생들이 자신의 특성에 맞는 직업선택과 진로 탐색 · 결정을 촉진한다.

직업세계에 대한 이해 증진

둘째, 진로지도는 상급학교 진학 또는 직업세계에 관한 정보 제공을 통해 학생의 진로계획과 준비를 위한 조력을 추구한다. 학생들은 직업 또는 진로 선택에서 자신의 특성에 맞는 직업세계를 이해할 필요가 있다. 직업세계의 변화가 가속화되면서 진로 선택을 위한 전문적 · 체계적 조력 활동이 더 절실해졌다. **직업세계 탐색**이란 학생이 흥미를 느끼는 직업들을 알아보고, 그 직업을 가지는 데 필요한 조건을 확인하는 것을 말한다. 직업에 대한 포괄적인 이해는 진로 탐색과 결정, 그리고 직업선택의 바탕이 된다. 직업세계의 이해는 현대의 직업구조, 산업동향 등과 관련하여 직업의 다양성, 전문성, 변화 등을 인식하는 것이다. 학생은 다양한 검사와 자료를 통해 자신과 직업세계에 관한 정보를 수집할 수 있다.

일에 대한 긍정적 태도 형성

셋째, 진로지도는 일 · 직업에 대한 긍정적인 태도 형성을 추구한다. '직업에는 귀천이 없다'는 말이 있다. 이 말은 다양한 직업에서 종사하는 사람들은 몸의 지체처럼 각자 중요한 역할을 하고, 유기적으로 기능하고 있음을 의미한다. 개인적 측면에서 직업은 생계 수단인 동시에 자기실현의 과정이다. 반면, 사회적 측면에서는 사회 구성원으로서의 사회적 역할이다. 이에 학생 개개인은 사회 구성원으로서 사회적 가치에 동참하고, 각자의 사회적 역할을 수행한다. 이러한 점을 고려할 때, 학생들은 일과 직업에 대한 올바른 태도를 형성하고, 사회적 맥락에서 직업에 대한 긍정적인 가치관을 확립해야 할 것이다.

진로결정 능력 함양

끝으로, 진로지도는 학생 개개인의 진로결정 능력 함양을 추구한다. **진로결정**career decision-making이란 상급학교 진학, 학과 선택, 직업훈련 등 직업과 관련된 목표 설정을 위한 과정을 말한다('진로의사결정'이라고도 함). 학생 개개인은 자신의 진로를 선택 · 결정해야 한다. 합리적인 진로결정을 위해서는 학생 자신과 직업에 관한 이해를 바탕으로, 충분한 정도의 절차적 정보가 필요하다. 합리적인 진로결정은 문제 인식, 대안 탐색, 기준 설정, 대안 평가를 거쳐 이루어진다. 진로계획을 실행하려면, 정확한 상황 판단과 의사결정 능력이 요구된다. 이를 위해 학생은 진로결정에 필요한 요소, 우선순위, 정보활용 방법 등을 습득해야 한다. 진로지도의 목표를 성취하려면, 진로지도 관련 이론에 관한 이해가 선행되어야 한다. 여기서는 직업지도운동을 통해 조직적인 생활지도 체계 구축을 선도한 파슨스의 특성요인이론을 비롯하여 홀랜드의 진로선택이론과 수퍼의 생애진로발달이론을 중심으로 살펴보기로 한다.

파슨스의 특성요인이론

프랭크 파슨스
(Frank W. Parsons, 1854~1908)

특성요인이론trait-factor theory은 미국의 프랭크 파슨스가 창안한 것으로, 진로선택이론 중 가장 오래된 이론이다('특질요인이론'으로도 불림). 이 이론은 1950년대까지 독보적인 진로선택이론으로 인정받았고, 이후부터 발표되기 시작한 진로상담 이론과 심리검사의 기초가 되었다. 이 이론에 의하면, 사람은 누구나 특정 직업에 알맞은 특성이 있다. 파슨스는 특히 청소년에게 깊은 관심을 보였는데, 글상자 6-2에 제시된 기본 가정을 기반으로 청소년의 개인적 특성을 파악하여 일자리의 특성에 맞는 직업을 안내해 주고자 했다.

글상자 6-2. 특성요인이론의 기본 가정

1. 사람들에게는 측정 가능한 독특한 특성(적성, 흥미, 가치, 기대, 모험, 포부 등)이 있다.
2. 직업마다 성공을 위한 구체적인 특성이 요구된다.
3. 직업선택은 인지적 과정이어서, 개인의 특성과 직업 특성의 연결이 가능하다.
4. 개인의 특성이 직업의 특성에 적합할수록, 직업적 성공 가능성과 만족감이 커진다.

특성요인이론에서는 특성trait(또는 특질)을 안정적인 변인으로 보고, 개인의 특성과 이에 적합한 직업의 연결이 가능하다고 가정한다. 이 이론에 의하면, 진로지도는 개인분석, 직업분석, 그리고 이 두 정보의 과학적 매칭matching 순으로 진행된다. 이 이론의 주요 인물인 윌리엄슨(Williamson, 1939)은 진로지도 대상자를 네 범주로 분류하여 진로결정 과정에서 나타날 수 있는 문제 진단에 도움을 주고자 했다. 그가 주장한 진로지도 대상자 범주에 관한 설명은 표 6-2와 같다.

표 6-2. 진로지도 대상자 유형

유형	특징
1. 진로 무선택	❍ 교육과 훈련 종료 후에도 자신이 원하는 것을 잘 모르는 사람
2. 불확실한 선택	❍ 직업을 선택했지만, 자신의 결정에 대해 의구심을 갖는 사람
3. 현명하지 못한 선택	❍ 개인의 능력과 흥미의 불일치 또는 능력과 직업에서 요구되는 특성의 불일치 상태로, 개인이 충분한 적성과 능력을 갖추고 있지 않음에도 직업을 결정하는 사람
4. 흥미와 적성 간의 모순	❍ 흥미가 있는 직업이 있지만 능력이 부족하거나, 적성이 맞는 직업에는 흥미를 느끼지 못하고 흥미를 느끼는 직업에는 적성이 맞지 않는 사람

특성요인이론을 적용한 진로지도는 3단계, 즉 ① 초기 면접(학생과 촉진관계 형성에 주력함), ② 검사(학생의 특성을 이해하기 위해 지능, 적성, 흥미, 성격, 가치관, 사회경제적 지위 등에 관한 과학적 · 객관적인 자료를 수집 · 진단함), ③ 직업정보 제공[학생의 특성에 맞는 직업에 관한 정보(보수, 취업기회, 전망 등)를 제공하여 내담자가 자신의 특성에 맞는 직업을 선택하도록 도움] 순으로 진행된다. 이에 비해, 윌리엄슨(Williamson, 1939)은 진로지도 과정을 6단계, 즉 ① 분석analysis, ② 종합synthesis, ③ 진단diagnosis, ④ 처방prescription, ⑤ 처치treatment, ⑥ 추수지도follow-up 단계로 제시했다.

홀랜드의 진로선택이론

진로선택이론은 존 홀랜드가 직업의 선택을 개인의 성격 표현으로 보고, 성격유형과 진로선택의 연결을 통해 창안한 이론이다. 홀랜드는 자신의 저서 『직업선택의 심리(*Psychology of Vocational Choice*)』에서 사람들이 유전적 · 환경적 요인에 의해 형성된 성격유형에 따라 특정 직업에 더 흥미를 보이거나 선택하는 한편, 성격유형과 일치하는 직업을 택할 때 직업만족도가 높음을 강조했다(Holland, 1966, pp. 8–12). 홀랜드 진로선택이론의 기본 가정은 글상자 6-3과 같다.

존 홀랜드(John L. Holland, 1919~2008)

글상자 6-3. 홀랜드 진로선택이론의 기본 가정

1. 개인의 직업에 대한 경향성은 RIASEC, 즉 실재형realistic(R), 탐구형investigative(I), 예술형artistic(A), 사회형social(S), 기업형enterprising(E), 관습형conventional(C) 중 한 범주에 속한다.
2. 환경에는 실재형(R), 탐구형(I), 예술형(A), 사회형(S), 기업형(E), 관습형(C)이 있다.
3. 사람들은 자신의 기술과 능력을 발휘하고, 태도와 가치관을 표출하며, 자신에게 맞는 역할을 수행할 환경을 찾는다.
4. 개인의 행동은 성격과 환경의 상호작용에 의해 결정된다.

홀랜드는 인간이 서로 다른 특성, 행동, 흥미를 지니고 있다는 관점에서 성격과 직업을 매칭하여 6가지 직업흥미유형을 창안했다. 그는 이러한 유형들을 **육각형 모형**Hexagonal Model 또는 **RIASEC 모형**이라고 명명했다(Holland, 1973). 육각형 모형에 관한 설명은 표 6-3과 같다.

표 6-3. 홀랜드 성격이론의 6가지 유형

유형	특징(전형적인 직업)
1. 실재형(R)	○ 기계, 도구, 동물에 관한 체계적인 조작 활동을 선호하지만, 사회적 기술이 부족함(☞ 기술자)
2. 탐구형(I)	○ 정확하고, 분석적·조직적이며, 호기심이 많지만, 리더십이 부족한 편임(☞ 과학자)
3. 예술형(A)	○ 표현력이 풍부하고, 독창적이며, 비순응적이고, 규범적 기술이 부족함(☞ 음악가, 미술가)
4. 사회형(S)	○ 타인과 일하거나 돕는 것을 즐기지만, 질서정연하고 조직적인 활동을 싫어하고, 기계적·과학적 능력이 부족함(☞ 상담자, 교육자, 사회복지사)
5. 기업형(E)	○ 조직 목표 또는 경제적 목표 달성을 위해 타인을 조직·관리하는 활동을 즐기는 반면, 상징적·체계적 활동을 싫어하고, 과학적 능력이 부족함(☞ 정치가, 기업경영인)
6. 관습형(C)	○ 기록을 체계적으로 정리하거나 자료의 재생산을 좋아하지만, 심미적 활동에는 관심이 없는 편임(☞ 사서, 경리사원)

육각형 모형에서 개인은 한 가지 이상의 유형에 흥미를 지니고 있고, 각 유형은 일정한 순서로 연결되어 순환적 관계를 이루고 있어서 유형 간 거리에 따라 상관관계가 형성된다. 즉, 유형 간 거리가 가까울수록 상관관계가 높다. 또한 각 유형의 상관관계

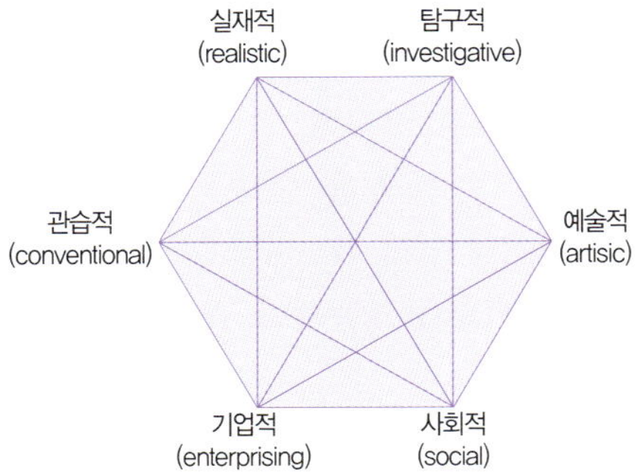

[그림 6-1] 홀랜드의 육각형(RIASEC) 모형

출처: 강진령. (2015). p. 440.

크기는 일정한 비율을 보이는데, 각 유형 간 거리가 같으면 상관의 크기도 같다. 즉, 실재형과 탐구형의 상관 크기는 탐구형과 예술형의 상관 크기와 같으며 사회형과 관습형의 상관 크기는 기업형과 실재형의 상관 크기와 같다.

홀랜드는 직업선택에 있어서 지능적 요소보다 개인의 성격유형과 작업환경의 일치성 또는 유사성의 중요성을 강조했다. 육각형 모형을 통해 학생의 직업홍미를 진단하려면, ① 일관성, ② 변별성, ③ 정체성, ④ 일치성, ⑤ 계측성을 살펴봐야 한다.

첫째, **일관성**consistency은 하위 홍미유형 사이의 근접성이다('내적 일관성'). 유형 간 거리가 가까울수록, 상호 간의 심리적 유사성이 크다. 예를 들어, 육각형 모형에서 실재형과 탐구형은 인접해 있으므로 유사한 반면, 실재형과 사회형은 떨어져 있으므로 다른 특성이 있는 것으로 본다. 특히 사회형과 기업형이 가장 일관성 있고, 더 공통적인 특성을 나타내는 반면, 실재형과 사회형은 상반되는 특성으로 인해 가장 일관성이 없다고 가정한다.

둘째, **변별성**differentiation은 홍미의 차별성에 대한 측정치로, 개인 또는 환경의 구별 정도를 나타낸다. 즉, 특정 유형의 점수가 다른 홍미유형의 점수보다 높으면 변별성이 높고, 대부분의 점수가 비슷하면, 변별성이 낮다고 할 수 있다. 변별성은 가장 높은 점수와 가장 낮은 점수의 차이로 알 수 있다. 변별성이 높은 사람은 일에서 만족도가 높을 것이다. 반면, 의사결정을 잘하지 못하는 사람은 전반적으로 홍미가 없거나 너무 많은 분야에 홍미가 있는 것으로 구분된다.

셋째, **정체성**identity은 개인이 자신의 목표, 홍미, 재능, 선호도 등에 관해 얼마나 명확하게 이해하고 있는지를 나타내는 개념이다. 이 개념은 개인 또는 환경에 대해 갖는 정체성의 명확성 또는 안정성 정도를 나타낸다. 개인의 정체성은 분명하고 안정된 삶의 목표, 홍미, 재능을 통해 습득되는 반면, 환경적 정체성은 환경 또는 조직에서 분명하고 통합된 목표, 일, 보상이 일관되게 주어질 때 형성된다.

넷째, **일치성**congruence은 개인과 환경의 적합성 정도, 즉 직업에 대한 개인의 홍미가 직업 환경과 부합되는 정도를 나타낸다. 이는 개인의 경우, 목표, 홍미, 재능, 선호도 등에 대해 얼마나 명확하게 이해하고 있는지를, 환경의 경우는 작업장의 명확한 목표와 과제, 명확한 보상, 안정성, 통합성 등의 정도를 나타낸다. 따라서 개인의 흥미유형과 환경유형이 일치하고, 개인의 흥미유형이 일관적이며, 비교적 변별적인 구조를 지니고 있을 때 정체성이 있다고 할 수 있다.

다섯째, **계측성**calculus은 흥미유형과 환경유형의 관계는 육각형 모형에 의해 측정 가능함을 나타낸다. 즉, 흥미유형 또는 환경유형 사이의 거리는 이론적 관계와 반비례한다. 홀랜드의 성격이론은 육각형 모형을 통해 복잡한 직업세계를 단순화함으로써, 개인의 성격유형과 직업환경 사이의 일치도를 가늠해 볼 수 있다는 점에서 유용하다. 그러나 진로선택에 있어서 성격만을 강조할 뿐, 다른 중요한 개인적 · 환경적 요인을 간과하고 있고, 성격 요인을 중시하면서도 성격의 발달과정에 대한 설명이 누락되었으며, 진로지도와 상담에 적용할 절차가 명시되어 있지 않다는 한계가 있다.

수퍼의 생애진로발달이론

도널드 수퍼(Donald E. Super, 1910~1994)

생애진로발달이론Life Career Development Theory(LCDT)은 1953년 진로발달을 인간의 총체적 발달의 일부라고 주장한 도널드 수퍼에 의해 창안되었다. 수퍼는 진로발달을 생애 초기부터 노년기까지 전 생애에 걸쳐 연속선상에서 이어지는 과정으로 보았다. 당시의 진로이론들이 주로 직업선택에만 초점을 맞추고 있었던 상황에서 진로발달 개념을 직업선택과 구분하여 설명한 수퍼의 발상은 매우 획기적인 발상이었다. 그는 진로발달을 진로에 대한 자기개념, 즉 진로자기개념의 발달로 보았다. 따라서 진로발달에는 직업선택뿐 아니라, 직업과 관련된 다양한 삶의 영역과 역할이 포함되어 있다고 주장했다(Super, 1990). 수퍼의 생애진로발달이론의 핵심 개념으로는 ① 진로자기개념, ② 진로성숙, ③ 생애진로발달단계, ④ 생애역할이 있다.

진로자기개념

진로자기개념career self-concept이란 일과 관련된 자신에 대한 생각과 느낌을 말한다(예 '나는 ~을 잘한다.' 또는 '부모님은 내가 ~을 잘한다고 생각하신다.'). 이 개념은 생애 초기

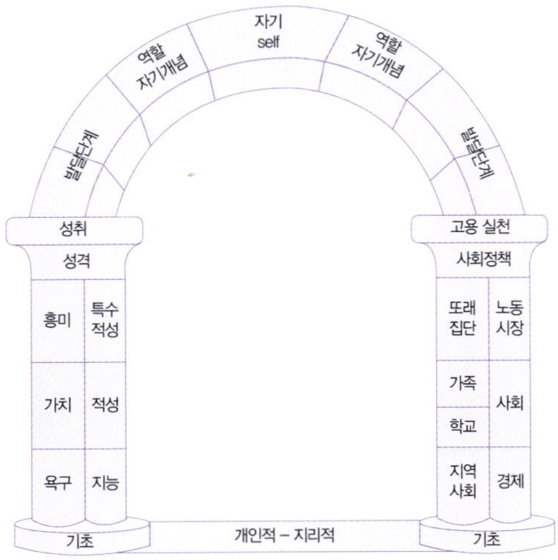

[그림 6–2] 수퍼의 아치웨이 모형

출처: "A life-span, life-space approach to career development," by D. E. Super from *Career Choice and Development Applying Contemporary Theories to Practice*, 2e, edited by D. Brown and L. Brooks. Copyright © 1990 by Jossey-Bass, Inc.

부터 노년기에 이르기까지 가정, 학교, 지역사회에서 형성되는 사회적 관계와 일과 관련된 경험을 통해 형성된다. 또 개인이 수행한 역할, 능력과 흥미 확인, 일에 대한 가치, 흥미, 태도, 사회적 기대 경험 등이 진로자기개념의 기초가 된다. 이러한 점에서 진로자기개념은 사회학습의 산물이며, 성장과 쇠퇴의 변화과정을 거친다. 수퍼는 진로자기개념 형성에 영향을 미치는 요인을 그림 6–2의 아치웨이 모형을 통해 설명하고 있다.

그림 6–2에 제시된 아치웨이 모형 Archway model에 따르면, 진로자기개념은 ① 개인적 요인(적성, 능력, 흥미, 가치, 지능 등)과 ② 환경적 요인(가정, 학교, 또래집단, 사회상황, 경제상황, 노동시장 등)이 복합적으로 작용한 결과의 산물이다. 이처럼 복합적인 요인들의 상호작용을 통해 개인은 전 생애에 걸쳐 경험하는 다양한 역할에 관한 진로자기개념을 형성하고, 이는 진로결정의 토대가 된다.

진로성숙

진로성숙 career maturity은 진로자기개념과 직업세계에 대한 이해를 바탕으로, 전 생애 발달과정의 각 단계에서 요구되는 진로 발달과업을 적절하게 수행할 준비가 되어 있는지를 나타내는 개념이다. 이 개념에는 직업세계에 대한 지식, 선호하는 직업군에 관한 지식, 진로발달단계에서 개인이 수행해야 할 직업발달과업 준비도, 진로선택/진로계획 준비도, 직업세계와 자신의 통합 · 조정 능력 등이 포함된다. 이 개념은 동년배 집단에 대한 개인의 상대적인 진로발달 수준을 나타낸다. 따라서 동년배 집단보다 진로발달 수준이 높으면, 진로성숙도가 높다고 간주한다.

예를 들어, 만일 고등학교 3학년 학생이 장래계획을 세우지 않아 졸업을 앞두고 진로를 결정하지 못했다면, 그의 진로발달단계의 과업을 완수하지 못한 것으로 간주된다. 단, 성인기에 들어서면, 개인마다 다른 진로발달 양상을 보인다는 점에서 진로성숙보다는 **진로적응**career adjustment이라는 개념을 사용하게 된다. 진로성숙도를 측정하기 위한 검사로는 한국교육개발원(1992)과 한국직업능력개발원(2001)에서 개발한 진로성숙도검사가 있다.

생애진로발달단계

수퍼의 생애진로발달이론에 의하면, **진로발달**career development은 다양한 사회적 환경 요인들 간의 상호작용을 통해 전 생애에 걸쳐 이루어지는 심리사회적 과정이다. 이 과정에서 개인은 수많은 사회적 관계 속에서 일련의 진로발달 과업에 직면하게 되고, 자신이 되고자 하는 사람이 되는 방식으로 과업을 수행하고자 한다. 생애진로발달은 ① 성장기, ② 탐색기, ③ 확립기, ④ 유지기, ⑤ 쇠퇴기에 걸쳐 지속적으로 이루어진다.

1단계: 성장기. **성장**growth**기**(출생~14세)에는 자기개념, 태도, 욕구가 발달하고, 일반적인 일의 세계에 대해 인식하게 되는 시기다. 이 시기는 다시 ① 환상fantasy기, ② 흥미interest기, ③ 능력capacity기로 나뉜다. 이 시기에는 호기심이 의한 직업에 대한 환상('환

상기')에서 시작되어, 환경(가정, 학교, 지역사회) 탐색을 통해 직업, 흥미, 능력에 대한 정보를 얻게 된다('흥미기'). 이 과정에서 개인은 환경에 대한 통제력과 의사결정 능력을 습득하고 미래 계획의 중요성을 인식하는 한편, 현재의 행동이 미래의 결과에 영향을 준다는 사실을 깨닫게 된다('능력기').

2단계: 탐색기. **탐색**exploration**기**(15~24세)는 수업, 일과 취미, 잠정적 선택, 기술 발달이 이루어지는 시기다. 이 시기는 다시 ① 결정화crystalization기, ② 구체화specification기, ③ 실행implementation기로 나뉜다. 이 시기에는 성장기에서부터 축적되어 온 개인과 직업 관련 정보를 기반으로, 마치 수정crystal이 만들어지듯이 관심 있는 직업들이 서서히 모습을 나타낸다('결정화기'). 그리고 특정 직업에 대한 선호도가 분명해지면서('구체

화기'), 선호도가 높은 직업을 갖기 위해 노력하게 된다('실행기').

3단계: 확립기. **확립**[establishment]**기**(25~44세)에는 도입 수준[entry-level]의 기술을 습득하는 한편, 일에 대한 경험을 통해 능력을 발휘함으로써 중요한 일꾼이라는 자기개념이 형성되면서 삶이 안정화된다. 이 시기는 다시 ① 안정화[stabilization]기, ② 공고화[consolidating]기, ③ 발전[advancing]기로 나뉜다. 이 시기에는 일과 관련된 의무와 조직문화에 적응함으로써 보다 확고한 직업 지위를 구축한다('안정화기'). 또한 정착을 통해 개인은 일의 세계에서 인정받고, 일에 대한 긍정적 태도와 근로 습관이 형성됨으로써, 동료와의 원만한 관계가 형성되면서 직업인으로서의 정체감이 확립된다('공고화기'). 그리고 정착과 공고화 과정을 거치면서 개인은 역할과 정체성을 확장하고, 더욱 높은 수준의 직업적 책무를 발전시킨다('발전기').

4단계: 유지기. **유지**[maintenance]**기**(45~64세)는 직업세계에서 지속적인 적응과정을 거치면서 지위가 상승되는 시기다. 이 시기의 세 가지 핵심 과업은 일의 세계에서 확고한 위치를 유지('보유[holding]')하거나, 직업 관련 기술과 지식을 새로운 내용으로 대체('갱신[updating]')하거나, 종전의 방식과 다르게 시도하면서 새롭게 과제에 도전하는 것('혁신[innovating]')이다. 만일 전직하는 경우, 개인은 ① 탐색기 → ② 확립기 → ③ 유지기를 재순환해야 한다.

5단계: 쇠퇴기. **쇠퇴**[decline]**기**(65세 이상)는 체력과 정신력 저하와 직업 관련 활동에 대한 흥미 감소로, 은퇴 이후의 삶에 관심을 가지게 되는 시기다. 이 시기에는 은퇴에 따른 새로운 역할과 생활양식에 관심을 가진다. 성장기에서 쇠퇴기로 이어지는 전 생애 동안의 진로발달 과정은 **대순환**[maxi-cycle], 대순환 단계들 사이의 전환 과정은 **소순환**[mini-cycle]으로 불린다. 그리고 각 전환 단계의 소순환 과정은 ① 성장 → ② 탐색 → ③ 확립 → ④ 유지 → ⑤ 쇠퇴 과정을 재순환[recycling]하게 된다(Super, 1990).

생애역할

수퍼의 생애진로발달이론에 의하면, 개인은 전 생애에 걸쳐 다양한 생애역할을 통해 능력과 진로를 발달시킨다. 수퍼는 생애역할을 **생애진로무지개 모형**[life-career rainbow model](LCRM)을 통해 진로발달의 종단과정과 특정 시기에 발생 가능한 생애역할을 횡단적으로 제시했다. 이 모형에 의하면, 개인은 전 생애에 걸쳐 ① 자녀, ② 학생, ③ 여가인, ④ 시민, ⑤ 직업인, ⑥ 주부 · 배우자 · 부모라는 생애역할을 수행한다.

수퍼는 생애진로발달 과정에서 역할 간의 갈등으로 진로문제를 겪게 된다고 보았다. 예를 들어, 생애진로발달단계 중 확립기의 직장여성이 결혼하여 출산하게 되면, 부모역할이 더해지면서 직업인과 배우자 역할과 갈등이 야기되어 진로에 영향을 미치게 된다. 유지기에서 시민 또는 여가인 역할은 이전 단계에서보다 더 부각되거나, 성장기에서와는 다른 양상의 자녀역할을 담당하기도 한다.

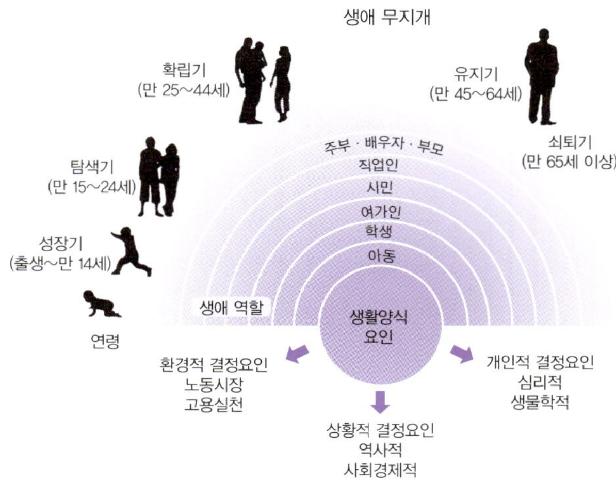

[그림 6-3] 수퍼의 진로무지개 모형

출처: 강진령. (2015). p. 461.

학교급별 진로지도

학교에서의 진로지도는 흔히 학급단위로 실시되며, 학생들의 진로발달, 진로/교육계획, 진로결정을 돕는 것을 목적으로 한다(교육과학기술부, 2007). 진로지도를 통해 학생은 어려서부터 교육의 필요성을 인식하고 편견 없는 진로결정과 일에 대한 긍정적인 태도를 형성할 수 있게 된다. 진로발달 단계에 따라 성취할 과업이 다르듯이, 학교급별 진로지도의 목표와 내용이 다르다.

초등학교

초등학교 진로지도는 학생이 다양한 일의 세계를 이해할 수 있는 폭넓은 학습경험 제공에 중점을 둔다. 초등학교 진로지도는 학생의 자기이해, 교육 및 진로 발달, 진로계획 및 탐색에 초점을 맞추는데, 초등학생을 위한 진로지도의 목표는 표 6-4와 같다.

표 6-4. 초등학교 진로지도 목표

영역	과업	
□ 자기이해	○ 진로발달을 위한 강점, 흥미, 능력 인식	
	○ 타인과의 상호작용 기술 향상	
	○ 진로결정에 있어서 정서적 · 신체적 발달의 중요성 인식	
□ 교육 및 진로 발달	○ 진로발달 개념의 중요성 인식	○ 학습욕구 증진
	○ 경청, 독서, 토의, 작문법 학습	○ 교사의 지시와 규칙에 따르는 법 학습
	○ 팀 작업 요령 습득	○ 기술세계에 관한 학습
	○ 일의 가치 학습	○ 일과 학습의 관계 인식
	○ 학교생활에서의 경험을 일터에서의 것과 관련지어 이해	
	○ 목표설정 기술과 목표성취를 위한 실천방법 습득	
	○ 진로기회 확대에서 교육적 성취의 중요성 인식	

초등학생은 진로발달의 초기 단계에 속한다. 특히, 저학년 학생들에게는 진로의식을 심어 주는 데 중점을 둔다. 예를 들어, 다양한 직업에 종사하는 학부모를 초청하여 직업에 관해 소개하는 시간을 갖거나, 견학을 통해 진로에 관한 관심을 진작시킨다. 그런가 하면 인형극, 역할연기, 연극, 게임, 그리고 지역사회 인사를 초청하여 직업세계에 관한 강연을 듣게 하는 방법이 있다.

중학교

중학교 시기는 학생이 자신과 직업세계에 대해 배우고 이를 교육계획과 진로계획에 반영 · 실천해 나가는 기간이다. 따라서 학생들은 다양한 분야의 지식과 기능을 익혀, 적성과 소질에 맞게 진로를 개척하는 능력을 기른다. 이를 위해 학생들에게 다양한 교육과 직업 선택을 위한 학습경험을 제공한다. 중학생은 직업계획 과정의 첫발을 내딛고 직업세계와 직업계획을 연관시킬 수 있어야 한다. 중학교 시기는 교육 및 직업기회 탐색을 위한 중요한 기간이다. 따라서 중학교에서는 학생의 적성, 능력, 흥미에 관한 검사 결과를 토대로 진로탐색을 돕는다. 중학생은 진로와 일의 세계에 관한 기본 개념들에 대해 배워야 한다. 중학생을 위한 진로지도의 목표는 표 6-5와 같다.

표 6-5. 중학교 진로지도 목표

영역	과업	
□ 자기 이해	❍ 현실적으로 자신의 능력과 흥미 파악	❍ 자신의 가치관과 일의 관계 이해
	❍ 긍정적인 자기개념과 자기효율성 증진	❍ 일하는 습관의 가치 습득
	❍ 행동에 대한 책임감 수용	❍ 협동적으로 일하는 법 발달
	❍ 자신감 증진	❍ 올바른 의사결정법 증진
	❍ 학업성취 검사 결과와 교육 목표와 진로 목표의 관계 이해	
□ 교육 및 진로 발달	❍ 흥미 발견 및 증진 활동 참여	❍ 학습의욕 고취
	❍ 교육적 성취와 진로기회의 관계 인식	❍ 학업 · 학습에 대한 긍정적 태도 형성
	❍ 자기지도적 태도 형성	❍ 의사결정 모형 학습
	❍ 진로결정에 필요한 인지적 · 정의적 · 심리운동적 발달 이해	
	❍ 학생의 태도와 학교와 일터에서의 성공 사이의 관계 인식	
□ 진로 계획 및 탐색	❍ 희망 직업군 탐색	❍ 중학교 졸업 후 계획 수립
	❍ 교육기회와 진로기회에 대한 계획의 가치 이해	
	❍ 교육계획과 진로계획 관련 정보 수집과 활용	

중학생은 잠정적인 교육 목표와 진로 목표를 수립해야 한다. 이는 고등학교에 진학하면서 구체화하게 될 교육계획과 진로계획의 토대로 삼기 위함이다. 교육계획과 진로계획은 학생, 교사, 학부모가 매년 검토할 필요가 있다. 진로상담 프로그램은 중학생의 욕구를 충족시키도록 고안되어야 한다. 또한 '진로의 날' 같은 행사를 계획함으로써 학생의 진로의식을 높여 준다. 그리고 자원봉사 등의 교내외 활동을 통해 학생들에게 가치 있는 경험의 기회를 제공한다. 예를 들어, 학생들에게 장래 희망직업과 관련된 자원봉사활동에 참여해 보도록 한다. 이를 통해 학생의 생애 계획에 의미를 가져다주는 직업선택을 돕는다.

고등학교

고등학교 시기에는 초등학교와 중학교 시기에 수립된 교육계획과 진로계획을 유지한다. 활동 내용은 비슷하지만, 활동의 깊이와 초점이 다양하다. 이 시기의 목표는 고등학교 졸업 후 계획(군 입대, 대학 진학, 취업, 기술교육)으로 잘 전환할 수 있게 준비시키는 것이다. 고등학교 시기에 교육계획과 진로계획을 연계성 있게 발전시켜 나가는 것은 학생뿐 아니라 학부모와 교사에게도 중요하다. 학생의 교육계획과 진로계획 수

립과정에서는 포트폴리오가 유용하게 활용된다.

고등학교의 특성상 졸업 후 대학에 진학하지 않는 학생은 대부분 사회에 진출하게 된다. 졸업 후 취업을 희망하는 학생에게는 관심 있는 기관의 실습 기회를 제공한다. 이 경우, 교사는 학생에게 실습에 필요한 조건, 비용, 기관의 특성 등에 관한 정보를 제공한다. 반면, 대학 진학을 희망하는 학생에게는 진학을 위한 점검표를 활용하여 준비에 도움을 준다. 교사는 진로선택에는 면밀한 계획이 요구되지만, 우연한 기회나 사건에 의해 이루어질 수도 있다는 사실을 학생들에게 설명한다. 고등학생을 위한 진로상담 프로그램의 영역별 내용은 표 6-6과 같다.

표 6-6. 고등학교 진로지도 목표

영역	과업	
□ 자기이해	❍ 직업흥미검사를 통해 학생의 흥미 파악	❍ 개인적 욕구 인정
	❍ 학생의 강점과 재능 파악	❍ 변화 예측, 인정, 대처
	❍ 성취검사의 결과에 따라 현실적인 대안 탐색	
□ 교육 및 진로 발달	❍ 지속적인 학습의욕 고취	❍ 대인관계 기술 개발 및 활용
	❍ 일에 대한 긍정적 태도 유지	❍ 의사결정 기술 활용
	❍ 책임 수용 및 통합적 행동의 중요성 인식	
	❍ 학교와 일터에서의 편견(연령, 성별, 지역 등) 확인 및 제거	
	❍ 변화에 대한 긍정적 대처 및 유연한 태도 유지	
	❍ 고용가능성을 높이기 위한 방법 습득	

진로계획과 결정은 자기이해를 기반으로 이루어진다. 특히 자기정체감 확립은 진로결정에 중요한 조건이다. 직업의 가치에 대해서는 부모와 자녀 또는 교사와 학생의 세대차 또는 가치관의 차이로 이견이 생길 수 있다. 따라서 가치관 명료화 활동을 통해 서로의 가치관을 확인해 봄으로써, 학생의 진로결정에 교사의 가치관이 영향을 미치지 않도록 한다. 또한 교사는 웹사이트 프로그램을 활용하여 학생의 적성, 흥미, 가치관, 성격 등을 파악하여 상급학교 진학 또는 취업에 관한 의사결정을 돕는다.

진로지도 방법

학교에서의 대표적인 진로지도 방법으로는 ① 교과연계 지도, ② 심리검사 활용, ③ 프로그램 활용, ④ 전문직업인 초청 강연, ⑤ 진로 · 직업 체험활동이 있다.

교과연계 지도

첫째, 진로지도는 교과교육을 통해 학생들이 다양한 분야의 지식, 경험, 활동할 기회 제공을 통해 자연스럽게 이루어진다. 교과교육을 통한 진로지도의 장점은 다음 두 가지다. 하나는 다양한 교과 이해를 통해 해당 교과와 관련된 직업에 대한 이해를 촉진할 수 있다는 점이다. 다른 하나는 해당 교과와 관련된 직업 이해를 통해 진로 탐색을 돕고 학습 동기를 높일 수 있다는 점이다. 특히, 학생이 선호하는 교과를 통해 개인적인 흥미, 적성 등의 탐색을 도울 수 있다. 또한 선호하는 직업과 관련된 교과 내용을 조사하게 하여 진로 탐색과 적성 개발을 촉진할 수 있다. 교과연계를 통해 진로지도의 효과를 높이기 위한 방안은 글상자 6-4와 같다.

글상자 6-4. 교과연계를 통한 진로지도의 효과를 높이기 위한 방안

1. 교과 내용과 연관이 있는 직업을 조사한다.
2. 학생 개개인이 선호하는 직업을 조사한다.
3. 각자 선호하는 직업에서 요구되는 교과의 지식, 기술, 기능 등을 조사한다.
4. 해당 직업과 관련된 주요 인물을 조사하고, 그의 진로 경로, 목표, 가치관 등을 탐색한다.
5. 교과의 특성에 따라 일련의 주제를 중심으로 활동 계획을 수립 · 실행한다.

심리검사 활용

둘째, 진로지도는 심리검사 활용을 통해 활성화할 수 있다. 심리검사는 개인의 고유한 특성 파악에 유용하다. 학교에서 진로지도를 위해 사용할 수 있는 심리검사의 예로는 스트롱검사, 홀랜드 진로적성검사, 진로성숙도검사 등 다양한 것이 있다. 진로지도에서 심리검사의 용도는 글상자 6-5와 같다.

글상자 6-5. 진로지도에서 심리검사의 용도

1. 학생 개개인의 특성 파악 · 이해를 위한 객관적인 자료를 제공한다.
2. 학생 간의 차이 확인을 가능하게 한다.
3. 진로지도의 방향과 내용 선정을 위한 자료로 활용할 수 있다.
4. 학생의 진로 관련 문제의 근거를 제공할 수 있다.

글상자 6-5에 제시된 바와 같이, 심리검사는 학생 개개인의 특성을 파악하고 이해하기 위한 객관적인 자료를 제공한다. 즉, 심리검사를 통해 학생 개개인의 흥미, 적성, 성격, 가치관 진로성숙도 등을 확인할 수 있다. 또한 심리검사는 학생 간의 차이 확인에 유용하다. 학생들 간의 차이 확인은 표준화된 심리검사가 유용하다. 그리고 심리검사 결과는 학생의 진로지도 방향 결정의 근거로 삼을 수 있다. 즉, 심리검사 결과를 분석하여 학생 개개인의 진로지도 계획 수립을 위한 기초자료로 활용할 수 있다.

이 외에도, 심리검사는 진로지도에서 학생의 진로 관련 문제를 정의하고, 학생이 자신의 문제를 인식 · 수용하도록 돕는 자료로 사용할 수 있다. 특히, 진로가치 또는 진로성숙도에 문제가 있는 학생들은 심리검사를 통해 관심 영역과 문제를 탐색 · 확인할 수 있다. 심리검사 활용 시 유의사항은 글상자 6-6과 같다.

글상자 6-6. 심리검사 활용 시 유의할 점

1. 검사 목적을 분명히 하고, 검사를 선별 · 실시한다.
2. 검사 실시에 앞서, 피검 학생에게 검사의 특성과 목적을 설명한다.
3. 검사 결과는 과장하지 않고, 행동 관찰, 면담 결과 등을 종합 · 해석한다.
4. 검사 결과를 학생 자신에 대한 탐색, 직업정보 탐색, 진로준비행동 촉진, 학습동기 촉진 등과 연결지어 해석한다.

프로그램 활용

셋째, 진로지도는 프로그램을 개발 · 적용하여 그 효과를 높일 수 있다. 진로지도 프로그램은 진로교육 관련 기관 등 다양한 출처를 통해 자료를 구할 수 있다. 예를 들어, 한국직업능력개발원 홈페이지(www.career.go.kr)에는 학교급별, 학교 유형별, 주제별, 특수교육 대상자 등을 위한 다양한 진로교육 관련 활동자료가 탑재되어 있다. 또한 학술지, 학위논문, 저서 등에는 연구자가 직접 개발 · 적용하여 효과를 검증한 프로그램들이 다수 수록되어 있다. 이러한 자료의 장점은 연구자가 특정 주제 또는 목표를 설정하여 구안한 프로그램을 특정 집단에 적용한 후, 경험적 연구 방법을 통해 타당성과 신뢰성을 입증했다는 점이다. 또한 진로지도가 필요한 학생들의 특성 및/또는 학습 상황 등을 고려하여 교사가 직접 프로그램을 개발하거나, 활동을 계획 · 적용하거나, 기존 활동의 내용을 수정 · 운영해 볼 수 있다.

전문직업인 초청 강연

넷째, 진로지도는 전문직업인을 초청하여 학생들에게 강연을 듣게 하는 방법을 통해 촉진할 수 있다. 또는 학생들이 전문직업인에게 직접 방문하여 면담하게 하는 방법을 활용한다. 이러한 방법들은 학생들에게 긍정적인 역할모델을 제공하는 한편, 현장 전문가를 직접 만나 해당 직업 또는 직무 내용을 이해하는 데 도움을 준다. 전문직업인 초청 강연회를 갖는 경우, 학생들에게 행사의 목적을 분명히 전달하는 것 외에 염두에 두어야 할 사항은 글상자 6-7과 같다.

글상자 6-7. 전문직업인 초청 강연 준비 시 유의할 점

1. 초청 연사를 통해 바람직한 역할모델을 제공한다.
2. 초청 연사가 자신의 직업 분야를 선택한 동기, 직업적 가치관을 명확하게 전달하게 한다.
3. 역경을 극복하는 과정 소개를 통해 학생들이 어려움을 겪을 때 용기를 낼 수 있게 한다.
4. 직업을 통해 얻게 된 성취감 등을 전달하게 한다.
5. 해당 직업에 관심 있는 학생들에게 질문 기회를 제공한다.
6. 강연에 참여한 후, 가장 인상적 · 감동적인 점을 글로 작성하여 소집단으로 공유할 수 있는 기회를 마련한다.

진로 · 직업 체험활동

끝으로, 진로지도는 진로 · 직업 체험활동을 통해 그 효과를 높일 수 있다. 진로 · 직업 체험활동은 초 · 중등 교육과정에서 실시하는 교과과정 이외의 창의적 체험활동의 하나로, 학교

또는 학급 단위로 흔히 진행하는 활동이다. 창의적 체험활동은 4개 영역, 즉 ① 자율활동, ② 동아리 활동, ③ 봉사활동, ④ 진로활동으로 구성되어 있다. 진로 · 직업 체험활동은 주로 외부기관, 직업 현장, 체험시설 등을 학생들이 직접 방문하여 체험하는 방식의 진로지도 방법이다. 진로 · 직업 체험활동의 이점은 글상자 6-8과 같다.

글상자 6-8. 진로 · 직업 체험활동의 이점

1. 직업 현장 체험활동으로 직업 관련 경험을 통해 구체적인 정보를 얻을 수 있다.
2. 학생 개개인이 관심 있는 직업 체험을 통해 진로선택의 자료로 활용할 수 있다.
3. 관심 있는 직업종사자와의 면담을 통해 그들의 진로 목표, 직업에 대한 태도, 가치관 등을 탐색할 수 있다.
4. 직업인들의 삶과 경험 확인을 통해 학생의 진로 설계를 위한 자료로 활용하도록 할 수 있다.

복습문제

다음 빈칸에 들어갈 말을 써 보세요.

1. ______은/는 개인이 일생 동안 자신을 표출하게 되는 일과 역할의 전체를 가리키는 과정적 개념이다.

2. 학생의 소질, 적성, 흥미, 성격 이해를 토대로 진로의식을 높이고, 진로계획과 결정 기술을 가르치며, 발달 수준별로 필요한 정보와 자료를 제공하는 예방적 · 선제적 조력 활동을 ________(이)라고 한다.

3. 학생이 흥미를 느끼는 직업에 대한 분석과 요구사항을 계획 · 조직하는 것을 ____________(이)라고 한다.

4. ________(이)란 상급학교 진학, 학과 선택, 직업훈련 등 직업과 관련된 목표 설정을 위한 과정을 말한다.

5. ________이론은 파슨스(F. Parsons)가 창안한 것으로, 그는 개인의 특성이 직업의 특성에 적합할수록, 직업적 성공 가능성과 만족감이 커진다고 가정했다.

6. 윌리엄슨(E. G. Williamson)은 교육과 훈련 종료 후에도 자신이 원하는 것을 잘 모르는 사람들을 __________ 범주로, 개인의 능력과 흥미의 불일치 또는 능력과 직업에서 요구되는 특성의 불일치 상태로, 개인이 충분한 적성과 능력을 갖추고 있지 않음에도 직업을 결정하는 사람을 ______________ 범주로 분류했다.

7. 홀랜드(J. Holland)는 성격유형을 직업환경과 연결하여 ______ 모형을 고안했다. 이 모형에 의하면, 사람들은 여섯 가지 유형으로 분류할 수 있는데, 각 범주의 영문 첫 글자를 따서 만든 약자로 ________(이)라고 한다. 이 중 A는 _____형, R은 _____형에 속한다.

8. 생애진로발달이론의 창시자 수퍼(D. Super)는 일과 관련된 자신에 대한 생각과 느낌을 의미하는 __________ 형성에 영향을 미치는 요인을 ________모형을 통해 설명하고 있다.

9. 수퍼(D. Super)의 생애진로발달이론은 ____________ 모형을 통해 진로발달의 종단과정과 특정 시기에 발생 가능한 생애역할을 횡단적으로 제시한 것으로, 이 모형에 의하면, 개인은 여섯 가지 생애역할, 즉 자녀, 학생, ______, 시민, 직업인, 그리고 주부 · 배우자 · 부모 역할을 수행한다.

10. 학교급별 진로지도의 목표와 내용이 다른데, 특히 ______ 시기는 학생이 자신과 직업세계에 대해 배우고 이를 교육계획과 진로계획에 반영 · 실천해 나가는 기간이다. 따라서 학생들에게 다양한 교육선택과 직업선택을 위한 학습경험을 제공한다.

소집단 활동

생애 탐구

다음에 제시된 질문에 대한 답을 적고 나서, 2인 1조로 나누어 각자의 답변을 토대로 둘이 함께 각자의 비전을 탐색하는 여행을 떠나 보자.

1. 몇 살까지 살고 싶나요?

2. 당신의 묘비에 어떤 글을 남기고 싶나요?

3. 향후 10년 이내에 당신의 삶에 어떤 일이 일어날까요?

4. 아무리 해도 지치거나 힘들지 않은 일은 무엇인가요?

5. 다시 태어난다면, 어느 시대에 태어나고 싶나요? 그리고 무슨 일을 하고 싶나요?

6. 지금 10억 원이 생긴다면, 무엇에 쓰고 싶나요?

7. 20년 후 당신은 어떤 일을 하고 있을까요?

8. 당신은 어떤 일을 하기 위해 이 세상에 왔나요?

9. 당신의 시간, 땀, 재능, 돈을 무엇에 쏟으며 살고 싶나요?

10. 30년 후 당신 자서전에 붙일 제목은 무엇인가요?

소감

Chapter 07

심리검사의 이해와 활용

개요

- ☐ 심리검사의 이해
- ☐ 지능검사
- ☐ 적성검사
- ☐ 성취검사
- ☐ 흥미검사
- ☐ 성격검사
- ■ 복습문제
- ■ 소집단 활동

학습목표

1. 심리검사의 목적을 이해 · 설명할 수 있다.
2. 심리검사의 과정을 이해하여 학생지도에 반영할 수 있다.
3. 생활지도에 필요한 표준화검사(지능, 적성, 성취, 흥미, 성격)의 정의와 종류를 이해하여 필요한 경우, 전문가에게 검사실시를 의뢰할 수 있다.

생활지도 과정에서는 때로 학생에 대한 객관적인 자료와 정보 수집이 필요할 때가 있다. 이를 위해서는 학생 개개인의 심리적 특성을 파악하여 학생 이해를 도모하고 도움이 필요한 학생을 사전에 파악할 수 있는 심리검사의 사용이 요구된다. 객관적·과학적으로 고안된 심리검사는 예방에 역점을 두고 있는 생활지도의 중요한 도구다. 따라서 심리검사 실시는 전체 교육과정과 연계되어야 한다.

심리검사는 학생에 관한 자료 수집을 위한 수단인 동시에, 생활지도에서 교육 목적 성취를 위한 학생 이해 활동의 하나다. 심리검사는 학생 개개인은 서로 다르다('개인차')는 가정하에 실시된다. 따라서 이 장에서는 학생 생활지도에서 교사들의 심리검사 이해를 돕기 위해 ① 심리검사의 이해, ② 지능검사, ③ 적성검사, ④ 성취검사, ⑤ 흥미검사, ⑥ 성격검사로 구분하여 살펴보기로 한다.

심리검사의 이해

심리검사psychological tests는 지능, 적성, 흥미, 성격 등의 심리적 구성개념을 수량화하기 위해 표준화된 측정 도구다. 이 검사는 개인 또는 집단의 형태로 학생들의 심리적 특성을 측정하는 데 사용된다. 그러면 심리검사의 목적은 무엇일까?

심리검사의 목적

학교 현장에서 실시되는 심리검사는 주로 ① 학생의 심리적 특성 이해, ② 학생 이해를 위한 교사 지원, ③ 학생 자신의 이해 도모, ④ 자녀 이해를 위한 학부모 지원, ⑤ 학생 배치·선발, ⑥ 학생의 변화·진척 정도를 파악하기 위한 목적으로 사용된다. 심리검사의 목적을 구체적으로 살펴보면 다음과 같다.

학생의 심리적 특성 이해. 첫째, 학생의 심리적 특성을 이해하는 것이다. 학생 이해 활동은 생활지도의 주요 영역의 하나로, 학생의 발달 촉진은 물론, 문제 예방과 사후 처치의 효율성을 높일 수 있다. 교사는 심리검사를 통해 다른 상황에서 학생의 행동을 추론·예측할 수 있는 표본 행동을 얻을 수 있다. 특수한 서비스가 필요한 학생을 외부기관에 의뢰하는 것도 심리검사를 통한 사정·평가 자료에 근거한다.

학생 이해를 위한 교사 지원. 둘째, 학생에 관한 객관적인 자료를 활용하여 학생지도와 수업효과를 높이는 것이다. 예를 들어, 교사는 학생의 학업, 지능, 적성, 흥미, 성격 등에 관한 검사 결과를 근거로 학생의 특성을 파악하고, 교실 안팎에서 이루어지는 학습활동과 학생지도의 자료로 활용할 수 있다.

학생 자신의 이해 도모. 셋째, 학생의 자기이해를 촉진하기 위함이다. 학생은 심리검사를 통해 자신의 흥미, 적성, 가치관, 태도, 성격, 능력, 욕구 등을 이해하게 되면서 자신을 위한 합리적인 의사결정과 개인발달을 촉진할 수 있게 된다.

자녀 이해를 위한 학부모 지원. 넷째, 학부모가 자녀의 특성을 파악하여 자녀양육의 효율성을 높여 주기 위함이다. 심리검사를 통해 수집된 학생의 심리적 특성에 관한 객관적인 자료는 학부모가 자녀를 이해하는 데 도움을 제공할 뿐 아니라 자녀를 위한 의사결정의 근거자료로 활용될 수 있다.

학생 배치 · 선발. 다섯째, 학생의 배치와 선발을 위한 근거자료로 활용하기 위함이다. 예를 들어, 영재아를 비롯하여 특정 서비스가 필요한 학생을 선별해야 하는 경우, 심리검사는 객관적인 근거자료로 사용될 수 있다.

학생의 변화 · 진척 정도 파악. 끝으로, 학생의 학업성취도 또는 성격적 특성에서의 변화 또는 진척 정도를 파악하기 위함이다. 예를 들어, 소집단 활동을 통해 학생의 자존감을 높이고 불안을 감소시키고자 한다면, 사전 · 사후 검사를 통해 집단참여 학생들에게 미친 효과를 검증할 수 있다.

심리검사 과정

심리검사는 ① 검사 선택, ② 검사 실시, ③ 검사 해석 순으로 실시된다.

검사 선택. 첫째, 검사를 선택한다. 심리검사는 학생의 환경(사회적 · 문화적 · 상황적 특성 등)과 개별적 특성을 고려한 후, 학생의 요구에 적합한 것을 택해야 한다. 이때, 검사의 타당도validity(검사가 측정하려는 내용을 얼마나 충실하게 측정하고 있는지의 정도), 신뢰도reliability(검사의 측정치가 시간의 변화에도 얼마나 일관성 있게 측정되는지의 정도), 실용도practicality(검사 사용에 있어서의 실용성 여부를 나타내는 정도), 객관도objectivity(검사가 얼마나 객관성을 지니고 있는가를 나타내는 측정의 준거), 측정의 한계 등을 신중하게 고려해야 한다. 또 검사는 자격이 있는 사람이 표준화된 절차에 따라 실시해야 한다. 특히 학생지도 과정에서 심리검사를 실시하고자 하는 경우, 학생과 상의하여 선택하는 것이 바람직한데, 그 이유는 글상자 7-1과 같다.

글상자 7-1. 심리검사 선택 시 학생과 상의하여 선택하는 이유

1. 심리검사에 대해 막연한 불안감을 갖는 학생이 있을 수 있기 때문
2. 심리검사 결과와 해석에 대한 방어를 최소화하고, 기꺼이 수용할 가능성을 높일 수 있기 때문
3. 학생에게 선택권을 부여함으로써 검사 효과를 극대화할 수 있기 때문

심리검사는 학생들에게 호기심을 불러일으킬 수 있으나, 다른 한편으로는 막연한 불안감을 갖게 할 수 있다. 예를 들어, 자신이 원하지 않는 내면세계를 드러낼 수 있다거나 결과에 따른 실패감이 들 수 있다는 두려움을 가질 수 있다. 또한 검사 선택에 있어서 학생의 자율적인 참여는 검사 실시에 최선을 다하고 문항에 대해 정확하고 솔직하게 반응할 가능성을 높일 수 있다. 단, 학생들의 자율적인 선택을 고려해 준다고 해서 학생의 모든 요구를 받아들일 필요는 없다. 예를 들어, 학생이 특정 검사를 실시해 달라는 경우, 학생의 요구를 그대로 받아들이기보다는 그 요구의 의미를 탐색한다. 왜냐하면 검사 실시 요구가 학생 자신의 문제와 관련된 도움을 요청하는 것일 수 있기 때문이다. 검사가 선택되면, 검사를 실시한다.

검사 실시. 검사에 앞서, 검사의 특성, 목적, 잠재적 결과, 결과의 사용에 관해 설명한 후, 학생의 동의를 받는다. 이때, 학생의 개인적 · 문화적 상황, 학생의 결과 이해력, 검사 결과가 학생에게 미치는 영향을 고려한다. 검사 실시에 따른 고려사항은 검사에 따라 다르다. 학교에서 심리검사를 실시할 때 유의할 점은 다음과 같다.

□ **전문가 주도.** 첫째, 심리검사의 실시와 해석은 전문적 지식과 임상경험을 갖춘 전문가가 담당해야 한다. 검사자는 검사에 대해 검사 요강에 대해 잘 알고 있어야 한다. 검사 실시에 관한 지식은 검사에 따라 다르다. 예를 들어, 표준화된 학업성취검사는 전문적 교육과 훈련이 없이도 실시할 수 있는 반면, 기타 표준화 검사들 대부분은 일련의 전문적 교육과 훈련을 받아야 할 수 있다. 특히, 검사자는 학생들이 이해할 수 있는 언어로 검사의 성격, 목적, 결과를 설명할 수 있어야 한다.

□ **학생의 협조.** 둘째, 학생의 흥미와 관심 그리고 자발적인 협조가 동반되어야 한다. 학생이 솔직하게 응답하지 않으면, 심리검사는 의미가 없다. 그러므로 검사자는

학생에게 심리검사가 자기이해와 문제해결에 유용하다는 점을 이해시켜 줌으로써, 검사 수행에 최선을 다하도록 격려한다. 그리고 필요한 경우, 심리검사를 흥미로운 게임처럼 제시하여 학생의 참여 동기를 높인다.

☐ **적합한 환경.** 셋째, 검사 실시에 적합한 물리적 환경을 갖춘 공간에서 실시한다. **물리적 환경**이란 검사가 실시되는 공간의 의자, 테이블, 실내 온도와 조명, 채광, 방음 및 환기 상태 등을 말한다. 물리적 환경이 중요한 이유는 학생들이 편안하고 안정된 상태에서 검사를 수행하는 경우, 더 정확한 결과를 산출할 수 있다는 믿음 때문이다. 특히 검사 실시에 대해 불안해하거나 두려워하는 학생을 위해서는 칸막이 또는 커튼이 설치되어 있는 공간에서 실시한다.

☐ **검사시간 엄수.** 넷째, 검사 시간을 엄수하여 검사 결과의 정확성을 높인다. 표준화 검사는 검사 시간을 비롯하여 검사에 관한 제반 내용과 검사 실시 요강을 갖추고 있다. 그러므로 검사자는 검사 요강을 숙지하여 검사의 시작에서부터 종결에 이르기까지 지시문을 엄수하여 검사를 실행한다.

☐ **지시사항 준수.** 끝으로, 심리검사를 컴퓨터로 실시하는 경우, 이에 따른 지시사항을 철저히 준수한다. 컴퓨터를 활용한 검사는 지필검사에 비해 검사 실시, 채점, 해석에 필요한 시간이 짧고, 피드백이 즉각적으로 제공될 수 있다는 이점이 있다. 더욱이 인터넷을 통한 검사는 검사 실시에 시간과 공간에 제약이 없다는 점에서 실용적이다. 단, 컴퓨터를 활용하여 검사를 실시하는 경우, 사전에 학생의 컴퓨터 사용 능력과 컴퓨터 상태를 확인하여 검사 실시에 지장이 없도록 한다. 검사 실시가 완료되면, 채점과 결과 해석을 한다.

검사 해석. 심리검사 해석은 학생이 검사 결과의 건설적인 사용을 돕기 위한 목적이 있다. 이에 검사 해석자는 검사를 통해 수집된 정보가 학생을 이해하는 데 필요한 많은 정보 중 극히 일부에 지나지 않는다는 사실을 기억해야 한다. 심리검사 해석 시 유의할 점은 글상자 7-2와 같다.

글상자 7-2. 심리검사 해석 시 유의할 점

1. 검사에 대한 전문지식과 경험을 가진 사람이 담당한다.
2. 검사 해석에 앞서 피검자가 검사에 대해 비현실적인 기대를 하고 있는지 확인한다.
3. 검사의 규준에 따라 해석한다.
4. 검사 결과는 신중하고 잠정적인 어조로 설명되어야 한다.

5. 검사 해석은 학생의 적극적인 참여를 유도한다.
6. 검사 결과에 절대적인 의미를 부여하지 않는다.
7. 검사 결과로 학생이 낙인찍히는 일이 없도록 한다.

심리검사는 학생 이해를 위한 한 가지 방법에 불과하고, 학생의 일부만을 설명해 주는 참고자료에 불과하다. 이러한 점에서 면담은 심리평가 과정에서 자료수집 수단 중 가장 중요한 것으로, 면담자료가 없다면, 검사 결과는 그 의미를 상실하게 될 수 있다. 심리검사는 설계와 목적에 따라 다양하다. 따라서 표준화 검사를 올바르게 사용하기 위해서는 검사의 목적과 용도, 그리고 검사들 간의 차이점과 제한점 등을 이해해야 한다. 학생들에게 주로 사용되는 검사로는 ① 지능검사, ② 적성검사, ③ 흥미검사, ④ 성취검사, ⑤ 성격검사가 있다.

지능검사

지능검사intelligence test는 표준화 검사 중 가장 먼저 제작된 것으로, 개인의 일반적이고 광범위한 학업적 잠재력 측정을 위한 도구다. 대표적인 지능검사로는 ① 비네-시몽 지능검사, ② 스탠퍼드-비네 검사, ③ 웩슬러 지능검사, ④ 카우프만 아동용 진단검사가 있다.

비네-시몽 지능검사

비네-시몽 지능검사 Binet-Simon Mental Ability Scale는 1905년 프랑스의 비네와 시몽이 제작한 최초의 지능검사다. 이 검사는 프랑스 교육부의 요청에 따라 학습 능력이 결핍 또는 지체된 아동을 가려내어 특수교육 기회를 제공하기 위해 정신지체에 관한 연구를 토대로 제작되었다. 이 연구자들(Binet & Simon, 1916)은 **지능**intelligence을 판단력, 즉 좋은 감각, 실제적 감각, 주도력, 상황에의 적응력이라고 정의하면서, 판단력, 이해력, 추론력을 핵심 활동으로 꼽았다.

알프레드 비네
(Alfred Binet, 1857~1911)

비네는 지능을 [MA(정신연령)/CA(생활연령)] × 100으로 보고, 30개 문항이 난이도순으로 배열된 척도를 개발했다. 검사 결과, 동년배 아동의 수행 수준과 비슷하면 정상 지능, (매우) 상승 또는 저하되면 (매우) 우수 또는 지체된 지능으로 개념화했다. 그러나 비네가 제시한 **비율지능**ration IQ 개념은 이내 **편차지능**deviation IQ 개념으로 대체되었다. 정신연령과 생활지능의 비율에 100을 곱해서 소수점 없이 산출되는 비율지능은 논리적이면서도 단순하고 명확하다는 이점이 있다. 그러나 연령에 따라 비율지능의 표준편차가 달라지므로, 연령이 다른 아동의 지능과는 비교할 수 없다는 한계가 있었다. 이는 지능이 종 모양의 정규분포곡선처럼 분포된다는 사실에 기초한 것이었다.

테오도르 시몽
(Théodore Simon, 1872~1961)

스탠퍼드-비네 검사

스탠퍼드-비네 검사 Stanford-Binet intelligence scales는 1916년 비네와 스탠퍼드대학교의 터먼 교수가 공동연구를 통해 개발한 지능검사다. 이 검사는 지나치게 언어적 수행력 측정에 치우쳤다는 비판을 받았다. 그 후 지속적인 수정·보완 작업 끝에 2003년 제5판인 Stanford-Binet 5(SB5)가 개발되었다. SB5의 전체 지능은 언어성 지능과 비언어성 지능으로 구성된다. 이 두 하위지능은 공통적으로 유동성 지능, 지식, 수량적 추론, 시공간 처리, 작업기억 등으로 이루어져 있다(Roid, 2003).

루이스 터먼
(Lewis M. Terman, 1877~1956)

웩슬러 지능검사

웩슬러 지능검사 Wechsler intelligence scale는 미국의 웩슬러가 전체 지능에 언어적 능력과 비언어적 수행력을 포함하여 개발한 검사다. 웩슬러(Wechsler, 1958)는 지능을 의미 있게 행동하고, 합리적으로 사고하며, 환경을 효과적으로 다루는 개인의 총체적이고 전반적인 능력으로 보았다. 이 정의에 의하면, 지능검사는 주변 환경에 적응조정, 학습, 추상적 사고 등을 반영하는 총체적 능력을 측정하기 위한 검사 도구다. 이 검사에서는 전체 지능, 언어성 지능, 동작성 지능으로 구분하고 있다. 표준화된 지능검사는 개인용과 집단용으로 나뉘는데, 개인용 검사가 더 많고 정확성이 높다.

데이비드 웩슬러
(David Wechsler, 1896~1981)

국내에서는 **한국판 웩슬러 아동용 지능검사**KEDI-Wechsler Intelligence Scale for Children(KEDI-

WISC)는 15세 이하, **웩슬러 성인용 지능검사**Korean-Wechsler Adult Intelligence Scale(K-WAIS)는 16세 이상에게 사용된다. **웩슬러 지능검사 제4판**(K-WAIS-IV와 K-WISC-IV)의 경우, 전체지능지수 외에 언어이해, 지각추론, 작업기억, 처리속도 등 네 가지 주요 지표의 점수가 제공된다. 또 15개의 소검사로 구성되어, 각 소검사의 비교·분석을 통해 언어이해력, 결정적 지식, 유동적 추론력, 주의집중력, 시각-운동 협응력 등 인지 영역의 발달 수준을 확인할 수 있다는 장점이 있다.

오늘날 신경심리학의 발달로 지능에 대한 새로운 정의와 관점을 기반으로 새로운 지능검사들이 개발되고 있다. 특히 신경심리학에서는 기존의 지능검사들(웩슬러 지능검사 포함)이 지능이론에 충실하지 않고, 동일 검사를 다른 연령대의 피검자에게 실시하며, 주로 좌뇌지향적이고, 처리 중심이라기보다는 내용 중심이어서 교육적 처방이 어렵다고 비판하였다(김동민 외, 2013). 이러한 전통적인 지능검사의 한계점을 보완하기 위해 개발된 검사들 가운데 대표적인 것이 K-ABC다.

카우프만 아동용 진단검사

카우프만 아동용 진단검사, 즉 **K-ABC-II**Kaufman Assessment Battery for Children, 2nd ed.는 카우프만 등(A. Kaufman et al., 1983)이 3~18세에 이르는 아동과 청소년의 정보 처리와 인지능력을 측정하기 위해 개발된 개인 지능검사다. 이 검사는 미취학 아동부터 고등학생들의 심리, 임상, 심리교육, 그리고 신경심리적 평가를 위한 목적으로 개발되었다.

한국판 KABC-II는 문수백(2014)에 의해 표준화되어 사용되고 있다. KABC-II는 이원적인 이론구조 루리아Luria 모델(인간의 인지기능을 뇌의 세 개의 영역 혹은 기능 단위로 특징지어지는 신경심리학적 모델)과 CHC 모델(한정적 능력 군 간의 위계적인 구조로 특징지어지는 모델)에 입각하여 개발되었다. 이 검사는 이러한 원리를 기본으로, 18개 하위검사로 구성되어 인지처리 능력을 평가한다. 또한 검사의뢰 목적과 피검사자의 특성에 따라 검사자가 루리아 모델과 CHC 모델 중 어느 하나를 선택하여 검사를 실시할 수 있게 되어 있다. 이 검사는 총 18개의 하위검사로 구성되어 있으며, 각 하위척도는 평균 100, 표준편차 15의 표준점수를 산출한다.

적성검사

적성검사aptitude test는 개인의 특수능력, 즉 언어, 기계, 예술, 음악, 수, 공간 능력을 알아보기 위한 도구다. **적성**aptitude이란 특수 기술, 지식 수행 또는 수행 방법의 습득 능력을 말한다. 적성검사는 특정 과제에서 개인의 성공 가능성을 예언하는 특성이 있다. 이러한 이유로 산업시설, 군대, 대학 등에서 인사 또는 입학 결정을 뒷받침하는 자료 또는 교육 및 직업 의사결정 과정에서 개인의 능력을 파악하는 데 사용된다. 적성검사는 내용에 따라서 ① 종합적성검사와 ② 특수적성검사로 나뉜다.

종합적성검사는 단일 적성요인을 총괄적으로 측정하여 특정 직무에의 적합성 여부를 측정하기 위한 검사다. 우리나라에서 주로 사용되는 종합적성검사로는 중학생~성인용 'GATB 적성검사'(박수병)와 '적성진단검사'(이상로, 김경린), 중 · 고등학생 대상인 '일반직업적성검사'(노동부 중앙고용정보관리소), '직업진학적성검사'(정한택), '진로적성검사'(임인재), 'KPTI 적성검사'(김인수), '표준적성검사'(임인재, 장상호), 중학생 대상인 'KAT-M 적성검사'(한국행동과학연구소) 등이 있다.

특수적성검사는 단일 적성요인을 분리하여 피검자가 특정 직무수행에 필요한 능력을 갖추고 있는지를 측정하기 위한 검사다. 특수적성검사로는 특수능력을 측정하는 검사(시각능력검사, 청각능력검사, 기계적성검사), 의학, 법률, 공학, 과학 또는 교직 적성을 측정하는 검사(직업적성검사), 그리고 미술, 음악, 문예 등의 능력을 측정하는 검사(예술적성검사)가 있다. 그러나 국내에서는 특수적성검사가 거의 개발되지 않고 있다(김계현 외, 2009).

성취검사

성취검사achievement test는 학교 현장에서 가장 많이 사용되는 표준화된 검사로, 학습자가 무엇을 얼마만큼 학습했는가를 평가하기 위한 도구다. 이 검사는 학습과정에서 성취한 정도를 측정하는 기능이 있어서 일정 기간의 학습 정도 · 속도 · 내용 · 수준을 평가한다. 성취검사는 전통적으로 학생의 학업성취도 평가에 사용되면서, '학업성취도 검사' 또는 '학력검사'로도 불리며, 대표적인 예가 대학입학 수학능력시험('수능')이다. 성취검사는 학습자의 학업성취도 측정 외에도 점차 교사의 효율성과 능력,

학교의 교육적 성취수준, 지역사회의 평가로 활용 범위가 확대되어 왔다. 성취검사는 표 7-1에서와 같이 여섯 가지로 분류된다(Drummond, 1992).

표 7-1. 성취검사 유형

유형	기능
1. 설문지 성취검사	○ 읽기, 산술, 언어, 사회, 과학지식과 능력을 측정하는 규준참조검사 또는 준거참조검사
2. 주제별 영역검사	○ 수학, 철자와 같이 단일 주제 영역에서의 능력 측정
3. 준거참조검사	○ 특수 기술, 능력에 대한 지식과 이해도 측정
4. 최소수준 능력검사	○ 특정 수준 또는 학년 진급을 위해 최소한 성취해야 하는 능력 측정
5. 개인성취검사	○ 연령 또는 학년 단위로 성취 정도 측정
6. 진단검사	○ 특정 주제 영역에서의 강점/약점 측정

성취검사를 통해 학생의 학업성취도는 전국 표준과 비교할 수 있다. **전국 표준**이란 전국에 있는 학교와 학생들의 학년별 표집 결과를 말한다. 성취검사는 언어, 읽기, 산술, 사회, 과학 등과 같은 중요한 학업 영역을 포함한다. 학생 개개인의 점수는 전국에서 수집된 표준점수에 비교될 뿐 아니라 학습결손을 파악하거나 치료적 교육 프로그램의 시작을 위한 진단용으로 사용되기도 한다. 성취검사를 통해 학생들의 학습 정도를 정확하게 파악하기 위해서는 다음 사항을 고려한다(Gibson et al., 1993, p. 256).

글상자 7-3. 성취검사 선정 시 고려사항

1. 검사는 학생들이 일정 기간 학습한 내용을 측정하는가?
2. 검사 문항에 사용된 어휘들은 학생들의 읽기 수준에 적합한가?
3. 검사 형식(검사 방법, 질문 형식)은 학생들에게 익숙한가?
4. 검사의 주제 문항들은 수업과 교과서의 내용과 일치하는가?
5. 검사는 학생들을 직접 가르친 교사들에 의해 학생들의 학습 정도를 측정하기에 합당하다는 평가를 받았는가?
6. 규준참조검사의 경우, 규준이 설정된 모집단은 검사를 받는 학생들과 유사한가?

흥미검사

흥미검사interest test는 가능한 직업 영역 또는 진로발달과 진로성숙 수준과 관련된 관심 수준을 측정하는 도구다. **흥미**interest란 특정 현상이나 사물에 대한 관심 또는 특정 활동에 적극 참여하려는 성향을 말한다. 흥미검사는 대부분 고등학생 이상의 집단을 대상으로 규준이 설정되어 있어서, 주로 진로상담이 이루어지는 고등학교 상담실, 대학의 취업상담센터 또는 지역사회의 직업소개소 등에서 사용된다. 따라서 초·중학생은 진로발달의 환상 단계에 해당한다는 점에서 흔히 사용되고 있는 흥미검사는 이들에게 적합하지 않다.

홍미검사는 학생이 무엇을 할 수 있는가보다 무엇을 하지 않을 것인지를 나타내는 지표로서 직업탐색 활동에 주로 사용되나, 교과목이나 진로결정에서의 성공예측력에는 한계가 있다(Gibson et al., 1993). 흥미는 주로 학업과 직업진로에 대한 것으로 구분하여 흥미검사를 통해 측정된다. 진로직업에 대한 흥미를 측정하기 위해 많이 사용되고 있는 흥미검사로는 ① Holland-Ⅲ 성격진로검사, ② 스트롱 흥미검사, ③ 노동부의 직업흥미검사가 있다.

Holland-Ⅲ 성격진로검사

첫째, **Holland-Ⅲ 성격진로검사**(안현우, 안창규, 2015)는 직업선호도나 직업흥미를 측정하는 기존 진로검사들의 제한점을 보완하여 직업인의 성격적성을 측정하기 위하여 새로이 개발한 검사로서 연령별로 여덟 가지로 구분되어 있다. 이 검사들은 검사 영역, 문항 내용 및 결과지의 내용들이 각 학령의 시기별 진로지도의 필요성에 따라 Holland-Ⅲ 진로발달검사(초등학생용), Holland-Ⅲ 진로성숙검사(중학생용), Holland-Ⅲ 진로적성검사(중 2~3학년용), Holland-Ⅲ 계열적성검사(인문계 고등 1학년용), Holland-Ⅲ 전공적성검사(인문계고 2~3학년용), Holland-Ⅲ 진로적성검사(특성화고등용), Holland-Ⅲ 직업적성검사(대학생 및 성인용)로 구성되어 있다. Holland-Ⅲ 성격진로검사는 직업성격 유형 찾기, 성격적성, 능력적성, 직업적성, 적성에 맞는 직업 분야 등으로 구성되어 있다. 이 검사는 초등학생부터 성인까지 누구나 개별 또는 단체로 실시 가능하고, 검사소요 시간은 약 40~50분이며, 자가 채점과 온라인 자동 채점 모두 가능하다.

스트롱 흥미검사

둘째, **스트롱 흥미검사**Strong Interest Inventory(SII)는 1927년 미국의 스트롱(Edward K. Strong, Jr., 1884~1963)이 홀랜드 모형에 기반하여 개발한 지필용 직업흥미도 검사다. 이 검사는 진로를 탐색 중인 사람을 대상으로, 직업세계의 특징과 개인의 흥미를 파악·연결해 줄 수 있도록 고안되었다. 이 검사는 **RIASEC 모형**(현실형·탐구형·예술형·사회형·진취형·관습형)에 기초한 일반적 직업군과 성격유형으로 되어 있다. 결과는 기본흥미척도, 일반직업척도, 전문직업척도로 나타난다. 이 검사는 지속적인 개정 작업을 거치면서 오늘날 가장 체계적인 흥미검사로 알려져 있다.

한국판 검사로는 김정택 등(2001)이 수정·개발한 스트롱 진로탐색검사(중·고교생용)로, 진로성숙도검사(1부)와 직업흥미검사(2부)로 나뉘어 있다. 진로성숙도검사(1부)에서는 진로정체감, 가족일치도, 진로준비도, 진로합리성, 정보습득률 등을 측정하고, 직업흥미검사(2부)에서는 직업, 활동, 교과목, 여가활동, 능력, 성격특성 등을 측정함으로써 피검자의 진로 관련 흥미유형을 전반적으로 탐색할 수 있게 구성되어 있다.

청소년용 직업흥미검사

셋째, **청소년용 직업흥미검사**는 2000년 노동부가 청소년의 직업지도를 위해 개발한 검사다. 이 검사는 홀랜드의 육각형 모형을 활용하여 여섯 가지 흥미유형과 13가지 기초 흥미분야에 대한 선호도를 측정한다. 검사 해석 절차는 ① 피검자와의 관계형성 및 검사 해석과정 안내, ② 전체 응답률 및 하위척도별 긍정 반응률 확인 및 해석, ③ 홀랜드의 여섯 가지 흥미유형 해석, ④ 기초 흥미척도 해석, ⑤ 직업학과 선택 순으로 진행한다(한국산업인력공단, 2002). 이 외에도 직업진로 흥미검사로는 고등학생용 직업흥미검사(진위교)와 한국행동과학연구소에서 제작한 KIB 흥미검사가 있다.

성격검사

성격검사personality test는 개인의 폭넓은 특성과 성질을 측정하고 기술하기 위한 도구다. 이 검사는 개인의 정서, 동기, 대인관계, 태도 등의 특성에 관한 정보를 제공한다. 성격검사는 피검자의 성격적 특성을 체계적으로 기술하고, 문제를 진단하며, 행동 변화를 파악할 수 있다는 점에서 학생의 성격특성 파악, 병리적 문제 진단, 행동 예측에 사용된다. 대표적인 성격평가 방식으로는 자기보고식, 투사법, 문장완성, 욕구진단, 체크리스트 등이 있다. 여기서는 평가 방식보다는 가장 많이 사용되는 개인용 성격검사, 즉 ① 로르샤흐 잉크반점검사, ② 주제통각검사, ③ 문장완성검사, ④ 집-나무-사람 검사, ⑤ 미네소타 다면성격검사, ⑥ 마이어스-브릭스 성격유형검사를 중심으로 살펴보기로 한다.

로르샤흐 잉크반점검사

헤르만 로르샤흐
(Hermann Rorschach, 1884~1922)

로르샤흐 잉크반점검사 Rorschach Inkblot Test는 피검자의 성격적 특성을 알아보기 위해 1921년 헤르만 로르샤흐가 잉크반점으로 제작한 투사검사다. **투사검사**projective test란 비구조화된 대상을 통해 피검자의 욕구, 경험, 내면 상태, 사고과정 등을 탐색할 수 있도록 고안된 측정 도구다. 이 중에서도 로르샤흐 잉크반점검사는 대표적인 투사검사로, 성격의 인지, 정서, 자기상, 대인관계 등에 대해 종합적인 정보를 제공한다는 이점이 있다. 엑스너(Exner, 1993)의 로르샤흐 종합체계(*Rorschach: A Comprehensive System*)가 개발되면서 표준화된 체계를 갖춘 투사검사로 널리 사용되고 있다.

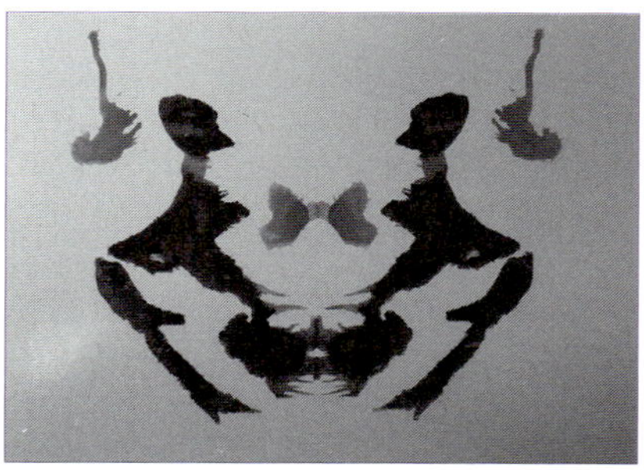

[그림 7-1] 로르사흐 잉크반점검사 그림 예시

로르샤흐 잉크반점검사는 총 10장의 카드로 구성되어 있다. 이 중 I, IV, V, VI, VII번 카드는 흑백, II, III번 카드는 흑백과 붉은색이 뒤섞여 있고, 나머지 VIII, IX, X번 카드는 여러 색으로 혼합되어 있다. 카드는 공통적으로 모호한 그림이 그려져 있어서 이를 통해 피검자의 성격적 특성을 탐색할 수 있도록 되어 있다(그림 7-1 참조).

주제통각검사

주제통각검사Thematic Apperception Test(TAT)는 1935년 하버드 대학의 머레이와 모건(Christiana D. Morgan, 1897~1967)이 모호한 인물그림 자극을 통해 성격적 특성을 측정하기 위해 제작한 투사검사다. 그 후, 3회의 개정을 통해 1943년 완성된 31개의 도판이 오늘날까지 사용되고 있다. **통각**apperception이란 자극의 특성에 의지하는 요인과 개인의 선행경험만을 기반으로 대상을 인식하는 방식이 결합·작용하여 지각, 이해, 추측, 상상으로 이어지는 심리적 작용을 말한다.

헨리 머레이
(Henry A. Murray, 1893~1988)

[그림 7-2] TAT 그림 예시

TAT에서 그림자극에 대한 피검자의 이야기는 욕구와 압력의 관계, 생활과 환경과의 상호의존 관계에 의한 것으로 간주한다. 개인의 상상 내용은 개인의 **욕구**need와 환경적 **압력**pressure의 결합으로, 실생활에서 발생하는 일의 역동적 구조다(Murray, 1943). 로르샤흐 검사가 추상적 자극(잉크반점)을 통해 원초적인 욕구와 환상 도출에 초점을 맞추고 있다면, TAT는 인물이 등장하는 모호한 그림자극을 통해 대인관계의 역동 파악에 중점을 두고 있다. TAT 검사 과정에서 피검자는 자신의 과거 경험, 상상, 욕구, 갈등을 투사하게 되면서 성격특성, 발달배경, 환경과의 상호작용 방식 등을 노출하게 된다.

TAT는 모호한 인물그림이 그려진 카드 30장과 백지카드 1장을 포함하여 총 31장으로 구성되어 있다. 카드의 뒷면에는 성인 남성(M), 성인 여성(F), 소년(B), 소녀(G) 등이 표기되어 있다. 검사는 총 2회기로 나누어 실시하되, 적어도 하루 정도의 간격을 둔다. 첫 회기에는 10장의 카드를 피검자에게 공통적으로 실시한 다음, 나머지 10장은 성별 및 연령에 따라 선택·실시한다. 따라서 개인별로 총 20장의 그림을 보게 된다. 가장 일반적으로 사용되는 TAT 해석 방법은 욕구압력 분석법이다.

TAT 반응은 개인의 순수한 지각과정이라기보다 선행 경험에 의해 지각이 왜곡되고 공상적 체험이 혼합되는 통각적 과정이라는 머레이의 입장을 같이한 벨락L. Bellack은 1949년 3~10세 아동 대상의 **아동용 주제통각검사**Children's Apperception Test(CAT)를 제작했고, 1952년 수정판을 출판했다. 한국판 아동용 주제통각검사는 1976년 김태련, 서봉연, 이은화, 홍숙기에 의해 표준화되었다. CAT의 특징은 동물판이 있어서 아동이 자극 그림에 쉽게 동일시할 수 있도록 제작되었다는 점이다. 단, 해석 방법은 TAT와 크게 다르지 않다.

[그림 7-3] CAT 그림 예시

문장완성검사

문장완성검사Sentence Completion Test(SCT)는 일련의 미완성 문장(자극문장)을 읽고 떠오르는 생각을 적도록 하는 투사검사다. 이 검사는 피검자가 문장을 완성하는 과정에서 자신의 기본 동기, 태도, 갈등, 공포 등을 반영한다고 가정한다. 이는 커텔R. Cattel의 **단어연상검사**word association test(WAT)를 기반으로 개발되었다. 문장완성검사는 ① 가족관계, ② 교우관계, ③ 학교관계, ④ 생활태도 영역을 측정한다. 이 검사는 형식적 특성(반응시간, 단어 수, 표현의 정확성, 질, 수식어구, 단순성, 강박성, 장황성 등)과 내용적 특성(정서, 강도, 소극성, 상징성 등)에 대한 분석이 가능하다(김동민 외, 2013). SCT의 네 영역과 예시 문항은 글상자 7-4와 같다.

글상자 7-4. 문장완성검사의 네 영역과 예시 문항

1. 가족 영역: 부, 모, 가족에 대한 태도에 관한 태도 측정
   예 "내가 바라기에 아버지는 ______________________."
2. 성 영역(이성관계 포함): 남, 여, 결혼, 성적 관계에 대한 태도 측정
   예 "내 생각에 여자들은 ______________________."
3. 대인관계 영역: 친구, 지인, 권위자 등 가족 외의 사람들에 대한 감정 또는 자신에 대해 타인이 어떻게 느끼는지에 관한 생각 측정
   예 "내가 없을 때 친구들은 ______________________."
4. 자기개념 영역: 자신의 능력, 과거, 미래, 두려움, 죄책감, 목표 등에 대한 태도 측정
   예 "내 평생 가장 하고 싶은 일은 ______________________."

문장완성검사는 개인과 집단 모두에게 실시할 수 있고, 대략 20~40분 정도의 시간이 소요된다. 검사자는 피검자의 검사 시작과 종결시간을 기록한다. 불안이 심한 피검자에게는 문항을 읽어 주고 피검자가 답한 것은 검사자가 대신 기록하기도 한다.

문장완성검사는 로르샤흐 잉크반점검사나 주제통각검사에 비해 검사자극이 분명하고, 그 내용을 피검자가 자각할 수 있도록 구성되어 있다. 이 검사는 실시가 쉽고, 직접질문에 답하는 경우에 비해 문장의 맥락을 통해 잠재적 욕구, 감정, 태도 등이 더 잘 드러난다는 이점이 있다. 또한 피검자의 반응시간, 표정/목소리의 변화, 수검태도 등을 관찰할 수 있다는 이점이 있다.

문장완성검사는 성인용과 청소년용으로 구분되어 있고, 개인검사와 집단검사 모두 활용될 수 있다. 피검자에게 검사의 지시문을 읽고, 각 문장을 완성하게 하는데 시간 제한은 없지만, 너무 오랫동안 생각하기보다 떠오르는 대로 작성하는 것이 좋다고 안내한다. 검사 해석은 피검자의 언어반응에 나타난 기본적인 동기를 주관적 · 직관적으로 분석함으로써, 또는 완성된 문장을 따로 채점하여 객관적으로 분석함으로써 수행한다.

집-나무-사람 검사 (HTP)

집-나무-사람 검사 House, Tree, Person Test(HTP)는 1948년 미국의 벅(J. Buck)이 고안한 투사적 그림검사다. 이 검사는 피검자에게 집, 나무, 사람을 각각 그리게 하여 그의 성격, 행동패턴, 대인관계를 파악한다. HTP는 그림을 통해 개인이 의식하지 않고 있거나, 되고 싶은 모습을 드러내는 경향성을 이용한 것이다. 특히 집 · 나무 · 사람은 나이 어린 피검자들에게 친숙하면서도 상징성이 강한 대상으로, 개인의 무의식과 관련된 풍부한 상징을 나타낸다는 특징이 있다.

HTP 검사는 모든 연령에 사용이 가능하다. 검사 준비물은 A4용지 4매, 4B연필, 그리고 지우개다. 검사 실시를 위해 검사자는 피검자에게 종이 한 장씩 나눠 주어, 집, 나무, 사람을 차례로 그리게 한다. 단, 피검자가 이성의 인물을 그린 경우, 종이 한 장을 더 주어 동성의 인물을 그리게 한다. 피검자가 그림 그리기를 마치면, 그림에 대해 질문한다.

[그림 7-4] HTP 그림 예시

해석의 측면에서 집은 피검자가 지각한 가정환경(가정생활, 가족관계), 나무는 무의식적 자기상과 자신에 대한 감정, 사람은 의식적 자기상과 환경의 관계를 나타낸다. 즉, 나무와 사람은 성격의 핵심적인 갈등과 방어를 상징적으로 나타낸다. 또한 나무는 자기노출에 대한 방어의 필요성을 덜 느끼기 때문에 피검자는 흔히 금지된 감정을 투사한다. 반면, 사람은 자기개념 또는 신체상을 나타내지만, 때로 상황에 대한 태도 또는 감정을 반영하기도 한다.

검사 해석은 피검자 그림의 구조적 요소와 내용적 요소, 검사 중 관찰된 피검자의 행동과 태도, 검사자의 질문에 대한 피검자의 답변, 그리고 피검자의 과거사와 면담 등을 통해 수집된 자료와 임상적 인상을 기초로 이루어진다. HTP 검사의 이점은 글상자 7-5와 같다.

글상자 7-5. HTP 검사의 이점

1. 실시가 용이하고 채점 절차가 간편하다.
2. 검사시간이 짧은 편이다.
3. 즉석 해석이 가능하다.
4. 피검자의 투사를 직접 관찰할 수 있다.
5. 지능, 연령, 예술적 재능에 제한받지 않는다.
6. 언어 표현에 한계가 있는 사람에게도 사용할 수 있다.
7. 망상이 있는 환자에게는 욕구 해소의 수단으로서 치료적 효과가 있다.

미네소타 다면성격검사

미네소타 다면성격검사 Minnesota Multiphasic Personality Inventory(MMPI)는 1943년 미네소타대학교의 해서웨이(S. Hathaway)와 맥킨리(J. McKinley)가 개발한 자기보고식 성격검사다. MMPI는 경험적 준거, 즉 환자집단의 반응을 기초로 문항들이 선별되었다는 강점이 있지만, 척도 간 중복되어 상관관계가 매우 높게 구성되어 있다는 약점이 있다(박경, 최순영, 2009). 이후 1989년 초등학교 6학년 이상의 독해력을 갖춘 만 18세 이상의 성인이면 수행할 수 있는 MMPI-2와 만 18세 이하 청소년 대상의 MMPI-A가 개발되었다.

[그림 7-5] 다면적 인성검사

국내에서는 2005년 '**한국판 MMPI-2**'가 개발되었다. 이 검사에서 개선된 점은 ① 검사문항, ② 재구성 임상척도 개발, ③ 새로운 내용척도 개발, ④ 타당도 척도 개발, ⑤ 재구성 임상척도 개발, ⑥ 성격병리

5요인 척도 개발이다(박경, 최순영, 2009). MMPI-2는 4개의 타당도 척도와 10개의 임상척도를 통해 정신병리의 다양한 측면을 측정하도록 고안된 대표적인 자기보고식 검사다. MMPI의 기본 척도에 대한 설명은 다음 표 7-2와 같다.

표 7-2. MMPI의 기본 척도

척도명	측정 내용
	〈타당도 척도〉
? 무응답척도 Cannot say	• 답하지 않은 문항 또는 '예, 아니오' 둘 다 답한 문항의 합 • 원점수가 30점 이상이면, 임상척도의 점수를 낮출 수 있고 신뢰할 수 없으므로 더 이상 채점하지 않음
L 거짓말척도 Lie	• 피검자가 자신을 미화하는 정도 측정 • 점수가 높으면, 자신을 지나치게 완벽하고 이상적인 모습으로 꾸미는 것으로 해석함 • 순진하고 도덕적이며 어수룩한 사람일수록 높게 나올 수 있음
F 비전형척도 Infrequency	• 응답의 비전형성, 즉 평균에서 벗어난 정도를 측정함 • 점수가 높으면, 정신병(망상, 환각, 심한 위축 등) 또는 심한 스트레스(실직, 이혼, 사별 등)로 혼란스런 감정상태를 나타내는 지표로 추측함
K 교정척도 Correction	• 피검자가 자신을 지나치게 긍정적으로 기술하는 정도를 측정함 • 지적 · 심리적으로 세련된 사람일수록 높게 나올 수 있음
	〈임상척도〉
1 Hs 건강염려증 Hypochondriasis	• 건강염려증 환자를 구분하기 위한 척도임 • 점수가 높으면, 질병 또는 신체에 대한 관심이 높고, 자기중심적 · 염세적이고 미성숙하며 요구가 많고 수동공격적 성향이 있음
2 D 우울증 Depression	• 걱정, 신체적 느림, 주관적 우울감, 정서적 냉담, 신체적 기능부전 측정을 위한 척도 • 점수가 높으면, 이중 한 가지 이상 문제 가능성 있음
3 Hy 히스테리 Hystria	• 심인성 감각 및 운동 장애를 가려내기 위한 척도 • 점수가 높으면, 신체적 불편(갈등의 간접적 표현), 과장된 낙관주의가 포함된 거부양식을 나타냄 • 눈에 띄게 행동하며, 애정과 사회적 지지를 원하면서도 직접 표출하기보다는 주변 사람들이 알아서 해 주기를 바라는 연극성 성격과 일치함

4 Pd 반사회성 Psychopathic-Deviate	• 사회적 적응 전반(가족으로부터의 소외, 사회적 무감각, 학교나 권위적 인물과의 갈등, 자기와 사회로부터의 소외)을 측정하기 위한 척도 • 점수가 높으면, 평소에는 첫인상이 좋고 매력적으로 행동하나, 스트레스를 받거나 일관되고 책임 있는 행동을 요구받는 상황에서는 반사회적 행동을 하고, 발각되어도 죄책감을 느끼지 않음
5 Mf 남성성-여성성 Masculinity-Feminity	• 남녀의 전통적 역할과 흥미에 관한 문항에 동의하는 정도를 측정하기 위한 척도(원래 동성애 감정과 성 정체성 혼란이 있는 남성을 확인하기 위한 척도였음) • 남성의 높은 점수는 지능, 교육수준과 정적상관이 있음 • 여성에게는 반대로 채점함
6 Pa 편집증 Paranoia	• 관계망상, 망상적 신념, 만연된 의심, 박해당하는 느낌, 과대망상적 자기신념, 대인관계에서의 경직성에 초점 • 점수가 높을수록 정서적이고 상냥하며 대인 간 감수성이 높음을 나타내지만, 더 높아지면 피검자의 의심과 민감이 심해지고, 정신병으로 이어질 수 있음
7 Pt 강박증/정신쇠약 Psychasthenia	• 외현적 공포와 불안을 측정하기 위한 척도 • 원래 정신쇠약을 측정하기 위한 척도였지만, 현재는 강박증 척도로 불림 • 불안과 자기불신을 가장 잘 측정할 수 있는 임상척도임
8 Sc 조현병 Schizophrenia	• 조현병 환자를 선별하기 위한 척도로, 사회적 소외, 냉담성, 불행한 가족관계, 특이한 사고과정, 기묘한 지각, 효율성 저하, 주의집중 곤란, 전반적 공포와 근심 대처 능력 결여, 충동 통제 문제를 평가함
9 Ma 경조증 Hypomania	• 조(躁) 증후(급박한 우울증을 피하기 위한 것으로, 다행증euphoria, 과민성[화를 잘 냄], 과도한 비생산적 활동이 순환적으로 나타남)를 측정하기 위한 척도 • 에너지 수준, 과민성, 자기중심 성향, 과대망상의 정도 측정
10 Si 사회적 내향성 Social Introversion	• 내향성-외향성 질문에 대한 대학생들의 반응을 토대로 제작됨 • 점수가 높으면, 수줍어하고 사회적 기술이 부족하며 사회적 상호작용에서 불편해하고 대인관계를 기피하는 것으로 해석함

MMPI-2 외에도 자기보고식 성격검사로는 캘리포니아 심리검사California Psychological Inventory(CPI), KPI 성격검사, 16성격요인검사(16PF), 다요인 인성검사, NEO 인성검

사-개정판, 마이어스-브릭스 성격유형검사Myers-Briggs Type Indicator(MBTI) 등이 있다.

마이어스-브릭스 성격유형검사

마이어스-브릭스 성격유형검사 Myers-Briggs Type Indicator(MBTI)는 마이어스와 그녀의 어머니 브릭스가 융Carl Jung의 성격이론을 토대로 공동 제작한 성격검사다(흔히 'MBTI'로 불림). 이 검사는 감정과 행동에 관한 168개 문항으로 구성되어 있는데, 두 개의 보기 중 피검자가 더 선호하는 것을 체크하도록 되어 있다.

이사벨 마이어스
(Isabel B. Myers,
1897~1980)

캐서린 브릭스
(Katharine C. Briggs,
1875~1968)

MBTI는 4개 차원(① 외향Extroversion[E] vs. 내향Introversion[I], ② 감각Sensing[S] vs. 직관Intuition[N], ③ 사고Thinking[T] vs. 감정Feeling[F], ④ 판단Judgment[J] vs. 인식Perception[P])의 양극성 척도로 구성되어 있다.

표 7-3. MBTI의 4개 차원

차원	기능
1. 외향/내향	• 인식 또는 판단이 외부/내부로 향하는가?
2. 감각/직관	• 사물을 지각할 때 주로 어떤 인식체계에 의존하는가?
3. 사고/감정	• 의사결정 시, 어떤 종류의 판단체계를 주로 선호하는가?
4. 판단/인식	• 외부 세계에 대해 판단적 태도(사고/감정) 또는 인식적 태도(감각/직관)를 주로 사용하는가?

표 7-3에 제시된 것처럼, MBTI에서는 4개 차원을 조합하여 총 16개 성격유형으로 나뉜다. 이러한 성격유형은 수검자가 주변 환경을 어떻게 인식하고 상호작용하는지에 대한 정보를 제공한다. 16개 성격유형에 따른 특징과 관련 직업은 표 7-4와 같다.

표 7-4. MBTI 16가지 성격유형의 특징과 관련 직업

유형	특징 및 관련 직업
1. ISTJ/세상의 소금형	○ 한번 시작한 일은 끝까지 해냄(☞ 회계, 법률, 생산, 건축, 의료, 사무직, 관리직)

2. ISFJ/제왕 뒤편의 권력가형	❍ 성실 · 온화하고 협조를 잘함(☞ 의료, 간호, 교직, 사무직, 사회사업)
3. INFJ/예언자형	❍ 사람과 관련된 뛰어난 통찰력이 있음(☞ 성직, 심리학, 심리치료, 상담, 예술, 문학, 순수과학, 연구개발)
4. INTJ/과학자형	❍ 전체적인 부분 조합을 통해 비전을 제시함(☞ 과학, 공학, 발명, 정치, 철학)
5. ISTP/백과사전형	❍ 논리적이고 뛰어난 상황 적응력이 있음(☞ 법률, 경제, 마케팅, 판매, 통계)
6. ISFP/성인군자형	❍ 따뜻한 감성과 겸손을 겸비함(☞ 의료, 교직, 예술, 성직, 사회사업, 생산직)
7. INFP/잔다르크형	❍ 이상적인 세계 창조의 꿈을 실현하고자 함(☞ 언어, 문학, 상담, 심리학, 과학, 예술)
8. INTP/아이디어 뱅크형	❍ 비평적 관점을 지닌 뛰어난 전략을 지님(☞ 순수과학, 연구, 수학, 공학, 경제, 철학, 심리학)
9. ESTP/수완 좋은 활동가형	❍ 친구, 운동, 음식 등 다양한 활동을 선호함(☞ 공학, 경찰, 요식업, 신용조사, 마케팅, 건강 공학, 건축, 생산, 레크리에이션, 분쟁조정)
10. ESFP/사교가형	❍ 분위기를 고조시킬 정도로 우호적임(☞ 의료, 판매, 교통, 유흥업, 간호직, 비서직, 사무직, 감독직, 기계)
11. ENFP/스파크형	❍ 열정적으로 새로운 관계를 형성함(☞ 상담, 교육, 저널리스트, 광고, 판매, 성직, 작가)
12. ENTP/발명가형	❍ 풍부한 상상력으로 새로운 것에 도전함(☞ 발명, 과학자, 문제해결사, 저널리스트, 마케팅, 컴퓨터 분석)
13. ESTJ/사업가형	❍ 사무적 · 실용적 · 현실적으로 일을 함(☞ 사업가, 행정관리, 생산, 건축)
14. ESFJ/친선도모형	❍ 친절과 현실감각을 바탕으로 타인에게 봉사함(☞ 교직, 성직, 판매, 간호, 의료)
15. ENFJ/언변능숙형	❍ 타인의 성장을 도모 · 협력함(☞ 교직, 성직, 상담, 예술, 문학, 외교, 판매)
16. ENTJ/지도자형	❍ 비전으로 사람들을 협력으로 이끎(☞ 지도자, 통솔자, 정책가, 활동가)

복습문제

다음 빈칸에 들어갈 말을 써 보세요.

1. ________은/는 지능, 적성, 흥미, 성격 등의 심리적 구성개념을 수량화하기 위해 표준화된 측정 도구로, 학교 생활지도에서 ________ 활동에 속하며, 개인 또는 집단의 형태로 학생들의 심리적 특성을 측정하는 데 사용된다.

2. ________은/는 개인의 일반적이고 광범위한 학업적 잠재력 측정을 위한 도구인 반면, ________은/는 개인의 특수능력, 즉 언어, 기계, 예술, 음악, 수, 공간 능력을 알아보기 위한 도구다.

3. 우리나라에서 주로 사용되는 지능검사로는 만 15세 이하 대상의 ________________와/과 만 16세 이상 대상의 ________________이/가 있다.

4. ______검사는 학교 현장에서 가장 많이 사용되는 측정 도구이며, 학습자가 무엇을 얼마만큼 학습했는가를 평가하기 위한 것으로, ________검사 또는 학력검사로도 불린다.

5. ______(이)란 자극의 특성에 의지하는 요인과 개인의 선행경험만을 기반으로 대상을 인식하는 방식이 결합 · 작용하여 지각, 이해, 추측, 상상으로 이어지는 심리적 작용을 말하는데, 이 작용을 활용하여 제작된 대표적인 검사로는 ________이/가 있다.

6. HTP 검사는 집, 나무, 사람을 그리게 함으로써 피검자의 경험을 이해하기 위한 ________ 검사로, ______와/과 ______은/는 성격의 핵심적인 갈등과 방어를, ____은/는 가정생활과 가족 간의 관계에 관한 인상을 상징적으로 나타낸다.

7. MMPI, 즉 ________________검사는 전 세계적으로 널리 사용되고 있는 ________식 성격검사로, 1989년 초등학교 6학년 이상의 독해력을 갖춘 만 18세 이상의 성인이면 수행할 수 있는 MMPI-Ⅱ와 만 18세 이하 청소년 대상의 ________이/가 개발되었다.

8. MBTI, 즉 ________________검사는 융(C. Jung)의 성격이론을 토대로 제작된 것으로, 4개 차원, 즉 외향 대 내향, 감각 대 ______, 사고 대 감정, 그리고 ______ 대 인식의 양극성 척도로 구성되어 있다.

9. 커텔(R. Cattel)의 단어연상검사를 기반으로 개발된 ________검사는 일련의 미완성 문장(자극문장)을 읽고 떠오르는 생각을 적도록 하는 투사검사의 일종으로, 가족관계, 교우관계, 학교관계, 그리고 ________ 영역을 측정한다.

10. ______검사란 비구조화된 대상을 통해 피검자의 욕구, 경험, 내면 상태, 사고과정 등을 탐색할 수 있도록 고안된 측정 도구로, 엑스너(Exner)가 고안한 새로운 종합체계가 개발되면서 표준화된 체계를 갖추게 된 ____________검사가 대표적인 예다.

소집단 활동

대인관계 유형검사

당신의 대인관계는 어떤 유형에 속하나요? 자신의 성격 또는 대인관계 패턴에 해당하는 난에 ✓표 하세요.

문항	전혀 그렇지 않다	약간 그렇다	상당히 그렇다	매우 그렇다	문항	전혀 그렇지 않다	약간 그렇다	상당히 그렇다	매우 그렇다
1. 자신감이 있다	1	2	3	4	21. 온순하다	1	2	3	4
2. 꾀가 많다	1	2	3	4	22. 단순하다	1	2	3	4
3. 강인하다	1	2	3	4	23. 관대하다	1	2	3	4
4. 쾌활하지 않다	1	2	3	4	24. 열성적이다	1	2	3	4
5. 마음이 약하다	1	2	3	4	25. 지배적이다	1	2	3	4
6. 다툼을 피한다	1	2	3	4	26. 치밀하다	1	2	3	4
7. 인정이 많다	1	2	3	4	27. 무뚝뚝하다	1	2	3	4
8. 명랑하다	1	2	3	4	28. 고립되어 있다	1	2	3	4
9. 추진력이 있다	1	2	3	4	29. 조심성이 많다	1	2	3	4
10. 자랑을 잘한다	1	2	3	4	30. 겸손하다	1	2	3	4
11. 냉철하다	1	2	3	4	31. 부드럽다	1	2	3	4
12. 붙임성이 없다	1	2	3	4	32. 사교적이다	1	2	3	4
13. 수줍음이 있다	1	2	3	4	33. 자기주장이 세다	1	2	3	4
14. 고분고분하다	1	2	3	4	34. 계산적이다	1	2	3	4
15. 다정다감하다	1	2	3	4	35. 따뜻함이 부족하다	1	2	3	4
16. 붙임성이 있다	1	2	3	4	36. 재치가 부족하다	1	2	3	4
17. 고집이 세다	1	2	3	4	37. 추진력이 부족하다	1	2	3	4
18. 자존심이 세다	1	2	3	4	38. 솔직하다	1	2	3	4
19. 독하다	1	2	3	4	39. 친절하다	1	2	3	4
20. 비사교적이다	1	2	3	4	40. 활달하다	1	2	3	4

☞ 유형별 문항 점수를 아래에 제시된 빈칸에 쓰세요. 점수가 높을수록 대인관계 양식이 강한 것으로 해석됩니다. 검사 결과는 당신의 대인관계에 대해 주관적으로 지각한 것일 뿐이므로, 고정관념을 갖지 않도록 유의하세요.

		점수			점수
□ 지배형	1, 9, 17, 25, 33		□ 실리형	2, 10, 18, 26, 34	
□ 냉담형	3, 11, 19, 27, 35		□ 고립형	4, 12, 20, 28, 36	
□ 복종형	5, 13, 21, 29, 37		□ 순박형	6, 14, 22, 30, 38	
□ 친화형	7, 15, 23, 31, 39		□ 사교형	8, 16, 24, 32, 40	

소감

PART 3

생활지도의 쟁점

Chapter 08

위기학생

개요

- ☐ 위기의 정의
- ☐ 위기의 유형
- ☐ 위기반응 단계
- ☐ 위기개입의 목표
- ☐ 위기개입의 단계
- ■ 복습문제
- ■ 소집단 활동

학습목표

1. 위기와 위기학생의 정의를 내릴 수 있다.
2. 위기의 특징과 유형을 이해 · 설명할 수 있다.
3. 위기반응 단계별 특징을 이해하여 학생지도에 반영할 수 있다.
4. 위기개입 목표를 이해 · 숙지하여 위기학생 지도에 반영할 수 있다.
5. 위기개입 단계별 특징을 이해하여 위기학생 지도에 적용할 수 있다.

위기에 처한 학생이 있을 때, 교사는 그 학생이 위기에 처해 있다는 사실을 어떻게 알 수 있고, 또 어떻게 도움의 손길을 내밀어야 할까? 학생들은 아동 · 청소년기를 지나면서 쉽게 해결할 수 있는 일부터 해결하기 어려운 일에 이르기까지 다양한 일을 겪으며 장차 다가올 성인으로서의 삶을 준비한다. 이들은 때로 예견되었던 일 또는 전혀 예기치 않았던 일을 갑작스럽게 겪으며, 어려움에 처하기도 한다. 이로 인한 심한 정신적 고통은 아동 · 청소년의 자해 · 자살 또는 타해 · 타살 충동을 부추기기도 한다. 교사의 이상적인 업무는 교과교육과 생활지도를 통해 학생의 성장과 발달을 돕는 것이다. 이 과정에서 교사는 위기학생, 즉 위기에 처한 학생을 도와야 할 때가 있다.

위기학생student at risk이란 학업을 계속하기 힘든 상황에 놓여 교육적 · 심리적 개입을 필요로 하는 학생을 말한다. 학생의 위기상황의 예로는 가족관계 변화, 재정문제, 학업부진, 정신장애 발생, 또래압력, 집단 따돌림 · 괴롭힘, 학교폭력 가해 · 피해, 범죄연루, 일탈행동으로 인한 처벌을 꼽을 수 있다. 위기에 처한 학생들에게는 개별중재, 개입 · 처치 프로그램, 의학적 돌봄, 물질사용 방지 프로그램, 이중 · 다중언어 교수, 취업 · 고용 훈련, 무단 · 장기결석 예방, 부모교육, 위기개입 등 교육적 · 심리적 개입과 처치가 필수로 요구된다.

학생들에게 위기를 촉발하는 사건은 대부분 가정과 학교에서 발생하고, 위기상황에서의 시간은 언제나 제한적이다. 학생이 어떤 위기 단계에 처해 있는지에 따라 위기에 대한 반응이 다르다. 그러나 안타깝게도 학교는 위기개입을 위한 이상적인 공간은 아니다. 위기를 능숙하게 대처할 전문인력이 많지 않기 때문이다. 이에 이 장에서는 위기개입에 대한 교사의 이해를 돕기 위해 위기개입에 관한 내용을 ① 위기의 정의, ② 위기의 유형, ③ 위기반응 단계, ④ 위기개입의 목표, ⑤ 위기개입의 단계로 나누어 살펴보기로 한다.

위기의 정의

요즘 학교에 가는 것이 너무 힘들고 괴롭다. 친구들과 이야기 나누는 것도 힘에 부친다. 종일 멍하고 집중이 되지 않아 수업시간에도 선생님이 무슨 말을 하는지, 쉬는시간에 친구들이 무슨 얘기를 하며 노는지도 모르겠다. 정신을 차리고 보면 어느새 대화 주제가 바뀌어 있다. 머리는 멈춰 버린 것 같고, 도대체 흥미를 느낄 만한 일이 없다. 밤에는 잠도 오지 않고, 자꾸 나쁜 생각만 떠올라 무서운데, 엄마에게 말하면 걱정하실 게 뻔하니 말을 할 수도 없다. 내가 이상해진 것만 같아 두렵기만 하다. 어떤 때는 이렇게 힘들게 사느니 차라리 죽는 게 낫겠다는 생각이 들어 아찔할 때도 있다. 도대체 무엇이 문제인 걸까?

위기crisis란 위협적 또는 고통스러운 상태로, 학생의 자원과 대처 능력으로 감당하기 어려운 사건 또는 상황을 갑작스럽게 지각/직면하게 되는 상태를 말한다. 또 위기는 개인적으로 알고 있는 해결 방법으로 조기에 해결될 수 없는 환경 또는 상황을 가리킨다. 위기는 흔히 학생이 촉발 사건을 위협 또는 불안의 원인으로 인식하고, 그 사건에 대해 비조직적 · 비효율적으로 대처하면서 발생한다. 위기는 보통 예측할 수 있는 과정을 거치게 되는데, 그 특징은 글상자 8-1과 같다.

글상자 8-1. 위기의 특징

1. 비교적 짧은 시간에 발생한다.
2. 같은 사건에 대해 부정적으로 해석 · 반응할 때 발생한다.
3. 해결되지 않는 문제로 긴장이 감소하지 않을 때 발생한다.
4. 개인의 문제해결 기술로는 감당하기 힘든 사건에 의해 촉발된다.
5. 삶의 과정에서 스트레스에 대처할 수 없다는 느낌이 들 때 발생한다.
6. 적응형(새로운 대처방식 또는 문제해결 기술 습득) 또는 부적응형(점진적 와해 또는 방어적 태도 형성)으로 해결할 수 있다.

위기와 유사한 개념으로, 예견하지 못한 상황에서 갑자기 발생하여 빠른 시간 내에 해결해야 하는 사건 또는 상태를 **응급상황**emergency situation이라고 한다(예 고열, 호흡곤란, 심정지, 두부외상, 골절, 독극물 중독 등). 그러나 위기는 응급상황과는 달리 빠른 시일 내에 해결

해야 할 일이 아니라, 적어도 24시간 이상 기다려도 되는 상황이다. 만일 응급상황이 즉각 해결되지 않고 24시간 이상 지체된다면, 위기상황이 된다. 위기수준은 보통 1~3수준으로 나눌 수 있는데, 이에 관한 설명은 표 8-1과 같다.

표 8-1. 위기수준별 특징

위기수준	특징
▢ 1수준	❍ 가족 · 학교 · 사회적 관계가 매우 열악한 상황에 놓여 있어 심한 고통을 주는 스트레스 요인이 많고, 부정적 태도와 감정을 경험하며, 사회기술 결여로 인해 개인적 위기로 발전된 상태
▢ 2수준	❍ 1수준보다는 다소 나은 사회경제적 배경, 가족 · 학교 · 사회적 관계에 있고, 몇 가지 고통을 주는 스트레스 요인이 있는 상태
▢ 3수준	❍ 안정된 사회경제적 배경을 지니고 있고, 가족 · 학교 · 사회적 관계가 원만하며, 고통을 주는 심리적 · 환경적 스트레스 요인이 거의 없는 상태

일반적으로 위기는 최소 6~8주 동안 지속되는 사건 또는 상황을 가리킨다. 흔히 이 기간을 경과하면, 위기상황이 완화되어 문제가 해결되지 않았다 하더라도 보통 위기로 간주하지 않는다. 불안 또는 고통은 시간이 지나면서 점차 옅어지거나 그 상황에 익숙해져서 제대로 의식하지 못하기 때문이다. 위기는 개인의 경험과 특성에 따라 다르게 지각 또는 반응하지만, 타인의 지지 · 격려 · 지원이 큰 도움이 된다. 위기에 처한 사람은 흔히 다른 사람들에게 자신의 위기상황을 알려 도움을 청하고자 한다. 이러한 점에서 이들에게는 체계적인 교육적 · 심리적 도움이 필요하다.

그렇다면 어떤 상황이 위기반응을 유발하는가? 위기반응을 유발하는 상황을 예측하기는 쉽지 않다. 특정 상황에 대한 대처기술과 인식능력이 학생마다 다르기 때문이다. 학생에 따라서는 교사가 사소하게 여길 수 있는 일로 위기가 촉발될 수 있다. 초등학생의 경우, 반 아이들이 자기와 놀지 말라고 했다거나, 얼굴에 주근깨 또는 여드름이 있다고 놀렸다거나, 싫어하는 별명을 부른 경우가 그 예다. 이러한 위기상황은 어른인 교사에게는 심각하게 여겨지지 않을 수 있지만, 어린 학생에게는 심각한 스트레스가 될 수 있다. 따라서 교사는 학생의 인식을 공감적으로 수용해 주되, 학생의 반응을 과소평가해서는 안 된다. 그렇다면 위기는 어떤 유형으로 나뉘는가?

위기의 유형

위기는 크게 ① 개인적 위기와 ② 집단적 위기로 구분할 수 있다. **개인적 위기**는 개인이 위험한 상황 또는 사건을 경험하는 것을 말한다. 개인적 위기 유형에 관한 설명은 표 8-2와 같다.

표 8-2. 개인적 위기 유형

위기유형	설명
1. 소인적 위기	❍ 파혼, 보직해임, 갈등과 같이 어떤 문제 상황이 개인의 지위나 위치에 변화를 가져오는 위기
2. 과도기적 위기	❍ 발달과업에 따른 생애 변화가 원인이 되는 위기(예 입학, 졸업, 질병, 부상, 결혼, 임신, 출산, 이혼, 은퇴 등)
3. 외상적 위기	❍ 전혀 예측하지 못하고 갑작스럽게 발생한 외부적 사건으로 불안, 두려움, 공포, 우울 등을 겪는 위기
4. 발달적 위기	❍ 신체 · 인지 · 정서 발달과정에서 발생하는 위기로, 예측이 가능하며 개인 내적 요인에 따라 발생함(예 사춘기 위기, 중년기 위기 등)
5. 정신병리적 위기	❍ 개인의 정신적 고통이나 정신병리적 특성이 원인이 되어 발생하는 위기(예 극심한 우울증으로 인한 자살시도)
6. 정신의학적 응급상황	❍ 망상적 사고와 자기조절력을 상실하거나 부적절한 기분 때문에 다른 사람들을 위험한 상황에 놓이게 하는 경우

표 8-2에 제시된 개인적 위기에서 소인적 위기와 과도기적 위기는 예견이 가능하고, 대부분의 사람들이 겪는 생활사건으로 인해 발생한다. 개인적 위기와는 달리, **집단적 위기**는 여러 사람이 함께 위기상황에 직면하게 되는 상태를 말한다. 집단적 위기의 예로는 자연재해, 환경재해, 경제위기 등을 들 수 있다. 그런가 하면, ① 생물학적 위기, ② 우연적 위기, ③ 환경적 위기로 분류한 학자들도 있다(Parad & Parad, 1990).

생물학적 위기는 생물학적 변화 또는 성질상 보편적이면서 발달상의 변화(예 학령기, 사춘기 등)로 위험에 처하게 되는 것이다. 이는 생물학적 변화 또는 발달과업에서 파생된다는 점에서 학교에서는 학급단위 생활교육을 통해 학생들이 이러한

위기를 잘 극복 · 적응하도록 도울 수 있다. 반면, **우연적 위기**란 예측할 수 없는 자연재해(예 쓰나미, 홍수, 화재, 태풍, 지진 등)를 동반한 사건으로 위험에 처하게 되는 것을 말한다. 이 유형의 위기에 대처하기 위해서는 모든 학생을 대상으로 개별면담 또는 생활교육을 실시하는 한편, 심각한 상태의 피해학생에게는 개인상담, 소집단상담, 그리고 필요한 경우 정신의학적 치료를 의뢰한다.

이에 비해 **환경적 위기**는 보편적이지 않지만, 흔히 발생하는 관계 또는 상황적 사건(예 부모의 사망/이혼, 학대, 이사, 만성질환 등)으로 위험에 처하게 되는 것이다. 이 유형의 위기는 사건과 관련된 정보만 있다면 충분히 예측이 가능하다는 특징이 있다. 따라서 발달적 생활교육 프로그램을 통해 대인 간 및 상황적 위기에 적절한 대처전략을 가르침으로써 학생들의 환경적 위기 극복을 도울 수 있다. 또한 소집단상담을 통해 위기에 처한 학생들이 서로 유사한 경험을 나누거나, 다른 학생으로부터 새로운 대처 방법을 습득할 수 있는 기회를 제공할 수 있다.

위기반응 단계

사람들이 위기에 처할 때 나타내는 반응은 일반적으로 ① 충격, ② 대처, ③ 철수 단계를 거친다. 위기반응의 단계별 특징은 다음과 같다.

충격 단계

충격 단계^impact stage^에서 개인은 위기를 인식하고 이에 반응한다. 위기에 대한 반응은 연령에 따라 다르다. 초등학교 저학년 아동은 위기를 인지적으로 잘 알아채지 못하고, 상황에 따라 반응하는 경향이 있다. 반면, 고학년 아동은 어떤 일이 진행되고 있음을 알지만, 현재 처한 상황에만 집중하는 경향이 있다. 즉, 초등학교 아동은 위기로 인해 발생할 수 있는 문제를 예견하지 못한다. 이에 비해 중 · 고등학생들의 반응은 성인과 유사하지만, 외적 요인에 대한 통제력이 부족하여 무력감을 보일 수 있다. 위기에 대한 반응은 개인차가 있다. 스트레스 반응은 일반적으로 위기가 발생하는 즉시 나타나지만, 몇 시간, 며칠, 심지어 몇 개월 후에 나타나기도 한다. 위기에 대한 반응은 생리, 인지, 정서, 행동 측면의 증상으로 나타나는데(대한소아청소년정신의학회 학교건강위원회, 2010), 그 특징은 표 8-3과 같다.

표 8-3. 위기상황에 대한 일반적인 반응

범주	증상			
1. 생리	❍ 피로 ❍ 오심 ❍ 심한 발한	❍ 오한 ❍ 이갈이 ❍ 어지럼증	❍ 근육통 ❍ 두통 ❍ 틱	❍ 쇼크 증상 ❍ 미세 손 떨림
2. 인지	❍ 기억력 저하 ❍ 실어증	❍ 집중력 저하 ❍ 주의산만	❍ 우유부단 ❍ 계산력 저하	❍ 사안의 경중을 못 가림
3. 정서	❍ 불안 ❍ 우울	❍ 압도당하는 느낌 ❍ 희생자와의 동일시	❍ 자극 ❍ 애도 반응	❍ 자신/타인에게 해가 될 것 같은 느낌
4. 행동	❍ 불면증 ❍ 물질오남용 ❍ 과잉각성	❍ 보행 변화 ❍ 의식적/반복적 행동	❍ 쉽게 울음 ❍ 짓궂은 농담	❍ 현장을 벗어나기 힘들어함

학생들을 위기에 처하게 하는 주요 요인으로는 **상실감**sense of loss이 있다. 학생의 나이가 어릴수록, 중요한 타인(부모, 형제자매, 친구)의 사망, 가족관계 변화(부모의 이혼 또는 별거)에 의한 상실감은 극도의 불안을 초래할 수 있다. 또한 가족문제(형제자매와의 갈등, 부모의 실직), 환경 변화(이사, 전학, 가사를 돌보던 부모의 취업), 신체적 위협(방치, 학대, 사고, 질병, 폭력), 자연재해(홍수, 화재, 쓰나미) 역시 심한 정도의 불안을 유발할 수 있다. 사람들이 위기에 처할 때, 흔히 나타내는 반응은 표 8-4와 같다(Parad & Parad, 1990).

표 8-4. 위기에 대한 전형적인 반응

반응	특징
1. 혼미 bewilderment	❍ 어떤 일이 일어나고 있는지 이해하지 못하고, 스트레스를 받은 사실과 상황 또는 반응을 어떻게 다루었는지 기억하지 못함
2. 위험 danger	❍ 파멸이 임박했다는 위기감을 가지게 되고, 위기로 인해 신체적 · 심리적으로 회복불능 상태가 될 것이라고 여김
3. 혼돈 confusion	❍ 추론하기 어려워하고 고통스러운 스트레스로 인해 위기극복을 위한 계획 수립이 불가능해짐

4. 교착 impasse	❍ 꼼짝할 수 없다는 느낌 때문에 대처 전략을 마련하지 못하고, 어떤 해법이든지 실패할 것이라고 믿어 버리는 상태에 빠짐
5. 절박 desperation	❍ 위기해결을 위해 평소에 사용하려 하지 않았거나 논리적으로 상황과 무관한 방법 등 가능한 수단과 방법을 동원함
6. 무감각 apathy	❍ 단순 포기, 즉 자신이 처한 상황에 희망이 없다고 믿음으로써 변화 또는 위기상황 해결을 위한 노력을 거부함
7. 무기력 helplessness	❍ 스스로 해결이 불가능하므로, 자신을 구원해 줄 사람이 꼭 필요하다고 믿음
8. 위급 urgency	❍ 즉각적으로 문제해결을 위해 직접 해결을 시도하거나 급박하게 다른 사람들의 도움을 청함
9. 불편감 discomfort	❍ 불행하다고 느끼고, 가능한 해결 방법을 생각하기 어려워하며, 불안감으로 좌불안석 상태가 되어 집중할 수 없게 됨

위기에 대한 반응은 개인의 성격과 상황에 따라 다르게 나타날 수 있다. 교사는 학생의 개인적 특성, 정서 · 행동양상, 가정환경 등을 파악하여, 사회적 · 경제적 · 발달적 위기에 처한 학생을 사전에 발견하여 도움을 제공해야 할 위치에 있다. 만일 위기에 처한 학생이 발견된다면, 신속하게 개입하여 학생의 마음을 안정시키는 한편, 위기발생 원인과 특성을 정확하게 확인하기 위해 개별면담을 실시해야 한다.

교사는 위기에 대한 전형적인 반응의 특징을 고려하여 위기에 처한 학생을 돕기 위한 전략을 수립해야 한다. 위기에 처한 학생을 면담하는 경우, 교사는 인내심을 가지고 학생의 감정을 정확하게 반영해 주며, 신념을 명료하게 정리하도록 돕는다. 그리고 필요한 경우, 상담교사, 특수교사, 보건교사, 또는 외부 전문가에게 의뢰하여 체계적 · 전문적인 개입을 통해 학생의 문제를 해결하도록 도와야 한다.

위기에 처한 학생은 흔히 자신의 대처 전략으로 문제를 해결하지 못하게 되면서 무력감, 불안, 좌절, 분노, 두려움, 우울 또는 통제 불능감을 갖게 된다. 충격 단계는 촉발사건 직후의 시기라는 점에서 기간이 매우 짧다. 따라서 위기개입은 바로 충격 단계에서 이루어져야 한다. 학생에 따라서는 이 단계에 처하게 되어도 이렇다 할 반응을 보이지 않기도 한다. 그러다가 위기상황이 견딜 수 없을 정도로 자신의 삶을 압도하게 되거나, 자신의 대처 전략이 더 이상 쓸모없게 되었다고 느끼게 된다.

대처 단계

대처 단계coping stage에서 위기에 처한 학생들은 표 8-5와 같은 방식으로 스트레스를 완화하고자 한다.

표 8-5. 대처 단계에서의 스트레스 완화 방식

대처 방식	내용
1. 문제해결적	❍ 새로운 대처 기술 습득 또는 과거의 위기에 대한 반응으로 사용했던 기술을 활용하여 문제를 해결하고자 함
2. 정서 중심적	❍ 자신이 처한 상황에 대한 감정을 바꾸고자 함
3. 적응적	❍ 위기 수용을 통해 촉발 요인에 의한 압박감에서 안식을 되찾고자 함
4. 부적응적	❍ 문제로 인한 부적 감정의 부인 또는 물질사용을 통해 고통을 은폐하고자 함

대처 단계에서 위기에 처한 학생은 문제해결을 위해 새로운 접근을 시도하거나 도움을 요청하려는 경향이 있다. 이러한 점에서 대처 단계는 학생에게 도움을 제공하거나 문제해결을 모색하기 위한 최적의 시기다. 교사는 학생이 경험하고 있는 반응 유형과 적절히 사용하고 있는 대처 전략에 주의를 기울인다. 그러나 대처 전략이 스트레스 완화에 별 도움이 되지 않는 경우, 불편감과 불안이 커지고 절박감이 들게 된다. 그리고 교착상태에 빠진 느낌이 들거나 무감각 상태에 빠지게 되면서 철수 단계에 진입하게 된다.

철수 단계

철수 단계withdrawal stage에서 철수행동은 ① 자발적 유형과 ② 비자발적 유형으로 나타난다. 자살은 철수행동의 전형적인 자발적 유형이다. 이는 삶을 종결하려고 시도함으로써 계속되는 위기로 인한 고통을 회피하려는 시도로 볼 수 있다. 반면, 비자발적 철수는 보통 심리적·정서적 와해와 인지왜곡, 감정 기복, 성격파탄 등 일종의 정신병적 와해 형태를 띤다. 그러나 위기 상황이 해소되거나 조기에 도움을 받게 되면, 철수 단계에 진입하지 않는다. 그러므로 교사는 위기에 처한 학생이 적시에 도움을 받을 수 있도록 주의 깊게 살펴야 한다. 만일 위기상황으로 도움이 필요하지만 적절한 도움을 제공할 수 없는 학생이 있다면, 교내 또는 Wee 센터의 상담교사나 외부 전문가에게 의뢰한다.

위기개입의 목표

위기개입crisis intervention은 위기에 처한 학생의 자기폐쇄적 행동과 부적응적 사고와 감정을 적응적인 사고 · 감정 · 행동으로 대체하고 효과적인 대처 기술의 습득을 돕는 과정이다. 위기개입의 목표는 다음과 같다.

위기반응의 정상성 이해

위기개입의 첫 번째 목표는 위기가 정상적인 삶의 일부임을 깨닫도록 돕는 것이다. 이를 위해 교사는 학생과 그 가족이 현재 처한 위기가 무엇이고, 발생 원인이 무엇인지를 명확하게 인식할 수 있도록 돕는다. 또한 학생이 자신의 대처 기술을 통해 특정 상황을 극복하지 못한 이유에 대한 탐색을 돕는다. 이 작업을 통해 학생과 가족원들은 위기상황을 직시할 수 있게 되고, 자신들의 사고 · 감정 · 행동 패턴이 상황에 적절하지 않았음을 깨닫게 된다.

위기상황에 대한 관점 변화

위기개입의 두 번째 목표는 위기 촉발 요인과 현재 상황에 대해 다른 관점을 갖도록 돕는 것이다. 이를 위해 교사는 학생과 위기상황을 재평가함으로써, 다른 관점에서 직시하도록 돕는다. 목표 성취를 위해 교사는 학생이 새로운 정보를 탐색하고 문제해결 방안에 대해 이미 알고 있는 것을 재고해 보도록 한다. 이때 교사는 부정적이거나 왜곡된 해석에 도전하는 한편, 긍정적이거나 중립적인 해석은 적극 검토한다. 또한 위기는 종종 외부보다는 내부에서 창출된다는 점에 대한 인식을 도울 수 있다.

위기상황에 대한 감정 인식 및 수용

위기개입의 세 번째 목표는 위기상황에 대한 학생의 감정을 인정 · 수용해 주는 것이다. 위기상황은 학생의 왜곡된 지각 · 인지 · 감정 · 행동을 초래하지만, 왜곡된 인지 · 감정 · 행동 패턴은 위기상황의 원인이 되기도 한다. 따라서 왜곡된 감정이 변화

되려면, 현재 경험하고 있는 감정이 위기의 일부임을 인식하는 한편, 적절한 방식으로 감정을 표출하여 위기 과정에서 발생한 긴장감을 해소해야 한다.

위기상황 대응 기술 개발

위기개입의 네 번째 목표는 학생이 적응적인 문제해결 전략을 찾도록 돕는 것이다. 교사는 학생이 이미 알고 있는 대처 방안을 검토하고 대안을 함께 모색하는 한편, 학생에게 새로운 대처 기술을 가르치고, 연습시키며, 위기상황에 적용하도록 돕는다. 위기상황 극복을 위한 네 가지 목표와 전략은 서로 중첩되고, 이러한 일련의 과정이 매우 빠르게 진행되는 경향이 있다. 이처럼 위기는 암묵적으로 서서히 진행되다가도 순간적으로 발생한다. 따라서 위기개입은 일상적인 상담에서의 상호작용과는 달리 상담과정을 합치거나 짧게 나누어서 진행하게 된다는 특징이 있다.

위기개입의 단계

위기개입의 목표에 도달하기 위해 위기개입은 문제해결 패러다임에 기초하여 ① 위기 및 학생 자원 사정, ② 학생의 사고와 감정 전환, ③ 해결 방안 모색, ④ 해결 방안 결정, ⑤ 해결 방법 적용 및 평가로 진행한다. 위기개입 과정을 단계별로 살펴보면 다음과 같다.

위기 및 학생 자원 사정

위기개입의 첫 번째 단계에서는 위기상황과 학생의 자원을 사정한다. 즉, 위기 촉발 사건 발생 전·후의 학생의 사고·감정·행동을 탐색하고, 학생의 위기 대처 기술을 사정한다. 교사는 일차적으로 학생의 문제·감정·계획을 표출할 수 있도록 적극적 경청 기술(재진술, 반영, 명료화 등)을 사용하여 격려한다. 위기에 처한 학생은 종종 사고와 감정 인식과 표출을 어려워한다. 이 경우, 교사는 학생에게 구체적인 정보 제공을 요청하거나, 문제의 특정 측면에 초점을 맞추는 쪽으로 개입의 방향을 일시적으로 전환한다. 만일 시간적 여유가 있다면, 위기상황이 지난 후에 개별면담을 실시한다. 교사는 또한 학생 자신이나 타인에 대한 위험요소 여부를 탐색한다. 만일 학생이 자하 또는 타해 가능성이 있다고 판단되면, 즉시 상담교사 · 학교장 · 학부모에게 알리고, 필요한 경우 입원 또는 기타 의료 지원을 요청한다.

학생의 사고와 감정 전환

위기개입의 두 번째 단계에서는 위기상황에 대한 학생의 감정 인식과 표현 능력 증진 및 문제에 대해 긍정적 사고로 대체하도록 돕는다. 학생이 흥분했거나 짜증이 났을 때, 지적하는 것은 불난 집에 기름을 붓는 격이다. 지적할 일이 있더라도 잠시 시간을 두고 학생이 안정을 되찾았을 때 대화한다. 그런 다음, 학생이 문제에 대해 어떻게 생각하고 있는지 파악한다. 이때 교사는 학생이 문제의 소유권, 즉 문제해결에 대한 책임의식을 갖도록 돕는다. **문제의 소유권**이란 문제해결을 위해 학생이 책임져야 할 부분을 인식하고, 스스로 변화를 일궈내야 한다는 사실을 인정하는 것을 말한다. 이를 위해 반영, 직면, 재구조화 같은 적극적 경청 기술을 활용하되, 필요한 경우 정확한 정보와 자료를 제공함으로써 위기상황에 대해 명확하게 인식하도록 돕는다.

학생은 위기상황으로 인해 언어적 행동과 비언어적 행동이 일치하지 않고, 교사와 학생의 지각 사이에도 큰 차이가 날 수 있다. 교사는 직면을 통해 이러한 차이를 지적해 준다. 또한 위기상황에 감정적으로 압도되어 습관적으로 사용하던 대처 기술이 무력화되면서 학생은 전체 상황을 부정적이고 희망이 없는 관점에서 조망하게 된다. 그러므로 교사는 **재구조화**reframing(학생의 삶에 부정적인 영향을 주고 있는 구조를 그의 삶에 더 큰 만족을 주는 대안적 구조로 대체하는 작업)를 통해 새로운 관점을 제시해 준다. 또한 위기상황이 학생에게 미치는 영향에 대해 이해하기 쉽게 설명해 준다.

해결 방안 모색

위기개입의 세 번째 단계에서는 가능한 해결 방안과 그 효과를 탐색하도록 돕는다. 이때 친구들이 중요한 역할을 한다는 것을 이해한다. 십대 학생에게 친구는 부모나 교사보다 더 중요한 존재일 수 있다. 이 작업은 **문제의 세분화**에서 시작할 수 있다. 위기는 흔히 문제 전체를 즉각적이고 완전하게 해결해야 한다는 생각에서 출발한다. 만일 문제를 체계적으로 다룰 수 있을 정도의 분량으로 나눌 수 있다면, 학생은 심리적으로 압도되지 않은 상태에서 각 요소에 대한 해결 방법을 분리해서 마련할 수 있을 것이다. 세분화된 문제해결은 가장 변화가 용이한 부분을 발견·실시함으로써 학생이 성공감을 맛볼 수 있게 한다. 이러한 경험은 학생에게 강력한 문제해결의 동기를 제공한다. 세분화된 문제해결을 구조화하는 데 도움이 되는 세 가지 질문(3Q's)은 글상자 8-2와 같다(France, 2014).

글상자 8-2. 문제해결 구조화를 위한 3Q's

1. 학생이 그 상황에 대처하기 위해 무엇을 시도했는가?
2. 학생이 시도해 봤다고 생각하는 것은 무엇인가?
3. 현재 학생이 생각할 수 있는 다른 대안은 무엇인가?

글상자 8-2에 제시된 세 가지 질문은 위기에 처한 학생이 세분화된 문제해결을 체계화하는 데 유용하다. 교사는 **브레인스토밍**brainstorming을 통해 학생이 세 번째 질문에 대한 대답으로 여러 개의 가능한 대안들을 산출해 내도록 돕는다. 이 작업은 학생의 창의적 사고능력을 자극하여 위기상황을 새로운 시각으로 조망하도록 하는 데 도움을 준다. 교사는 학생에게 과거에 비슷한 문제를 어떻게 해결하였는지 묻는다. 이 두 가지 기법은 학생의 통제감과 자신감을 높이는 동시에, 학생이 문제해결 능력을 갖추고 있다는 교사의 믿음을 학생에게 전달하는 효과가 있다. 이때 교사는 학생을 대신하여 문제를 해결해 주지 않는다.

해결 방안 결정

위기개입의 네 번째 단계에서는 위기상황 해결을 위한 대안을 평가하고 최적의 해결 방안을 결정한다. 교사는 학생과 함께 브레인스토밍을 통해 산출된 문제해결을 위한 대안들의 장단점을 면밀히 검토하여 2~3개의 대안을 선정한다. 이 과정에서 교사는 학생의 감정 상태와 학생이 명확하게 생각하고 있지 않을 가능성에 대해 지속적으로 관심을 갖는다. 교사는 반영을 통해 학생이 자신의 감정을 이해하고, 명료화를 통해 대안에 대해 심사숙고할 수 있도록 돕는다.

만일 학생이 비현실적인 해결 방안을 고집한다면, 교사는 직면을 통해 현실적인 대안을 마련할 수 있도록 한다. 최종적으로 한 가지 문제해결 방법이 선정되면, 교사는 학생이 이 방법을 위기상황 해결에 도움이 될 것으로 믿고 있는지, 부정적 결과의 가능성은 없는지, 그리고 학생이 기꺼이 실행에 옮기고자 하는지에 대해 탐색한다. 탐색이 끝나면, 해결 방법의 적용 방안과 결과에 대한 평가 방법을 구체적으로 계획한다.

해결 방법 적용 및 평가

위기개입의 다섯 번째 단계에서는 문제해결 방법을 적용해 보고 그 결과를 평가한다. 위기는 대체로 매우 빠른 속도로 진행되므로, 학생은 문제해결 방안을 신속하게 적용해야 한다. 위기개입 과정의 2, 3단계에서 교사는 해결 방안 적용을 위한 일정을 수립하고, 학생에게 문제해결에 필요한 대처 전략을 가르치고 연습시키는 한편, 해결 전략의 효과와 문제해결 여부에 대해 논의한다. 또한 반영과 명료화 기술을 사용하여 학생이 문제상황을 명확하게 인식하고 해결 방안을 심화하도록 돕는다.

그리고 교수법을 활용하여 학생이 새로운 대화 기술을 습득하도록 돕는 동시에 다양한 기법을 활용하여 학습 효과를 극대화한다. 이 접근은 대처기법을 단순히 구두로 설명하는 것보다 훨씬 더 빨리 습득할 수 있다는 장점이 있다. 이 외에도 역할연습을 통해 학생이 새로운 대처기술을 습득하도록 하는 한편, 학생이 자신 또는 위기상황과 연관 있는 사람들의 역할을 담당해 보게 하여 잠재적 문제를 예측하고 다른 사람들의 관점에 대한 통찰을 얻을 수 있게 한다. 그런 다음, 학생이 위기해결 여부를 어떻게 파악할 수 있는지에 대해 논의한다.

복습문제

다음 빈칸에 들어갈 말을 써 보세요.

1. 학생의 자원과 대처 능력으로 감당하기 어려운 사건/상황을 지각/직면하게 되는 것 또는 개인적으로 알고 있는 해결 방법으로 조기에 해결될 수 없는 환경 또는 상황을 ______(이)라고 한다. 이와는 달리, ________은/는 예견하지 못한 상황에서 갑자기 발생하여 빠른 시간 내에 해결해야 하는 사건 또는 상태다.

2. 학교생활에 적응하지 못해 학교가 제공하는 교육서비스 혜택을 받지 못하는 상황에 놓여, 교육적 · 심리적 개입을 필요로 하는 학생을 ________(이)라고 한다.

3. 위기수준을 3수준으로 나눌 때, 안정된 사회경제적 배경을 지니고 있고, 가족 · 학교 · 사회적 관계가 원만하며, 고통을 주는 심리적 · 환경적 스트레스 요인이 거의 없는 상태에 있는 학생은 ____수준에 속한다.

4. 일반적으로 위기는 적어도 ________ 동안 지속되는 사건 또는 상황을 가리킨다.

5. 개인적 위기 유형에서 _______위기는 전혀 예측하지 못하고 갑작스럽게 발생한 외부적 사건으로 불안, 두려움, 공포, 우울 등을 겪는 위험한 시기를 뜻하는 반면, ________위기는 발달과업에 따른 생애 변화가 원인이 되는 위험한 시기를 의미한다.

6. 예측할 수 없는 자연재해(예 쓰나미, 홍수, 화재, 태풍, 지진 등)를 동반한 사건으로 위험에 처하게 되는 상태를 집단적 위기 또는 _______ 위기라고 한다.

7. 위기반응은 일반적으로 세 단계, 즉 _____, 대처, _____ 단계를 거친다.

8. 아동 · 청소년을 위기에 처하게 하는 주요 촉발 요인은 _______(이)다. 이는 중요한 타인(부모, 형제자매, 친구)의 사망, 가족관계 변화(부모의 이혼 또는 별거)에 의해 극도의 불안을 일으킬 수 있다.

9. 위기에 대한 전형적인 반응인 _____은/는 어떤 일이 일어나고 있는지 이해하지 못하고, 스트레스를 받은 사실과 상황 또는 반응을 어떻게 다루었는지 기억하지 못하는 상태를, _____은/는 추론하기 어려워하고 고통스러운 스트레스로 인해 위기 극복을 위한 계획 수립이 불가능해진 상태를 말한다.

10. 위기개입은 보통 ① 위기 및 학생 자원 사정, ② ____________________, ③ 해결 방안 모색, ④ 해결 방안 결정, ⑤ 해결 방법 적용 및 평가 순으로 진행된다.

소집단 활동

어제 · 오늘 · 내일

다음에 제시된 글을 읽고, 2인 1조로 짝을 지어 글을 읽고 난 소감을 나누어 보세요.

엘리너 루스벨트(Eleanor Roosevelt, 1884~1962)는 "어제는 과거이고, 내일은 알 수 없다. 오늘은 선물이다."라고 말했다. 망각은 자연스러운 인간의 성향이다. 사람은 은혜를 베푼 사람을 잊고, 자신이 받는 축복을 돌이켜 보는 것을 잊고, 다른 사람들의 노고 덕분에 삶이 얼마나 윤택해졌는지를 잊곤 한다.

소감

Chapter 09

학교폭력

개요

- ▢ 학교폭력의 정의
- ▢ 학교폭력의 특징
- ▢ 학교폭력의 주체
- ▢ 학교폭력의 원인
- ▢ 학교폭력의 감지와 조치
- ▢ 학교폭력의 예방 및 대처
- ▢ 학교폭력문제의 처리 절차
- ▢ 학교폭력 가해 · 피해 학생 지도
- ■ 복습문제
- ■ 소집단 활동

학습목표

1. 학교폭력의 정의를 내릴 수 있다.
2. 학교폭력 관련 법률용어를 이해 · 설명할 수 있다.
3. 학교폭력의 특징을 이해 · 설명할 수 있다.
4. 학교폭력 가해학생, 피해학생, 목격학생의 특징을 이해 · 설명할 수 있다.
5. 학교폭력의 원인을 이해하여 학생지도에 반영할 수 있다.
6. 학교폭력 예방과 대처 방안을 숙지하여 가해 · 피해학생 지도에 반영할 수 있다.
7. 학교폭력문제의 처리 절차를 이해 · 설명할 수 있다.

학교폭력은 1990년대 초 '왕따' '불링bullying' '이지메(イジメ)' '집단따돌림' 등으로 불리던 괴롭힘에 비관한 학생들의 자살이 급증하면서 주목받기 시작했다. 학교폭력은 처음에는 해를 입히고 싶어 하는 욕구가 강한 사람 또는 집단이 약한 사람에게 결코 정당화될 수 없는 행위로 표출·반복되며, 이를 즐기게 되면서 상처 입는 사람이 발생하게 된다는 특징이 있다(Rigby, 2007). 최근 들어 학교폭력은 저연령화, 집단화, 정서폭력 증가, 폭력의 지속성 확대의 특징을 보이고 있다(강진령, 2015).

학교폭력은 폭력을 지켜보는 일단의 학생들이 폭력의 시작, 과정, 결과에 직·간접적인 영향을 미칠 수 있다는 점이 다른 형태의 폭력과 다른 점이다. 또한 또래 관계를 중시하는 청소년기의 특징과 맞물려 단독으로 보다는 2인 이상의 집단으로 이루어지는 경우가 많다. 이로 인해, 피해학생은 아직 어리고, 집단보복이 두려워 이렇다 할 저항 없이 무기력한 상태에서 폭력을 당하게 된다는 특징이 있다. 이에 이 장에서는 학교폭력을 예방·대처하기 위한 방안 마련을 위해 ① 학교폭력의 정의, ② 학교폭력의 특징, ③ 학교폭력의 주체, ④ 학교폭력의 원인, ⑤ 학교폭력의 감지와 조치, ⑥ 학교폭력의 예방 및 대처, ⑦ 학교폭력 사건의 처리 절차, ⑧ 학교폭력 가해 및 피해학생 지도로 나누어 살펴보기로 한다.

학교폭력의 정의

폭력violence이라함은 사람을 거칠고 사납게 제압할 때 쓰는 수단이나 힘을 말한다. 이는 흔히 피해자의 신체적·정신적 손상을 초래한다. 학교폭력이란 말은 1997년 정부기관과 매스컴에서 처음 사용하게 되면서, 이후 공식용어처럼 불리게 되었다. 이 용어 사용의 배경에는 학생들 사이에 폭행·폭력, 괴롭힘, 따돌림 등으로 인해 아동·청소년의 자살사례 증가가 있었다. **학교폭력**school violence이란 말은 마치 학교school가 폭력violence을 행사하는 것 같은 뉘앙스를 풍긴다는 점에서 해당 상황 또는 사건을 나타내는 용어로 보이지는 않는다. 다만, 학교 안팎에서 발생하는 제반 폭력 관련 행위를 아우른다는 점에서 최선의 용어로 사용되고 있을 뿐이다.

「초·중등교육법」 제2조에 따르면, 학교의 범주에는 초등학교, 중학교, 고등학교,

특수학교, 각종 학교가 포함된다. 「학교폭력예방 및 대책에 관한 법률」(이하 '학교폭력예방법', 2021. 3. 23.) 제2조 제1의 1호에서는 학교폭력을 "학교 내외에서 학생을 대상으로 발생한 상해, 폭행, 감금, 협박, 약취 · 유인, 명예훼손 · 모욕, 공갈, 강요 · 강제적인 심부름 및 성폭력, 따돌림, 사이버 따돌림, 정보통신망을 이용한 음란 · 폭력 정보 등에 의하여 신체 · 정신 또는 재산상의 피해를 수반하는 행위"로 정의하고 있다. 이처럼 학교폭력의 개념은 주로 장소, 주체, 관계, 행위, 법률의 관점에서 논의되어 왔다. 학교폭력과 관련된 법률 용어에 대한 풀이는 표 9-1과 같다.

표 9-1. 학교폭력 관련 법률 용어

용어	정의
1. 감금	❍ 사람을 일정한 장소 밖으로 나가지 못하게 하여 신체활동의 자유를 제한하는 행위
2. 강요	❍ 폭행으로 사람의 권리행사를 방해하거나 의무 없는 일을 하게 하는 행위
3. 강제적인 심부름	❍ 강요에 의해 빵 또는 담배 등을 대신 사다 주거나 와이파이 등을 제공하는 행위('셔틀shuttle'이라고도 함)
4. 따돌림	❍ 학교 내외에서 2명 이상의 학생들이 특정인이나 특정집단의 학생들을 대상으로 지속적이거나 반복적으로 신체적 또는 심리적 공격을 가하여 상대방이 고통을 느끼도록 하는 모든 행위(「학교폭력예방법」 제2조 1의2)
5. 명예훼손	❍ 불특정 또는 다수의 사람이 알 수 있도록 다른 사람의 사회적 가치 또는 평가를 저하시키는 데 충분한 사실을 지적 · 표시하는 행위
6. 모욕	❍ 불특정 또는 다수의 사람이 인식할 수 있는 상태에서 사람을 욕되게 하는 행위
7. 사이버폭력	❍ 정보통신기기(인터넷, 휴대전화 등)를 이용하여 둘 이상의 학생들이 특정 학생을 대상으로 지속 · 반복적으로 심리적 공격을 하거나 특정 학생과 관련된 개인정보 또는 허위사실을 유포하여 상대방에게 고통을 주는 일체의 행위(「학교폭력예방 및 대책에 관한 법률」, 제2조 제1의 3호)
8. 상해	❍ 생리적 기능 훼손, 즉 건강 침해로서 육체적 · 정신적 병적 상태를 야기 또는 증가시키는 행위
9. 성폭력	❍ 남에게 육체적 · 정신적 손상을 주는 물리적 강제력(강간, 강제추행, 언어적 성희롱, 음란성 메시지, 몰래카메라)으로, 상대의 의사에 반해서 가해지는 성적 행위

10. 약취 · 유인	○ 사람을 보호받는 상태 또는 자유로운 생활관계에서 자기 또는 제3자의 실력적 지배 상태로 옮기는 행위
11. 폭행	○ 사람의 신체에 대한 유형력(구타, 밀침, 손 또는 옷을 세차게 당김, 얼굴에 침 뱉기, 흉기를 휘두름, 돌 던지기, 수염 · 모발 절단, 일시적 자유 구속, 심한 소음 · 음향, 계속 전화를 걸어 벨을 울리는 행위, 폭언 반복, 고함으로 놀라게 함, 마취약 사용 등)의 행사
12. 협박	○ 상대방이 현실적으로 공포심을 느낄 수 있을 정도의 해악을 고지하는 행위

출처: 강진령. (2015).

출처: 스타크래프트 홈페이지.

표 9-1에 제시된 용어 중, 셔틀은 10대 청소년들 사이에서 부당한 심부름을 하는 학생을 가리키는 은어다. 이 말은 인터넷 게임 '스타크래프트StarCraft'에 나오는 병력을 운송하는 수단을 의미하는 말에서 유래된 것으로, 청소년들 사이에 '빵 셔틀'(쉬는 시간에 피해학생이 가해학생에게 매점에서 빵을 사서 바치는 행위를 하는 학생)이라는 말이 유행하게 되면서 처음 알려졌다. 이후, 셔틀이란 말은 청소년들 사이에 '와이파이 셔틀Wi-Fi shuttle'(가해학생이 피해학생 스마트폰 데이터를 공유하도록 핫스팟 기능을 켜놓게 하는 행위), '데이터 셔틀data shuttle'(가해학생에게 스마트폰 데이터를 넘겨주게 하는 행위), '애니팡 하트 셔틀Anipang heart shuttle'(인터넷 게임 아이템을 바치게 하는 행위) 등 점차 확대 · 사용되고 있다. 이러한 현상은 주로 온라인상에서 이루어져서 적발이 쉽지 않다는 점에서 피해학생들이 겪는 정신적 피해는 오프라인보다 훨씬 더 심각할 수 있다. 이외에도, 시험지 보여 주기 강요, 숙제 또는 심부름시키기 등의 정서적 폭력도 끊이지 않고 있다.

이러한 논의를 종합해 보면, **학교폭력**은 학교 안팎의 학교 현장에서 형성된 관계를 토대로 상대에게 해를 입히려는 의도를 가진 가해학생이 심리적 · 신체적으로 약한 피해학생에게 가하는 법률이 규정하고 있는 폭력행위를 말한다. 가장 빈번하게 나타나는 학교폭력으로는 고의적 괴롭힘/따돌림, 금품갈취, 언어적 조롱, 협박, 욕설, 신체적 폭행, 집단폭행을 들 수 있다(청소년폭력예방재단, 2011). 학생들의 사소한 조롱 또는 행동이라도 대상 학생이 심리적 또는 행동상의 불편감을 느낀다면, 이는 학교폭력에 해당한다.

학교폭력의 특징

학교폭력은 학교라는 폐쇄성 공간이 가지고 있는 특수성으로 인해 반복적으로 강화될 수 있다는 특징이 있다. 이로써 학교폭력 가해 경험이 있는 학생이 다른 학교로 전학을 가지 않는 한, 언제든지 재차 피해학생을 가해할 수 있다. 이에 가해학생의 다른 학생들을 괴롭히는 행위는 자칫 일상화될 수 있다. 이들은 자신의 행위를 폭력으로 인식하지 못하게 되고, 폭력을 행사하고도 죄책감을 갖지 않게 된다. 그리고 이는 학교폭력이 근절되기 힘든 이유 중 하나다.

학교폭력은 보통 세 가지 유형, 즉 ① 신체적 공격, ② 언어적 공격, ③ 정서 · 관계적 공격으로 이루어진다. 신체적 공격과 언어적 공격은 주로 직접적으로 이루어지는 반면, 정서 · 관계적 공격은 간접적으로 이루어진다는 특징이 있다. **신체적 공격** physical aggression은 신체적 · 물리적 폭력을 가하거나, 흉기 등으로 위협하거나, 금품 또는 다른 물건들을 갈취하는 행위다. 이에 비해 **언어적 공격** verbal aggression은 별명을 부르거나, 협박을 하거나, 모욕적인 말을 하거나, 전화 또는 직접적으로 위협적인 말을 하는 행위다.

정서 · 관계적 공격 emotional and relational aggression은 나쁜 소문을 퍼트리거나, 많은 사람 앞에서 망신을 주거나, 지속적으로 귀찮게 하면서 괴롭히거나, 따돌리는 행위다. 특정 행동(심한 욕설, 성적 모독, 별명 부르기, 험담, 빈정거리기, 조롱, 나쁜 소문 퍼뜨리기, 위협적 행동, 음란한 눈빛 · 제스처 등)을 사진 또는 동영상으로 촬영하여 수치심 느끼게 하기, 인터넷 카페 또는 학교 게시판에 협박하는 글 올리기, 따돌림 등이 그 예다. 학년이 올라갈수록 직접적인 신체적 · 언어적 공격보다는 간접적인 정서 · 관계적 공격이 더 많이 발생한다.

최근 정보통신기술의 발달로 학생들 사이에 휴대전화 문자와 SNS 사용이 활발해지면서 온라인상에서 가해지는 간접적인 정서 · 관계적 폭력이 심화되고 있다. 휴대전화를 통한 정서 · 관계적 폭력은 손쉽고도 반복적으로 이루어진다는 점에서 피해가 잘 드러나지 않을 뿐 아니라, 그 피해가 더 심각하다는 특징이 있다. 정서 · 관계적 폭력을 당하는 피해학생은 심한 정도의 스트레스는 물론 우울, 자살사고 · 충동 · 시도 같은 정신적 고통을 겪게 된다. 더욱이, 학교폭력은 학생들 간에 발생할 뿐 아니라, 교사가 학생에게, 또는 학생/학부모가 교사에게 폭력을 가하는 일도 발생하는 추세여서 학교폭력에 대한 경각심을 더하고 있다.

학교폭력의 주체

학교폭력에는 가해자와 피해자만 있는 것이 아니다. 학교폭력 피해학생이 있으면 가해학생이 있고, 때로 목격학생(들)이 있다. 이들의 특징은 다음과 같다.

가해학생

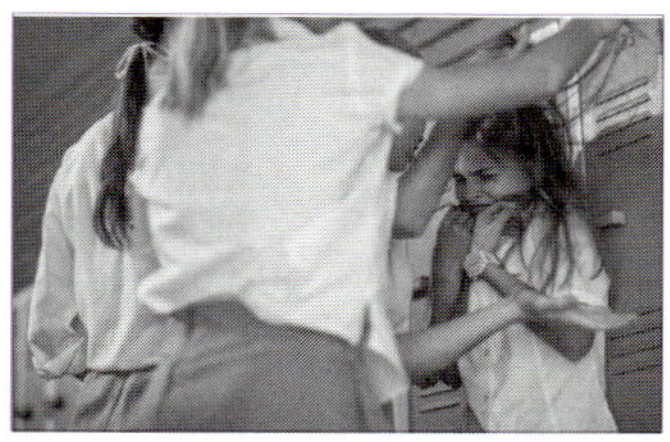

가해학생perpetrators이란 학교폭력 "가해자 중에서 학교폭력을 행사하거나 그 행위에 가담한 학생"(「학교폭력예방법」 제2조 제1의 3호)을 말한다. 학교폭력의 **가해학생**perpetrators은 학교 안팎에서 자신의 힘을 과시하기 위한 욕구 표출의 수단으로 공격적 행동을 보이는 경향이 있다. 가해학생의 부모 중에는 알코올 또는 도박 문제가 있거나, 자녀에게 적대적 · 폭력적인 행동을 일삼는 경향이 있다. 학교폭력 피해를 많이 경험한 학생일수록 가해 경험을 많이 한다(최윤자, 김아영, 2003). 때로 피해학생은 가해학생이 되기도 하고, 가해학생이 피해학생이 되는 악순환의 고리를 벗어나지 못하기도 한다. 이는 폭력의 사회화 과정에서 피 · 가학적 심성이 강화될 수 있다는 점을 나타낸 것으로, 개인이 당한 문제의 해결 방법이 폭력행위로 모방되고 있음을 시사하고 있다(김준호, 1998).

가정폭력이 세대에서 세대로 전수되는 역기능적인 가정의 부모는 자녀에게 자신을 해롭게 하는 대상에 대해 보복하라고 가르침으로써, 가정폭력을 학습하게 되는 경우도 있다. 청소년기에는 또래의 영향을 쉽게 받는 경향이 있어서 친구의 행동에 쉽게 동조하는 경향이 있다. 이에 만일 친구들 중에 누군가를 괴롭히고 폭력을 행사하는 친구가 있는 경우, 그 친구의 행동에 쉽게 동조하는 경향이 있다. 심한 경우, 무력감 해소와 무조건적인 욕구 충족을 위해 폭력을 사용하면서 다른 학생이 괴로워하는 것을 즐기는 심각한 수준의 도덕적 해이를 나타내기도 한다. 학교폭력 가해학생의 행동 특징을 요약 · 정리하면 글상자 9-1과 같다.

글상자 9-1. 학교폭력 가해학생의 행동 특징

1. 힘이 세고, 싸움을 잘하며, 반항적 · 충동적 · 공격적 · 파괴적 성향이 강하다.
2. 공감 능력이 부족하고, 남을 괴롭히는 행위에 대해 죄의식/양심의 가책을 느끼지 않는다.
3. 손이나 팔 등에 붕대를 감고 다니거나 문신을 한다.
4. 주위의 관심을 끌기 위한 행동을 하고, 인정받기 위한 방법으로 남을 괴롭힌다.
5. 자신에게 쩔쩔매는 학생들을 보면서 쾌감을 느낀다.
6. 학급 내 힘없는 학생의 반응을 실험해 보고, 세력 기반을 다지고자 한다.
7. 험한 말투, 심한 욕설, 협박을 일삼으며, 자주 시비를 건다.
8. 폭력을 문제해결의 정당한 수단으로 인식한다.
9. 다른 학생의 돈/물건을 빌려 가고 갚지 않으며, 행동에 대한 책임감이 결여되어 있다.
10. 체육시간/야외활동 시간에 다른 학생들과 과격한 싸움을 일삼는다.
11. 다른 학생에게 화를 잘 내고, 그 이유를 물으면 핑계를 대곤 한다.
12. 자신이 생각하고 느끼는 대로 행동하고, 과시욕 · 지배욕이 강하다.
13. 부모의 애정결핍과 무관심으로 인해 가정에 대해 부정적인 감정을 가지고 있다.
14. 가정폭력을 당한 경험을 가지고 있고, 피해경험이 클수록 가해성향이 높은 경향이 있다.
15. 음주, 흡연, 유흥업소 출입 같은 비행에 연루된 경우가 많다.
16. 지각과 결석을 자주 하고, 학업성취도가 낮은 편이다.
17. 학교에 대해 부정적인 태도를 가지고 있다.
18. 폭력의 원인을 피해학생의 탓으로 돌림으로써 자신의 행위를 정당화하는 경향이 있다.
19. 침을 아무 데나 뱉고 수업시간에 잠을 자곤 한다.
20. 교사가 질문하면, 다른 학생의 이름을 대며 그 학생이 대답하도록 한다.
21. 규칙위반에 대한 교사의 반응을 확인하며, 부모/교사에게도 폭력을 행사하려고 한다.

글상자 9-1에 제시된 가해학생의 특징은 단지 생활지도와 상담을 위한 자료일 뿐, 이들에게 선입견을 가지고 낙인찍는 근거로 삼으면 안 된다.

피해학생

피해학생victims이란 "학교폭력으로 인하여 피해를 입은 학생"(「학교폭력예방법」 제2조 1의4호)을 말한다. **학교폭력 피해**란 괴롭힘, 따돌림, 폭력 등으로 인한 정신적 · 신체적 고통을 말한다. 이러한 고통은 가해학생의 따돌림, 상해, 폭행 등 지속적인 괴롭힘으로 인해 발생한다. 이런 괴롭힘이 지속 · 반복되는 경우, 이로 인한 고통과 충격은 아동 · 청소년으로서는 감당하기 힘들게 된다. 그 결과, **피해학생**은 분노, 복수심, 수

치심, 우울, 그리고 폭력행위에 대한 두려움을 겪게 된다. 이로 인해 이들은 등교 거부, 대인기피, 고립, 철수/위축 등 은둔형 외톨이 같은 문제행동을 나타낸다. 또한 식사, 수면을 비롯한 일상생활에 어려움을 보이고, 사람을 신뢰하지 못하며, 심한 경우 자살충동을 느끼기도 한다. 학교폭력의 표적이 되는 학생은 종종 자신감이 부족하고 자존감이 낮으며, 자기주장을 제대로 하지 못한다. 학교폭력의 피해학생은 보통 세 가지 유형으로 나뉘는데, 이에 관한 설명은 표 9-2와 같다.

표 9-2. 학교폭력 피해학생 유형

유형	설명
1. 회피형	❍ 신체적으로 허약하고 친구가 없이 외톨이로 지내며, 교사나 부모의 과잉보호로 자기방어 능력이 부족하여 또래의 공격 대상이 되는 학생
2. 도발형	❍ 반항적이고 산만하며 화를 잘 내고 적대적인 귀인양식을 갖는 학생 ❍ 또래와 어울리고 싶어 하지만, 흔히 귀찮게 하거나 방해하는 등 부적절한 행동패턴을 보임으로써 잘 어울리지 못하고 소외당하는 경향이 있음
3. 피해 · 가해형	❍ 학교폭력 피해 경험이 있는 학생으로, 약한 학생에 대한 폭력행사를 통해 피해를 보상받으려 하며 힘을 과시하려는 경향이 있는 학생 ❍ 단순 피해 또는 가해학생에 비해 주관적인 심리적 불편감이 높은 편임

학교폭력은 특정한 부류의 학생들에게만 발생하는 것은 아니다. 상황에 따라 누구든지 신체 또는 언어폭력, 금품갈취, 따돌림, 성폭력, 사이버/매체폭력의 피해자가 될 수 있다. 그렇지만 학교폭력 피해를 당하기 쉬운 학생의 행동상의 특징에 관한 일련의 연구를 요약 · 정리하면 글상자 9-2와 같다.

글상자 9-2. 학교폭력 피해를 당하기 쉬운 학생의 행동 특징

1. 신체 · 정서 장애가 있거나, 지적 능력이 떨어진다.
2. 몸집이 작고 왜소하거나 힘이 약하다.
3. 친구보다는 교무실 또는 교과전담실에서 교사들과 어울리려고 한다.
4. 다른 학생들을 무시하고 이기적으로 행동한다.
5. 내향적인 성격으로, 말수가 적고 초조한 기색을 보인다.
6. 자기표현을 잘못하고, 주위 친구의 의견에 잘 끌려다닌다.
7. 농담이 통하지 않을 정도로 고지식하고 융통성이 없다.
8. 친구 생일파티에 초대받는 일이 드물다.

학교폭력은 가해와 피해가 반복되고, 비교적 장기간에 걸쳐 이루어진다는 점에서 피해학생에게 심각한 후유증을 남긴다. 학교폭력은 일대일의 갈등에서 시작되어 집단 괴롭힘으로 발전되기도 한다. 이 경우, 피해학생은 다른 친구들과의 관계 단절을 염려하여 피해를 당해도 신고를 꺼리게 된다는 점에서 괴롭힘이 장기화될 개연성이 높다. 학교폭력 피해학생들은 평소에 글상자 9-3에 제시된 징후를 보인다.

글상자 9-3. 학교폭력 피해학생의 징후

1. 평소에 비해 자주 화를 내고 눈물을 보인다.
2. 학업성적이 급격히 떨어진다.
3. 학교 또는 학원에 무단결석한다.
4. 노트, 가방, 책 등에 낙서를 한다.
5. 옷이 더렵혀져 있거나 찢겨 있는 경우가 잦다.
6. 등하교 시, 멀리 돌아가는 교통노선을 이용하여 시간이 많이 소요된다.
7. 전화벨이 울리면 불안해하고, 전화를 받지 말라고 한다.
8. 다른 학생들이 괴롭힘 때문에 입은 피해에 관해 자주 이야기한다.
9. 자신의 물건(휴대전화, MP3, 전자사전, 옷 등)을 친구에게 빌려줬다고 둘러댄다.
10. 종례 후에 다른 학생보다 더 빨리 또는 늦게 학교에서 나간다.
11. 점심을 혼자 먹는 경우가 많고 빨리 먹는다.
12. 갑자기 학교에 가기 싫어하고, 학교를 그만두거나 전학을 가고 싶다고 말한다.
13. 갑자기 태권도 또는 격투기 학원에 보내 달라고 한다.

목격학생

목격학생bystanders이란 학교폭력 행위를 목격한 학생을 말한다. 이들은 취하는 행동에 따라 다시 ① 동조자assistant, ② 강화자reinforcer, ③ 방관자outsider, ④ 방어자defender로 나뉜다(Salmivalli et al., 1997). 이들에 대한 정의는 표 9-3과 같다.

표 9-3. 목격학생 관련 용어의 정의

개념	정의
1. 동조자	❍ 가해학생을 도와 폭력행위에 적극 참여하는 학생
2. 강화자	❍ 폭력상황의 주위에서 욕설 또는 야유를 통해 폭력행동을 부추기는 바람잡이 역할을 하는 학생

3. 방관자	○ 폭력 장면을 목격하고도 아무런 일이 없었던 것처럼 행동하거나 자신과는 무관한 것처럼 이렇다 할 조치를 취하지 않는 학생
4. 방어자	○ 다양한 방법으로 폭력행위로부터 피해학생을 보호하려는 학생

학교폭력의 원인

학교폭력은 다양한 원인이 복합적으로 작용하여 예측하기 힘든 상황에서 돌발적으로 발생하여 그 원인을 규명하기 쉽지 않다는 특징이 있다. 학교폭력의 원인은 일반적으로 네 가지 요인, 즉 ① 개인적 요인, ② 가정적 요인, ③ 학교 환경적 요인, ④ 사회문화적 요인으로 구분된다.

개인적 요인

첫째, 학교폭력의 **개인적 요인**은 주로 가해학생의 공격성에 초점을 맞춘다. 즉, 가해학생은 피해학생에 비해 신체적으로 강하고 공격적 성향이 높아서 적대적이고 또래들을 지배 · 조종하려는 경향이 있는 반면, 피해학생은 불안과 우울 수준이 높다(Craig, 1998). 게다가 품행문제, 협동심 결여, 충동행동 통제 곤란 등으로 인해 교사들에게 인기가 없다(Rigby & Slee, 1999). 학교폭력은 공격성향을 지닌 학생의 폭력행위 수준과 피해학생의 공포심, 불안, 우울이 균형을 이루게 되면서 유지된다.

가정적 요인

둘째, **가정적 요인**은 주로 부모의 역할모델과 양육방식에 초점을 맞춘다. 학교폭력 가해학생의 공격행동은 폭력적인 부모와 가정 분위기와 밀접한 관계가 있다(Sudermann et al., 1996). 또한 가해학생의 가정은 흔히 대화 결여, 경제적 어려움에 따른 생활의 불편감, 강압적이고 비일관적인 부모의 양육태도, 가장의 주벽 및 폭행 등과 같은 특징이 있다. 흥미로운 점은 피해학생 역시 가해학생의 가정 분위기처럼 가족원들 간에 긍정적인 상호작용이 결여되어 있다는 점이다(Craig et al., 1998). 또한 피해학생은 대체로 통제적이고 냉담한 부모와의 애착이 불안정한 특징이 있다(Perry et al., 2001).

학교 환경적 요인

셋째, **학교 환경적 요인**은 물리적 측면과 심리적 측면으로 나뉜다. 물리적 측면에서 학교규모, 학급당 학생 수를 들 수 있다면, 심리적 측면에서는 학교생활 만족도, 학업수행력, 경쟁적 분위기, 자발적 참여도, 교사와의 관계가 학교폭력 발생의 원인이 되고 있다. 특히 교사의 학생에 대한 애정과 관심 결여, 학생의 반사회적 행동에 대한 학교당국의 지도감독 소홀, 문제행동과 규칙 위반에 대한 체벌 등은 대표적인 학교 환경적 요인이다(Olweus, 1994).

사회문화적 요인

넷째, **사회문화적 요인**으로는 TV, 인터넷, 웹툰Webtoon 등의 대중매체다. 폭력적인 게임과 영상물에 대한 지속적인 노출은 학생의 규범의식을 약화시키고, 반규범적 가치 또는 태도 형성의 원인으로 작용한다. 게다가 대인 간 문제해결 방법으로 폭력을 사용하도록 부추김으로써 일탈행동 발생 가능성을 높인다. 또한 실직이나 경제수준이 낮은 지역사회에서 폭력 또는 범죄에 노출될수록, 학생은 폭력에 연루될 가능성이 크다(McLloyd, 1998). 단, 가족의 사회적 지지 수준이 높은 학생들은 폭력에 연루될 가능성이 상대적으로 낮다(Duncan, 1999).

학교폭력의 감지와 조치

학교폭력을 조기에 감지할 수 있는 방법은 무엇일까? 학교폭력 징후의 조기 감지는 사전에 피해학생뿐 아니라 가해학생도 보호할 수 있다는 이점이 있다. 교사는 학교폭력 조기 감지를 위한 체크리스트 작성을 통해 학급 내 학교폭력 발생 여부를 조기에 감지할 수 있다.

__1. 수업시간을 학생들이 엄수하지 않는다.
__2. 학생들 간에 언어폭력이나 신체폭력이 일어나고 있다.
__3. 학교규칙 위반을 하는 학생이 있다.
__4. 결석을 자주 하는 학생이 있다.
__5. 학교물건을 파손하는 학생이 있다.
__6. 물건을 도둑맞는 경우가 종종 있다.
__7. 학생들 간에 힘 싸움이 있다.
__8. 옷이 자주 망가지는 학생이 있다.
__9. 안색이 안 좋고 평소보다 기운이 없어 보이는 학생이 자주 있다.
__10. 친구가 시키는 대로 그대로 따르는 학생이 있다.
__11. 성적이 갑자기 떨어지는 학생이 있다.
__12. 비싼 옷이나 운동화 등을 자주 잃어버리는 학생이 있다.
__13. 몸에 다친 상처나 멍 자국이 발견되고, 물어보면 그냥 넘어졌다거나 운동하다 다쳤다고 말하는 경우가 있다.
__14. 교과서나 일기장에 '죽어라' 또는 '죽고 싶다'와 같은 폭언이나 자포자기식의 표현이 있다.

해석: 저위험 집단≤평균 7개≤고위험 집단

[그림 9-1] 학교폭력 조기 감지를 위한 체크리스트

주. 박명진. (2006)의 '학교폭력 조기 감지를 위한 체크리스트'를 수정함.

학교폭력 예방 및 대처를 위해서는 학교폭력에 대한 명확한 이해가 선행되어야 한다. 학교폭력은 주로 교실(54.0%), 복도(11.2%), 화장실(4.2%), 운동장(8.9%) 등 학교(78.3%)에서 쉬는 시간(52.4%), 점심시간(14.2%), 등하교 시간(78.3%)에 일어난다(김종운, 2013). 이러한 점에서 학교폭력 예방을 위한 교사의 역할은 막중하다. 학교폭력의 이해를 돕기 위한 학교폭력에 대한 오해와 진실의 예시는 글상자 9-4와 같다.

글상자 9-4. 학교폭력의 오해와 진실

1. "우리 반에는 학교폭력이 없어요. 그리고 학생들 간의 사소한 싸움은 학교폭력이 아니죠." ☛ 교사를 비롯한 어른들에게는 사소하게 보이는 장난이나 괴롭힘이 당하는 학생에게는 큰 상처가 될 수 있으니 학생들의 사소한 다툼이라도 즉각 개입해야 한다.
2. "애들 싸움은 애들끼리 해결해야 하죠." ☛ 일반적인 학생들 간의 다툼과는 달리 학교폭력에서는 가해학생(들)과 피해학생 간에는 힘의 불균형이 존재하여 피해학생이 심리·정서적 충격을 겪게 되므로, 즉각적인 조치가 취해져야 한다.

3. "아이들은 원래 싸우면서 크고, 어른이 되면 더 이상 싸우지 않죠." ☛ 학교폭력 가해학생을 방임하는 경우, 폭력성향이 심화되어 성인이 되었을 때 범죄에 연루될 가능성이 크므로, 조기 개입이 요구된다.
4. "우리가 어렸을 때도 학교폭력 같은 것이 있었지만, 지금은 별문제 없이 다들 잘 살아요." ☛ 학교폭력 피해 경험은 평생 지울 수 없는 정신적 상처가 될 수 있고, 사회나 대상에 대해 부정적인 인식이 생겨 성인이 되어서도 사회생활에 어려움을 겪을 수 있다.

출처: 교육과학기술부. (2012). 학교폭력 읽기자료 4, p. 37.

학교폭력의 예방 및 대처

학교폭력 예방을 위해서는 학생에 대한 지도감독 강화를 비롯하여 또래모임 활성화, 인권 친화적 학교문화 조성, 예방교육 및 인성교육 강화, 학교폭력에 관한 법률 교육 실시 등과 같은 조치가 요구된다. 그럼에도 불구하고 학교폭력이 발생한다면, 「학교폭력예방법」 제12조 제2항에 따라 학교폭력대책심의위원회(이하 '심의위원회')의 심의를 거쳐 조치한다(종전에 학교 내에 설치되었던 '학교폭력대책자치위원회'는 폐지되었고, 이 기구의 기능은 교육지원청의 '학교폭력대책심의위원회'와 학교 내의 학교폭력문제 전담기구'가 담당하는 것으로 변경되었음).

심의위원회는 ① 학교폭력의 예방 및 대책, ② 피해학생의 보호, ③ 가해학생에 대한 교육 · 선도 · 징계, ④ 피해학생과 가해학생간의 분쟁조정, ⑤ 그 밖에 대통령령으로 정하는 사항을 심의한다. 이 위원회는 해당 지역에서 발생한 학교폭력에 대해 조사할 수 있고, 학교장 및 관할 경찰서장에게 관련 자료를 요청할 수 있다. 그러나 학교폭력 사건의 경중에 따라 학교의 장이 자체 해결할 수도 있다. 단, 피해학생과 그 보호자가 심의위원회 개최를 원하지 않는 경우에 한한다. 학교폭력 사건을 학교의 장이 자체 해결할 수 있는 상황은 글상자 9-5와 같다.

글상자 9-5. 학교의 장이 학교폭력 사건을 자체 해결할 수 있는 경우

1. 2주 이상의 신체적 · 정신적 치료가 필요한 진단서를 발급받지 않은 경우
2. 재산상 피해가 없거나 즉각 복구된 경우

3. 학교폭력이 지속적이지 않은 경우
4. 학교폭력에 대한 신고, 진술, 자료제공 등에 대한 보복행위가 아닌 경우

단일 학교폭력이 발생한다면, 교사는 사건에 대해 객관적이고 이성적으로 대처한다. 교사의 적극적인 대처 의지는 사건 당사자뿐 아니라 다른 모든 학생에게도 교육적 효과를 가져다줄 수 있다. 학교폭력 사건에 대해 교사는 글상자 9-6에 제시된 지침을 고려한다.

글상자 9-6. 학교폭력 대처를 위한 지침

1. 객관적이고 이성적인 태도로 상황을 명확하게 파악한다.
2. 지지와 격려를 통해 피해학생을 안심시킨다.
3. 가해학생과 피해학생의 대질 면담보다는 교사와 개별면담을 실시한다.
4. 육하원칙에 의거, 피해학생의 진술 내용을 상세히 객관적으로 기록한다.
5. 학교장, 상담교사, 보건교사, 학교폭력 책임교사 등과 연계하여 법률 또는 규정에 합당한 문제해결 방안을 모색한다.

피해학생 면담

학교폭력 피해학생 면담에서는 무엇보다도 공감적 이해를 기반으로 적절한 위로와 지지를 통해 신뢰관계를 구축한다. 그런 다음, 면담 내용에 대한 비밀보장 원칙과 학생보호 방침, 그리고 학교폭력문제의 처리 절차, 내용, 진행과정, 준비사항, 보호조치 등에 관해 설명해 준다. 그러고 나서 피해상황을 파악하고, 가해학생과 목격학생의 진술을 참고하여 객관적이고 명확한 자료를 확보한다.

가해학생 면담

가해학생에게는 피해학생의 충격과 상처를 이해시키고 폭력을 사용하게 된 경위를 듣는다. 이때 폭력은 어떤 경우에도 용인되지 않고 가해학생의 폭력행위는 법을 위반하는 잘못된 행위라는 사실을 알려 준다. 그런 다음, 폭력행위에 대한 조치 과정, 종류, 내용, 절차를 설명해 주고, 객관적 자료를 확보한다.

피해 · 가해 학생 부모 면담

피해학생 부모 면담에서는 확인된 사실에 대해 부모가 정확하게 알고 있는지를 파악

한다. 그리고 추가할 의견이나 자료 또는 학교에 대한 요구사항이 있는지 확인한다. 가해학생 부모 면담에서는 가해학생 부모가 자신의 자녀도 피해자라고 주장한다면, 구체적인 자료를 근거로 진술하도록 요청한다.

피해학생에 대한 조치

「학교폭력예방법」에 따르면, 피해학생에게는 ① 학내외 전문가에 의한 심리상담 및 조언, ② 일시보호(제2조), ③ 치료 및 치료를 위한 요양(제3조), ④ 학급교체(제4조), ⑤ 전학권고(제5호; 2012. 3. 21 삭제됨), 및/또는 ⑥ 그 밖에 피해학생의 보호를 위해 필요한 조치를 해야 한다. 단, 심의위원회는 제1항에 따른 조치를 요청하기 전에 피해학생 및 그 보호자에게 의견진술 기회를 부여하는 등 적정한 절차를 거쳐야 한다(신설 2021. 3. 21., 2019. 8. 20.). 이러한 조치는 상황에 따라 여러 개를 동시에 부과할 수 있다(「학교폭력예방법」, 제16조 제1항).

가해학생에 대한 조치

심의위원회는 피해학생의 보호와 가해학생의 선도 · 교육을 위해 가해학생에 대해 다음 각 호의 어느 하나에 해당하는 조치(여러 개의 조치를 동시에 부과하는 경우 포함)를 할 것을 교육장에게 요청해야 한다(「학교폭력예방법」 제17조 제1항). 단, 퇴학처분은 의무교육과정에 있는 가해학생에 대해서는 적용하지 않는다(2021. 3. 23. 개정). 가해학생에 대한 조치로는 ① 피해학생에 대한 서면사과(제1호), ② 피해학생 및 신고 · 고발 학생에 대한 접촉, 협박 및 보복행위의 금지, ③ 학교에서의 봉사, ④ 사회봉사, ⑤ 학내외 전문가에 의한 특별 교육이수 또는 심리치료, ⑥ 출석정지, ⑦ 학급교체, ⑧ 전학, ⑨ 퇴학처분이 있다. 단, 학교의 장이 가해학생에 대한 선도가 긴급하다고 인정할 경우, 우선 제1~3호까지, 제5~6호의 조치를 할 수 있다(제5호와 제6호의 조치는 동시에 부과할 수 있음). 이 경우, 심의위원회에 즉시 보고하여 추인을 받아야 한다.

학교폭력 지원기관 의뢰

학교폭력을 효과적으로 예방하고 대처하기 위해서는 다음과 같은 제도와 기관을 적극 활용한다. 첫째, **배움터지킴이** 제도는 2005년 5월에 처음 실시된 스쿨폴리스school police, 즉 학교경찰제도로서 퇴직경찰과 퇴직교원들을 중심으로 학교 내 후미진 곳에 대한 반복 순찰 등의 활동을 통해 피해학생 보호와 가해학생 선도업무를 담당하게 하는 제도다.

둘째, 117 **학교폭력 신고센터**는 학교폭력 관련 신고전화를 경찰청이 운영하는 117로 통합하여 학교폭력 사건에 효율적으로 대처하도록 설립한 기관이다. 이 센터는 학교폭력 신고를 접수하는 한편, 경미한 사안은 '여성 학교폭력피해자 ONE-STOP지원센터'로 이송하지만, 중대한 사안은 경찰이 즉각 개입 · 조치하도록 한다.

셋째, **굿바이 학교폭력**은 교육부가 2012년 9월 10일에 개발 · 보급한 것으로, 학교폭력 관련 자료와 신고상담서비스를 시간과 공간에 구애됨 없이 이용할 수 있는 학교폭력 예방 애플리케이션이다.

넷째, **여성 학교폭력피해자 ONE-STOP지원센터**는 2005년 8월 국내 최초 선진보호시스템을 갖춘 폭력(성폭력, 학교폭력, 가정폭력, 성매매 피해 등) 피해자를 위해 무료로 24시간 의료, 상담, 수사에 필요한 진술 녹화 및 증거 채취, 법률지원, NGO 연계 등의 서비스를 제공하는 통합지원시스템 제도다(법무부, 교육과학기술부, 부산광역시교육청, 2011).

다섯째, **Wee 프로젝트**는 2009년 6월 보고된 국정과제인 '학교안전통합시스템'을 말한다. 이를 기반으로 전국에 Wee 클래스 1,530개, Wee 센터 80개, Wee 스쿨 3개가 구축되었다. 여기서 Wee는 'We+education'과 'We+emotional'을 의미하는 합성어에 하트(♥)를 접목한 브랜드네임이다. Wee 프로젝트는 3단계 안전망, 즉 ① Wee 클래스, ② Wee 센터, ③ Wee 스쿨로 구축되어 학생들에게 다양하고 전문적인 서비스를 제공한다(교육과학기술부, 한국교육개발원, 대전광역시교육청, 2011).

1차 안전망, **Wee 클래스**는 학교생활 적응에 어려움을 겪는 학생들이 즐거운 학교생활을 할 수 있도록 다양한 프로그램이 운영되는 감성소통 교실이다. 2차 안전망, **Wee 센터**는 지역교육지원청에 설치되어 단위학교에서 지도하기 어려운 학생들을 위해 전문가가 맞춤형 상담 서비스를 제공하는 기관이다. 3차 안전망, **Wee 스쿨**은 시도광역 단위로 설치되어 학교생활 적응에 심각하게 어려움을 겪는 학생들이 기숙하면서 교육, 치유, 적응에 도움을 받도록 한 장기 위탁교육기관이다. 여기서는 학생들에게 심성교육, 직업교육, 사회적응력 프로그램 등이 제공된다.

학교폭력문제의 처리 절차

2012년 교육과학기술부(현재의 '교육부')는 교사들이 학교폭력 사안을 효율적 · 체계적으로 처리할 수 있도록 『**학교폭력 사안처리 가이드북**』『**학교폭력 사안처리 Q & A**』 2종을 개발 · 제작하여 일선학교에 보급한 바 있다. 이어 2022년 교육부는 학교 현장의 학교폭력 대응 역량을 높이기 위해 『학교폭력 사안처리 가이드북』의 개정판을 책자로 제작하여 전국의 모든 학교와 교육기관에 배포했다. 2022 개정판의 주요 개정 내용은 글상자 9-7과 같다.

글상자 9-7. '학교폭력 사안처리 가이드북' 개정판의 주요 개정 내용

1. 피해학생 측의 신고가 없더라도 교사가 학교폭력 징후를 발견했다면, 관련조사를 하여 (피해학생 측의 의사와 무관하게) 학교폭력 사안처리 절차를 진행할 수 있음
2. 「학교폭력예방법」 제17조 제1항 제2호에 명시된 피해학생 및 신고, 고발학생에 대한 접촉, 협박 및 보복행위의 금지에 사이버 상으로 폭력을 행사하는 형태를 추가함
3. 가해학생이 「학교폭력예방법」상 전학조치(제17조 제1항 8호)를 받은 경우, 일괄적으로 관련 기록을 졸업 후 2년간 유지함
4. 가해학생이 「학교폭력예방법」 제17조 제1항 제4호(사회봉사), 제5호(학내외 전문가에 의한 특별교육 이수, 심리치료), 제6호(출석정지)를 받은 경우에는 중간삭제가 가능하나, 피해학생과의 관계회복 정도 등까지 고려하여 엄격하게 삭제여부를 결정함
5. 운동부의 학교폭력의 경우 「학교폭력예방법」상 조치에 그치는 것이 아니라, 그 결과에 따라 대회참가 및 선수등록을 제한할 수 있음
6. 교원이 학교폭력 가해자인 경우, 직위해제할 수 있음

글상자 9-7에 제시된 내용에서 1, 2번 항은 이미 시행해 오고 있는 것으로, 개정판에서 명문화했다는 데 의의가 있다. 3, 4번 항은 생활기록부에 기재된 가해학생 조치에 관한 기록 · 삭제를 엄격하게 하여 가해학생에게 학교폭력의 심각성을 인식하도록 하는 한편, 학생들에게 학교폭력에 대한 경각심을 갖도록 하기 위한 것이다. 왜냐하면 학교생활기록부에 학교폭력 가해학생 조치가 기재된 경우, 대학입학 등에 부정적인 영향을 미칠 수 있기 때문이다. 그리고 5, 6번 항은 특수 환경 및/또는 특별관계에

서 발생한 학교폭력에 대해 별도의 조치를 할 수 있는 근거를 마련한 것으로 보인다.

학교폭력 신고가 늘고, 학교폭력문제의 처리 절차가 강화됨에 따라 학교의 장을 비롯한 학교의 구성원들은 학교폭력문제가 공정하고 투명하게 처리될 수 있도록 학교폭력문제의 처리 절차를 숙지할 필요가 있다. 학교폭력은 ① 초기 대응, ② 문제 조사, ③ 조치 결정 및 이행 순으로 처리된다.

초기 대응

학교폭력 사안 발생 시, 초기 대응으로 시작한다. 교사는 학교에서 학생들과 함께 많은 시간을 보낸다. 이러한 점에서 주의를 기울이면, 학교폭력 발생에 앞서 그 징후를 발견하기 좋은 위치에 있다. 이에 교사는 학생들의 행동 또는 학급 분위기 등을 통해 학교폭력의 가능성을 감지할 수 있다. 그뿐 아니라, 교사는 학생 또는 학부모의 신고 또는 직접 목격함으로써 학교폭력 사안을 인지할 수 있다. 이때 교사에게 요구되는 것이 신속하고 적극적인 개입이다. 학교폭력이 감지된 경우, 교사는 학교장에게 즉시 보고해야 한다. 학교의 장은 학교폭력 사태를 인지한 경우, 지체 없이 학교폭력문제 전담기구(이하 '전담기구') 또는 소속 교원으로 하여금 가해 및 피해 사실 여부를 확인하도록 하고, 전담기구로 하여금 학교의 장의 자체해결 여부를 심의하도록 한다(「학교폭력예방법」 제14조 제4항).

문제 조사

학교폭력 발생 시, 학교장은 조사 책임자로서, 교감, 전문상담교사, 보건교사, 책임교사(학교폭력 문제를 담당하는 교사), 학부모(전담기구 구성원의 1/3 이상이어야 함) 등으로 학교폭력문제를 담당하는 전담기구를 구성한다. 전담기구는 학교폭력에 대한 실태조사(이하 '실태조사')와 학교폭력 예방 프로그램을 구성·실시하며, 학교의 장 및 심의위원회의 요구가 있는 때에는 학교폭력에 관련된 조사결과 등 활동결과를 보고해야 한다(「학교폭력예방법」 제14조 제5항). 피해학생 또는 피해학생의 보호자는 피해사실 확인을 위해 전담기구에 실태조사를 요구할 수 있다(「학교폭력예방법」 제14조 제6항).

서면 조사를 하는 경우, 관련 학생과 목격학생 면담, 현장조사 등 포괄적으로 신속하게 증거자료를 수집한다. 면담조사는 육하원칙에 의거하여 확인서를 받고, 객관적인 자료를 기반으로 공정하게 조사에 임한다. 조사과정에서 피해학생과 가해학생 간의 주장이 엇갈리는 경우, 목격학생의 확인을 받거나 증거자료를 확보한다. 전담기구는 학생, 학부모, 목격자, 담임교사 등 이해당사자들을 면담 조사한 후, 학교폭력 문제 조사 보고서를 작성한다.

표 9-4. 학교폭력문제 전담기구 위원별 업무분장

위원	담당 업무
▢ 교감	❍ 학교폭력 전담기구 총괄
▢ 전문상담교사	❍ 학교폭력 관련 학생에 대한 심리상담과 조언 제공
▢ 보건교사	❍ 피해학생과 가해학생의 신체적 · 정신적 피해 정도 파악
▢ 책임교사	❍ 학교폭력문제 조사
▢ 학부모	❍ 보호자의 관점에서 문제해결 촉진을 위한 의견을 제시함

조치 결정 및 이행

심의위원회는 학교폭력의 예방 및 대책 등을 위해 ① 학교폭력의 예방 및 대책, ② 피해학생의 보호, ③ 가해학생에 대한 교육, 선도 및 징계, ④ 피해학생과 가해학생 간의 분쟁 조정, 그리고 ⑤ 그 밖에 대통령령으로 정하는 사항을 심의하는 기능을 한다. 이 기구는 10~50인의 위원으로 구성하되, 전체 위원의 1/3 이상을 해당 교육지원청 관할 구역 내 학교(고등학교 포함)에 소속된 학생의 학부모로 위촉해야 한다.

심의위원회는 심의 과정에서 소아청소년과 의사, 정신건강의학과 의사, 심리학자, 그 밖의 아동심리와 관련된 전문가를 출석하게 하거나 서면 등의 방법으로 의견을 청취할 수 있다. 또 피해학생이 상담 · 치료 등을 받은 경우, 해당 전문가로부터 의견을 청취할 수 있다. 다만, 심의위원회는 피해학생 또는 그 보호자의 의사를 확인하여 피해학생 또는 그 보호자의 요청이 있는 경우, 반드시 의견을 청취해야 한다. 또한 가해학생이 특별교육을 이수할 경우, 해당 학생의 보호자도 함께 교육을 받게 해야 한다. 그뿐 아니라, 가해학생이 다른 학교로 전학을 간 이후에는 전학 전의 피해학생 소속 학교로 다시 전학을 올 수 없도록 해야 한다.

전담기구가 조사를 하는 경우, 해당 학생과 보호자에게 의견진술 기회를 제공하고, 불복 절차(예, 재심)를 안내한다. 학교폭력문제 조사 자료는 비공개를 원칙으로 한다. 단, 피해학생 · 가해학생 또는 그 보호자가 회의록 공개(열람, 복사 등)를 요청하는 경우, 「학교폭력예방법」 제21조(비밀누설금지 등)에 의거하여 학생과 그 가족의 성명, 주

민등록번호, 주소, 위원의 성명 등 개인정보에 관한 사항을 제외하고 공개해야 한다. 이 법에 따라 학교폭력 예방 · 대책과 관련된 업무를 수행하거나 수행하였던 사람은 그 직무로 인해 알게 된 비밀 또는 가해학생 · 피해학생 및 제20조에 따른 신고자 · 고발자와 관련된 자료를 누설해서는 안 된다.

학교폭력 가해 · 피해 학생 지도

학교폭력 가해학생과 피해학생에 대해서는 인간의 가치와 존엄성을 인정해야 한다는 기본 원칙에 입각하여 지도 · 상담에 임해야 한다. 학교폭력에 대한 개입은 단순히 사건 처리를 위한 것이 아니라, 문제 확대와 재발 방지 및 양자 간의 관계 회복 방안을 모색해야 한다. 학교폭력 개입과 지도는 폭력의 원인, 유형과 특성, 상황적 조건 등 다양한 요인을 포괄적으로 분석 · 판단하여 개별 사안에 대한 지도 및/또는 상담이 이루어져야 한다.

가해학생 지도

학교폭력 가해학생 지도는 학생 스스로 인간의 기본 가치와 존엄성을 인정하고, 자신의 행동에 대한 책임, 타인에 대한 배려의 중요성 등의 인식을 통해 문제 재발을 방지하고 사회적응력을 향상시키도록 돕는 것을 목표로 한다. 가해학생 지도는 공감적 이해를 통해 상호신뢰를 형성한다. 신뢰관계 형성을 통해 가해학생이 자신의 행동을 되돌아보고, 문제가 있음을 인식하는 등의 성찰의 기회를 제공한다. 또한 폭력행위는 정당화될 수 없고, 설령 장난이었다고 하더라도 상대방에게는 심신의 상처로 남을 수 있음을 알려 주는 동시에, 피해학생에게 용서를 구하고 자신의 행동에 대한 처벌을 기꺼이 수용할 수 있는 용기를 가지도록 돕는다. 가해학생 지도 시 유용한 방법으로는 정서교육을 비롯하여 역할연습, 자기표현훈련, 스트레스관리훈련, 분노조절훈련 등이 있다.

피해학생 지도

학교폭력 피해학생 지도는 사건발생에 대한 위로, 유감, 공감적 이해, 정서적 지지를 통해 피해학생과의 신뢰관계 형성을 위한 노력으로 시작한다. 신뢰관계를 토대로 육하원칙(언제, 어디서, 누가, 무엇을, 어떻게, 왜)에 의거하여 학교폭력 발생에 관한 정보를 수집하는 동시에, 피해학생의 신체적 · 정신적 피해 정도와 필요한 도움을 파악한다. 피해학생은 흔히 가해학생의 보복행위 및/또는 다른 학생들로부터의 따돌림을 두려워한다. 만일 피해학생이 여전히 괴롭힘을 당하고 있다면, 부모/보호자와 협력하여 더 이상 폭력에 노출되지 않도록 조치한다.

피해학생 지도는 사건을 함께 해결할 수 있다는 희망과 함께, 가해학생의 괴롭힘에 대한 감정 표출 기회를 제공하는 것에 중점을 둔다. 동시에, 학교폭력의 원인이 되었던 피해학생의 취약점이 발견된다면, 자기주장훈련, 사회기술훈련 등을 통해 적절한 대처 기술을 익히게 한다. 피해학생 지도의 효과를 높이려면, 학부모의 협력을 통해 피해학생이 좀 더 수월한 학교생활을 위해 든든한 지지 기반을 마련한다.

학교폭력은 사안이 처리된 이후에도 가해학생과 피해학생이 같은 공간에서 생활해야 하는 경우가 많다. 이러한 점에서 관련 학생들(피해, 가해, 방관 등)이 모두 참여하여 관계회복을 할 수 있는 중재 프로그램 적용이 요구된다. 이 프로그램은 자칫 갈등이 심화될 수 있는 학생들 간의 관계를 건강하고 상호 지지적인 관계로 전환해 줌으로써, 학교폭력의 재발을 막을 수 있을 것이다.

복습문제

다음 빈칸에 들어갈 말을 써 보세요.

1. ________________________에서는 ______을/를 "학교 내외에서 학생을 대상으로 발생한 상해, 폭행, 감금, 협박, 약취 · 유인, 명예훼손 · 모욕, 공갈, 〈중략〉 등에 의하여 신체 · 정신 또는 재산상의 피해를 수반하는 행위"로 정의하고 있다.

2. ____은/는 10대 청소년들 사이에서 부당한 심부름을 하는 학생을 가리키는 은어로, 인터넷 게임 '스타크래프트StarCraft'에 나오는 병력을 운송하는 수단을 의미하는 말에서 유래된 말이다.

3. 나쁜 소문을 퍼트리거나, 많은 사람 앞에서 망신을 주거나, 지속적으로 귀찮게 하면서 괴롭히거나, 따돌리는 행위를 ____________(이)라고 하는데, 특정 행동을 사진 또는 동영상으로 촬영하여 수치심 느끼게 하기, 인터넷 카페 또는 학교 게시판에 협박하는 글 올리기, 따돌림 등이 그 예다.

4. 학교폭력에서 목격학생은 그가 취하는 행동에 따라 ① 동조자, ② ______, ③ 방관자, ④ ______로 나뉜다.

5. 3차 안전망, ________은/는 시도광역 단위로 설치되어 학교생활 적응에 심각하게 어려움을 겪는 학생들이 기숙하면서 교육, 치유, 적응에 도움을 받도록 한 장기 위탁교육기관인 반면, 1차 안전망, ________은/는 학교생활 적응에 어려움을 겪는 학생들이 즐거운 학교생활을 할 수 있도록 다양한 프로그램이 운영되는 감성소통 교실이다.

6. 학교폭력은 일반적으로 ① 초기 대응, ② 문제 조사, ③ ______________ 순으로 처리된다.

7. __________위원회는 학교폭력의 예방 및 대책 등을 위해 ① 학교폭력의 예방 및 대책, ② 피해학생의 보호, ③ 가해학생에 대한 교육, 선도 및 징계, ④ 피해학생과 가해학생 간의 분쟁 조정, 그리고 ⑤ 그 밖에 대통령령으로 정하는 사항을 심의하는 기능을 한다.

8. 학교폭력 피해학생 유형 중, 학교폭력 피해 경험이 있는 학생으로, 약한 학생에 대한 폭력행사를 통해 피해를 보상받으려 하며 힘을 과시하려는 경향이 있는 학생은 ________형에 속한다.

9. 정보통신기기(인터넷, 휴대전화 등)를 이용하여 둘 이상의 학생들이 특정 학생을 대상으로 지속 · 반복적으로 심리적 공격을 하거나 특정 학생과 관련된 개인정보 또는 허위사실을 유포하여 상대방에게 고통을 주는 일체의 행위를 ________(이)라고 한다.

10. 학교폭력과 관련된 법률 용어에 의하면, 사람의 신체에 대한 유형력(구타, 밀침, 손 또는 옷을 세차게 당김, 얼굴에 침 뱉기, 흉기를 휘두름, 돌 던지기, 수염 · 모발 절단, 일시적 자유 구속, 심한 소음 · 음향, 계속 전화를 걸어 벨을 울리는 행위, 폭언 반복, 고함으로 놀라게 함, 마취약 사용 등)의 행사를 ____(이)라고 한다.

소집단 활동

나의 선언문

5인 1조로 나누어, 한 사람씩 돌아가면서 다른 조원들 앞에서 다음의 글을 큰소리로 외쳐 보자. 모든 조원이 '나의 선언문' 낭독을 마치면, 각자 소감을 나누어 보자.

> ❍ "나는 나의 모든 행동에 대한 책임이 있습니다."
> ❍ "나는 나의 모든 감정에 대한 책임이 있습니다."
> ❍ "나는 나의 모든 생각에 대한 책임이 있습니다."

소감

Chapter 10
자살 · 자해

개요

- ☐ 청소년 자살의 특징
- ☐ 자살의 영향 요인
- ☐ 자살행동의 사정
- ☐ 자살 예방 방안
- ☐ 자살의 개입 전략
- ■ 복습문제
- ■ 소집단 활동

학습목표

1. 청소년 자살의 특징을 이해 · 설명할 수 있다.
2. 자살의 영향 요인을 위험/취약요인과 보호요인으로 나누어 설명할 수 있다.
3. 자살행동장애와 비자살성 장애를 이해 · 설명할 수 있다.
4. 자살 예방 방안을 이해 · 숙지하여 학생들의 자살 예방 활동에 반영할 수 있다.
5. 자살의 개입 전략을 이해하여 학생지도에 반영할 수 있다.

청소년기는 지적 · 정서적 · 신체적 변화가 격변하는 시기다. 청소년들에게 이러한 변화는 그 자체가 스트레스가 된다. 특히, 사춘기의 신체적 변화는 보편적인 현상이지만, 이러한 변화는 청소년들의 정서불안의 원인이 되기도 한다. 성호르몬 분비의 급증은 성욕과 공격성을 절정에 이르게 하는가 하면, 감정기복 현상을 초래하기도 한다. 인지발달의 형식적 조작기에 들어서는 청소년들은 지적인 면에서 논리적 · 추상적 사고가 가능해져 기성세대의 가치와 규범에 도전하곤 한다. 이로써 부모로부터 심리적 독립을 꾀하지만, 이는 때로 세대 간 갈등을 야기한다. 청소년은 더 이상 아동도 아니고 성인도 아닌 상태에 있다. 이들은 부모로부터 독립을 추구하면서도 부모의 사랑과 관심이 필요한 존재다.

청소년기의 중요한 과업 중 하나는 **자아정체감**ego-identity('나는 누구인가?')을 확립하는 일이다. 자아정체감이 자신의 마음에 드는 양상으로 형성되고 있는지에 따라 청소년들은 만족 또는 실망/절망하기도 한다. 확립되지 않은 자아정체감으로 인해 청소년은 또래집단과 동일시하려는 경향이 강하다. 이들은 또래집단에 속하지 못하는 경우, 소외감을 느끼고 좌절하기도 한다. 이처럼 청소년의 발달과업과 관련된 갈등, 스트레스, 실망, 좌절은 15세 이후 청소년의 자살 위험성을 급격히 높인다(이홍식 외, 2008).

자살suicide은 스스로(自)를 죽이는 행위(殺), 즉 고의적 자해에 의한 사망을 의미한다. 이러한 점에서 자살과 자해는 밀접한 관련이 있다. 의도적 자해에 따른 사망은 자살이고, 생명에 지장이 없는 상태이면 **자해**self-harm로 남는다. 이로써 자해는 자살의 문턱을 넘지는 않았지만, 언제라도 넘을 수 있는 행위다. 프로이트는 자살을 외부 대상으로 향했던 사랑이 공격성으로 변해 자신을 향한 죽음본능의 극적 표출로 보았다. 반면, 아들러는 환경 내에서 타인을 조종하기 위한 시도로 간주했다. 아들러의 지적처럼, 자살은 때로 자신을 해치려는 의도뿐 아니라, 복잡한 심정의 극단적 표현 또는 극단적 정서의 전달 방법으로 사용되기도 한다. 이에 이 장에서는 ① 청소년 자살의 특징, ② 자살의 영향 요인, ③ 자살행동의 사정, ④ 자살 예방 방안, ⑤ 자살의 개입 전략으로 구분하여 살펴보기로 한다.

청소년 자살의 특징

고등학교 2학년 세아는 며칠 전 가출했다가 몹시 지친 모습으로 귀가했다. 세아는 어머니에게 죽으려고 이곳저곳을 헤맸는데 결국 용기가 나지 않아서 그냥 집에 돌아왔다고 털어놓았다. 평소에 학교에 결석하거나 특별히 이상 징후를 보이지 않았던 딸의 고백에 놀란 어머니는 세아를 데리고 병원을 찾았다. 세아는 의사에게 자신이 이미 중학교 때부터 우울한 기분이 들었고, 자살에 대해 생각해 본 적도 여러 번 있었다고 말했다. 그래서 뛰어내릴 장소를 물색하기도 했다. 그러나 매번 뛰어내릴 용기가 없어서 포기하곤 했다고 말했다. 그런데 최근 들어 몸과 마음이 힘들고 괴로워지면서 이 상태에서 벗어날 유일한 방법은 자살밖에 없다는 생각이 들어서 충동적으로 집을 나와 거리를 헤매게 되었다는 것이었다. 이후 통원치료와 상담을 받게 되면서 우울 증상은 호전되었으나, 세아는 가끔 기분이 가라앉거나 친한 친구와 갈등이 생길 때면 불현듯 자살 생각이 들곤 한다.

죽는 것, 죽기로 결심하는 것, 그것은 어른보다 10대에게 쉬운 일이다. 죽음은 청소년에게서 더 많은 미래를 빼앗는 것이지만, 청소년에게 미래는 그가 진정으로 믿기 어려운, 비현실적이고 추상적이며 너무나 먼 것일 수 있기 때문이다. 성인의 자살도 그렇지만, 청소년의 자살은 안타깝고 비극적이다. 자신의 고귀한 생명을 일찍 포기하는 것은 삶이라는 소설의 주인공이 독특하고 의미 있는 이야기의 꽃을 채 피우기도 전에 스스로 시들어 버리는 것이기 때문이다. 게다가 가까운 지인에게 견디기 힘든 고통과 상처를 안겨 준다.

청소년은 인지, 정서, 행동 측면에서 성인과는 다르다. 이처럼 독특한 특성 때문에 어린 학생은 성인과는 다른 이유로 자살을 시도한다. 세아의 경우처럼, 청소년들은 때로 견디기 어려운 일상적 고통을 벗어나기 위해 자살을 시도한다. 다수의 일상적 스트레스가 겹치는 경우, 시너지 효과를 일으켜 위험한 행동을 저지르기 쉬운 것이 청소년 자살의 특징이다. 성인과 비교할 때, 청소년의 자살은 다음 세 가지 특성, 즉 ①

극단적 정서 전달의 수단, ② 충동성, ③ 피암시성이 두드러진다.

극단적 정서 전달의 수단

첫째, 청소년 자살은 극단적인 정서 전달 방법인 경우가 많다는 특징이 있다. 청소년들은 부모와의 갈등 또는 심리적 거부, 부모로부터의 심한 꾸중, 외모에 대한 고민, 이성 친구와의 갈등 또는 이별, 학업성적 저하, 집단 괴롭힘, 입시 실패 등으로 인해 스트레스에 취약하다. 다수의 청소년 자살자들에게는 정신건강 문제뿐 아니라, 정서 불안, 역기능적 가정환경, 정서적 지지 결여 등이 자살생각 또는 자살시도의 원인으로 작용한다. 이러한 점에서 청소년들의 자살행동은 도움을 청하는 기능이 있다. 이들은 주변인에게 고통과 어려움을 알려 도움을 청하지 못하고, 자살을 행동으로 옮기는 경향이 있다. 자살시도자들의 죽음에 대한 양가감정과 청소년의 행동화 경향성을 고려한다면, 자살시도는 세상에 도움을 청하는 신호다.

청소년들은 성인과 달리, 우울증 같은 정신장애보다는 고통 또는 스트레스 상황을 회피하기 위한 충동적 욕구, 타인을 조종하려는 의도, 또는 부당한 대우를 했다고 여기는 대상에 대한 보복심리가 자살의 결정 요인으로 작용한다. 즉, 청소년 자살은 흔히 죽으려는 의지의 표현이라기보다는 사회심리적 갈등 해결을 위한 방편, 현실도피적 충동 표출, 또는 극단적 정서 상태와 절박한 상황에 놓여 있음을 알리는 신호로 사용된다는 특징이 있다. 자살은 다양한 환상이 그 원인을 제공하는데, 이에 관한 설명은 표 10-1과 같다.

표 10-1. 자살의 원인이 되는 환상

유형	설명
1. 복수 환상	❍ 자신이 죽으면 다른 사람들이 미안해할 것으로 생각하고, 자존심에 입은 상처를 자기파괴적인 복수로 보상받으려고 함
2. 징벌 환상	❍ 복수 환상과는 정반대로, 자신이 너무나 나쁜 짓을 저질렀다고 자책한 나머지, 살아 있을 가치가 없다고 여기고 스스로에게 사형을 선고함
3. 재결합 환상	❍ 사랑하는 이(부모, 형제자매, 배우자, 연인 등)가 세상을 떠나면 더 이상 살아갈 이유를 찾지 못하고 사후 세계에서 재결합하려고 시도함(나이든 성인들에게 흔함)
4. 리셋 환상	❍ 삶이 너무 꼬였다고 여기면 자살을 일종의 컴퓨터의 리셋 버튼으로 여김

표 10-1에 제시된 환상들은 삶의 의미를 부정하고, 현재 겪고 있는 스트레스로부터 도피하거나 자신의 행동을 합리화하는 것일 뿐이다. 결국 실제로 왜 그랬는지는 인식하지 못할 만큼 복합적인 이유가 작용한다. 청소년들은 흔히 자살을 삶의 문제 해결의 방편으로 여겨, 충동적으로 자살을 실행에 옮기는 경향이 있다. 이들은 심한 스트레스와 해결하기 어렵다고 판단되는 문제에 봉착했을 때, 깊이 헤아려 보지 않은 채 현실의 고민에서 벗어나 사후세계로 도피하려고 시도한다.

충동성

둘째, 청소년 자살은 사전 계획 없이 충동적이고 즉흥적으로 시도된다는 특징이 있다. 일찍이 엘킨드(Elkind, 1986)는 청소년이 자신의 발달수준 또는 능력보다 주변의 기대와 책임이 더 크다고 느끼게 되는 불안정 상태가 자살로 이어질 수 있다고 경고했다. 성인의 경우, 견디기 힘든 우울, 절망감, 무력감 등 자신의 위기상황에 대한 비교적 신중한 평가가 자살을 결정짓는 요소인데 반해, 청소년들은 충동성이 매우 큰 자살의 결정 요인으로 작용한다(이홍식 외, 2008). 이로써 성인에 비해 정서적으로 불안정하고, 스트레스 대처 능력도 한계가 있는 청소년들은 문제상황에서 벗어나기 위해 극단적인 선택을 할 가능성이 크다.

청소년들은 성인이 납득할 수 없는 사소한 이유로 인해 충동적으로 자살을 시도할 수 있다. 이러한 이유로 청소년의 자살은 예측하기가 어렵다. 이들은 자존심이 크게 상하는 일이 생겼을 때, 자기 분노를 이기지 못하고 충동적으로 자살을 시도하기도 한다. 자살 계획 또는 준비되지 않은 상태에서 '나가 죽어!'라는 부모의 감정 섞인 말을 들은 청소년이 '좋아, 죽으라면 내가 못 죽을 것 같아?'라는 반응과 함께 충동적으로 다량의 수면제를 복용하거나 고층아파트에서 뛰어내리는 행동을 보이는 것이 그 예다.

성인들의 경우, 심각한 죄책감 또는 우울감이 자살행동의 촉발 요인으로 작용한다면, 청소년들은 성적 비관, 일상적 갈등 또는 말다툼, 생활 스트레스 등이 자살의 원인을 제공한다. 이로써 청소년들은 성인들보다 자살시도가 훨씬 더 많은 경향이 있다. 그러나 성인들보다 자살 완수 비율은 더 낮다. 특히 여자 청소년이 남자 청소년보다 4배 이상 자살시도를 하지만, 실제로 사망에 이르는 비율은 별 차이가 없는데, 그 이유는 여자가 상대적으로 덜 치명적인 방법을 사용하기 때문이다. 그렇다면 어떤 요인들이 청소년의 자살에 영향을 미치는가?

피암시성

요한 볼프강 폰 괴테
(Johann Wolfgang von Goethe, 1749~1832)

셋째, 청소년 자살은 피암시성이 강해 모방자살 또는 동반자살이 많다는 특징이 있다. **피암시성**suggestibility이란 타인의 암시를 받아들여 자신의 의도나 태도에 반영하는 경향성을 말한다. 특히, **모방자살**copycat suicide은 유명인 또는 평소 존경 또는 선망하던 인물이 자살하는 경우, 그와 동일시하여 자살을 시도하는 경향성이다('자살전염suicide contagion'이라고도 함). 1774년에 출간된 독일의 문호 괴테의 소설『젊은 베르테르의 슬픔(*Die Leiben des jungen Werthers*)』의 주인공이 권총으로 자살했는데, 그 후 유럽의 젊은이들 사이에 권총 자살이 급증했다. 이들은 소설에 묘사된 베르테르의 옷차림을 따라 했고, 심지어 베르테르를 모방한 자살시도까지 했던 것이 그 예다.

유명인의 자살 사건이 언론에 보도된 이후 일반인의 자살이 급증하는 현상을 지켜본 미국의 사회학자 필립스(D. Phillips)는 1974년 이 현상을 '**베르테르 효과**Werther effect'라고 명명했다. 오늘날 청소년들 역시 친구 또는 매스컴의 영향을 받기 쉽다. 인기 연예인의 자살이 보도되었을 때, 10대들의 연쇄자살을 유발하는 것은 전형적인 모방자살의 예다. 평소 흠모하던 유명인의 자살에 따른 청소년들의 모방자살은 그의 자살을 미화 · 모방하려는 청소년 특유의 경향성을 엿볼 수 있는 대목이다.

동반자살은 가정, 학교, 또래집단으로부터 소외된 비슷한 처지에 있는 청소년들 사이에서 흔히 일어난다. 이들은 흔히 쉽게 구할 수 있는 약물복용, 폐쇄된 공간에서의 부탄가스 사용, 고층아파트에서 뛰어내리기, 목매달기 등의 치사율이 높은 자살수단을 사용한다. 동반자살에 참여하는 청소년들 중에는 실제로 죽을 의도가 심각하게 없음에도 불구하고 치명적인 자살 방법을 사용한다는 점에서 안타까움이 있다.

자살의 영향 요인

자살하려는 사람들은 왜 스스로 죽음을 택할까? 이들은 자살을 꼬인 일의 해결책으로 여길 수 있겠지만, 이는 무책임한 행동이다. 한 사람의 자살은 가까운 사람들에게 평생 상처로 남기 때문이다. 일찍이 프랑스의 사회학자 에밀 뒤르켐(Emil Durkheim, 1858~1917)은 자살을 ① 이기적egoistic 자살, ② 이타적altruistic 자살, ③ 붕괴적anomic 자살로 구분했다. 자살유형에 관한 설명은 표 10-2와 같다.

에밀 뒤르켐(David Émil Durkheim, 1858~1917)

표 10-2. 자살의 유형

자살유형	설명
1. 이기적 자살	❍ 집단과의 결속이 끊어진 상태를 견디지 못해 저지르는 자살
2. 이타적 자살	❍ 국가와 민족을 위해 자신의 생명을 내던지는 자살
3. 붕괴적 자살	❍ 사회구조의 변화에 적응하지 못한 개인이 견디지 못하고 저지르는 자살

청소년의 자살행동에 영향을 미치는 요인은 크게 ① 위험 · 취약 요인과 ② 보호 요인으로 나뉜다.

취약 요인

자살은 여러 요인이 상호작용하여 발생한다는 점에서 정확한 예측이 쉽지 않다. 그러나 자살위험에 기여하는 요인을 파악하고, 각 요인에서 자살 위험을 줄일 수 있다면, 자살 예방과 대처에 기여할 수 있을 것이다. **자살의 취약 요인**이란 학생들의 자살을 부추기는 제반 요소로, ① 우울증 · 무망감, ② 낮은 자존감, ③ 스트레스, ④ 가정문제, ⑤ 학교문제 등이 포함된다. 이 중에서 가장 심각한 위험 · 취약 요인은 우울증 · 무망감이다.

우울증 · 무망감. 첫째, **우울증**depression은 흔히 부적 정서를 유발하여 자살생각 또는 자살시도로 이어지게 한다. 우울증이 있으면, 개인의 자살생각은 건강한 사람의 4~5배로 증가한다. 게다가, 여기에 생활 스트레스 또는 음주문제 등이 추가되면 위험도는 급상승한다. 아동 · 청소년 우울 상태의 특징은 식욕부진, 공부에 대한 관심과 주의집중 결여, 무감각, 놀이에 대한 흥미 결여, 교우관계에 대한 흥미 결여, 무기력, 적개심, 자기비판, 위축, 그리고 자살시도로 표출된다는 것이다. 아동 · 청소년은 정신적 외상성 사건에 대해 성인처럼 우울해하지 않는 경향이 있다. 그 이유는 부인이라는 방어기제를 사용하고, 상대적으로 사고가 깊지 않고 즐거움을 추구하는 성향이 있기 때문이다.

우울증은 흔히 무망감을 유발한다. **무망감**hopelessness은 장래에 바라는 결과는 일어나지 않고, 대신 원치 않는 결과가 일어날 것이며, 현재처럼 미래에도 상황이 나아지지 않을 거라는 사고에서 파생되는 감정이다. 무망감은 자살생각의 실행을 촉진한다. 게다가, **인지적 경직성**cognitive rigidity을 유발하여 사고의 유연성을 크게 떨어뜨려 문제해결을 위한 대안을 마련하지 못하고, 우울, 무력감, 무망감을 심화시켜 자살만이 유일한 선택으로 여기게 된다('터널시야' 또는 '터널비전').

터널시야tunnel vision란 터널 속에서 터널 출구를 바라보는 양상으로, 눈앞의 상황만 눈에 들어오고, 주변 현상을 지각하는 능력이 크게 제한되는 현상을 말한다. 삶에 희망이 보이지 않고, 그 문제에서 벗어날 수 있는 유일한 방법이 자살이라는 생각이 들 때, 그 학생에게는 터널시야가 생긴다. 자살충동이 들면, 마치 터널 속에서는 주변의 것들이 잘 보이지 않는 것처럼, 사랑하는 가족, 삶의 의미 등은 자연스럽게 시야 밖으로 밀려나게 된다.

낮은 자존감. 둘째, **낮은 자존감**은 왜곡된 자기상, 부적응 또는 자기거부 행동의 원인이 되어 자살에 이르게 하는 요인이다. **자존감**self-esteem은 성격적 속성으로, 자신의 속성에 대해 스스로 부여하는 가치와 태도다('자기존중감'이라고도 함). 그런데 자존감이 낮은 학생은 스스로 가치 있는 존재임을 느끼지 못하고, 원하는 것과 필요한 것을 요구할 자격이 없다고 믿으며, 자신을 거부하고 불만족스러워하며 자학 · 경멸하는 경향이 있다. 이처럼 자신에 대한 무가치감은 열등감의 근원이 되어 대인관계에서도 철수행동을 보이게 하여, 심한 정도의 고립감과 함께 자살행동으로 이어지게 된다. 낮은 자존감은 또한 일상생활에서 받는 스트레스 감내력 감소의 원인이 된다.

자살은 단순히 낮은 자존감, 우울증, 또는 비관적인 태도 이상의 성격적 특성과 관련된 것으로 보인다. 자살에 취약한 청소년들의 성격적 특징으로는 비난에 과민하게 반응하거나, 충동적이고 정서가 불안정하여 예측하기 힘들거나, 자신을 드러내지 않고 조용하여 접근이 어렵거나, 자신에게 과도하게 엄격한 완벽주의적 성향을 들 수 있다(이홍식 외, 2008).

스트레스. 셋째, 스트레스 역시 자살행동의 취약 요인으로 작용한다. **스트레스**stress는 삶의 순간에서 인체에 주어지는 내 · 외적 자극을 통해 가해지는 요구에 대한 불특정적인 생리적 · 심리적 반응이다. 학생의 자살 가능성을 높이는 스트레스 원인으로는 성적 하락, 학업성취 압박, 입시 실패, 성 문제, 가족구조 변화, 상실 · 슬픔(예 부모, 친구, 반려동물의 죽음)을 들 수 있다. 청소년의 자살 당시, 부모 또는 친척의 죽음, 동생의 출생, 가족의 입원, 잦은 이사 등 높은 스트레스를 유발하는 생활사건이 있었음은 결코 우연이 아닐 것이다.

특히, 사춘기 이전의 아동에게는 부모의 심한 꾸중, 정서적 거부, 버림받았다는 느낌이 들 때, 자살충동이 증가한다. 또한 가정불화와 잦은 다툼, 부모의 이혼 또는 별거, 아동학대, 가정폭력 등은 청소년의 자살행동과 밀접한 관련이 있다(이홍식 외, 2008). 더욱이, 문제해결력 또는 스트레스 대처 방안이 부족한 학생은 복잡한 감정에 압도되어 자살이라는 극단적 선택을 할 가능성이 커진다.

가정문제. 넷째, **가정문제**는 경제적 · 구조적 · 기능적 측면에서 학생의 자살행동에 영향을 미치는 위험 요인이다. 경제적 측면에서는 가정의 소득이 낮을수록 학생은 자살충동을 느끼는 경향이 있다(김은정, 2002). 구조적 측면에서 자살생각을 하는 학생의 비율은 결혼 상태를 유지하고 있는 부모, 사별, 별거, 이혼, 재혼 순으로 점차 높아진다(이윤주, 2008).

기능적 측면에서는 폐쇄적 · 권위주의적인 가정 분위기에서 심한 체벌, 부모 · 자녀 간의 극심한 긴장 · 갈등 관계, 또는 정서적 분리(우선유, 1999), 우울과 물질 관련 문제가 있는 부모를 둔 학생은 자살위험이 높다(Blau & Gullotta, 1996). 경제적 · 구조적 문제로 스트레스 상황이 발생하는 경우, 기능적으로 문제가 있는 가정의 학생은 매우 높은 수준의 스트레스를 겪게 될 것이다. 또한 자살력이 있는 가정의 학생은 그렇지 않은 학생에 비해 자살위험 수준이 높다(Adams et al., 1994).

학교문제. 넷째, **학교문제**(예 학업성적, 입시에 대한 부담, 교우관계, 이성관계, 교사와의 관계문제 등) 역시 학생 자살의 취약 요인으로 작용한다. 우리 사회의 특성상, 학생들은 어려서부터 또래와 경쟁하면서 때로 심한 스트레스를 받는다. 청소년기의 특징에 속하는 자기의식 발달, 부모로부터의 독립 추구, 통제환경을 벗어나려는 욕구는 흔히 스트레스가 심한 학생에게는 심리적 갈등의 원인이 된다. 이들은 비교적 쉽게 해결할 수 있는 상황도 위기로 인식하게 되어 심각한 심리적 상처가 될 수 있다. 게다가 교사 또는 또래들과의 대인관계 부적응은 학업부진, 장기 결석, 정신장애, 일탈행동, 또는 학업중단의 원인으로 작용하여 때로 자살로 이어진다.

보호 요인

자살의 보호 요인은 자살을 방지하는 제반 요소로, ① 사회적 지지, ② 가족의 유대와 응집력, ③ 높은 자존감을 들 수 있다.

사회적 지지. 첫째, **사회적 지지**social support(사회적 자원 또는 관계로부터 제공되는 지지행동과 이에 대한 개인의 주관적 지각과 평가)는 자살의 보호 요인으로 작용한다. 자살하려는 사람들은 실행에 옮기기 직전까지도 죽을까 말까 하는 고민을 계속하는 특징이 있다. 한편으로는 죽고 싶지만 다른 한편으로는 살고 싶은 마음이 있기 때문이다. 이때 누군가 단 한 사람이라도 자신에게 관심을 가져 주고, 진심으로 귀를 기울여 주고, 자신의 손을 잡아 준다면 그들은 자살하지 않을 수도 있다. 자살자들은 대부분 이와 같은 양가적인 마음을 지니고 있다. 자살 시도자들이 삶보다 죽음을 더 원하는 것은 아니다.

사회적 지지행동으로는 위로, 관심, 공감, 조언, 자문 등이 포함되는데, 이는 타인과의 의미 있는 상호작용의 결과로 얻어진다. 사회적 지지는 학생의 스트레스를 감소시키고 심리적 적응력을 증진하여 위기극복을 돕는다. 사회적 지지의 주요 자원으로는 가족, 친구, 교사가 있다. 가족이 학생에게 지지와 안녕감을 제공한다면, 친구는 가족에게 털어놓기 힘든 문제를 함께 상의할 수 있다는 점에서 자살위험을 완화한다. 또한 교사의 지지는 학생의 사회기술을 향상시키고 학교 부적응 행동을 감소시킨다(Malecki & Demaray, 2003).

가족 유대와 응집력. 둘째, **가족 유대**와 **응집력**은 자살의 보호 요인으로 작용한다. 가족의 유대와 응집력은 개방적인 의사소통을 통해 구축된다. 부모-자녀 간의 개방적인 소통은 청소년기에 필요한 기존의 상호작용 패턴과 역할 재조정을 촉진한다. 이는 청소년기에 흔히 발생하는 부모-자녀 사이의 갈등과 문제 발생을 줄이는 한편, 자존감을 높여 주고 학업 스트레스를 감소시킨다. 따라서 가족 간 유대가 깊고 화목한 가정 분위기는 학생에게 사회적 지지 자원으로 작용하여 자살로부터 학생을 보호하는 요인으로 작용한다.

높은 자존감. **높은 자존감**(자신을 가치 있는 인격체로 존중하는 태도)은 자살의 보호 요인으로 작용한다. 자존감이 높은 학생은 스스로를 믿고 존중하며 가치 있게 여김으로써 자신이 성취한 것들이 자신의 노력의 산물임을 인정할 수 있다. 자존감이 높은 학생은 자신의 수행 능력에 대한 지속적인 자기평가를 통해 자신이 중요한 역할을 수행하고 있다고 타인이 인정하고 있다고 인지한다. 이처럼 자존감은 그 수준에 따라 학생 자살의 보호 요인 또는 취약 요인으로 작용하기도 한다. 그렇다면 자살예방을 위해서는 어떤 방안이 요구되는가?

자살행동의 사정

미국정신의학회에서 펴낸 정신장애 진단 · 통계편람Diagnostic and Statistical Manual of Mental Disorders, 5th ed.(DSM-5)에는 자살과 자해에 관한 진단적 상태, 즉 ① 자살행동장애와 ② 비자살성 자해가 수록되어 있다. 이 두 가지 장애는 추가 연구가 필요한 진단적 상태로, 청소년 자살과 자해행동에 관한 이해에 도움을 주고 있다.

자살행동장애

자살은 흔히 세 가지 형태, 즉 ① 자살생각suicidal ideation 또는 자살사고suicide thought(자살을 실행하려는 의도나 계획), ② 자살시도suicide attempt(개인이 죽으려는 의도로 행하는 행동), ③ 자살완수suicide completed(자살시도 행동이 개인의 죽음으로 이어진 상태로, '자살완료'라고도 함)로 구분된다. **자살행동장애**suicidal behavior disorder(SBD)는 자살시도가 핵심 징후인 장애로, 이러한 행동은 상해 또는 심각한 의학적 결과로 이어질 수 있다. 자살행동은 주로 방법의 폭력성에 의해 분류된다. 투신, 총상, 교살 등은 폭력적인 방법, 물질 · 약물의 과용은 비폭력적인 방법으로 간주한다. 또 다른 차원의 분류 방법은 행동의 의학적 결과다. **매우 치명적인 시도**high lethality attempts(HLA)란 병원 응급실 방문 이후에 의료적 입원이 요구되는 경우를 말한다. 자살시도는 계획성과 충동성에 따라 구분한다. 이는 자살시도의 의학적 결과를 결정할 수 있는 특성이기 때문이다.

자살행동장애(SBD)의 진단적 특징은 최소 1회 자살을 시도한 경험이 있어야 한다는 점이다. 자살시도 경험에는 자살시도에 착수한 후에 스스로 마음을 바꾸거나, 누군가의 제지로 행동을 중단한 것까지도 포함한다. 그러나 개인이 자살행동에 착수하기 전에 타인에 의해 설득당하거나 마음을 바꾼 경우는 해당되지 않는다. 자살행동은 일생 중 어느 때나 발생할 수 있으나, 만 5세 이하의 아동에게는 거의 나타나지 않는다. 자살시도자 중 약 25~30%는 계속 추가적인 시도를 하게 되고, 그 빈도, 방법, 시도의 치명성에 있어서 매우 다양하다(APA, 2013). 자살행동장애와 유사한 장애로는 비자살성 자해가 있다.

비자살성 자해

비자살성 자해nonsuicidal self-injury(NSI)는 개인이 자신의 피부에 약하지만 고통스러운 상해를 반복적으로 가하는 장애다(APA, 2013). 이런 형태의 자해는 주로 부정적 감정(긴장, 불안, 자책감 등) 감소 또는 관계의 어려움 해소를 위한 목적으로 발생한다. 때로 비자살성 자해는 자기처벌의 일환으로 행해진다. 자해하는 사람은 흔히 자해과정에서 즉각적인 안도감을 느낀다고 보고한다. **자해행동**은 급박감 · 갈망처럼 중독과 유사한 경험을 유발하고, 자해로 인한 상처는 갈수록 심해지고 더 잦아지는 경향이 있다.

자해행동에는 주로 칼, 면도날, 바늘, 또는 기타 날카로운 도구가 사용된다. 비자살성 자해의 부위는 대체로 허벅지 앞부분 또는 팔등이다. 자해행동은 눈에 띄거나 손이 닿는 부분에 약 1~2cm 간격으로 피부 표면에 일련의 상처를 남긴다. 이러한 상처는 흔히 출혈로 이어져 흉터자국을 남긴다. 비자살성 자해의 또 다른 방법은 바늘이나 날카롭고 뾰족한 칼로 팔의 윗부분을 찌르거나, 피부를 담뱃불로 지지거나, 지우개를 반복적으로 문질러 피부에 화상을 입히는 것이다.

비자살성 자해(NSI)는 자살시도를 동반하는 더 심각한 정신병리와 관련이 있다. 단, 어린아이는 시험 삼아 자해행동을 시도해 볼 수는 있지만, 이를 통해 안도감을 경험하지 않을 수 있다. 이 경우, 청소년들은 자해과정이 고통스럽다고 보고하며, 행동을 중단하게 된다. 비자살성 자해를 하는 사람의 대다수는 임상적 도움을 구하지 않는다. 자해행동이 긍정적으로 경험될 수 있고, 자해행동을 보고하면 낙인이 찍힐 것을 염려하기 때문이다. 비자살성 자해는 대부분 10대 초기에 시작되어 수년간 지속된다. 비자살성 자해로 인한 입원은 20대에 가장 빈번하다가 이후에는 감소한다. 자해하는 개인은 흔히 타인의 권유 또는 관찰을 통해 자해행동을 알게 된다(APA, 2013).

비자살성 자해(NSI)의 원인에 대한 관점은 다음 두 가지다. 하나는 정적 · 부적 강화가 행동을 조성하는 것으로 보는 관점이다. 즉, 개인이 벌을 받아 마땅하다고 여기는 방식으로 자신을 처벌하는 행위를 통해 쾌감 또는 이완 상태를 유도하거나, 중요한 타인으로부터 주의나 도움을 끌어내거나, 분노를 표출할 수 있게 되어 정적 강화가 일어난다. 부적 강화는 자해행동을 통해 정서 조절과 불쾌감 감소, 또는 자살사고를 포함하는 고통스러운 생각을 회피함으로써 발생한다. 다른 하나는 비자살성 자해를 자기처벌의 한 형태로 보는 관점이다. 즉, 타인에게 고통 또는 위해를 유발한 행동을 만회하기 위해 자기처벌적 행동을 한다는 것이다.

자살 예방 방안

자살은 당사자만의 문제가 아니다. 아동 · 청소년의 자살은 그의 가족과 친척뿐 아니라 교사, 친구 등 그와 관계를 맺고 있었던 사람들에게 심각한 충격을 준다. 또한 자살은 전염성이 있다. 연쇄적인 비극의 도미노를 막으려면, 자살행동을 하는 학생은 물론 주변인들을 잘 돌봐야 한다. 특히 자살을 시도한 학생이 또다시 자살을 시도할 수 있고, 한 사람의 죽음은 또 다른 사람을 죽음으로 내몰 수 있기 때문이다. 그렇다면 자살행동을 시도하려는 학생을 어떻게 도와야 할까? 학생들의 자살 예방을 위한 방안으로는 ① 긍정적인 학교 분위기 조성, ② 자살 예방 프로그램 운영, ③ 고위험군 학생의 조기 발견 및 개입, ④ 자살에 대한 오해와 편견 이해가 있다.

긍정적인 학교 분위기 조성

학생들의 자살 예방을 위한 첫 번째 방안은 긍정적인 학교 분위기를 조성하는 것이다. 학교 분위기는 학생들을 비롯한 전체 구성원들의 정서와 정신건강에 영향을 미친다. 여기서 **긍정적인 학교 분위기**란 구성원들 간에 신뢰를 바탕으로 지지와 격려를 통해 상호작용하는 학교 풍토를 말한다. 긍정적인 분위기가 조성된 학교에서는 학생들이 훈육절차에 참여한다. 문제행동이 발생하는 경우, 교칙 위반 정도에 따라 합리적으로 처리될 수 있는 제도가 마련되어 있다. 이러한 학교의 교사는 학생들에게 상호작용의 역할모델로 모범을 보이는 한편, 교직원들에게는 격려성 피드백을 제공함으로써 긍정적인 학교 분위기 조성에 앞장선다.

자살 예방 프로그램 운영

학생들의 자살 예방을 위한 두 번째 방안은 자살 예방 프로그램을 개발 · 운영하는 것이다. 자살 예방 프로그램 운영을 통해 자살에 대한 학생 자신과 다른 사람들의 사고와 감정을 이해할 수 있도록 돕는다. 자살 예방 프로그램은 학생들의 발달수준과 지적 능력을 고려하여, 자살의 원인과 예방을 위한 방법, 자살신화, 경고징후, 경고신호를 나타내는 친구와의 대화 방법, 친구를 위해 도움을 구하는 법 등을 포함한다. 프로그램 운영에는 또래도우미 또는 또래상담자를 적극 활용한다.

고위험군 학생의 조기 발견 및 개입

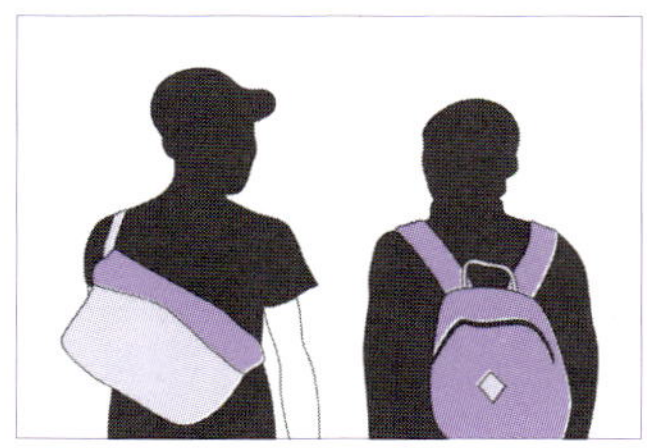

학생들의 자살 예방을 위한 세 번째 방안은 고위험군 학생을 조기에 발견하여 개입하는 것이다. 또 자살행동을 보였던 학생을 보살피는 것이다. 자살하려는 사람은 자살시도에 앞서 주변에 자신의 의지 또는 고통을 표현하는 경우가 많다. 그러나 주변에서 민감하게 받아들이지 않거나, 대수롭지 않게 여기고 넘어간다면, 다시 되돌릴 수 없는 비극에 이르게 될 수 있다.

이런 징후가 있는 학생이 있다면, 교사는 적극적으로 대화하고, 필요한 경우 가족에게 알려 자녀에게 깊은 관심을 가지도록 돕거나 전문가에게 도움을 청하도록 해야 한다. 자살/자해를 얼마나 구체적으로 생각하고 있는지, 유서를 남겼는지, 얼마나 자주 그런 생각을 하는지 등에 관한 탐색을 통해 자살사고의 심각도를 가늠해 볼 수 있다. 자살위험 학생의 경고징후는 ① 행동 단서, ② 언어 단서, ③ 상황 단서, ④ 인지 단서, ⑤ 성격 특성의 변화에 관한 범주로 구분된다.

행동 단서. 자살생각을 실행에 옮기려는 학생은 대체로 적어도 한 가지 이상의 징후를 행동으로 나타낸다. 자살위험 학생들이 흔히 나타내는 행동 단서는 글상자 10-1과 같다.

글상자 10-1. 자살위험 학생의 행동 단서

1. 평소에 아끼던 물건을 주변 사람에게 나눠 주거나 주변을 정리한다.
2. 행동이 현저하게 느리고 둔해지거나, 반대로 매우 초조해하고 안절부절못한다.
3. 식욕 저하로 인한 체중 감소 또는 식욕 증가로 인한 체중 증가가 심화된다.
4. 주의집중을 어려워하고, 학업성적(성인의 경우, 업무 성실성)이 급격히 떨어진다.
5. 가족들 몰래 약(수면제)을 사 모으거나 위험한 물건을 감추어 둔다.
6. 표정의 변화가 없어지고, 눈빛이 생기가 없고 어두워진다.
7. 일상 활동에서 흥미와 즐거움을 상실하고 활기가 없어진다.
8. 대인관계를 기피하고, 고립을 자초하며, 일상적인 대화조차 피한다.
9. 눈에 띄게 외모(두발, 옷차림) 관리에 지나치게 무관심해진다.
10. 물질사용이 빈번해지고, 감정기복, 극심한 불안, 및/또는 공격적 성향을 나타낸다.
11. 죽음/내세에 관한 이야기를 자주 하며, 갑자기 종교에 관심을 보인다.
12. 평소에 불안·침울해하던 사람이 갑자기 평화스럽게 보이거나 즐거워한다(자살을 결심하면 차분해지기 때문).

언어 단서. 자살위험 학생은 대개 주변 사람들에게 자신의 자살사고를 직간접적으로 표현한다. 이러한 이유로, 우선적으로 알아볼 수 있는 자살 징후는 그 학생의 말이다. 이들은 자살을 암시하는 미묘한 메시지를 표현한다. 이것이 자살 고위험군 학생(자살 충동을 느끼는 사람, 심하게 우울한 사람, 최근에 무엇인가를 상실한 사람 등)의 말에 주의를 기울이고, 경청해야 하는 이유다. 자살위험 학생의 자살을 암시하는 언어 단서는 표 10-3과 같다.

표 10-3. 자살위험 학생의 언어 단서

단서	예시
1. 집중곤란/우유부단 호소	❍ "아무것도 머릿속에 들어오질 않아요!" "어떻게 해야 할지 모르겠어요!" "이러지도 저러지도 못하겠어요!"
2. 감정 관련 신체적 불편 호소	❍ "불안해서 잠이 안 와요!"
3. 잦은 자기비하 표현	❍ "차라리 내가 없어지는 게 나아요!" "난 아무짝에도 쓸모 없어요!"
4. 심한 절망감/무력감 호소	❍ "난 이제 가망 없어요!" "아무 것도 하기 싫어요!"
5. 죽고 싶다는 표현	❍ "더 이상 견딜 수 없어요!" "더 이상 사는 건 의미 없어요!" "유일한 탈출구는 죽음뿐이에요!"

6. 죽음에 대한 관심 표명, 자살생각/계획에 대한 농담	❍ "죽으면 어떻게 될까요?" "어떻게 자살하는 게 나을까요?"
7. 사후세계를 동경하는 표현	❍ "다시 태어나면 좋겠어요!"
8. 자살 후 발견되었을 때의 자기 모습에 대한 관심	❍ "죽은 후 내 모습은 평온할 거예요!"

표 10-3에 제시된 것처럼, 자살을 생각하는 학생들은 대개 자신의 생각을 직간접적으로 표현한다. 그러나 때로 직접적으로 말하지 못하는 학생들도 있다. 이들에게는 여러 가지 사정과 이유가 있겠지만, 대체적으로 그 이유는 글상자 10-2와 같다.

글상자 10-2. 학생들이 자살생각을 털어놓지 못하는 이유

1. 상대의 반응에 자신이 없어서
2. 약해 보이는 것에 대한 두려움 때문에
3. 비난받을 수 있다는 생각 때문에
4. 다른 사람에게 부담주기 싫어서
5. 도움받는 것에 대한 어색함/거북함 때문에
6. 존중받지 못할 수 있다는 생각 때문에
7. 다른 사람들이 자신의 자살충동 또는 상황을 알게 되는 것에 대한 수치심 때문에
8. 용기를 내어 자살사고를 말했으나 무시된 경험이 있어서
9. 주거지 또는 자유상실 등으로 고통을 받고 있어서(성인의 경우, 실직, 승진탈락 등 포함)

상황 단서. 자살위험 학생들에게는 공통적으로 나타나는 상황 단서들이 있다. 이들이 흔히 나타내는 상황 단서는 글상자 10-3과 같다.

글상자 10-3. 자살위험 학생의 상황 단서

1. 자살력, 즉 이전의 자살시도 경험
2. 현재 처한 위기에의 대응 불능(특히 상실이 포함된 위기)
3. 갑작스러운 생활환경의 변화(예 중요한 타인의 죽음 · 상실, 부모의 이혼, 반려동물의 죽음, 기타 높은 스트레스 유발 조건)

글상자 10-3에 제시된 것처럼, 자살을 한 번 시도했다고 해서 자살을 하게 만든 원인이 이내 사라지는 것은 아니다. 자살시도 병력은 자살의 가장 큰 위험 요인으로 세심한 관심과 치료가 필요하다. 이뿐 아니라, 학생의 삶에서 갑작스럽게 겪게 되는 생활상의 변화에 대해 깊은 관심을 가져야 한다. 갑작스러운 생활상의 큰 변화가 자살사고로 이어지는 경우가 있기 때문이다. 예컨대, 가까운 사람이나 반려동물의 죽음에서 비롯되는 상실감과 슬픔은 학생의 학교생활과 학업 등 생활 전반에 영향을 미칠 수 있다. 슬픔과 상실의 특징은 글상자 10-4와 같다.

글상자 10-4. 슬픔과 상실의 특징

1. 슬픔은 시간이 필요한 정상적인 과정으로, 슬픔을 해소하기 위해 걸리는 시간은 정해져 있지 않다.
2. 슬픔을 겪는 사람은 누구나 슬픔 수준이 높고 낮은 기간이 있어서 괜찮다가도 갑자기 눈물이 나기도 한다.
3. 상실은 강한 정서를 동반하므로 대화, 놀이, 그림 그리기, 시 쓰기, 댄스 등 어떤 식으로든 표출되어야 한다.
4. 계속해서 슬퍼할 수 있는 사람은 아무도 없다. 그러므로 슬픔에서 잠시 벗어나 친구들과 놀거나 혼자만의 시간을 갖는 등 쉬는 시간이 필요하다.

성인에 비해 어린 학생은 죽음에 대해 다양하게 반응할 수 있다. 예를 들어, 유치원과 초등학교 저학년 아동 중에는 죽음을 되돌려 놓을 수 있고(가역적), 마치 잠이 든 것처럼 여기거나, 상실감으로 인해 자기 곁을 떠난 사람에 대한 분노를 남아 있는 사람들에게 표출하곤 한다. 자신을 보살펴 주던 사람이 세상을 떠나는 경우, 아동은 장차 누가 자신을 보살펴 줄 것인지에 대해 염려하게 된다. 또한 자신이 그의 죽음에 대해 비난받아야 마땅하고, 다음은 자신이 죽을 차례라고 믿기도 한다. 그 결과, 밤에 자다가 오줌을 싸거나 손가락을 빨거나 지나치게 의존적이 되는 등 퇴행적 행동을 보인다. 이들에게는 계속해서 보호와 보살핌을 받을 것이고, 죽음에 대한 책임이 없음을 재확인시켜 줄 필요가 있다.

퀴블러-로스
(Elisabeth Kübler-Ross, 1858~1917)

스위스 출신 미국의 정신건강 전문의 퀴블러-로스(1969)는 자신의 저서 『죽음과 죽는 것에 관하여(*On Death and Dying*)』에서 슬픔을 겪는 사람들의 애도과정을 5단계(① 부인denial, ② 분노anger, ③ 타협bargaining, ④ 우울depression, ⑤ 수용acceptance)로 정리했다. 'DABDA 모형'으로도 불리는 이 **퀴블러-로스 모형**은 죽음에 관한 선행연구와 치명적인 병에 걸려 죽음을 목전에 둔 환자들에 대한 면담 자료를 바탕으로 완성되었다. 이 모형은 경험적 연구로도 그 타당성이 입증되었다(Friedman & James, 2008; Maciejewski et al., 2007).

표 10-4. 퀴블러-로스의 애도과정

단계	특징
1. 부인	○ 자신이 처한 상황에 대해 처음에는 부인을 동반한 무감각한 상태가 됨
2. 분노	○ 깊은 좌절감, 공격성, 분노를 느낌
3. 타협	○ 삶을 지속하기 위한 해법을 찾기 시작하면서 일시적으로 안정을 되찾는 듯함
4. 우울	○ 무망감을 동반한 깊은 우울에 빠짐
5. 수용	○ 극복 방법을 발견하면서 목표설정이 가능해지고 점차 예전의 생활패턴을 회복함

인지 단서. 자살위험 학생들은 사고패턴에 있어서 특정 주제나 선입관을 나타낸다. 이들이 흔히 나타내는 인지 단서는 글상자 10-5와 같다.

글상자 10-5. 자살위험 학생들의 인지 단서

1. 복수/앙갚음
2. 처벌 회피
3. 처벌받아 마땅함
4. 다른 사람의 처벌을 바람
5. 구체적인 원인에 대한 희생자 되기
6. 죽은 친구/친척을 만나고 싶어 함
7. 죽음의 시간 또는 방법을 통제하고 싶어 함
8. 참을 수 없는 상황 또는 해결할 수 없는 갈등으로부터의 도피

만일 학생이 이러한 유형의 주제에 관하여 언급한다면, 이러한 인지 단서 외에도 또 다른 경고징후가 있는지 살펴보아야 한다.

성격 특성. 자살을 시도하거나 자살로 세상을 떠난 학생들의 성격 특성은 글상자 10-6과 같다.

글상자 10-6. 자살위험 학생들의 성격 특성

1. 빈약한 자기개념	5. 소극적인 대인관계
2. 약한 의사소통 기술	6. 자기 파괴적 행동 경향성(한 가지 생각 또는 관계에의 몰입)
3. 부적절한 대처 전략	7. 극단적 죄책감 또는 책임감
4. 강한 성취욕	

지금까지 논의된 징후 외에도 갑작스런 행동 변화는 자살의 징후가 될 수 있다. 이러한 징후를 보이는 학생이 있다면, 힘든 일이 있는지 관심을 기울이는 한편, 그의 이야기에 귀 기울여 주면서 자살에 대해 생각하고 있는지 물을 필요가 있다. 필요한 경우, 전문가의 도움을 받도록 설득하고, 관계기관에 연결해 준다. 주변의 작은 관심이 자살로 인한 안타까운 생명을 구할 수 있다는 점에서 학생들의 행동 또는 징후에 관심을 가져야 할 것이다.

자살에 대한 오해와 편견 이해

학생들의 자살 예방을 위한 네 번째 방안은 자살에 대한 오해와 편견을 이해하고 이를 학생들과도 공유하는 것이다. 자살은 우리나라의 주요 사회문제로 대두된 지 오래되었지만, 여전히 갖가지 오해와 편견으로 사회적 관심의 초점이 되지 못하고 있다. 흔히들 갖고 있는 자살에 대한 오해와 편견은 삶의 벼랑 끝에 아슬아슬하게 서 있는 학생을 사지로 떠밀곤 한다. 자살을 시도하거나 생각조차 해 보지 않은 교사가 학생의 자살에 대해 완벽하게 이해하기는 어렵지만, 평소에 알고 있던 잘못된 생각만 바로잡아도 그들에게 도움의 손을 내밀 수 있다. 자살에 대한 오해에 관한 설명은 글상자 10-7과 같다.

글상자 10-7. 자살에 대한 오해와 이해

1. 실제로 자살할 사람은 남에게 자살의도를 밝히지 않는다. ☛ 여러 연구에 의하면, 자살자들은 대개 자신의 의도를 남에게 얘기하는 것으로 밝혀졌다.
2. 자살하는 사람은 반드시 죽겠다고 결심한 사람들이다. ☛ 자살하는 사람들은 실행에 옮기기 직전까지도 죽을까 말까 하는 고민을 계속한다.
3. 자살을 결심한 사람은 결국 자살할 것이다. ☛ 자살충동은 매우 강력하지만, 일단 고비를 넘기면, 이런 충동이 사라지는 경우도 많다.

4. 자살시도를 실패하면 자살생각이 사라진다. ☛ 자살시도 후에도 심한 스트레스, 불안, 단절감 등의 심리적 고통에 시달리므로 또 자살을 생각할 가능성이 크다.
5. 자살이라는 말을 꺼내는 것은 자살을 부추길 수 있다. ☛ 자살사고가 있는 사람들에게는 마음을 털어놓을 수 있고, 도움을 청할 계기가 되기도 한다.
6. 괴로워하던 사람이 갑자기 평화로워지면 자살의 위험단계를 지난 것이다. ☛ 자살결심을 굳힌 사람은 놀랍도록 평온한 상태가 되므로, 이들의 행동을 주의 깊게 살펴봐야 한다.
7. 자살하려는 사람들은 삶의 패배자다. ☛ 자살은 실패자의 전유물이 아니라, 부, 지위, 연령, 성별과 관계없이 누구에게나 일어날 수 있다.
8. 자살은 정신병이다. ☛ 자살은 우울증 같은 정신장애와 관련이 있지만, 정신병 환자로 볼 수는 없고, 다만 삶의 어려움을 극단적 방식으로 해결하려는 방법일 뿐이다.
9. 자살은 예방과 치료가 불가능하다. ☛ 자살은 복합적인 요인이 작용한다는 점에서 정확한 예측이 어렵지만, 자살위험의 기여 요인을 파악하고 각 요인에서의 자살위험을 감소시킨다면 자살 예방과 치료에 도움이 될 것이다.

자살의 개입 전략

자살위험 학생이 발견되는 경우, 교사는 해당 학생과의 면담을 통해 심각도를 사정한다. 만일 학생이 고위험군에 속하는 것으로 판단되면, 교사는 지체 없이 상담교사 또는 외부전문가에게 의뢰하여 신속하게 개입하도록 한다. 자살위험 학생에 대한 개입 전략으로는 ① 정확한 사정과 ② 생명존중서약서 작성이 있다.

정확한 사정

자살의 첫 번째 개입 전략은 해당 학생에 대해 **정확한 사정**assessment을 실시하는 것이다. 자살위험 학생에 대한 사정은 일반적으로 ① 심층면담과 ② 질문지를 통해 실시한다.

심층면담. 심층면담은 자살위험이 있다고 판단되는 학생의 자살의도와 치명성 정도를 파악하기 위해 실시한다. 자살의도와 치명성 정도를 파악하기 위한 가장 간단한 방법은 해당 학생에게 직접 물어보는 것이다. 즉, 학생을 자극할 것을 우려하여 우회적으로 질문하는 것이 아니라 단도직입적으로 질문하는 것이다. 이는 자살징후를 보이는 학생에게 마음을 털어놓아도 좋다는 용인의 메시지로 작용하고, 도움을 받을 수 있는 계기가 되기도 한다. 자살 관련 쟁점을 에둘러 이야기하는 것은 이들의 구조 요청을 묵살하는 것이 될 수도 있다. **심층면담을 위한 지침**은 다음과 같다.

☐ **신뢰 분위기 조성.** 첫째, 공감적 이해와 수용적 존중을 기반으로 신뢰 분위기를 조성한다. 이 방법은 학생의 마음을 알아주는 한편, 자살할 경우 마음 아파할 사람이 있다는 생각이 들게 하는 등의 자살 억제효과가 있다. 그러므로 담담하면서도 여유 있는 자세로 학생이 편안한 마음으로 이야기할 수 있도록 돕는다. 또한 학생과의 대화에 집중하여 경청하는 동시에 학생의 비언어적 단서를 주의 깊게 살핀다. 예를 들어, 좌불안석, 어조 또는 음성의 변화, 반감의 눈빛, 심각한 얼굴표정, 시선회피, 꽉 다문 입술 등은 자살과 관련된 의미 있는 신호로 간주할 수 있다. 자살위험이 있는 학생면담을 위한 지침은 글상자 10-8과 같다.

글상자 10-8. 자살위험이 있는 학생의 이야기에 대한 경청지침

1. 온 마음과 정성을 다해 주의를 기울인다.
2. 일상적인 이야기처럼 자살에 대해 담담하고 열린 마음으로 대화한다.
3. 자살생각에 대해 비난도 찬성도 하지 않는다.
4. 학생이 극단적인 감정 상태라면, 그 감정을 완화하도록 돕는다.
5. 상황이 어려워져도 학생을 돕기 위해 같은 자리에 있을 거라고 말한다.
6. 상투적인 위로의 말보다는 진정성 있게 공감적으로 반응한다.
7. 학생에게 확인받지 않은 채 이해한 척하지 않는다.

심층면담에서 교사는 자살에 대해 불편해하는 비언어적 단서를 보이지 않도록 유의한다. 예를 들어, 학생의 시선을 피하거나, 목소리가 떨리거나, 다리를 떨거나, 안경을 자주 고쳐 쓰거나, 머리 또는 필기구를 자주 만지는 등의 행동은 학생에게 불안감의 표시로 여겨질 수 있다. 어떤 이유에서건 교사가 학생을 불편해하거나 경청하지 않는다고 느낀다면, 학생은 더 이상 자신의 진솔한 이야기를 털어놓기 어려워질 것이다.

☐ **자살계획 탐색.** 둘째, 학생의 자살생각과 실행 여부 및 계획에 대해 탐색한다. 즉, 언제, 어디서, 얼마나 자주 자살사고 또는 실행에 대해 생각하고 있고, 과거에도 이러한 생각 또는 시도한 적이 있는지에 대해 알아본다. 심층면담에서 탐색이 요구되는

사항은 글상자 10-9와 같다.

글상자 10-9. 자살위험 학생을 위한 심층면담에서 탐색이 필요한 사항

1. 자살 동기	5. 삶 또는 죽음에 대한 희망 정도
2. 자살 준비 정도	6. 자살생각을 하게 된 기간과 정도
3. 자살시도에 대한 태도	7. 자살을 위한 잠재적 수단 또는 도구
4. 자살 관련 정신장애 여부	8. 자살에 따라 예상되는 주변의 반응과 기대

일련의 질문을 통한 탐색이 진행되면서 학생의 자살의도 여부와 계획이 점차 드러날 것이다. 이러한 질문에 대한 답변이 구체적일수록, 학생의 자살시도 가능성은 커진다. 따라서 고위험군으로 판명되는 학생에 대해서는 학부모 면담과 동의를 통해 외부전문가에게 개입을 의뢰한다. 만일 학생의 위기상태가 심각하다면, 상담교사, 보건교사, 또는 학부모와 의료적 개입(예 통원 또는 입원치료)의 가능성을 논의한다. 입원 조치가 학생을 자살로부터 보호할 유일한 방법인 경우도 있기 때문이다.

☐ **자살사고 유발 배경 탐색.** 셋째, 가족력과 생애사를 기반으로 학생이 자신의 삶을 돌아보면서 자살생각을 유발한 배경과 과정에 대해 돌아보도록 돕는다. 심층면담에서 자살생각에 대한 질문에 학생이 즉각적으로 대답하지 않거나 망설이거나 과장된 부정은 자살과 관련된 단서로 유추 · 해석할 수 있다. 만일 자살에 대해 심각하게 고려해 보지 않은 학생이라면, 단순히 '아니요'라고 대답할 것이기 때문이다. 자살위험 학생이 자살의도 노출에 저항을 보이는 경우, 교사는 부드러운 어조로 "어떤 생각을 해 보았나요? 그저 스쳐 지나간 것이라도 이야기해 보세요."라고 말하면서 학생의 저항을 누그러뜨린다.

☐ **교사의 자기점검.** 넷째, 자기점검, 즉 교사 자신의 내면에서 떠오르는 순간순간의 감정과 사고를 점검한다. 자기점검은 학생에 대한 역전이 발생을 막아 준다. 역전이 방지를 위한 자기점검 진술의 예로는 "부모와의 관계에 관한 학생의 진술에 대해 나는 어떻게 느끼고 생각하는가?", 그리고 "지금 학생의 진술이 진실이라고 생각되지 않는 이유는 무엇인가?" 등이 있다.

질문지. 자살위험 학생 사정에 있어서 학생이 심층면담을 통해 자살의도를 밝히기 어려워하는 경우, 일련의 질문지를 활용한다. 자살위험 확인을 위해 흔히 사용되는

질문지로는 ① 자살생각척도, ② 자살가능성척도, ③ 자살잠재성검사가 있다.

☐ **자살생각척도.** **자살생각척도**Scale for Suicidal Ideation(SSI)는 1979년 벡Beck이 개발한 것으로, 피검자의 자살의도와 생각의 정도에 대해 3점 척도로 된 19개 문항으로 되어 있다(부록 A 참조). 이 질문지는 자살생각에만 초점이 맞추어져 있어서 피검자의 자살생각의 심각도를 단시간에 알아볼 수 있다는 장점이 있다.

☐ **자살가능성척도.** **자살가능성척도**Suicide Probability Scale(SPS)는 1988년 컬Cull과 길Gill이 개발한 것으로, 만 14세 이상 청소년을 대상으로 하며, 4점 척도로 된 30문항으로 구성되어 있다(부록 B 참조). 질문지의 하위척도는 무망감(8문항), 사회적 지지(6문항), 자살생각(5문항), 자기평가(6문항), 소외 · 적대감(5문항)으로 나뉜다.

☐ **자살잠재성검사.** **자살잠재성검사**Index of Potential Scucide(IPS)는 1990년 중Zung이 개발한 것으로, 5점 리커트 척도(0~4점)로 된 47개 문항으로 구성되어 있다(p. 259의 '소집단 활동' 참조). 이 검사에서 평균 43점 이하이면, 자살행동이 나타나지 않는 것인 반면, 73점 이상이면 자살시도가 나타날 것으로 예측할 수 있다. 이 검사는 문항 수가 다소 많은 편이지만, 자살잠재성 정도와 자살생각의 동기를 동시에 알아볼 수 있다는 이점이 있다.

생명존중서약서 작성

교사는 적절한 시기에 상담교사의 도움을 받아서 자살 또는 자해 사고 또는 시도하려는 학생으로부터 생명존중서약서, 즉 자신의 생명을 해치는 행동을 하지 않겠다는 서약서에 서명을 받는다. 그 이유는 아무리 자살위험이 있는 학생일지라도 구체적인 기간이 명시된 약속을 준수하려는 경향이 있다는 축적된 연구 결과가 있기 때문이다. 그러므로 서약서에는 학생이 동의하는 기간이 구체적으로 명시되어 있어야 한다. 그림 10-1은 생명존중서약서 예시다.

생명존중서약서

나 ______________은/는 생명을 소중하게 생각하고 존중할 것을 다음과 같이 서약합니다.

1. 나는 나의 생명을 존중하고, 사랑하며, 어떤 경우에도 삶을 포기하지 않겠습니다.
2. 나는 삶의 위기를 삶의 한 부분으로 받아들이며, 어떤 위기에서도 내 생명을 지키겠습니다.
3. 누군가 힘든 상황에 처했을 때, 모른 척하지 않고 주변에 알리고 다가가겠습니다.
4. 생명을 지키고 존중하는 사람들이 정해져 있지 않음을 기억하고, 내가 먼저 지키고 존중하겠습니다.

20 _____년 ____월 ____일

서약자: ______________ 서명

[그림 10-1] 생명존중서약서 예시

복습문제

다음 빈칸에 들어갈 말을 써 보세요.

1. 자살의 원인이 되는 환상의 하나로, 자신이 죽으면 다른 사람들이 미안해할 것으로 생각하고 자존심에 입은 상처를 자기파괴적인 형태로 보상받고자 하는 욕구를 표현하는 환상을 ______ 환상이라고 한다.

2. 청소년 자살은 ______ 이/가 강해, ______ 자살이 많다는 특징이 있다. 이는 유명인 또는 평소 존경하거나 선망하던 인물이 자살하는 경우, 그와 자신을 동일시하여 자살을 시도하는 경향성을 말하며, ______ (이)라고도 한다.

3. 유명인의 자살 사건이 언론에 보도된 이후 일반인의 자살이 급증하는 현상을 지켜본 미국의 사회학자 필립스(D. Phillips)는 이 현상을 ______ (이)라고 명명했다.

4. 사회학자 뒤르켐(E. Durkheim)은 자살을 ① 이기적 자살, ② 이타적 자살, ③ 붕괴적 자살로 구분했는데, 이 중 ______ 자살은 사회구조의 변화에 적응하지 못한 개인이 견디지 못하고 저지르는 자살을 가리킨다.

5. ______ 은/는 자살을 유발하는 주요 원인으로, 흔히 무망감을 동반하며, 다른 부적 정서와 ______ 을/를 유발하여 사고의 유연성이 결여됨에 따라 문제해결을 위한 대안을 마련하지 못하고 우울, 무기력감, 무망감이 심화되어 자살만이 유일한 선택으로 여기게 함으로써 자살생각 또는 자살시도로 이어지게 한다.

6. ______ (이)란 눈앞의 상황만 눈에 들어오고, 주변 현상을 지각하는 능력이 크게 제한되는 현상으로, 삶에 희망이 보이지 않고, 그 문제에서 벗어날 수 있는 유일한 방법이 자살이라는 생각을 하는 학생에게 흔히 생긴다.

7. 사회적 자원 또는 관계로부터 제공되는 지지행동과 이에 대한 개인의 주관적 지각과 평가를 의미하는 ______ 은/는 자살의 보호 요인으로 작용한다.

8. ______ 은/는 개인이 자신의 피부에 약하지만 고통스러운 상해를 반복적으로 가하는 장애로, 주로 부정적 감정(긴장, 불안, 자책감 등) 감소 또는 관계의 어려움 해소를 위한 목적으로 발생한다.

9. ______ 은/는 개인이 죽으려는 의도로 행하는 행동, 즉 ______ 이/가 핵심인 정신장애로, 이는 때로 자살시도 행동이 개인의 죽음으로 이어진 상태, 즉 ______ (으)로 이어진다.

10. 퀴블러-로스(E. Kübler-Ross)는 슬픔을 당한 사람의 애도과정을 ① 부인, ② 분노, ③ ______, ④ ______, ⑤ 수용 단계로 정리했다.

소집단 활동

자살 잠재성 검사

다음은 자살충동 잠재성을 알아보기 위한 문항입니다. 최근 자신의 느낌에 해당하는 난에 ✓표 하세요.

문 항	없음 (0)	아주 약함 (1)	약함 (2)	중간 (3)	강함 (4)
1. 슬프거나 침울한 기분을 느껴 보았나요?					
2. 하루 중에 기분이 아주 좋거나 나쁠 때가 있나요?					
3. 울어본 적이 있거나 그런 느낌을 받나요?					
4. 수면 상태가 좋지 않나요?					
5. 식욕감퇴가 있나요?					
6. 체중이 늘었나요?					
7. 변비로 고생하나요?					
8. 심장박동이 평상시보다 빠를 때가 있나요?					
9. 쉽게 피곤을 느끼나요?					
10. 생각을 하는데 고생한 적이 있나요?					
11. 평소보다 행동하는 것이 느리다고 느껴지나요?					
12. 불안해서 가만히 앉아 있기가 힘든가요?					
13. 미래에 대해 절망적으로 느끼나요?					
14. 쉽게 짜증이 나나요?					
15. 결정을 내리기 어려운가요?					
16. 자신이 쓸모없다고 느끼나요?					
17. 인생이 허무하다고 느끼나요?					
18. 없어지고 싶은 생각이 드나요?					
19. 자신이 하던 일에 여전히 불만족하나요?					
20. 근심하고 있거나 해본 적이 있나요?					
21. 이유 없이 두려워한 적이 있나요?					

문 항	없음 (0)	아주 약함 (1)	약함 (2)	중간 (3)	강함 (4)
22. 쉽게 당황하나요?					
23. 자신이 미쳐 간다고 생각하나요?					
24. 끔찍한 일이 일어나리라 느낀 적이 있나요?					
25. 최근 3개월 이내에 건강/근심거리로 전문가에게 상담을 받은 적이 있나요?					
26. 어떤 것도 도움 되지 못하는 고통을 느낀 적이 있나요?					
27. 자신의 체력이 좋다고 생각하나요?					
28. 수면제나 치료와 무관한 약물을 복용하나요?					
29. 누군가 날 돕고 이해해줄 사람이 있음을 느끼나요?					
30. 현재 상황을 바꿀 방법이 없다고 느끼나요?					
31. 시간이 지나면 일이 어렵게 될 것으로 생각하나요?					
32. 모든 일이 잘 안되어 가면 자신을 책망하나요?					
33. 과거에 대해 죄책감이 드나요?					
34. 벌 받을 만하다고 느껴 보았나요?					
35. 어려울 때 도와줄 사람이 없다고 느끼나요?					
36. 대중 앞에 설 때 당신의 외모가 문제가 되나요?					
37. 성내거나 참지 못한 적이 있나요?					
38. 주먹이나 팔을 내밀어 싸운 적이 있나요?					
39. 차례를 지킬 때 끼어들기 기회를 노리나요?					
40. 자살에 대해 얼마나 자주 생각하나요?					
41. 자살을 생각하는 이가 실제로 자살한다고 생각하나요?					
42. 자신을 의지하는 사람이 없다고 생각하나요?					
43. 최근에 죽음에 대해 생각해 보았나요?					
44. 자살 방법에 대해 생각해 보았나요?					
45. 누군가에게 자살하고 싶다고 말했나요?					
46. 자살시도를 해 보았나요?					
47. 자살한 이를 알고 있나요?					

하위 영역	문항 번호	문항 수
스트레스	1～3	3
신체변화	4～10	7
불안	11～15	5
우울	16～24	9
주변환경	25～31	7
자존감	32～36	5
분노	37～39	3
자살행동	40～47	8
전체	1～47	47

소감

Chapter 11

특수아

개요

- ☐ 특수아의 정의
- ☐ 특수아 지도 방안
- ☐ 지적장애
- ☐ 주의력결핍 과잉행동장애
- ☐ 자폐스펙트럼장애
- ■ 복습문제
- ■ 소집단 활동

학습목표

1. 특수아에 관한 법률의 관점에서 특수교육 대상자의 정의와 범위를 이해할 수 있다.
2. 특수아 지도 전략을 이해 · 숙지하여 학생지도와 조력에 반영할 수 있다.
3. 지적장애의 이해를 통해 지적장애가 있는 학생 지도와 조력에 반영할 수 있다.
4. 주의력결핍 과잉행동장애(ADHD)의 이해를 통해 이 장애가 있는 학생지도에 반영할 수 있다.
5. 자폐스펙트럼장애(ASD)의 이해를 통해 이 장애가 있는 학생지도에 반영할 수 있다.

교사는 다양한 상황에 놓여 있는 학생들을 돕는 위치에 있다. 학생들 중에는 지적장애, ADHD, 자폐스펙트럼장애, 영재성 등과 같이 특수 상황에 놓여 있는 학생들이 있다. 이들의 학교생활 적응을 돕는 것은 학교생활에서 안전감을 가지게 하여 학업집중력을 높여 줌으로써 지속적인 성장과 발달을 돕기 위함이다. 학교생활의 적응력은 학생의 회복탄력성[resilience], 즉 역경 극복과 적응력과 연관이 있다.

그러나 학생이 역경을 능히 극복하고 학교생활에 자연스럽게 적응할 수 있으려면 가정, 학교, 지역사회가 안전해야 함은 물론, 학생들이 학업에 집중할 수 있는 여건이 마련되어야 한다. 또한 건강한 신체와 정신, 그리고 문제해결 능력과 사회·정서적 기술이 뒷받침되어야 한다. 따라서 이 장에서는 ① 특수아의 정의, ② 특수아 지도 방안, ③ 지적장애, ④ 주의력결핍 과잉행동장애, ⑤ 자폐스펙트럼장애로 구분하여 살펴보기로 한다.

특수아의 정의

특수아[children with special needs]란 신체속성 또는 학습능력이 일반 아동과 달라 개별화된 특수교육 프로그램 및 관련 서비스가 필요한 아동을 말한다(Heward, 2018). 이들은 정신적 특성, 감각 능력, 의사소통 능력, 행동·정서 발달 또는 신체적 특성에 있어서 평균적·전형적인 아동과는 다른 아동이다(Kirk et al., 2009). 특수아의 범주에는 일반 교실 현장에서 채워질 수 없는 특별한 욕구를 가진 아동으로, 특별한 교육적 조치가 필요한 아동이다. 이 범주에는 영재아 외에도, 심한 또는 경미한 장애아 등 주로 법이 정한 법적 장애 아동과 법에서 정하지 않았으나 특수교육적 조치와 그와 관련한 서비스가 필요한 준장애 아동을 모두 포함한다(김영숙, 윤여홍, 2009).

우리나라의 특수아에 관한 법률로는 「장애인 등에 대한 특수교육법」(장애아 관련)과 「영재교육진흥법」(영재아 관련)이 있다. 특히, 「장애인 등에 대한 특수교육법」은 장애인 및 특수교육이 필요한 사람에게 교육 기회와 양질의 환경을 제공하기 위한 법률이다. 이 법에 따르면, '**특수교육대상자**(이하 '특수아')'는 시각·청각·지적·지체·정서행동·자폐·의사소통·학습·건강장애와 발달지체, 그리고 대통령령으로 정하는 장애에 해당하는 사람 중 특수교육이 필요한 사람으로 진단 · 평가된 사람이다.

이에 비해 「영재교육진흥법」은 재능이 뛰어난 사람을 조기에 발굴하여 잠재력을 계발할 수 있도록 능력과 소질에 맞는 교육을 하기 위해 제정한 법이다. 이 법에서 **영재** gifted and talented는 재능이 뛰어나, 타고난 잠재력 계발을 위해 특별교육을 받을 필요가 있는 사람을 가리킨다. 영재교육대상자는 일반지능, 특수학문 적성, 창의적 사고력, 예술적 재능, 신체적 재능, 기타 특별한 재능에 대해 뛰어난 성취가 있거나 잠재력이 우수한 사람 중 영재 판별 기준에 의거 판별된 사람이다. 여기서는 영재아를 제외한 특수교육 대상 학생을 중심으로 살펴보기로 한다.

특수아 지도 방안

통합교육 inclusive education(장애아동을 특수학교가 아니라 일반학교에 배치하여 비장애아동과 함께 교육하는 제도)의 필요성이 제기되면서, 우리나라에서도 통합교육은 점차 확대되는 추세에 있다. 교육부(2015) 특수교육통계 자료에 의하면, 특수교육 대상 학생 중, 일반 학교에서 통합교육을 받은 학생 수가 2004년 57.1%, 2008년 67.3%, 2015년 70.4%로 꾸준히 증가했다. 이처럼 통합교육을 받는 특수아 수의 증가로 인해, 일반 학교에서 특수아 지도를 위한 교사의 역할은 점점 더 중요해지고 있다. 이에 여기서는 특수아 지도에서 교사의 역할을 ① 중재반응, ② 전문가와의 협력, ③ 학부모와의 협력, ④ 지역사회와의 공조로 구분하여 살펴보자.

중재반응

첫째, 중재반응을 통해 특수아를 지도할 수 있다. **중재반응** response-to-intervention(RTI)이란 다양한 수준으로 중재한 후, 학생의 반응에 따라 적절한 수준의 지원을 결정하는 것을 말한다. 이는 흔히 3차원 모델로 개념화된다. **1차 중재**(보편적 중재)는 학교 차원의 중재로, 전교생을 대상으로 한다. **2차 중재**(개별화된 중재)는 개별 학생 또는 학급을 대상으로 특정한 지원을 제공한다. **3차 중재**는 2차 중재로 문제가 완전히 해결되지 않은 학생을 대상으로, 강도 높은 개별화된 지원을 제공하는 것이다.

특수아에게 최상의 교육 기회를 제공하기 위해 교사는 학부모 외에도 다른 전문가

(특수교사, 재활치료사, 사회복지사, 의사, 간호사, 상담교사 등)와 협력할 필요가 있다('공동협력'). 이를 위해 교사는 발달, 정서 및/또는 행동상의 문제가 있는 학생에게 다양한 형태의 도움을 제공할 수 있다(예 시력이 약한 학생을 교실의 앞자리로 이동 · 배치하기, 과제완수를 위한 시간 연장해 주기, 과제 분량 조정, 긍정적 행동에 대한 강화물 제공 등). 이처럼 교사는 전문가 의뢰에 앞서 다양한 형태의 중재를 제공하고 나서, 학생의 반응에 따라 적정한 정도의 지원을 결정하게 된다('중재반응').

전문가와의 협력

둘째, 전문가와의 협력을 통해 특수아를 지도할 수 있다. 특수아의 어려움을 해결하기 위해서는 포괄적 서비스가 필요하다. 특정 영역에서의 발달지체 또는 일탈은 다른 영역의 발달에 영향을 미치게 된다는 점에서 다양한 전문 영역의 협력적 접근이 요구된다. 이를 위한 핵심 주체는 일반교사, 특수교사, 상담교사다. 일반교사는 특수교사와 상담교사에게 특수아의 학업성취도, 사회성숙도, 필요한 지원, 의료적 요구사항, 보조장치, 상담 서비스에 관한 정보를 공유한다. 전문가와의 협력은 특수아의 교육과 치료 목표를 공유하고, 각자의 역할을 분담하여 함께 참여하고, 정기모임을 통해 학생의 진척을 지속적으로 모니터하는 것을 포함한다.

학부모와의 협력

셋째, 학부모와의 협력을 통해 특수아를 지도할 수 있다. 교사와 가족 · 부모와의 협력은 성공적인 특수아 지도에 필수적이다. 특수아 지도 시, 교사는 학부모와 파트너십을 형성하여 교육적 성과를 극대화한다. 학부모와 협력하는 경우, 교사가 기억해야 할 점은 특수아의 부모는 자녀의 장애 때문에 타인들로부터 거부 또는 차별받은 경험으로 인해 마음의 상처가 남아 있을 수 있다는 것이다. 자녀에게 장애가 있음을 알게 되는 것은 부모에게 당혹감, 좌절, 죄책감 등의 어려움을 준다.

이로 인해 특수아 자녀를 둔 부모들은 때로 교사의 학생에 대한 견해를 받아들이기 힘들어하고, 교사의 의도를 의심하거나 교사를 비난하기 쉽다. 따라서 교사는 공감적 이해를 통해 학부모의 조력자임을 진솔하게 보이되, 학부모에 대해 섣부른 판단, 비판, 설교하려는 행동은 삼간다. 단, 학생의 문제 · 부적응 행동의 정도가 심하다고 판단되는 경우, 조속한 시일 내에 외부전문가의 도움을 받도록 권한다. 필요한 경우, 특수교사를 통해 장애 정도에 따른 교육, 치료와 관련된 복지정책에 관한 정보를 제공한다(http://www.socialservice.or.kr).

지역사회와의 공조

끝으로, 지역사회와의 협력을 통해 특수아를 위한 도움을 극대화할 수 있다. 교사가 단독으로 특수아에게 필요한 자원을 모두 제공하는 것은 거의 불가능하다. 더욱이, 특수아마다 고유한 특성이 있으므로, 각자 필요로 하는 지원의 내용과 범위도 서로 다를 수 있다. 따라서 교사는 특수아와 가족이 필요로 하는 지원 서비스 제공을 위해 지역사회의 다양한 자원에 관해 알고 있어야 한다. 대표적인 예로는 특수아를 위한 정책 입안을 담당하는 행정부서가 있는 교육부(www.moe.go.kr), 보건복지부(www.mohw.go.kr), 여성가족부(www.mogef.go.kr) 홈페이지에는 관련 서비스를 받을 수 있는 기관에 관한 정보가 탑재되어 있다. 이 외에도, 주민센터, 건강가족지원센터, 정신보건센터, 청소년상담복지센터, 특수교육지원센터, 사회복지관, 장애인복지관, 보건소 등이 있다.

특수아는 단순히 심각한 장애를 가진 아동 · 청소년만을 의미하는 것이 아니라, 경미한 장애를 가진 준장애아동과 영재아를 포함하여 전반적 발달을 위해 특수한 교육적 서비스를 필요로 하는 모든 학생을 의미한다. 다음은 학교 현장에서 종종 만날 수 있는 ① 지적장애(지적발달장애), ② 주의력결핍 과잉행동장애(ADHD), ③ 자폐스펙트럼장애를 중심으로 이들의 특성과 지도방안을 살펴보자.

지적장애

지적장애Intellectual Disability는 종전에 정신지체mental retardation로 불렸던 장애다[DSM-5-TR에서는 '지적발달장애Intellectual Developmental Disorder(지적장애Intellectual Disability)'로 명명됨]. 지적장애의 주요 특징은 지능이 비정상적으로 낮아서 정신 활동(추리력, 문제해결, 계획 수립, 추상적 사고, 판단력, 학습 능력 등)에 제약이 있다는 점이다(APA, 2013). 이로 인해 이 장애가 있는 사람은 낮은 지능뿐 아니라, 개념적 · 사회적 · 수행적 적응 기능에 어려움이 수반된다.

정신지체가 지적장애로 명칭이 변경된 배경에는 진단명이 개인의 상태에 관한 기술이지, 개인의 가치에 대한 판단이 아님을 강조하면서 **낙인효과**stigma effect(사회제도나 규범을 근거로 특정인을 일탈자로 인식하게 되면 그 사람에 대한 부정적인 인식이 사라지지 않는 경향성)를 배제하려는 의도가 있었다. 미국의 경우, 2007년 1월 미국정신지체학회American Association on Mental Retardation(AAMR)는 미국지적장애 · 발달장애학회American Association and Intellectual and Development Disabilities(AAIDD)로 명칭을 변경함으로써 이러한 의도를 반영했다. 우리나라 역시 『장애인복지법』에 이어, 2016년 2월 『장애인 등에 대한 특수교육법』에서도 정신지체를 지적장애로 변경하여 사용하고 있다.

우리나라 「장애인 등에 대한 특수교육법 시행령」 제15조(특수교육대상자 선정기준)에 의하면, "지적 기능과 적응행동 상의 어려움이 함께 존재하여 교육적 성취에 어려움이 있는 사람"([별표]〈개정 2016. 6. 21.〉을 지적장애를 지닌 특수교육대상자로 지정하고 있다. 교육부의 '2020 특수교육통계'에 의하면, 2020년 특수교육대상자는 총 95,420명인데, 이 중 지적장애가 있는 특수교육대상자 수는 50,693명으로, 전체 특수교육대상 학생 중 가장 높은 비율(53.1%)을 차지했다.

발병 원인

지적장애의 발병 원인은 흔히 네 가지 범주, 즉 ① 유전/염색체 이상(예 다운증후군, 프래더위리증후군, 취약-X 증후군, 클라인펠터증후군 등), ② 감염성 질환(풍진, 매독, 인플루엔자 등), ③ 신진대사장애(페닐케토뇨증, 선천성 갑상선기능저하증), ④ 양육 환경 문제(외상성 뇌손상, 환경오염물질/중금속 독성물질 중독 등)로 구분된다. 이 외에도 극심한 빈곤과 불우한 가정에서 성장하면서 지능발달에 필요한 지적 자극을 받지 못하거나, 장기적인 아동학대 · 방치 경험, 가정파탄 등 생후 양육 환경 문제가 심각한 경우도 지적장애의 원인이 될 수 있다. 지적장애가 있는 학생은 기본적인 생리적 · 사회적 · 정서적 욕구가 있지만, 지적 기능과 적응행동상의 어려움을 보인다. 이들의 특성을 구체적으로 살펴보면 표 11-1과 같다.

표 11-1. 지적장애 학생의 특징

범주	특징
1. 인지	○ 단기기억 곤란 ○ 선택적 주의 집중 · 유지 곤란 ○ 모방학습과 우발학습(동기 또는 의도가 없는데도 이루어지는 학습) 능력 결여 ○ 학습 내용의 일반화 · 전이 곤란

2. 심리사회 · 행동	○ 낮은 학습동기와 학습된 무기력(노력해도 실패할 것으로 여김) ○ 외적 귀인 또는 통제소재를 사용함 ○ 타인을 쉽게 믿고, 긍정적인 반응 경향을 보임 ○ 사회적 기술 결여 ○ 사회적 상호작용과 관련된 정서에 어려움이 있음 ○ 다양한 문제행동이 있어서 기능적 행동사정과 긍정적 행동 지원이 요구됨 ○ 때로 유전적 증후군 관련 행동문제를 보임
3. 언어 · 소통	○ 언어발달 지체 또는 비정상성을 보임 ○ 사회적 기능 결함 관련 의사소통 문제가 있음
4. 신체 · 건강	○ 기초체력이 지체되어 발현되기도 함 ○ 감각(시력, 청력 등) 문제를 보임 ○ 유전적 요인으로 인한 건강문제가 있음

지도 방안

지적장애 학생의 지도 방안은 ① 학습지도, ② 내적동기 회복, ③ 긍정적 행동 지원 중심으로 살펴보면 다음과 같다.

학습지도. 첫째, 지적장애 학생의 학습지도 시, 인지적 · 심리사회적 특성과 주의집중, 모방학습 · 일반화 능력, 단기기억 등의 어려움이 있음을 고려한다. 지적장애 학생에게 학습은 성숙, 성장, 또는 연령에 따라 자연스럽게 발달하는 것이 아니라, 행동변화를 위한 연습 또는 경험을 통해 이루어진다는 사실을 염두에 두고, 반복학습 경험을 할 수 있도록 돕는다. 지적장애 학생의 학습지도 시 유의할 점은 글상자 11-1과 같다.

글상자 11-1. 지적장애 학생의 학습지도 시 유의할 점

1. 배울 준비가 되어 있을 때 지도한다.
2. 한 번에 한 가지씩 지도한다.
3. 진척이 있을 때 칭찬 · 격려한다.
4. 학생이 필요로 하고 원할 때 지도한다.
5. 지도시간을 짧게 한다.
6. 지도하는 동안 많은 대화를 나눈다.
7. 응용력이 부족하다는 점을 고려한다.
8. 일관성 있게 지도한다.
9. 산만한 주위 환경은 피한다.
10. 잘못했을 때는 침착하고 다정하게 대한다.

내적 동기 회복. 둘째, 동기는 의지를 포함하는 개념으로, **의지**will는 다양한 형태의 방해 요소를 극복하고, 목표행동을 지속적으로 실행에 옮기게 하는 힘이다. 교사의 열정, 온정, 공감, 기대 등의 학습 환경은 학생의 학습동기에 영향을 준다. 예컨대, 교사가 열정적으로 교과목에 대한 흥미를 전달하고, 교과 내용이 중요하다는 사실을 학생들과 소통하면서, 교과의 선수학습이 부족한 학생에게 기초 내용을 보완해 준다면, 성적은 능력이 아닌 학생의 노력으로 극복할 수 있다.

이처럼 어떤 예언 또는 생각이 이루어질 거라는 강한 믿음은 그 믿음 자체에 대한 피드백을 통해 행동을 변화시켜 그 믿음이 실제로 실현되는 현상을 **자기충족예언**self-fulfullment prophecy이라고 한다('자성예언' '피그말리온 효과'라고도 함). 교사가 학생에 대한 기대 수준에 근거하여 학생의 성적이 향상되는 현상이 그 예다. 인지주의 동기이론에 의하면, **귀인**attribution은 외적보다는 내적, 안정보다는 불안정, 통제 불가보다는 통제가 가능할 때 학습동기가 증가한다. 경도 지적장애의 경우, 부정적 경험 누적으로 인해 학습된 무기력, 외부지향적 성향, 자신에 대한 기대감 저하가 특징적으로 나타난다. 이들의 동기를 높이기 위해서는 글상자 11-2와 같은 방안이 필요하다.

글상자 11-2. 경도 지적장애아의 동기 증진을 위한 방안

1. 성공경험을 할 수 있는 과제를 제공한다.
2. 상호작용적 전략 교수법을 통해 학생의 학습 효능감을 높인다.
3. 인지행동적 전략을 적용하여 과제수행의 성공은 학생의 능력 결과로, 실패는 노력 부족으로 인식하게 하여 외부 지향성을 감소시키고, 성공 기대를 높이도록 돕는다.
4. 사람에 대한 긍정적 반응 경향성을 이용하여 사람과 관련된 활동 · 과제 또는 팀/또래 체계를 활용한다.

긍정적 행동 지원. 끝으로, **긍정적 행동 지원**positive behavior support(PBS)이란 문제행동의 감소 · 예방 및 긍정적/친사회적 행동 형성을 통해 이를 일상생활에 일반화할 수 있게 지원하는 종합적인 접근을 말한다(국립특수교육원, 2008). 이 접근은 1997년 미국의 「장애인교육법Individuals with Disabilities Education Act(IDEA)」에 '기능적 행동사정'과 함께 소개된 것으로, 잘못된 훈육이 학생의 문제행동을 초래할 수 있고, 교사의 행동이 변하지 않는 한, 학생의 문제행동도 변화시킬 수 없다는 가정에 기초하고 있다.

여기서 **긍정적 행동**은 학업, 일, 사회, 휴식, 공동체, 가족 환경에서 성공 가능성과 개인적 만족을 증대시켜 주는 행동이며, 지원은 모든 교육적 방법과 기회 증진과 관

련된 모든 체제의 변화와 방법을 가리킨다. 긍정적 행동 지원은 문제행동에 대해 처벌적 · 사후반응적 접근을 지양한다. 대신, 문제행동 예방을 강조하고 적응적 행동을 가르치며, 긍정적이고 교육적이며 연구에 기반을 둔 중재 기법의 사용을 강조한다(Schuermann & Hall, 2008). 이로써 이 접근은 문제행동을 보이는 특수아의 생활양식 변경에 도움을 제공함으로써, 학생 자신을 포함하여 주변인들의 삶의 질을 높이는 효과가 있다.

긍정적 행동 지원에서는 행동의 숨은 의도와 원인을 파악하기 위해 자연적 환경(가정, 교실)에서 행동기능을 평가하고, 즉각적인 선행사건뿐 아니라 행동 유발의 원인이 될 수 있는 주변 환경을 분석하여 환경적 중재를 한다. 또한 학생의 행동에 대한 대안적 중재와 결과 중재를 활용한 다양한 지원체계를 적용하여 도전적 행동, 생활 방식, 삶의 질 개선에도 초점을 둔다(김창호 외, 2008). 다른 특수아와 마찬가지로, 교사가 부모와 협력하여 일관성 있는 지도를 하는 것은 지적장애 학생의 발달과 적응을 위해 중요하다.

주의력결핍 과잉행동장애

주의력결핍 과잉행동장애 Attention-Deficit/Hyperactivity Disorder(ADHD)는 발달수준에 부적절한 정도의 ① 부주의inattention, ② 과잉행동hyperactivity, ③ 충동성impulsivity이 개인의 기능 또는 발달을 지속적으로 저해하는 것이 특징인 장애다. 이 장애는 주의력결핍장애attention deficit disorder와 과잉행동장애hyperactivity disorder를 병렬적으로 결합해 놓은 것이다. 이러한 증상은 만 12세 이전에 나타나며, 적어도 6개월 동안 발달수준에 적합하지 않고, 사회적 · 학업적 · 직업적 활동에 부정적 영향을 미칠 정도로 지속된다(APA, 2013). 주요 증상별 특징은 표 11-2와 같다.

표 11-2. ADHD의 증상별 특징

증상	특징
1. 부주의	○ 과제를 수행하지 않고 돌아다니기, 인내심 부족, 지속적 집중 곤란, 무질서
2. 과잉행동	○ 적절하지 않은 상황에서 과도한 운동 활동(여기저기 뛰어다님, 과도한 꼼지락거림, 두드리는 행동, 수다스러운 말)

3. 충동성	○ 심사숙고 없이 순간적으로 일어나는 성급한 행동과 연관이 있으며, 이러한 행동은 타인에게 해를 끼칠 가능성이 큼(주위를 둘러보지 않고 차도로 뛰어들기)

발병 원인

ADHD의 원인은 무엇인가? 아직 발병 원인에 대한 일치된 견해는 없다. ADHD는 생리적 장애로 간주되거나, 유전적 · 신경학적 · 사회심리적 요인으로 구분되기도 한다. ADHD에 관한 일련의 연구들은 화학적 불균형 또는 신경전달물질의 결함, 뇌의 글루코스 소모, 유전적 소인, 태아기 합병증, 뇌손상, 독소, 감염 등을 ADHD의 발병 원인으로 보고 있다. 그렇지만 ADHD의 발병이 사회적 · 환경적 요인, 식생활, 부적절한 양육 방식에 기인한다는 연구는 거의 없다. 그러나 ADHD로 진단된 아동 중에는 생리적 요인에 의한 것처럼 보이지 않는 아동이 있다. 이들은 다만 환경에 대해 증상으로 반응하는 것이 ADHD로 진단된 아동과 유사할 뿐이다.

특징

ADHD 아동의 특징은 ① 행동, ② 사회적 관계, ③ 인지기능, ④ 정서기능, ⑤ 신체기능, ⑥ 학교생활 영역으로 구분하여 살펴볼 수 있다(APA, 2013). 이러한 특징은 학업수행에 지장을 초래한다. 유의할 점은 증상이 단지 반항적 행동, 적대감 또는 과제나 지시 이해의 실패로 인한 양상이 아니어야 한다.

행동. 첫째, **산만함**distractibility과 **충동성**impulsivity, 즉 잠시도 가만히 있지 못하고 한곳에 머물러 있지 못하며, 극도로 말이 많다. 또한 욕구만족 지연의 어려움 때문에 극도로 요구적인 특징이 있다. ADHD 아동은 자신의 요구를 즉시 들어주기를 원하는 한편, 차례를 지키지 못하는 관계로 공유해야 하는 활동 참여에 어려움을 겪는다. 또한 다른 아동에 비해 위험한 행동을 하여 사고로 다치는 일이 잦다.

사회적 관계. 둘째, 또래관계 또는 사회적 규칙 준수에 어려움을 겪는다. 이들은 사회적으로 해야 하는 일과 해서는 안 되는 일을 기억할 수 없는 것처럼 행동한다. 즉, 사회적 규칙을 이해하지 못하고, 누군가 말해 주어도 이를 인식하지 못한다. 심지어 입으로는 규칙을 말하면서도 규칙을 따르지 않는다. 따라서 교사나 부모의 요구 또는 금지를 따르지 못한다. 예를 들어, ADHD 아동에게 어떤 일을 요구하면 곧바로 반대되는 일을 실행한다. 그 이유는 틀에 박힌 일이나 구조화된 일에 변화를 주기 어려워하기 때문이다.

만일 교실에서 책걸상 배열을 바꾸는 등 변화를 주고자 한다면, 이들은 변화에 적응하기 어려워할 것이다. 이들은 자기통제, 사회적 문제해결 기술, 또래관계 기술이 부족하고 다른 사람의 감정, 권리, 재산을 존중하기 어려워한다. 또한 다른 아동과 어른들에게 공격적이고, 압도적이며, 요구적인 특징을 보임으로써 사회적 문제를 초래하게 되어 다른 사람으로부터 외면당하게 된다.

인지기능. 셋째, ADHD 아동은 인지기능에 장해가 있어서 주의집중 시간, 단기기억, 초점 능력이 낮다. 이들은 정보 등록에 필요한 시간만큼 주의를 집중하지 못할 뿐 아니라, 알고 있는 사안에 관하여 의사소통하기에 충분한 시간 동안 집중하지 못한다. 이들은 시각적으로보다 구두로 정보를 처리하는 데 어려움이 있는 것처럼 보인다. 이들은 동작이나 촉감을 통해 학습하므로, 언어표현 발달지체 및 학습장애가 발생하게 되고, 이는 다시 인지기능 장해disturbance로 이어진다.

정서기능. 넷째, ADHD 아동은 갑자기 극도로 흥분하거나 우울에 빠지는 등의 정서 불안정과 외적 자극이 없는 상태에서도 다양한 기분 상태로 급격히 변환되는 특징이 있다. 즉, 뚜렷한 이유 없이 통제할 수 없을 정도로 분노를 표출하다가도 극도로 정감을 나타내거나 좌절을 견디기 어려운 것처럼 보이기도 한다. 이들의 미성숙한 정서 조절로 인해 다양한 형태의 짜증으로 이어지기도 하여 대인관계의 어려움을 겪게 된다. 이처럼 빈약한 정서 조절력에 의해 ADHD 아동은 흔히 자존감, 자신감, 자기가치감이 매우 낮다.

신체기능. 다섯째, 귀에 염증이 생기거나 상기도염upper respiratory infection, 알레르기와 같은 신체적 증상을 겪는다. 이들은 뼈의 발달이 제대로 이루어지지 않고 신체적으로 미성숙함에 따라 체구가 작거나 가냘픈 체격을 보이기도 한다. 또한 야간에 숙면을 취하기 어려운 관계로 수면주기가 짧은 특징이 있다. 특히, 고통에 대한 감내력은 비정상적으로 높아서 서슴치 않고 위험한 행동을 시도하기도 한다.

학교생활. 끝으로, ADHD 아동의 행동, 사회적 관계, 인지기능, 정서기능, 신체기능상의 특징들은 학교생활에 어려움을 겪게 되는 원인으로 작용한다. 이들은 자신이

해야 할 일에 초점을 맞출 수 없으므로, 교실에서 자리에 앉아 있지 못하고 수업에 집중하지 못한다. 이들은 행동 문제 및 사회적 문제로 인해 교실에서 소란을 피우고 교사의 지시에 잘 따르지 않는다. 이들은 학업장애, 주의집중 곤란, 취약한 청각정보 처리 능력으로 인해 학업수행에 어려움을 겪는다. 이러한 특징들은 대체로 초등학교 4학년경이 되면서 점차 심각한 문제행동으로 나타나기 시작한다.

ADHD 평정을 위해 개발된 검사 중, 자주 사용되는 검사로는 DePaul 외(1998)가 DSM 진단기준을 토대로 개발한 것을 번역한 한국판 ADHD 평정척도Korean ADHD Rating Scale(K-ARS)이 있다. 이 검사는 부주의성을 반영하는 9개 문항(홀수 문항), 과잉행동-충동성을 반영하는 9개 문항(짝수 문항), 총 18개 문항으로 구성되어 있다(그림 11-1 참조).

ADHD 평정척도(K-ARS)

※ 지난 일주일 동안 자녀가 집안에서 보인 행동을 가장 잘 기술한 번호에 체크해 주세요.

문항	전혀 그렇지 않다	약간 그렇다	상당히 그렇다	매우 자주 그렇다
1. 학교 수업이나 일 또는 다른 활동을 할 때, 주의집중을 하지 않고 부주의하여 실수를 많이 한다.	0	1	2	3
2. 가만히 앉아 있지를 못하고 손발을 계속 움직이거나 몸을 꿈틀거린다.	0	1	2	3
3. 과제나 놀이를 할 때, 지속적으로 주의집중에 어려움이 있다.	0	1	2	3
4. 수업 시간 또는 가만히 앉아 있어야 하는 상황에서 자리에서 일어나 돌아다닌다.	0	1	2	3
5. 다른 사람이 직접 이야기하는데도 귀 기울여 듣지 않는 것처럼 보인다.	0	1	2	3
6. 상황에 맞지 않게 과도하게 뛰어다니거나 기어오른다.	0	1	2	3
7. 지시에 따라 학업, 집안일, 또는 자기가 해야 할 일을 끝마치지 못한다.	0	1	2	3
8. 조용히 하는 놀이나 오락 활동 참여에 어려움이 있다.	0	1	2	3
9. 과제나 활동을 체계적으로 하는 데 어려움이 있다.	0	1	2	3

10. 항상 끊임없이 움직이거나 모터가 달려서 움직이는 것처럼 행동한다.	0	1	2	3
11. 공부나 숙제 등 지속적으로 정신적 노력이 필요한 일이나 활동을 피하거나 싫어하거나 하는 것을 꺼린다.	0	1	2	3
12. 말을 과도하게 많이 한다.	0	1	2	3
13. 과제나 활동에 필요한 것(장난감, 숙제, 연필 등)을 잃어버린다.	0	1	2	3
14. 질문을 끝까지 듣지 않고 대답한다.	0	1	2	3
15. 외부 자극에 의해 쉽게 산만해진다.	0	1	2	3
16. 자기 순서를 기다리지 못한다.	0	1	2	3
17. 일상적인 활동을 잊어버린다(예 숙제를 잊어버리거나 도시락을 두고 학교에 간다).	0	1	2	3
18. 다른 사람을 방해 · 간섭한다.	0	1	2	3

○ 총점: ________개
○ 부주의(홀수 문항 합): ________개
○ 과잉행동-충동성(짝수 문항 합): ________개

해석 총점이 19점 이상인 경우, 전문가와의 상담을 권유하지만, 미국소아과학회에서는 총점을 산출하는 방식보다는 부주의, 과잉행동-충동성 문항 각 9개 중 2(상당히 그렇다)와 3(매우 자주 그렇다)에 체크한 문항이 6개 이상인지를 확인하는 것을 권장하고 있음

주. 이 검사는 DSM 진단기준의 A 범주만을 포함하고 있으므로, 나머지 B~E 범주에 대한 정보는 면담 또는 심리검사 등을 통해 보완해야 한다.

[그림 11-1] ADHD 평정척도(K-ARS)

출처: DePaul et al. (1998).

지도 방안

ADHD 학생의 부주의, 과잉행동, 및/또는 충동적 행동은 학급의 면학 분위기를 해칠 수 있다. 이에 교사에게는 ADHD 학생의 특성 이해뿐 아니라, 이에 따른 수업 및 지도 전략의 습득과 적용이 요구된다. ADHD 학생이 있는 학급에 대한 교수 전략은 글상자 11-3과 같다.

글상자 11-3. ADHD 학생이 있는 학급에 대한 교수 전략

1. 자리를 일렬로 배치하고, 주의집중을 해칠 수 있는 환경적 요소를 최소화한다.
2. 옆자리에 차분한 학생을 앉히거나, 역할모델이 될 만한 학생과 같은 모둠에 배치한다.
3. 교실 내에 학생이 돌아다니다 앉을 수 있는 의자를 마련한다.
4. 지켜야 할 규칙을 분명히 알려 주고, 엄격히 적용한다.
5. 학교 일과를 알려 주고, 그날 할 일에 대한 목록을 작성하게 한다.
6. 짧게, 자주 쉴 수 있도록 배려한다.
7. 움직일 수 있는 기회를 준다.
8. 지시는 학생이 이해하기 쉽도록 단순하고 간략하게 한다.
9. 사소한 일에도 칭찬, 격려, 배려해 줌으로써, 학업 스트레스를 최소화한다.
10. 감당할 수 있는 한계를 정하고, 이에 따른 원칙을 적용한다.
11. 과제는 짧게 여러 번으로 나누어 수행할 수 있게 한다.
12. 강의식 수업을 지양하고, 다감각적 교수 방법을 적용한다.
13. 학업 기술과 정리정돈 기술을 가르친다.
14. 언어와 시각적 단서를 함께 사용하여 지시는 짧고 단순하게 한다.
15. 아동이 이동하기 전에 경고함으로써 혼란 또는 불복종을 피한다.
16. 과제를 게임이나 도전(예 종전의 기록을 깨도록 하기)하도록 하는 방식을 활용한다.
17. 아동이 어려움을 겪을 때뿐 아니라 잘하고 있을 때도 학부모와 자주 소통함으로써 협력관계를 유지한다.

ADHD 아동을 지도하기 위한 또 다른 방법은 학부모와 협력관계를 구축하는 것이다. ADHD 학생 부모와의 협력관계는 부모교육과 자문을 기반으로 한다. 부모들은 이미 자녀의 끊임없는 문제행동으로 인해 지쳐 있고, 이는 부모-자녀 관계에 부정적인 영향을 미쳤을 수 있기 때문이다. 자녀의 부주의, 과잉행동, 충동적 행동은 흔히 잘못된 양육으로 인한 것으로 여겨 부모들은 자녀양육에 대한 무력감, 죄책감, 상실감 등으로 심각한 스트레스를 받기 쉽다. 또한 자녀의 문제행동이 심각해질수록, 더 강압적인 지시와 처벌을 하게 되면서 부모-자녀 관계는 더 경직 또는 악화되기도 한다.

이에 ADHD 학생을 둔 부모를 위한 교육에서 교사는 무엇보다도 ADHD가 부모의 잘못 또는 그릇된 양육태도로 인한 것이 아니고, 자녀가 부모에게 반항하기 위해 문제행동을 보이는 것이 아님을 이해시켜야 한다. 또한 인지행동치료 또는 약물치료의 효용성을 인식할 수 있도록 도울 필요가 있다. 학부모들이 가정에서 ADHD 자녀 지도에 적용할 수 있는 부모역할 지침은 글상자 11-4와 같다.

글상자 11-4. 가정에서 ADHD 자녀 지도에 적용할 수 있는 부모역할 지침

1. 집안 환경을 산만하지 않은 공간을 조성한다.
2. 학생을 자극할 만한 것은 눈에 띄지 않게 치운다.
3. 주의집중 행동을 강화해 준다.
4. 짧은 시간에 마칠 수 있는 과제를 부과하되, 구체적이고 간결하게 지시한다.
5. 가능한 규칙을 만들고, 일관성 있게 적용한다.
6. 부모/다른 가족들이 모범을 보임으로써, 하루 일과를 정해진 시간에 할 수 있도록 돕는다(예 식사, 귀가, 취침 등).

학부모 교육 내용에는 ADHD에 관한 정보 제공, 가능한 치료 방법 안내, 정서적 지지 제공, 교사와 다른 교직원과의 의사소통 방법 등이 포함된다. 자녀 양육 또는 훈육에 관한 교육에서는 수용적 경청 기술, '나 전달하기' 같은 의사소통 기술, 효과적인 지시 방법, 결과와 타임아웃 설정 방법, 격려 방법, 그리고 가정에서 행동수정 프로그램을 고안하는 방법에 관하여 다룬다. 또한 학부모가 교사와 협력하여 ADHD 아동을 도울 방안을 모색하도록 돕는다.

자폐스펙트럼장애

자폐스펙트럼장애Autism Spectrum Disorder(ASD)는 ① 사회적·정서적 상호성reciprocity 결함, ② 사회적 상호작용을 위한 비언어적 의사소통 행동 결함, ③ 관계 발달·유지·이해 결함의 특징이 있는 장애다. 추가로, 제한적·반복적 행동/흥미와 활동이 반복적으로 나타나는 경우, 이 장애로 진단된다(APA, 2013). 여기서 **자폐**autism란 스스로 자自, 닫을 폐閉, 즉 자신만의 세계에 갇혀 지내는 장애라는 뜻이다. 이 장애의 명칭에 스펙트럼이라는 용어를 사용한 이유는 DSM-IV(APA, 1994)에 수록되었던 ① 자폐장애, ② 레트증후군, ③ 아동기 붕괴성장애, ④ 아스퍼거 장애가 증상 심각도의 차이만 있을 뿐, 연속선상에 존재한다는 연구 결과를 반영했기 때문이었다.

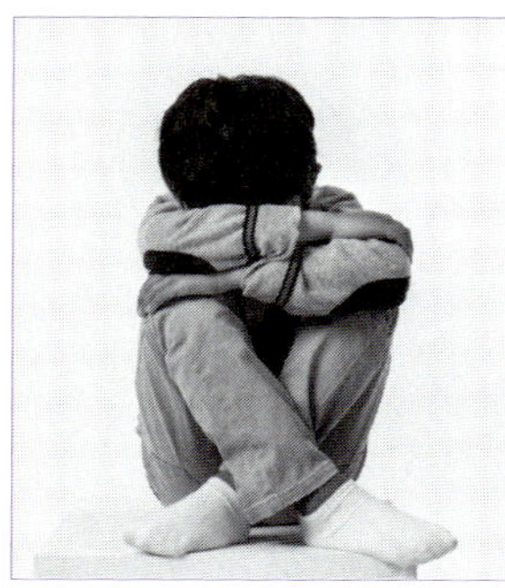

우리나라 「장애인 등에 대한 특수교육법」 제15조(특수교육대상자의 선정)에는 자폐성 장애가 있는 아동을 특수교육대상자로 규정하고 있다.

동법 시행령 제10조에는 자폐성 장애를 지닌 특수교육대상자를 "사회적 상호작용과 의사소통에 결함이 있고, 제한적이고 반복적인 관심과 활동을 보임으로써 교육적 성취 및 일상생활 적응에 도움이 필요한 사람"([별표〈개정 2016. 6. 21〉])이라고 정의하고 있다. 자폐스펙트럼장애(ASD) 아동의 특징에 관한 세부 설명은 표 11-3과 같다.

표 11-3. 자폐스펙트럼장애(ASD) 아동의 특징

범주	특징
1. 사회·정서적 상호성 결함	❍ 비정상적인 사회적 접근과 정상적인 대화 실패 ❍ 흥미 또는 감정 공유 결여 ❍ 사회적 상호작용의 시작 및 반응의 실패(사회적 미소 결여)
2. 비언어적 의사소통 행동 결함	❍ 언어적·비언어적 의사소통의 불완전한 통합 ❍ 비정상적인 눈 맞춤과 몸짓 언어 ❍ 몸짓의 이해와 사용의 결함 ❍ 얼굴 표정과 비언어적 의사소통의 전반적 결핍
3. 관계 발달·유지·이해 결함	❍ 다양한 사회적 상황에 적합한 적응적 행동의 어려움 ❍ 상상놀이 공유 또는 친구 사귀기 어려움 ❍ 또래에 대한 관심 결여
4. 제한적·반복적 행동·흥미·활동	❍ 단순 운동 상동증, 장난감 정렬, 물체 튕기기, 반향어, 특이 문구 사용 ❍ 작은 변화에 대한 극심한 고통, 변화의 어려움, 완고한 사고방식, 의례적 인사, 같은 길로만 다니기, 매일 같은 음식 먹기 ❍ 특이 물체에 대한 강한 애착/집착, 과도하게 국한되거나 고집스러운 흥미 ❍ 통증/온도에 대한 명백한 무관심, 특정 소리/감촉에 대한 부정적 반응, 과도한 냄새 맡기 또는 물체 만지기, 빛/움직임에 대한 시각적 매료

자폐스펙트럼장애의 발병은 출생 전·중·후에 야기되는 뇌 또는 생화학적 역기능, 즉 뇌 발달 이상 또는 뇌신경 손상과 관련된 것으로 알려져 있다.

지도 방안

자폐스펙트럼장애(ASD) 학생의 학습과 학교생활 적응을 돕기 위해서는 이 장애의 주요 특성(① 사회·정서적 상호성 결함, ② 비언어적 의사소통 행동 결함, ③ 관계 발달·유지·이해 결함, ④ 제한적·반복적 행동·흥미·활동)을 이해해야 하고, 이를 고려한 학급관리·지도 전략이 요구된다. ASD 학생이 있는 학급 관리 전략은 글상자 11-5와

같다(Pierangelo & Giuliani, 2008).

글상자 11-5. 자폐스펙트럼장애(ASD) 학생이 있는 학급 관리 전략

1. 구조화되고 예측 가능한 학급환경을 조성한다.
2. 해당 학생의 요구에 맞춘 시각적 일과표를 작성 · 제공한다.
3. 해당 학생에게 감각 과부하/과소화를 줄 수 있는 문제 영역에 대한 교수 계획과 비교수 활동을 고려한다.
4. 긴장을 이완할 기회와 영역을 제공한다.
5. 또래들과 의미 있는 접촉 기회를 제공한다.
6. 해당 학생의 변화를 위한 준비와 전이 계획을 수립 · 적용한다.

ASD 학생은 예상할 수 없는 상황에 불안을 느낀다. 그러므로 이 학생이 어디서 무엇을 하게 되는 구체적으로 예측할 수 있는 환경을 조성해 줄 필요가 있다. ASD 학생의 일과 계획은 전체 학생의 것과 맞추는 범위 내에서, 해당 학생의 요구에 따라 조정해줄 필요가 있다. ASD 학생은 흔히 활동, 환경, 또는 계획된 일과에 변화가 생기면, 심하게 스트레스를 받는 경향이 있다. 따라서 시각적으로 제작된 일과표는 필요한 변화를 이해 · 적응하는 데 도움을 준다. 삽화와 함께 제공되는 상황 이야기를 통해 새로운 상황에 학생을 준비시킬 수 있다. 이들은 시각자료(그림, 사진)에 대한 이해가 높다. 그러므로 활동 변화와 다음 활동을 예측할 수 있도록 시각적으로 제작된 일과표를 해당 학생의 책상 근처에 부착해 놓는 것이 도움이 된다.

감각 과부하/과소화는 ASD 학생에게 문제행동의 원인이 될 수 있다. 그러므로 이들의 좌절을 일으킬 수 있는 과제에 침착하게 대응할 수 있도록 유용한 감각경험의 기회를 제공해 주는 것이 좋다. 추가로, ASD 학생은 편안하게 휴식을 취할 수 있는 지정된 공간이 필요할 수 있다. 몸을 흔들거나 다른 자기자극 행동 같은 움직임을 원하는 학생은 이런 움직임을 허용하는 시간과 장소가 필요할 수 있다. ASD 학생에게는 특정 상황에서 어떤 행동이 기대되는지 가르칠 필요가 있다. 이런 사회적 행동은 또래와의 접촉 기회를 통해 학습될 수 있다.

공격 · 자해 행동. ASD 학생에 따라서는 타인의 머리채를 잡아당기거나, 갑자기 흥분하여 할퀴고 꼬집거나, 자기 뺨 또는 머리를 심하게 때리는 등의 공격 또는 자해 행동을 나타낸다. 특히, 청소년기의 ASD 학생은 자해 또는 타해 가능성이 있기 때문에 즉각적인 대처가 요구된다. 이들의 공격 또는 자해 행동은 주로 의사소통의 어려움으로 인한 경우가 많기 때문이다(Smith & Miller, 2014). 이처럼 발달장애가 있는 아동의 범주별 자해 행동의 기능은 표 11-4와 같다(Iwata et al., 1994).

표 11-4. 발달장애 아동의 범주별 자해행동의 기능

행동 범주	기능
1. 관심 끌기/접근	○ 원하는 것을 얻기 위한 부적응 행동을 나타낸다(예 교사 또는 급우들의 관심을 끌기 위해 다른 학생의 머리채를 잡아당기거나, 자기 뺨을 때리거나, 머리를 벽에 박는 등의 행동을 함).
2. 회피/도피	○ 싫어하는 것을 회피하려고 부적응 행동을 나타낸다(예 교사 또는 다른 학생에게 공격 행동을 보임으로써 원치 않는 과제 활동을 회피할 수 있음).
3. 감각자극 중심	○ ASD 학생은 자극이 필요할 때, 자해 행동(자기 뺨을 때리거나 머리를 벽에 박는 등)을 나타낸다.
4. 고통 경감	○ ASD 학생은 다양한 감각 자극에 민감 또는 둔감하게 반응한다. ○ 특정 소리 또는 자극에 민감한 경우, 그 자극으로 인한 고통을 피하려고 부적응 행동을 나타낼 수 있다.

표 11-4에 제시된 범주 외에도, ASD 학생의 공격/자해 행동의 원인은 다양하다. 이런 행동을 나타내는 학생에 대한 지도 방법은 글상자 11-6과 같다.

글상자 11-6. 공격/자해 행동을 나타내는 학생에 대한 지도 방법

1. 때리는 순간 제지한다.
2. 흥분을 진정/가라앉혀 주고 안정감을 준다(가슴 눌러 주기, 꽉 안아 주기, 손잡기 등으로 감각을 자극함).
3. '때리면 안 돼!'라는 말로 교육을 시작하여 부적응행동에 대한 적절한 대안 행동을 가르친다(예 손을 물 때, 퍼즐 맞추기를 시키거나, 반갑다고 다른 학생의 머리카락을 잡아당길 때, 하이 파이브를 하도록 지도함).

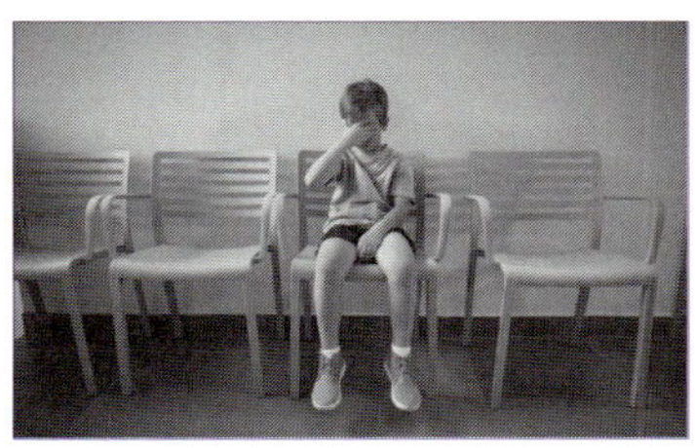

변화거부 행동. ASD 학생은 매일 아침 등교하는 즉시 교실로 가서 수업을 듣게 되는데, 현장학습을 가는 날처럼 교실이 아닌 운동장에서 버스를 타야 하는 경우, 이를 심하게 거부하고 교실로 간다고 고집을 부릴 수 있다. 이처럼 틀에 박힌 일과에서 벗어

난 행동을 해야 하는 경우, ASD 학생은 심하게 고집을 부리거나 난동을 피움으로써 교사 또는 다른 학생을 당황하게 한다. 이런 행동은 ASD 학생이 예측할 수 없는 상황에서 느끼는 불안에 기인한다. 이들은 사람, 장소, 물건에 집착하고 장면 전환에 적응하지 못해 공황 상태에 빠지기도 한다(김은진 역, 2005). 이처럼 ASD 학생의 **동일성**sameness**에 대한 집착**을 다루기 위한 전략은 글상자 11-7과 같다(Pierangelo & Giuliani, 2008).

글상자 11-7. 자폐스펙트럼장애(ASD) 학생의 동일성에 대한 집착을 다루기 위한 전략

1. 변화를 최소화하여 일관되고 예측 가능한 환경을 제공한다.
2. 시각적 일과표 사용을 통해 학생의 일과와 관련된 정보와 발생 가능한 변화에 준비할 수 있게 한다.
3. 사전에 시각적 · 청각적으로 변동사항을 알려 준다(예 현장학습 가는 날은 등교 전에 시각적 일과표를 보여 주면서 "오늘은 학교 가면 운동장으로 가서 버스 타고 현장학습 간단다."라고 반복적으로 알려 줌).

부모교육과 자문. 청소년기의 ASD 학생의 부모는 이미 자녀의 장애와 중재 프로그램에 관한 식견과 경험이 풍부할 것으로 예견된다. 이에 교사는 학부모의 경험, 지식, 그리고 특수교사와 다른 외부 전문가와 긴밀한 협력을 통해 ASD 학생의 교육과 지도에 임한다. 학부모와 협력관계를 구축하고, 학부모 자문의 효율성을 극대화하기 위해 고려해야 할 점은 글상자 11-8과 같다(Pierangelo & Giuliani, 2008).

글상자 11-8. 학부모 자문의 효율성을 극대화하기 위해 고려해야 할 점

1. ASD 학생을 둔 부모의 스트레스와 고민을 공감적으로 이해해 준다.
2. 학부모 면담에 앞서, 학생의 특성(장애, 병력, 과거 개입과 효과성, 강점과 성장 범위 등)을 파악한다.
3. 부모의 경험, 목표, 그리고 자녀에 대한 희망 등을 이해해 준다.
4. 학부모에게 학교 시스템의 작동 방법과 교육적 결정 방법에 관한 정보를 제공한다.
5. ASD 학생 지도와 교육 목표 수립을 위해 부모, 특수교사, 보조교사, 치료 전문가 등과 협력팀을 구성한다.
6. 부모의 협력을 극대화할 수 있도록 효과적인 소통계획을 수립 · 활용한다.

청소년기의 ASD가 있는 자녀를 둔 부모들은 자녀의 아동기에 보였던 열성적인 태

도가 누그러지고, 치료에 대해서도 많이 지쳐 있을 수 있으며, 장차 성인기 진입을 앞두고 자녀의 진로에 대해 고민이 클 수 있다. 학부모와는 면대면 자문뿐 아니라, 알림장, 가정-학교 간 의사소통 책, 노트, 편지, 전화 통화 등 다양한 방법으로 소통하고, 이들이 요구하는 소통방식과 빈도를 확인한다.

복습문제

다음 빈칸에 들어갈 말을 써 보세요.

1. 신체속성 또는 학습능력이 일반아동과 달라 개별화된 특수교육 프로그램 및 관련 서비스가 필요한 아동을 ______(이)라고 한다.

2. ______________은/는 장애인 및 특수교육이 필요한 사람에게 교육 기회와 양질의 환경을 제공하기 위한 법률로, 이 법에서는 특수아 대신, ________(이)라는 용어를 사용한다.

3. ________은 재능이 뛰어난 사람을 조기에 발굴하여 잠재력을 계발할 수 있도록 능력과 소질에 맞는 교육을 실시하기 위해 제정한 법이다. 이 법에서 ____은/는 재능이 뛰어나, 타고난 잠재력 계발을 위해 특별교육을 받을 필요가 있는 사람이다.

4. 다양한 수준으로 중재한 후, 학생의 반응에 따라 적절한 수준의 지원을 결정하는 것을 ______(이)라고 한다. 이는 흔히 3차원 모델로 개념화되는데, 2차 중재는 ______ 중재로, 개별 학생 또는 학급을 대상으로 특정한 지원을 제공한다.

5. 종전에는 정신지체로 불렸던 ______은/는 지능이 비정상적으로 낮아서 정신활동(추리력, 문제해결, 계획수립, 추상적 사고, 판단력, 학습능력 등)에 제약이 있다는 특징이 있다. 이로 인해 이 장애가 있는 학생은 낮은 지능뿐 아니라, 개념적 · ______ · ______ 적응기능에 어려움이 수반된다.

6. 어떤 예언 또는 생각이 이루어질 거라는 강한 믿음이 그 믿음 자체에 대한 피드백을 통해 행동을 변화시켜 그 믿음이 실제로 실현되는데, 이러한 현상을 ________(이)라고 한다. 교사가 학생에 대한 기대 수준에 근거하여 학생의 성적이 향상되는 현상이 그 예다.

7. 인지주의 동기이론에 의하면, ____은/는 외적보다는 내적, 안정보다는 불안정, 통제 불가보다는 통제가 가능할 때 학습동기가 증가한다.

8. 문제행동의 감소 · 예방 및 긍정적/친사회적 행동 형성을 통해 이를 일상생활에 일반화할 수 있게 지원하는 종합적인 접근을 ________(이)라고 하는데, 이 접근은 미국의 ______법에 기능적 행동사정과 함께 소개되었다.

9. ADHD, 즉 ______________은/는 발달수준에 부적절한 정도의 ① ______, ② 과잉행동, ③ 충동성이 개인의 기능 또는 발달을 지속적으로 저해하는 것이 특징인 장애로, ______장애와 과잉행동장애를 병렬적으로 결합해 놓은 것이다.

10. ① 사회적 · 정서적 상호성 결함, ② 사회적 상호작용을 위한 비언어적 의사소통 행동 결함, ③ 관계 발달 · 유지 · 이해 결함의 특징이 있는 장애를 ________(이)라고 하는데, 이 장애가 있는 아동은 사람, 장소, 물건에 집착하고 장면 전환에 적응하지 못해 공황상태에 빠지기도 하는데, 이러한 증상을 ______에 대한 집착이라고 한다.

소집단 활동

3일간의 소원

다음에 제시된 헬렌 켈러(Helen A. keller, 1880~1968)의 '3일간의 소원'을 읽고, 각자 소감을 나누어 보자.

보지도, 듣지도, 말하지도 못했던 헬렌 켈러의 소원을 아시나요? 딱 3일간만 세상을 볼 수 있게 해달라는 소원 한 가지였습니다. 헬렌 켈러는 '더도 말고 딱 3일간만 세상을 볼 수 있으면 좋겠다'는 소원을 빌면서 그 3일 동안 다음과 같이 살고 싶다고 말했다고 한다.

첫째 날, 눈을 뜨는 순간 나는 나를 평생 가르쳐 준 설리번 선생님을 먼저 찾아볼 겁니다. 그분의 인자한 모습, 끈질긴 집념, 사랑의 힘, 성실함 등의 모든 성품이 내 가슴 깊이 새겨져 있기 때문입니다. 그다음, 나의 사랑하는 친구들을 바라보겠습니다. 그리고 산과 들을 산책하면서 바람에 날리는 잎사귀의 모습, 아름다운 꽃의 색깔의 신비한 조화를 마음껏 보겠습니다. 그리고 저녁시간이 되면, 서쪽 하늘로 가라앉는 저녁노을을 보며 하루를 마무리하겠습니다.

둘째 날, 복잡한 거리에 나가 서서 지나가는 사람들을 보겠습니다. 그리고 메트로폴리탄 박물관에 진열된 역사의 작품들을 감상하며 인류의 발자취를 더듬어 보겠습니다. 그런 후에는 미술관에 가서 레오나르도 다빈치, 렘브란트 등 세계적인 화가들의 그림을 보면서 예술의 신비를 감상하고 싶습니다.

셋째 날, 마지막 날입니다. 먼동이 트는 햇살과 함께 일어나 바쁘게 출근하는 사람들의 모습을 보겠습니다. 또 거미줄처럼 줄지어 달려 가는 자동차의 움직임을 보면서 나는 극장으로 가겠습니다. 그 극장에서 공연되는 오페라 가수들의 노래와 우아한 동작, 그리고 영화에서 상영되는 명배우들의 연기를 감상하겠습니다. 그러다가 밤이 되면 아름다운 불빛 속에 즐비하게 늘어진 상점 안에 진열된 예쁘고 아름다운 상품들을 쳐다보다 집으로 돌아오겠습니다. 이렇게 시간을 보내다가 다시 나의 눈이 감겨질 때, 나는 하나님께 3일간의 귀중한 경험과 기회를 주신 것을 감사하면서 마무리 기도를 드리겠습니다.

소감

Chapter 12

다문화가정 학생

개요

- ▢ 다문화사회의 이해
- ▢ 다문화교육의 이해
- ▢ 다문화가정 학생 지도
- ■ 복습문제
- ■ 소집단 활동

학습목표

1. 생활지도에서 다문화교육의 중요성을 이해할 수 있다.
2. 다문화교육 관련 개념을 이해 · 설명할 수 있다.
3. 다문화교육의 목표 · 내용을 이해하여 학생 교육과 지도에 반영할 수 있다.
4. 다문화교육 역량을 갖춰 교사로서의 다문화 효능감을 높일 수 있다.
5. 다문화상담을 이해하여 다문화가정 학생 지도와 학부모 자문에 반영할 수 있다.
6. 다문화가정 학생의 학업발달, 진로발달, 개인 · 사회성 발달을 촉진할 수 있다.

최근 국가 간 인구이동이 활발해지면서 한국 사회는 다문화 시대로의 진입을 체감하고 있다. 이러한 분위기는 1990년대 산업연수 인력으로 외국인 근로자들이 국내에 대거 유입되면서 시작되었다. 이후 결혼, 사업, 취업, 학업 등 다양한 이유로 외국인들의 국내 유입은 가속화되었다. 주변에 외국인이 많아지다 보니 자연스럽게 한국인과 결혼하는 외국인이 늘었고, 국제결혼의 증가는 곧 다문화가정의 증가로 이어졌다. 2020년 국내 체류 외국인은 203만 6,075명(불법 체류자 포함)으로 전체 인구(5,182만 9,136명)의 약 3.93%에 해당한다(통계청, 2021).

그러나 비교적 짧은 기간에 다양한 문화적 배경을 지닌 외국인 수가 급증하면서, 서로 다른 문화, 전통, 관습, 종교로 인해 빚어지는 갈등은 새로운 사회적·국가적 쟁점이 되고 있다. 다문화 배경의 사회 구성원들은 언어적 한계, 문화적 관습 차이로 인해 사회부적응, 자녀교육 곤란, 가족원 간 갈등, 이혼, 주류사회 진입의 한계 등을 겪고 있는 상황은 사회적 갈등을 더욱 부추기고 있다.

이에 한국 정부는 2006년 「재한 외국인 처우 기본법」 제정으로 재한 외국인이 법적 지위에 따라 적정하게 대우받을 수 있게 했고, 2020년 「다문화가족지원법」 제정을 통해 다문화가족이 안정적인 생활 영위, 삶의 질 향상, 사회통합에 이바지하도록 돕고자 했다. 이에 예비교사 및/또는 교사의 다문화가정 학생 지도 역량 강화를 돕고자 이 장에서는 ① 다문화교육, ② 다문화상담, ③ 다문화가정 학생 지도, ④ 다문화교육의 전망에 관해 살펴보기로 한다.

다문화사회의 이해

베트남의 가수 겸 배우로 최고의 인기를 누리고 있는 하리원. 그녀는 베트남 패망 후 보트피플(망명을 위해 배를 타고 바다를 떠도는 사람들)의 일원으로 한국에 온 아버지와 한국인 어머니 사이에서 태어났다. 가난한 다문화가정에서 자란 그녀는 어린 시절부터 주변 사람들로부터 곱지 않은 시선을 받았다. 열 살 남짓할 때였다. "(초등학교 때) 친구들이 저한테 별명이 생겼다고, 저한테 별명을 지었다고 했어요. 저는 '이제야 친구들이 나를 친구로 인정해 주는구나' 하고 기뻐서 별명이 뭐냐고 물어보니 '잡종'이라고 했어요. 전 그때까지 잡종이 무슨 뜻인지 몰랐어요. 나름 신이 나서 집에 와서 엄마한테 잡종이 뭐냐고 물었죠. 그러자 엄마는 그냥 덤덤하게 제 손을 잡고 그 의미를 설명해 주셨어요. 그러면서 '너 잡종 맞다'고 하시더라고요. 정말 싫었어요." (내내 표정이 밝았던 그녀의 눈에 금새 눈물이 맺힌다.)

매년 증가하는 이주민 수는 우리 사회 전반에 걸쳐 변화와 개혁을 요구하고 있다. 이러한 현상의 배경에는 저출산과 인구 고령화로 인한 국내 인구분포의 변화와 이주민과 다문화가족의 지속적 증가가 있다. 다문화사회로의 이동은 다양한 인종과 민족이 뒤섞여 생활하게 되는 것 이상의 다차원적 변화가 요구된다. 그러나 적극적인 의미에서 다문화사회는 사회의 문화적 주류집단이 소수집단의 문화와 지위를 동등하게 인정해 주고 침해하지 않는 한도 내에서 인정하는 데 그치지 않고, 적극적으로 이들의 문화가 존속하도록 조치하는 것을 의미한다.

다문화사회의 정의

다문화사회multicultural society란 다양한 문화적 배경(언어, 민족, 인종, 종교, 관습, 가치관 등)을 지닌 여러 사회적 집단으로 이루어진 사회를 말한다. 이런 형태의 사회는 전통적으로 혈통 중심적 단일민족의식이 강한 한국 사회가 다문화가족과 함께 살게 된 상황은 예전에는 경험하지 못했던 도전이다. **다문화가족**multicultural family이란 내국인과 외국인이 결혼하여 가정을 꾸린 가족을 뜻한다. 이 용어는 종전의 혼혈가족(서로 다른 인종 사이에서 태어난 자녀에 초점) 또는 국제결혼 가족(국경을 초월한 결혼의 형태)같이 차별적이고 부정적인 이미지를 갖는 용어를 대체하기 위해 고안된 것이다.

다문화는 단일문화와 대조되는 개념이다. 좁은 의미에서의 **다문화**multiculture는 인종, 민족, 다양한 문화적 배경을 지닌 사람들이 공존하는 상태를 말한다. 그러나 넓은 의미에서는 단순히 피부색 또는 민족이 다른 사람들이 함께 살아가는 것만을 의미하지 않는다. 대신, 인구통계학적 배경(연령, 성별, 계층, 가치관, 종교 등)이 다양한 영역에서 상이한 문화적 집단이 사회에 공존하는 상태를 의미한다. 이런 상태는 '**다양성**diversity'

이라는 말로 불리기도 한다.

따라서 다문화사회로 일컬어지려면, 외국인이 주류문화에 동화 또는 흡수되지 않고 고유의 문화적 정체성을 유지하면서 거주할 수 있어야 한다. 예를 들어, 미국과 캐나다는 상당수의 소수집단이 고유의 문화적 정체성을 고수하면서 주류문화 속에서 더불어 살고 있다는 점에서 다문화사회로 간주할 수 있다. 이러한 변화 요구에 적극 대처하고, 국가와 민족의 공존과 번영을 위해서는 다문화교육이 선행되어야 한다.

다문화사회의 형태

다문화사회의 조성은 크게 두 가지 형태의 접근으로 나뉜다. 하나는 ① 동화주의적 접근이고, 다른 하나는 ② 다문화주의적 접근이다.

동화주의. **동화주의**[assimilationism]란 다수의 문화가 함께 있지만, 소수/비주류 문화들이 주류문화에 흡수되는 것을 지향하는 사상 또는 원칙을 말한다. 이러한 접근은 여러 민족의 고유한 문화들이 그 사회의 지배적인 문화 안에서 변화를 일으키고, 서로에게 영향을 주어서 새로운 문화를 창출하는 것을 지향한다. 1960년대까지 미국에 이주한 다양한 문화적 배경의 사회 구성원들이 주류집단인 **백인 · 앵글로-색슨 · 청교도**[White Anglo-Saxon Protestant](WASP) 문화에 녹아들도록 미국인으로 동화시키고자 했던 역사적 배경이 그 예다. 당시 미국 사회는 동화주의적 관점에 따라 다양한 문화의 공존을 지양하고, 사회 구성원들을 하나의 주류문화에 흡수하는 정책을 추구했다. 이처럼 동화주의는 소수 문화가 정체성을 상실하고, 다문화에 흡수됨으로써, 궁극적으로 단일문화주의를 추구한다는 점에서 종종 **용광로**[melting pot]에 비유된다. 동화주의와 상대되는 개념으로는 다문화주의가 있다.

다문화주의. **다문화주의**[multiculturalism]란 하나의 사회 또는 국가에 복수의 문화가 공존하는 것을 인정하는 한편, 문화적 다양성을 존중하는 사상 또는 원칙을 말한다. 이러한 원칙은 사회의 주류와 비주류 문화의 구성원 모두가 동등한 권리가 있음을 전제로, 다문화 보장, 주류와 비주류 사회 간의 상호이해 촉진, 소수민족 집단 간의 교류, 사회평등 보장, 구조적 불평등과 차별 극복, 사회통합 등 다문화사회를 위한 이념적 가치를 추구한다(구견서, 2003). 다문화주의에서는 특히 주류문화의 존재를 인정하지 않고, 다양한 문화가 평등하게 인정되어야 한다고 전제한다.

다문화주의를 표방하는 사회는 흔히 다양한 재료가 큰 그릇에 담겨, 하나의 음식이 되는 **샐러드 볼**salad bowl에 비유된다. 이러한 접근은 20세기 후반, 전 세계가 세계화 시대로 진입하면서 제기된 다문화교육 이론의 바탕을 이루고 있다. 이는 국가 또는 민족의 경계를 허물고, 이민자들이 주류문화에 동화되는 것이 아니라, 각자의 정체성을 확립 · 고수할 수 있도록 방향을 제시하고 있다. 다문화주의를 지향하는 사회는 다양한 인종, 언어, 문화를 가진 여러 집단의 사람들이 그들의 고유한 정체성을 잃지 않고 조화를 이루며 살아간다는 점에서 **모자이크 사회**mosaic society로도 불린다. 다문화교육은 다문화주의에 기초한다.

다문화교육의 이해

다문화교육multicultural education은 학생들이 가정, 학교, 사회에서 문화적 다양성을 수용 · 존중하고, 평등을 실천할 수 있도록 가르치고 지도하는 일련의 활동이다. 이 활동은 교육과정 개혁을 통해 학생과 교사가 다문화 역량을 갖추고, 사회정의를 실천할 수 있도록 돕는 교육실천 운동이다(Bennett, 2018). 이러한 점에서 다문화교육은 반편견 · 반차별 교육이다. 이는 학생의 문화적 배경(성별, 인종, 민족, 사회계층 등)을 토대로 편견 또는 차별에 대해 학생들이 비판적으로 사고하고, 다양한 사람들과 상호작용하며, 사회적 정의를 옹호할 수 있도록 가르치는 것이다.

특히, **평등교육**은 경제적 소외계층, 사회적 소수집단, 교육적 불평등을 겪는 학생에게 공평한 교육 기회의 제공을 목적으로 한다. 다문화교육은 서구의 민권운동과 반성적 시민운동에 기원을 두고 있다. 이는 서구적이면서 분열된 국가를 통합하기 위해 사회의 다양한 구성원 간의 공유와 참여를 강조한다(Banks, 2019). 이를 기반으로 다문화교육은 주류문화에 내재된 타문화에 대한 편견과 고정관념을 깨고, 비주류 문화권

사람들이 문화동화 과정에서 겪는 고통과 차별을 고착화하는 사회구조를 개선하며, 다양한 가치와 문화가 상존하는 사회를 지향한다(Banks, 2019).

다문화교육에서는 학교 구성원의 성별, 인종, 언어, 문화, 종교 등의 차이가 존중되고, 차이가 장점과 경쟁력으로 인정받을 수 있도록 지원한다. 이런 점에서 다문화 교육은 사회 또는 학교 구성원의 차이를 동등하게 인정하는 교육이다(Ghosh & Galczynski, 2016). 이에 다문화교육은 다양한 가치와 문화를 지닌 소수집단을 사회·학교 환경에서 통합하여 이들 소수집단 학생이 안전하게 교육받고, 역량을 발휘할 수 있도록 교사, 학생, 학교, 사회환경의 변화를 추구한다.

다문화교육의 의의

학교에서 다문화교육은 크게 두 가지 점에서 의의가 있다. 하나는 ① 사회 구성원의 성장과 역량 강화이고, 다른 하나는 ② 사회통합이다.

☐ **사회구성원의 성장과 역량 강화.** 첫째, 다문화 교육은 사회 구성원의 성장과 역량을 강화한다는 점에서 의의가 있다. 문화적 배경이 다양한 사람들과의 공존과 동반 번영을 위해서는 문화역량이 요구된다. **문화역량**cultural competency이란 다인종·다민족·다문화적 상황에서 민족, 문화, 언어 등 다양성에 대한 적절한 반응 능력을 말한다. 이는 타문화의 관점을 존중하고, 문화에 대한 인식awareness과 민감성sensitivity을 넘어서서 확장된 능력이다(Lynch, 2000). 다문화 교육에서는 다양한 민족, 인종, 계층, 성별, 지역 등 차이로 인한 다양한 집단의 문화를 이해하고, 문화적 가치를 존중하며, 문화적 차이로 인해 발생하는 편견 또는 갈등 문제를 적극적으로 대처 능력을 배양한다.

☐ **사회통합.** 둘째, 다문화교육은 사회통합을 지향한다는 점에서 의의가 있다. **사회통합**social integration이란 사회 구성원 전원이 지역 공동체 생활에 적응하고, 개인적 능력을 발휘하며, 사회의 중요한 일원으로 기능하는 상태를 말한다. 오늘날 사회·경제 발전에 힘입어 한국인들은 다양한 문화적 배경을 지닌 사람들과 더불어 살아가고 있다. 이러한 사회적 상황에서 다양한 인종, 민족, 문화적 배경을 지닌 사람들은 중요한 사회구성원으로서 동등하게 공존할 수 있어야 한다. **동등한 사회 구성원**이란 정치, 경제, 사회, 문화, 교육 등의 영역에서 소수집단이란 이유로 차별받지 않고 공정한 대우를 받는 것을 의미한다. 문화적 배경과 관계없이 사회 구성원들이 보편적으로 누리는 기본권이 실질적으로 보장될 때, 비로소 사회통합이 이루어졌다고 할 수 있다.

다문화교육의 의의를 정리하면 글상자 12-1과 같다(Banks, 2019).

글상자 12-1. 다문화교육의 의의

1. 타문화의 관점을 통해 자신의 문화를 조망하게 함으로써, 자기이해를 증진한다.
2. 문화적 · 민족적 · 언어적 대안을 가르친다.
3. 자문화, 주류문화, 타문화가 공존하는 다문화사회에서 요구되는 지식, 기능, 태도의 습득을 돕는다.
4. 인종적 · 신체적 · 문화적 특성으로 인해 소수집단이 겪는 고통과 차별을 줄여 준다.
5. 글로벌 · 첨단 기술 시대에의 적응에 필요한 읽기 · 쓰기 · 수리 능력의 습득을 돕는다.
6. 문화 공동체, 국가시민 공동체, 지역문화, 글로벌 공동체에서의 역할수행에 필요한 지식 · 기능 · 태도 습득을 돕는다.

다문화교육의 목표

다문화교육의 목표는 사회 구성원의 상호이해와 존중이다. 목표성취를 위해서는 이질적이고 익숙하지 않은 문화의 이해와 존중이 선행되어야 한다. 자문화에 대한 지나친 우월의식과 타문화에 대한 경시 또는 열등하다고 인식하는 사람은 문화적 개방성이 매우 낮은 상태에 있는 것으로 간주된다. 높은 수준의 문화적 개방성을 갖춘 사람은 문화적 상대주의 관점을 취하고, 문화 간 차이와 동등성을 인식한다.

급변하는 사회 분위기 속에서 사회통합을 이루려면, 구성원뿐 아니라 여러 측면(제도, 문화 인식 등)에서 다문화적 관점과 역량이 요구된다. 나아가, 다문화교육은 다양한 문화가 공존하는 공동체 구성원에게 요구되는 능력과 태도를 지닌 다문화적 시민성 함양을 목표로 한다. 다문화교육을 통해 학생들은 다양한 문화를 이해 · 존중하게 되고, 다양한 문화적 배경을 지닌 사람들을 사회적 동반자로 인식하게 된다. 이를 인지적 · 정의적 · 행동적 측면으로 구분하면 표 12-1과 같다(Banks, 2006).

표 12-1. 다문화교육의 범주별 목표

범주	목표
1. 인지적	○ 타문화의 의미, 특성, 가치의 반성적 이해 능력 함양
2. 정의적	○ 타문화의 가치와 정체성을 수용 · 존중하는 태도 함양
3. 행동적	○ 타문화를 존중하는 인식을 행동으로 실천하는 역량 함양

다문화교육은 자문화 · 타문화 학생을 포함한 사회 구성원 전체를 대상으로 한다. 다문화역량을 갖추는 것은 동시대를 살아가는 구성원 전체에게 필요한 과업이기 때문이다. 다문화교육 대상은 교육 내용에 따라 두 부류, 즉 사회적 · 문화적 소수집단과 주류집단으로 나눌 수 있다. 특히, 주류집단 구성원들에 대한 교육 내용은 다문화에 대한 개방성, 다민족, 다인종, 타문화권 사람에 대한 개방적 태도와 수용 등이 포함된다.

다문화교육의 내용

다문화교육은 타문화에 대한 개방적 태도 형성에 초점을 둔다. 다문화교육은 타문화에 대한 개방성을 진작시킴으로써, 자문화 중심적 태도에서 탈피하여 문화 간 차이를 인식하고, 타문화를 수용 · 존중하여 사회적 · 문화적 통합을 이룰 수 있게 한다. 타문화에 대한 개방적 태도 형성은 문화적 민감성에 기반을 둔다. **문화적 민감성**cultural sensitivity은 다문화가정의 학생이 자신의 문화가 존중받고 있는 느낌을 받을 수 있도록 학생의 문화와 관련된 지식, 기술, 태도 등을 인식하게 되는 것을 말한다. 다문화에 대한 민감성 발달은 일련의 과정을 거쳐 이루어진다(Bennett, 2018). 다문화 민감성 발달단계를 간단히 정리하면 표 12-2와 같다.

표 12-2. 다문화 민감성 발달단계

단계	특성
1. 부정	○ 자신이 속한 문화만이 진정한 문화로 여기고, 타문화와의 심리적 · 물리적 거리를 두며, 타문화에 대한 생각조차 피함
2. 방어	○ 타문화를 구분할 수 있으나, 자신의 문화만이 가장 좋고 세련된 것으로, 타문화는 열등한 것으로 여김
3. 경시	○ 문화 간 차이를 경시하면서 근본적으로는 자신의 문화와 같다고 여기며, 자신의 문화와 세계관을 보편적인 것으로 인식함
4. 수용	○ 타문화와 자신의 것과는 다르지만, 현실의 구성이라는 점에서 동등하게 복합적임을 인식함
5. 적응	○ 자문화 · 타문화의 세계관에 대한 관점을 유연하게 전환할 수 있는 능력을 갖추게 됨
6. 통합	○ 자신의 문화적 정체성을 특정 문화에 고착시키기보다는 포괄적인 것으로 확장함

표 12-2에 제시된 일련의 과정을 거쳐 통합 단계에 이른 사람은 다양한 문화의 가치를 이해 · 존중하는 동시에, 다양한 문화에 대한 이해를 토대로 폭넓은 경험을 통해 문화적 정체성을 재정립하게 된다. 다문화사회에서 교사는 자신이 근무하는 학교의 특정 집단에 대한 지식을 갖춰야 하고, 인간 행동에 대한 자신의 편견에 대해 점검해야 하며, 각 집단에 적절한 개입 전략을 사용할 수 있어야 한다(Sue, 2006).

다문화역량

다문화역량은 심리학, 교육학, 의학, 간호학, 경영학, 언론정보, 국제관계 등 다양한 분야에서 중요한 개념으로 조명을 받고 있다. 또한 문화적 역량과 문화적 민감성 등과 유사한 용어로 사용되고 있다. **역량**competence은 특정 직무 또는 상황에서 능숙하게 수행할 수 있는 개인의 내적 특성이다. **다문화역량**multicultural competence이란 개인이 속한 문화와 타문화의 이해를 통한 다문화 지식 습득, 타문화 집단에 대한 긍정적으로 수용하는 태도, 타문화와의 차이로 인한 문제의 해결 능력이다. 이 역량에는 다문화사회에서 타문화에 대해 편견과 차별 없이 수용하는 열린 자세가 포함된다.

다문화교육에서 교사는 중요한 역할을 담당하고, 학교에서의 변화를 주도하게 된다. 학생의 문화, 언어, 가치관의 차이를 인정하지 않는 교사는 학생을 주류문화에 편입 · 동화하는 교육을 하게 된다. 반면, 주류문화와의 차이가 학생의 자율성, 자존감, 효율성을 감소시킨다고 인식하는 교사는 학생의 문화적 배경을 반영한 교육 내용 또는 교수 방법을 사용하여 학생이 수업에서 소외되지 않도록 한다(모경환, 2009). 다문화교육에서는 집단 간 차이를 사회적 · 정치적으로 형성된 개념으로 이해한다. 이에 교사는 다문화교육에 앞서 자신과 사회에 뿌리내린 사회적 · 정치적 편견을 발견하여 인식의 전환을 추구해야 한다. 다문화교육은 목적, 그리고 대상자에 대한 교사의 태도, 지식, 행동에 따라 결과가 달라지기 때문이다(Benett, 2007).

교사의 다문화역량은 사회적 소수집단을 이해하고, 다문화가정 학생들의 사회적 · 문화적 요구에 민감하며, 이들의 성공적인 학교생활을 도울 수 있는 능력ability과 수행력performance을 의미한다. 이러한 역량은 특정 계층에 대한 이해를 토대로 교사의 교수 내용과 방법, 학생 · 학부모와의 상호작용에 미치는 영향을 성찰하는 과정을 통해 길러진다.

다문화역량의 향상은 다문화효능감 증진으로 이어진다.

다문화효능감multicultural efficacy이란 다문화가정 학생들이 포함된 교육 장면에서 이들을 효과적으로 가르칠 수 있다는 자신감을 말한다. 이는 다문화교육 수행에 영향을 미치는 중요한 요인이다. 다문화효능감이 높을수록, 교사는 다문화교육 환경에서 학생들을 더 잘 가르치고 지도할 수 있다. 다문화가정 학생에 대한 편견과 차별을 방지하고, 이들에 대한 이해와 조력을 위한 지침은 글상자 12-2와 같다.

글상자 12-2. 다문화가정 학생 이해와 조력을 위한 지침

1. 학생과 솔직하고 개방적으로 상호작용한다.
2. 교사 자신의 문화적 배경을 인식하고, 학생의 신념, 가치, 태도, 실행을 수용 · 존중한다.
3. 다양한 문화 관련 행사 또는 활동에 참여한다.
4. 학생을 특수 문화집단의 구성원으로, 독특하고 특별하다는 사실을 기억한다.
5. 인종/민족에 대한 편견을 자아내는 행동을 용납하지 않는다.
6. 학생에게 높은 기준을 설정하여 부정적 자성예언을 피한다.
7. 타 문화에 관해 잘 알고 있는 학생 또는 외부 전문가에게 그 문화에 관해 자문을 구한다.

다문화교육에 대한 오해와 편견

다문화교육에 대한 오해와 편견으로는 다문화 교육이 소수민족만을 위한 교육이라든가, 반서구적 특성이 있으며, 국가를 분열시킨다는 것이다(Banks, 2019). 그러나 다문화교육은 차이를 강조하지만, 분리교육이 아니라 사회 구성원 모두의 차이를 인정하고 통합을 추구한다. 또한 특정 인종 또는 민족을 위한 교육이 아니라, 모든 학생을 대상으로 하고, 민족적 · 문화적 다양성이 증대하는 세계 속에서 살아가는 데 필요한 지식, 기술, 태도를 함양하는 총체적인 교육개혁 운동이다(Banks & Banks, 2004). 다문화교육의 핵심 가치는 ① 문화적 다양성 수용과 인정, ② 인간의 존엄성과 보편적 인권 존중, ③ 세계 공동체에 대한 책임, ④ 지구상의 모든 사람에 대한 존중이다. 이러한 가치는 다문화교육의 윤리적 기반이지만, 아직 현실과는 다소 거리가 있다.

다문화가정 학생 지도

다문화가정의 학생 지도는 다문화교육을 위한 지식, 다문화역량, 그리고 이들의 가정, 학교, 지역사회 등 환경에 대한 이해가 선행되어야 한다. 앞서 언급한 것처럼, 한국 사회는 1990년대 중·후반을 기점으로 다문화사회로의 진입 조짐을 보이기 시작했다. 이러한 사회적 변화는 취업, 유학 외에도 아시아 여성의 결혼 이민자 증가, 즉 **이주의 여성화**feminization of migration가 한몫했다. 1990년대 초 중국과의 수교 이후 조선족 여성들의 대거 유입, 특정 종교의 신도로 한국 남성과의 결혼을 위해 이주한 일본, 필리핀, 중국(한족) 여성들, 그리고 2000년대 들어 사설 결혼 중개업체를 통한 동남아 여성들의 대거 입국이 그것이다.

결혼 이주 여성들은 자연스럽게 한국인 남성과의 혼인을 통해 다문화가정을 형성했다. 도시는 도시대로, 농촌은 농촌대로 이젠 적잖은 외국인 또는 귀화한 한국인들이 거주하고 있다. 이러한 추세에 따라 이젠 거리에서 또 학교 교실에서 다문화가정 학생을 만나는 일은 더 이상 특이한 일이 아닌 시대가 되었다. 2014년부터 2020년까지 초·중·고교에 재학 중인 다문화가정 학생 수 현황은 표 12-3과 같다.

표 12-3. 연도별 다문화 학생 수 현황 (단위: 명, %)

연도	학생 수			다문화 학생 수		
	초	중	고	초	중	고
2014	2,728,509	1,717,911	1,839,372	48,225/1.8	12,506/0.7	6,734/0.4
2015	2,714,610	1,585,951	1,788,266	60,162/2.2	13,827/0.9	8,146/0.5
2016	2,672,843	1,457,490	1,752,457	73,972/2.8	15,080/1.0	8,816/0.6
2017	2,674,227	1,381,334	1,669,699	82,733/3.1	15,945/1.2	10,334/0.6
2018	2,711,385	1,334,288	1,538,576	93,027/3.4	18,068/1.4	10,688/0.7
2019	2,747,219	1,294,559	1,411,027	103,881/3.8	21,693/1.7	11,234/0.8
2020	2,693,716	1,315,846	1,337,312	107,694/4.0	26,773/2.0	12,478/0.9

출처: 교육통계서비스. (KESS).

2020년 현재 다문화학생 국적별 분포 현황은 베트남 32%, 중국 24%, 필리핀 10%, 중국(조선족) 8%, 일본 6%, 캄보디아 4%, 우즈베키스탄 3%, 러시아 2%, 몽골 2%, 중

앙아시아 2%, 태국 1%, 기타 6%로 조사되었다(한국교육개발원, 2020).

다문화가정의 학생들은 흔히 사회적으로 취약한 환경에서 살고 있다. 예컨대, 결혼으로 인해 외국에서 이주한 어머니의 경우, 언어 등 다양한 이유로 한국 사회에의 적응과 자녀양육에 어려움을 겪고 있을 수 있다. 타문화권에서 교육받은 부모는 한국 학교의 체계 또는 특성 이해에 한계가 있다. 따라서 다문화가정 자녀가 가정으로부터 학교생활에 대한 안내와 조언을 받을 기회는 상대적으로 적을 수 있다. 게다가 교육의 가치에 대한 기대와 인식이 문화권에 따라 다르다는 점에서, 자녀의 학업성취와 학교생활에 대한 기대수준이 높지 않을 수 있다. 이러한 상황은 한국 사회에서 교육의 중요성을 강조하는 사회적 풍토와 차이가 있을 수 있고, 부모의 태도는 자녀와 교사에게도 영향을 줄 수 있다.

다문화가정의 학생들은 종종 사회적 차별, 교사의 몰이해, 경제적 곤란 등 다양한 부정적 경험을 하게 된다. 이는 이들의 자존감을 낮추고 부정적 자기상self-image을 형성하는 등 심리적·정서적 발달을 저해하게 되어, 스스로 자신감이 없고 소극적이라고 평가하게 된다(김미선, 2009). 다문화가정의 학생들이 학교생활에서 겪는 어려움은 크게 ① 개인 발달, ② 사회성 발달, ③ 학업 발달, ④ 진로 발달 영역으로 나눌 수 있다.

개인 발달

다문화가정 학생들이 겪을 수 있는 어려움의 첫 번째 영역은 개인 발달이다. **개인 발달**personal development은 학생의 자아정체감, 자기개념, 자기존중감(자기효능감, 자기가치감) 등 성격 형성에 영향을 주는 제반 요소들을 포함한 영역이다. **자아정체감**ego-identity은 '나는 누구인가'에 대한 총체적인 느낌과 인지를 말한다. 이는 개인의 독특성에 대해 안정된 느낌을 지니는 것으로, 행동·사고·느낌의 변화에도 자신이 누구인지 일관되게 인식하는 것을 말한다. 정체감은 자아의 내면 발달과 외부의 피드백을 통해 지속적으로 발달한다. 청소년기는 정체감 형성에 중요한 시기다. 만일 다문화가정 학생이 어려서부터 차별, 편견, 소외, 부정적 피드백을 받는다면, 이들은 자존감 손상, 부정적 자기개념 형성,

정체감 확립에 어려움을 겪게 될 수 있다.

특히, 다문화가정 학생이 정체감 형성과정에서 받게 되는 사회적 차별과 편견은 개인의 문화적 · 민족적 특성의 인식을 저해한다. 이들은 흔히 정체감 발달과정에서 자신에 대한 태도, 동일한 문화적 배경을 공유하는 집단, 다른 소수집단, 주류집단의 태도에 의해 영향을 받는다. 이 과정에서 학생은 자신에 대한 태도를 수정하게 된다. 정체감 발달이 순조롭게 진행된다면, 개인은 순응, 불일치, 저항 · 흡수, 자기성찰, 통합적 명료화, 그리고 인식 단계를 거쳐, 성숙한 수준에서 자신 또는 다양한 소수집단, 주류집단 모두에 대해 긍정적인 태도를 형성하게 된다. 그러나 정체감 발달이 순조롭지 않다면, 순응, 불일치, 또는 저항 · 흡수 단계에 고착될 수 있다. 이는 다문화가정 학생에게서 종종 관찰된다(Atkinson et al., 1997).

다문화가정 학생들은 흔히 부모와는 다른 내 · 외적 경험을 하게 되면서 독자적인 가치관과 생활양식을 형성한다. 이들은 어려서부터 최소한 둘 이상의 문화를 경험하고, 그 문화의 영향을 받는다. 이 과정에서 서로 다른 문화 속에서 겪게 되는 혼란은 이들의 정체감 형성에도 영향을 주게 된다. 이와 관련하여 다문화가정 학생들의 균형 있는 정체감 형성을 돕기 위한 지침은 글상자 12-3과 같다.

글상자 12-3. 다문화가정 학생의 정체감 형성을 돕기 위한 지침

1. 정체감 혼란은 청소년기에 흔히 겪게 되는 경험임을 알려준다.
2. 부/모의 출신 국가를 수용할 수 있도록 돕는다.
3. 특정 문화가 더 우월하거나 더 가치 있지 않음에 대한 인식을 돕는다.
4. 출신 국가의 경제 수준으로 학생을 평가하지 않도록 한다.
5. 주류집단과 다른 자신과 가족을 있는 그대로 수용하도록 돕는다.
6. 한국 문화와 부/모의 문화를 이해 · 수용하도록 돕는다.
7. 출신 국가와 한국의 문화적 전통을 수용하되, 자신만의 정체감을 확립하도록 돕는다.

사회성 발달

다문화가정 학생들이 겪을 수 있는 어려움의 두 번째 영역은 **사회성 발달**social development 이다. 다문화가정 학생들은 어려서부터 사회적 편견, 차별, 몰이해를 경험할 수 있다. 이러한 경험은 이들에게 부정적 정서(부적절감, 위축, 열등감, 억울감, 수치심 등)를 유발하여 정서발달에 부정적인 영향을 미친다. 이들이 경험하는 부정적 정서(불안, 분노,

우울, 두려움, 적대감, 역겨움 등)는 사회에 대한 불신, 타인에 대한 분노와 공격적 충동/행동, 인터넷 과다 사용 같은 행동과 부정적 대인관계로 표출되곤 한다(권오현 외, 2013).

부정적 정서의 지속은 이들의 자존감, 소극적 태도, 자기비하(김미선, 2009), 그리고 자기개념과 자존감 저하를 초래한다. 이는 다시 가족관계, 또래관계, 교사와의 관계로 이어져서 교칙 위반, 일탈행동의 원인으로 작용할 수 있다. 물론 다문화가정 학생의 정서발달과 대인관계 문제는 학생의 개인적 특성과 가정문제에 기인한 것일 수 있다. 다문화 교육의 핵심은 존중과 수용이다. 이에 교사는 다문화가정 학생들을 포함하여 전교생이 서로 존중하고 있는 그대로 수용하는 태도를 형성하도록 도울 필요가 있다. 모든 학생의 상호존중과 수용적 태도 형성을 돕기 위한 지침은 글상자 12-4와 같다.

글상자 12-4. 다문화가정 학생의 존중과 수용 경험 제공을 위한 지침

1. 학생의 표면적인 문제에만 집중하지 않는다.
2. 문제행동을 다룰 때, 비난으로 받아들여지지 않도록 한다.
3. 문제행동의 의도를 충분히 이해해 준다.
4. 학생의 말에 귀를 기울여서 충분히 표현할 수 있도록 돕는다.

다문화가정 학생이 부당한 대우 또는 차별을 받게 되는 경우, 소극적 대응으로 피해를 입거나 과도한 대응으로 곤란한 상황에 빠지지 않도록 적절한 자기주장[self-assertiveness] 능력을 길러 줄 필요가 있다. 이를 위한 다문화가정 학생의 지도지침은 글상자 12-5와 같다.

글상자 12-5. 다문화가정 학생의 자기주장 능력 향상을 위한 지도지침

1. 놀림 또는 괴롭힘을 당하는 학생에게 자신의 생각을 논리적으로 표현하는 방법의 습득을 돕는다.
2. 다른 학생의 언행이 자신에게 미친 영향을 명확하게 표현하는 연습을 시킨다.
3. 자기주장 행동의 효과에 관해 이야기를 나눈다.
4. 공격적 언행을 어떻게 자제 또는 표현했는지 면밀히 검토해 본다.
5. 괴롭힘 또는 차별을 받는 경우, 담임교사 및/또는 부모에게 조치하도록 요청하게 한다.

학교 안팎에서 또래관계에 어려움을 겪는 다문화가정 학생들을 돕기 위한 방안은 글상자 12-6과 같다.

글상자 12-6. 또래관계에 어려움을 겪는 다문화가정 학생들을 돕기 위한 방안

1. 친구들과 함께 할 수 있는 놀이를 탐색해 보게 한다.
2. 친구의 이야기를 잘 들어 주는 방법을 가르치고 연습해 보게 한다.
3. 사귀고 싶은 친구에게 다가가는 방법을 가르치고 연습해 보게 한다.
4. 친구가 어려운 상황에 처할 때, 돕는 방법을 가르치고 연습해 보게 한다.
5. 사귀고 싶은 친구에게 자신에 관해 무엇을 어떻게 알리면 좋을지 말할 기회를 준다.

학업 발달

다문화가정 학생들이 겪을 수 있는 어려움의 세 번째 영역은 **학업 발달**academic development 이다. 다문화가정 학생의 학업문제는 크게 ① 언어문제, ② 학업부진, ③ 학습 동기와 태도에서의 어려움으로 나타난다. **언어문제**는 부모가 한국어를 모국어로 사용하지 않는 가정상황에서 흔히 발생한다. 이 경우, 학생은 발음, 표현, 문법 등을 제대로 습득하지 않은 채서 초 · 중 · 고교에 입학하게 되면서 소통과 학업에 어려움을 겪게 된다. 설령 일상생활에서의 언어 사용에는 큰 문제가 없다고 하더라도, 글쓰기 또는 상위수준의 학습이 요구되는 경우, 다른 원어민 가정의 학생들에 비해 어려움을 겪게 된다.

다문화가정 학생의 언어적 제약은 학업은 물론 학교생활 전반에 부정적 영향을 미칠 수 있다. 이는 자연스럽게 학업부진으로 이어진다. 다문화가정 학생의 학업부진은 선행학습 부족, 가정에서의 지도 부재 등이 그 원인으로 작용한다. 학업부진은 학년이 높아질수록 더 현저하게 나타나는 경향이 있다.

학업부진은 이들의 학습 동기와 태도에 부정적인 영향을 미친다. 학업에 대한 긍정적 태도가 형성되지 않는다면, 이들은 학업부진 상태가 이어져 무동기 또는 학습된 무기력에 빠지게 될 수 있다. 다문화가정 학생이 학업문제를 겪는 경우, 문제가 악화되지 않도록 신속하게 개입한다. 학업부진 또는 결손누적이 발견되는 경우, 이를 돕기 위한 지침은 글상자 12-7과 같다.

글상자 12-7. 다문화가정 학생의 학업 능력 향상을 돕기 위한 지침

1. 한국어 읽기, 쓰기, 듣기, 말하기 능력 평가를 통해 언어발달 수준을 확인한다.
2. 현재 과목별 학업성취 수준이 몇 학년에 해당하는지 평가한다.
3. 학업동기가 낮은 학생에게 동기수준을 높이기 위한 도움을 제공한다.
4. 학업 목적, 그리고 공부를 잘하면 뒤따를 수 있는 결과를 생각해 볼 기회를 준다.
5. 공부와 진로의 관계, 그리고 공부의 필요성에 대해 논의한다.
6. 선행학습의 보충 계획을 함께 수립하여 학습을 도울 사람을 찾아 본다.
7. 현재의 공부 방법을 들어보고, 효과적인 학습 방법을 탐색한다.
8. 지속적인 지도를 통해 자율적인 학습 방법의 습득을 돕는다.
9. 학생의 흥미, 적성, 능력을 향상시킬 수 있는 방법을 모색·적용한다.
10. 진로·직업에 대해 긍정적인 태도를 형성하고, 미래에 대해 희망을 갖도록 돕는다.

진로 발달

끝으로, 다문화가정 학생들이 겪을 수 있는 어려움 영역으로는 **진로 발달**career development 이 있다. 다문화가정 학생의 진로 발달에 미치는 부정적 영향은 무엇보다도 학업부진으로 인한 진로에 대한 좌절감이다. 이는 자연스럽게 낮은 학업적 자기효능감, 낮은 진로 발달, 낮은 진로 포부로 이어질 수 있다. 둘째, 다문화가정 학생은 개인적·가정적·사회적 취약점으로 인해 다양한 진로장벽을 경험한다. 그뿐 아니라, 진로장벽의 극복 의지와 방법에서 어려움을 겪는다. 셋째, 바람직한 진로모델의 부재다. 다문화가정의 부모들이 대체로 사회경제적 지위가 낮다는 점을 고려할 때, 이들의 자녀들은 진로결정에서 상대적으로 취약한 부모의 역할모델을 기대하기 힘들 수 있다.

복습문제

다음 빈칸에 들어갈 말을 써 보세요.

1. 학생들이 가정, 학교, 사회에서 문화적 다양성을 존중 · 수용하고, 평등을 실천할 수 있도록 가르치고 지도하는 일련의 활동을 ________(이)라고 한다. 이는 교육과정 개혁을 통해 학생과 교사가 다문화 능력을 획득하고, 사회정의를 실천할 수 있는 교육실천 운동이다.

2. 좁은 의미에서의 ______은/는 인종, 민족, 다양한 문화적 배경을 지닌 사람들이 공존하는 상태를 말하는 반면, 넓은 의미에서는 인구통계학적 배경이 다양한 영역에서 상이한 문화적 집단이 사회에 공존하는 상태를 의미하는데, 이런 상태를 ______(이)라는 말로 불리기도 한다.

3. ________에서는 특히 주류문화의 존재를 인정하지 않고, 다양한 문화가 평등하게 인정되어야 한다고 전제한다는 점에서 ________에 비유되는 반면, 다수의 문화가 함께 있을 때, 소수 문화 또는 비주류 문화들이 주류문화에 흡수/동화되는 것을 가리키는 동화주의는 ______에 비유된다.

4. 다인종 · 다민족 · 다문화적 상황에서 민족, 문화, 언어 등 다양성에 대한 적절한 반응 능력을 ________(이)라고 한다. 이는 타문화의 관점을 존중하고, 문화에 대한 인식과 ______을/를 넘어서서 확장된 능력이다.

5. 사회구성원 전원이 지역 공동체 생활에 적응하고, 개인적 능력을 발휘하며, 사회의 중요한 일원으로 기능하는 상태를 ________(이)라고 한다.

6. __________(이)란 다문화가정의 학생이 자신의 문화가 존중받고 있는 느낌을 받을 수 있도록 학생의 문화와 관련된 지식, 기술, 태도 등을 인식하게 되는 것을 말한다.

7. 다문화 민감성은 ① 부정, ② _____, ③ 경시, ④ _____, ⑤ 적응, ⑥ _____ 단계를 거쳐 발달한다.

8. __________은/는 개인이 속한 문화와 타문화의 이해를 통한 다문화 지식 습득, 타문화 집단에 대한 긍정적으로 수용하는 태도, 타문화와의 차이로 인한 문제의 해결 능력을 의미하는 한편, __________은/는 다문화가정 학생들이 포함된 교육 장면에서 이들을 효과적으로 가르칠 수 있다는 자신감을 말한다.

9. 한국 사회가 다문화 사회로 변모하게 된 배경에는 취업, 유학 외에도 아시아 여성의 결혼 이민자 증가, 즉 __________ 현상이 한몫했다.

10. 비주류문화의 배경을 지닌 개인이 이전의 문화적 방식을 주류문화의 새로운 방식에 적용 · 적응해 가는 과정을 ________(이)라고 한다.

소집단 활동

감정 스토리

2인 1조로 나누어, 다음에 제시된 감정 단어 목록을 읽고, 각자의 감정에 해당하는 단어에 동그라미를 한 다음, 그 이유에 관해 이야기를 나누어 보자.

감정	감정 단어
□ 기쁨	❍ 감격 · 감동 · 감사 · 기쁨 · 낙천 · 날아갈 듯함 · 든든함 · 만족감 · 반가움 · 가슴 벅참 · 놀람 · 뿌듯함 · 살맛 남 · 시원함 · 싱그러움 · 짜릿함 · 쾌적감 · 통쾌감 · 포근함 · 푸근함 · 환상적 · 후련함 · 흐뭇함 · 홍분감
□ 분노	❍ 가혹함 · 고통스러움 · 골치 아픔 · 괘씸함 · 괴로움 · 구역질 남 · 경멸감 · 증오심 · 기분 상함 · 꼴사나움 · 끓어오름 · 노함 · 떨떠름함 · 모욕감 · 무서움 · 배신감 · 복수심 · 북받침 · 분개 · 분노 · 불만감 · 불쾌감 · 섬뜩함 · 소름끼침 · 속상함 · 숨막힘 · 실망감 · 쓰라림 · 씁쓸함 · 약오름
□ 슬픔	❍ 가련함 · 가슴 아픔 · 걱정 · 고단함 · 고독감 · 고민스러움 · 공허감 · 괴로움 · 구슬픔 · 권태감 · 근심 · 낙담 · 두려움 · 무거운 마음 · 멍함 · 가슴 미어짐 · 부끄러움 · 불쌍함 · 불안감 · 불행감 · 비참함 · 서글픔 · 서러움 · 섭섭함 · 소외감 · 속 썩음 · 슬픔 · 실망감 · 쓰라림 · 쓸쓸함 · 가슴 아림 · 아쉬움 · 안타까움 · 암담함 · 앞이 깜깜함 · 외로움 · 우울감 · 울적함 · 음울함 · 음침함 · 의기소침 · 절망감 · 좌절감 · 지루함 · 한스러움 · 허전함 · 허탈감 · 가슴 허함
□ 즐거움	❍ 가벼운 마음 · 가뿐함 · 경쾌감 · 고요함 · 명랑 · 밝음 · 산뜻함 · 상쾌감 · 상큼함 · 신남 · 유쾌함 · 당당함 · 즐거움 · 쾌활함 · 편안함 · 홀가분함 · 확신감 · 활력감 · 활발함 · 흐뭇함 · 홍분감 · 희망감

소감

Chapter 13

학부모 면담

개요

- ☐ 학부모 면담의 정의
- ☐ 학부모 면담의 절차
- ☐ 학부모 면담의 전략
- ☐ 교사를 힘들게 하는 학부모의 태도
- ■ 복습문제
- ■ 소집단 활동

학습목표

1. 학부모 면담의 정의를 설명할 수 있다.
2. 학부모 면담의 절차를 이해하여 실제에 적용할 수 있다.
3. 학부모 면담의 전략을 이해하여 면담의 효과성 증진을 위한 자료로 활용할 수 있다.
4. 교사를 힘들게 하는 학부모의 태도를 이해할 수 있다.
5. 학부모 면담 전략을 숙지하여 실제에 반영할 수 있다.

생활지도에서 학부모 면담은 어떤 기능을 하는가? **학부모**學父母란 학생의 아버지 또는 어머니로서, 학생을 보호할 책임이 있는 사람을 가리킨다. 또한 법적으로는 미성년자에 대해 친권을 행사하고, 법적 의사결정권을 가지고 있는 사람을 의미한다. 학부모는 일반적으로 출생부터 학생의 양육과 교육을 책임져 왔고, 학생의 장래에도 관심이 크다. 이런 특성이 있는 학부모가 학생과 함께한 기간에 비하면, 교사가 학생을 담임하는 1년은 그리 긴 시간이 아니다. 이러한 점을 고려할 때, 학부모는 학생 생활지도에서 협력해야 할 교사의 중요한 동반자다.

학부모와 관련된 용어는 특유의 성역할을 반영해 왔다. 즉, 종전에는 학부모 대신 '**학부형**學父兄'이라는 말을 사용했었다. 이 말은 '학생의 아버지 또는 형'이라는 뜻으로, 성차별적 의미가 있다고 해서 최근에는 거의 사용되지 않고 있다. 오늘날 주로 사용되고 있는 학부모라는 말은 성평등적인 용어로 보인다. 그러나 자녀의 교육에 주로 어머니가 관여하고 있다는 점에서 학부모는 마치 학생의 어머니에 대한 호칭처럼 사용되고 있다. 물론 예외가 있지만, 전통적으로 아버지는 가족을 부양할 책임이 있는 가장으로서의 정체성이 더 강하게 남아 있다.

교사는 학교에서 학생들에게 지식을 전달하고 기본적인 생활태도를 가르치는 교육자다. 이러한 본연의 업무를 수행하는 과정에서 교사는 학부모 면담을 통해 학생지도와 관련된 방안을 협의해야 할 때가 있다. 특히 학년 초가 되면, 교사는 학부모 총회 또는 전체 학부모 면담 시간에 학부모들과 만나게 된다. 이때 자연스럽게 자녀의 특성 또는 문제에 관해 이야기를 나누는 기회는 향후 교사와 학부모의 협력관계 구축과 학부모 면담을 위한 중요한 기틀이 된다. 이 장에서는 ① 학부모 면담의 정의, ② 학부모 면담의 원리, ③ 학부모 면담의 절차, ④ 학부모 면담의 전략, ⑤ 교사를 힘들게 하는 학부모 유형으로 구분하여 교사의 학부모 면담 역량을 높이기 위한 방안에 관해 살펴보기로 한다.

학부모 면담의 정의

부모는 아이가 뱃속에 있을 때부터 시작해서 자라는 내내 불안하다. 아이가 잘못될까 봐 늘 불안하고, 지금 아이를 제대로 키우고 있는 건지 또한 궁금하다. 부모역할이 게임이라면 하다가 리셋하고 다시 시작하면 그만이지만, 아이교육은 그럴 수도 없는 일이니 참으로 답답할 노릇이다. 첫 아이 때의 실수를 둘째에게는 하지 않으리라 다짐해 보지만, 막상 둘째를 가르치다 보면 성격도 다르고 상황도 바뀌어 불안은 여전하다. 그럴 때마다 아이를 다그치기도 하고 잘해 주려고 애써 보지만, 정작 아이는 "제발 날 가만히 내버려둬요!"라며 반항하기 일쑤다. 한 번 엇나가면 영원히 따라잡지 못한다는데, 아이와 실랑이할 때마다 가슴은 철렁 내려앉고, 두근거리는 가슴은 좀처럼 진정되지 않는다.

학부모 면담이란 교사가 학생의 부모 또는 보호자(가정에서 보호할 형편이 안 되는 만 19세 미만의 아동·청소년을 맡아 보호하는 사람 또는 기관)를 만나 학생의 당면문제 해결을 돕기 위해 협의하는 과정을 말한다. 이 과정의 목적은 학생을 돕는 것이다. 학부모 면담에서는 단순한 정보 공유에서부터 학생의 문제해결을 위한 협의에 이르기까지 다양한 사안을 다루게 된다. 이 과정은 학부모가 학생의 성장·발달을 잘 도울 수 있도록 교사가 돕는다는 점에서 자문의 성격이 짙다. **자문**consultation은 제3자를 돕는 과정에서 다른 전문직 또는 집단에 속한 두 전문가 사이에 자발적·협력적 관계에서 이루어지는 간접적인 활동이다(강진령, 2015).

학부모는 자녀(내담자)의 문제해결을 돕기 위해 전문가(교사)의 도움을 받는 피자문자의 위치에 있다. 자문자와 피자문자의 관계는 비위계적nonhierarchical 관계, 즉 어느 한 쪽이 더 크고 중요한 역할을 하는 주/종, 갑/을, 상전/하인 같은 관계가 아니다. 학생의 성장·발달을 도모한다는 공동 목표를 성취하려면, 교사와 학부모는 상호존중을 기반으로 협력해야 한다. 이러한 관계는 협력적 파트너십을 기반으로 한다. 교사와 학부모의

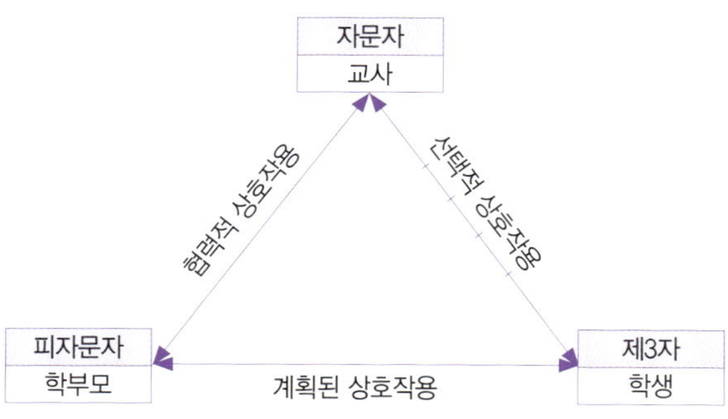

[그림 13-1] 학부모 면담의 3요소

협력적 파트너십 관계를 도식으로 나타내면 그림 13-1과 같다.

학부모 면담의 절차

학부모 면담은 5단계, 즉 ① 면담 전 준비, ② 면담 시작, ③ 문제 또는 안건 협의, ④ 면담 종결, ⑤ 추수면담으로 나뉜다.

면담 전 준비

학부모 면담 수행을 위해서는 준비가 필요하다. 학부모 면담에 앞서, 교사가 준비해야 할 사항으로는 ① 학부모 면담 요청(또는 학부모의 면담 요청 접수), ② 학부모 요구 이해, ③ 학생과 문제 관련 자료 분석, ④ 면담 공간 준비가 있다. 학부모 면담에 앞서 교사가 준비해야 할 일을 구체적으로 살펴보면 다음과 같다.

학부모 면담 요청. 첫째, 학부모에게 면담을 요청하거나 학부모의 면담 요청을 접수한다. 면담 요청은 주로 알림장 또는 전화로 이루어진다. 이때, 교사는 면담이 학생 문제에 대해 학부모를 질책하기 위함이 아니라, 함께 의논하여 최선의 방안을 마련하기 위한 것임을 전달한다. 이때 교사는 학부모가 자녀 문제로 소환 통보를 받고 학교를 방문하는 일('학교에 불려오는 일' '학교에 소환되는 불명예스러운 일')이 달갑지 않은 일임을 이해할 필요가 있다.

학부모 요구 이해. 둘째, 학부모의 요구를 이해한다. 이를 위해 교사는 학부모가 면담에서 알고 싶어 할 점 또는 요구사항을 미리 분석한다. 즉, 면담에 앞서 서신, 요구조사 등을 통해 면담에서 다루고 싶은 점, 궁금한 점, 또는 특기사항 등을 조사한다. 이렇게 수집한 자료는 학부모 면담 시간의 효용성을 높이는 데 유용하다.

학생과 문제 관련 자료 분석. 셋째, 학생과 문제에 관한 자료를 면밀하게 분석한다. 이는 학부모에게 학생의 문제해결에 깊은 관심이 있음을 전달하는 데 도움을 준다. 구체적인 자료에 근거한 설명은 학부모에게 훨씬 더 설득력 있고 이해에 도움을 준다. 학생에 관한 자료에는 학업성적, 진로 계획, 강점 · 장점, 수업 태도, 행동 특성, 또래 및/또는 교사들과의 관계, 특이하거나 비전형적 행동 또는 사건이 포함된다.

면담 공간 준비. 넷째, 면담을 위한 공간을 마련한다. 면담 장소는 다른 학생 또는 교사의 방해를 받지 않고 조용히 편안하게 이야기를 나눌 수 있는 곳이어야 한다. 일반 학교의 경우, 학부모 면담을 위한 공간이 별도로 마련되어 있지 않은 경우가 대부분이다. 그러므로 학부모 면담은 주로 담임 학급의 교실, 교무실, 또는 동학년 연구실을 활용한다. 그러나 특별한 경우, 보건교사 또는 전문상담교사의 양해를 얻어 보건실이나 상담실을 사용할 수 있다.

면담 시작

학부모 면담의 두 번째 단계는 면담의 시작이다. 면담 시작은 보통 ① 면담 참여에 대한 감사의 뜻 전달, ② 학부모 마음 이해, ③ 면담 사유 설명으로 진행된다. 학부모 면담 시작을 위해 교사가 수행해야 할 일을 구체적으로 살펴보면 다음과 같다.

면담 참여에 대한 감사의 뜻 전달. 첫째, 학부모에게 면담에 기꺼이 참여해 준 것에 대해 감사의 뜻을 전달한다. 학부모가 자녀 문제 때문에 학교 또는 교사로부터 호출되어 학교를 방문하는 일은 학부모에게 큰 부담을 줄 수 있다. 더욱이 경제적으로 어려운 가정의 경우, 학부모가 시간을 내어 학교를 찾는 일은 현실적으로 힘든 일일 것이기 때문이다.

학부모 마음 이해. 둘째, 따뜻한 시선과 표정으로 학부모를 맞이한다. 앉을 자리를 권하고 차나 음료를 제공하는 것은 학부모가 마음을 안정시키는 데 도움을 준다. 설령 학생의 문제로 인해 학부모를 호출한 상황이라고 하더라도, 교사는 단도직입적으로 문제가 된 사건 또는 학생의 부정적 측면에 관해 언급하지 않는다. 대신, 학생의 긍정적인 부분 또는 변화 등에 관한 말로 대화를 시작함으로써, 학부모가 편안하게 면담에 임할 수 있도록 한다. 학생에 대한 긍정적인 피드백으로 시작하는 경우, 학부모는 학생에 대한 교사의 관점이 긍정적이고 객관적임을 인식하게 되고, 긍정적 변화 가능성에 대해 기대할 수 있게 하는 효과가 있다.

면담 사유 설명. 셋째, 면담을 신청한 사유를 설명한다. 교사의 면담 요청은 보통 학부모로 하여금 자녀의 잘못 또는 문제행동에 관해 궁금증을 갖게 한다. 이에 교사는 학부모를 존중하는 태도로 면담을 요청하게 된 경위를 설명한다. 자녀의 문제행동으로 인한 것이 아니더라도, 학교를 방문한 학부모의 마음은 흔히 평가받는 느낌이 들어 불편해지기 쉽다. 또한 교사가 문제가 되는 자녀의 학업성적, 태도, 교우관계 등에 관한 언급은 학부모에게는 그에 대한 부정적 평가로 인식되기 쉽다. 학부모의 불편한 마음은 종종 방어적 태도를 유발한다. 이와는 달리, 학부모가 교사에게 면담을 요청하는 경우, 교사는 학부모가 면담을 요청하게 된 경위를 귀 기울여 경청한다.

문제 또는 안건 협의

학부모 면담의 세 번째 단계에서는 문제 또는 안건 협의가 이루어진다. 이 단계에서는 학생의 문제행동을 언급하고, 해결 방안을 논의한다('작업working'). 더 구체적으로 말하면, 문제 또는 안건 협의 단계는 ① 문제 정의, ② 교사의 평가 내용 공유, ③ 학부모의 관점 공유, ④ 해결 방안 모색 순으로 이루어진다. 이에 관해 구체적으로 살펴보면 다음과 같다.

문제 정의. 첫째, 문제 또는 안건을 정의한다. 문제를 어떻게 정의 · 규정하는지에 따라 문제를 다룰 수 있는 방향 또는 방법이 달라진다. 그러나 어떤 문제는 관점을 바꾸면 문제가 아닐 수도 있다. 사람들은 종종 한 가지 관점에서 문제를 보기 시작하면, 그 관점에 고착되어 다른 관점에서 조망하기 어려워하는 경향이 있다. 이처럼 고정된 관점은 상황을 신속하게 파악하는 이점이 있지만, 상황과 문제를 다양한 측면에서 살펴볼 수 없어 문제해결이 더디게 할 수 있다. 자녀에 대한 학부모의 관점이 고정되어 있다면, 새로운 관점에서 조망할 수 있도록 돕는 것은 학부모 면담을 통해 문제를 해결할 수 있게 하는 계기가 될 수 있다.

'원래 머리가 좋지 않은' 또는 '지능이 낮은' 학생이라고 하면 해결 가능성이 없어 보이지만, '학습 속도가 느린' 또는 '다른 학생보다 도움이 더 필요한' 학생으로 보면 해결 방안이 보인다. '매사에 느린' 학생으로 인식하면 가슴이 답답해지지만, '매사에 신중한' 학생으로 보면 꽤 괜찮은 특성으로 느껴진다. '반항적인' 학생이라고 인식하면 화가 나지만, '자기 생각이 뚜렷하고 주장이 분명한' 학생이라고 생각하면 큰일을 할 수 있는 자산으로 인식될 수 있다. 이와 관련하여 학생과 학부모에 대한 발상의 전환은 교사의 태도에 변화를 가져올 수 있다.

어떤 관계에서든 문제만 있는 것이 아니라, 긍정적인 측면도 있기 마련이다. 학부모 면담이 대부분 문제가 생길 때 이루어진다는 점에서 부정적이고 해결해야 할 문제에 초점이 맞춰지는 경우가 많다. 그렇지만 문제를 규정하는 과정에서 교사는 학생과 학부모의 관계에서 존속되는 것이 좋은 측면에 관해서도 학부모가 관심을 기울이도록 돕는다("현재 인우와 어머니의 관계에서 그대로 존속되었으면 하는 점은 무엇인가요?" "신주의 성격에서 변하지 않았으면 하는 점은 무엇인가요?"). 이러한 탐색 질문은 학부모가 자녀와의 관계에 긍정적 관심을 가지게 하고, 두 사람의 관계에 대해 낙관적인 태도를 형성하여 문제해결을 촉진한다.

교사의 평가 내용 공유. 둘째, 교사의 평가 내용을 학부모와 공유한다. 이 단계에서 교사는 학생의 문제행동과 관련된 기록과 객관적인 자료를 제시한다. 그러고 나서 학생의 종합적인 평가에 대한 학부모의 생각 및/또는 느낌을 듣는다. 이 경우, 일부 학부모는 "죄송하다" "다음에는 이런 일이 없도록 하겠다." 같은 말로 상황을 끝내려고 할 수 있다. 이에 교사는 학부모에게 이런 행동이 발생하게 된 이유, 이에 대한 학부모의 생각이나 느낌에 관해 질문·탐색한다. 학부모의 생각과 감정 탐색은 자녀와의 관계, 부모 역할의 효율성 탐색의 기회가 된다.

학부모의 관점 공유. 셋째, 학부모의 관점을 공유한다. 이 단계에서 교사는 학생의 문제와 관련하여 가정, 학교 밖, 이전 학년에 학생의 행동에 관한 학부모의 관점과 관심 정도를 파악한다. 또한 학부모가 생각하는 자녀의 강점, 장점, 자원, 취약점 등에 관해 탐색한다. 이러한 탐색은 학부모가 자녀의 어떤 점에 관심을 가져야 하는지에 관한 방향을 제시한다. 이 단계에서는 평소 학부모가 어떻게 자녀를 훈육하는지 또는 학부모와 자녀의 관계는 어떤지 탐색한다. 교사는 적극적 경청을 통해 학부모에게 자신의 강점과 문제점을 탐색·확인할 기회를 제공한다. 학부모의 언어적·비언어적 메시지를 귀담아듣는 것은 성공적인 학부모 면담을 위한 필수요소다.

또한 학교에서 나타내는 학생의 행동 특성과 관련하여 가정에서 보이는 자녀의 행동은 어떠한지, 이전 학년 또는 학교에서는 어떠했는지 등을 탐색한다. 만일 학부모의 보고 내용이 교사의 판단 또는 추측과 다르다면, 학생의 최근 학교에서의 행동이 달라진 이유가 뭐라고 생각하는지 학부모에게 묻는다. 이때 행동은 상호작용하는 대상의 성향, 반응, 그리고 상황적 요인에 의해 달라질 수 있음을 기억한다. 학생이 어떤 상황에서 긍정적 행동을 보이고, 어떤 상황에서는 부정적 행동 또는 문제를 나타내는지, 자녀의 강점 · 자원 · 취약점은 무엇인지 등에 관해 학부모와 협의한다. 또 학부모가 자녀 지도를 위해 사용했던 방법과 효과를 구체적으로 알아봄으로써, 효과적인 지도를 위한 자료로 삼는다.

해결 방안 모색. 넷째, 해결 방안을 모색한다. 학교에서 나타내는 학생의 행동 특성과 관련하여 가정 및 학교 밖에서의 행동은 어떠한지 학부모에게 문의한다. 이를 통해 교사는 학부모가 자녀를 어떻게 평가하고 있는지 파악하고, 자녀의 문제행동이 부모의 훈육 태도 또는 방식과 어떤 연관이 있는지 탐색하도록 돕는다. 이때 교사는 학생이 나타내는 문제행동과 관련된 훈육 방식을 탐색하여 함께 개선점을 모색한다(예 부모에게 존댓말 하기, 부모의 말 가로채지 않기, 부모의 허락을 받고 친구 집에 놀러 가기 등).

이 과정에서 교사는 학부모에게 "~게 하시는 게 좋을 것 같아요."라는 방식으로 조언하기보다는 "지금까지 사용해 오셨던 방식은 어떻게 바꿔 보면 좋을까요?"라는 형식의 질문을 사용한다. 만일 학부모가 마땅한 방법을 찾지 못하는 경우, "~하는 방법은 어떨까요?" "~한 방법이 효과가 있을까요?" 같은 질문을 한다. 학교와 가정에서 적용할 학생의 문제해결 방안에 관해 학부모와 협의 · 결정하고, 실행에 옮긴다. 실행 결과는 전화, 문자, 이메일, 면담 등을 통해 논의한다. 학부모 면담 과정에서 교사가 제공할 수 있는 도움은 글상자 13-1과 같다.

글상자 13-1. 학부모 면담에서 교사가 제공할 수 있는 도움

1. 심리적 지지와 격려를 통한 학부모의 실망/좌절감 해소
2. 학생의 발달 시기적 특징에 관한 정보 제공
3. 학생의 성장에 따른 훈육방식 변화의 필요성 인식 조력
4. 학생의 발달 수준에 적합한 행동수정 방안 탐색
5. 행동수정 방안의 적용법 소개, 모델링, 행동시연, 피드백 제공

만일 학생지도에 관한 조언이 필요하다면, 교사는 학생지도 경험이 많은 교장, 교감, 부장교사, 전문상담교사, 및/또는 보건교사에게 적극적으로 자문을 구한다. 그리고 필요한 경우, 이들에게 학부모 면담 참여를 요청하거나 외부 자원을 활용한다. 외부의 정신건강 전문가의 도움이 필요하다고 판단되는 경우, 학부모에게 해당 분야의 전문가 이름과 연락처 등의 정보를 제공한다. 교사가 정신건강 서비스에 관한 정보

를 챙겨서 학부모에게 전달하는 것은 학생과 학부모를 진정으로 염려하고 돌보는 마음에서 의뢰하는 것임을 간접적으로 전달하는 것이기도 하다.

면담 종결

학부모 면담의 네 번째 단계에서는 면담 종결이 이루어진다. 이 단계에서 교사는 학교에서 적용되는 규칙과 학생지도 방법을 학부모에게 상세히 알려 주고, 이 지도 방식을 가정에서도 일관되게 적용하여 실행 방안을 수립하도록 돕는다. 학부모는 훈육과 관련된 학생의 문제행동이 이미 오래전부터 점진적으로 습관화 · 고착화되어 단기간에 고쳐지기 어렵다는 사실을 알 필요가 있다. 이로써 쉽게 좌절하지 말고 인내심을 가지고 실행해나가야 한다는 사실을 인식할 수 있도록 돕는다. 또한 학부모가 계속해서 자녀에게 관심을 가지고 지도하고, 학부모의 강점 또는 자원을 발견 · 활용하도록 돕는다.

면담이 종결된 후, 교사는 학생이 사소한 것이라도 긍정적 변화가 보이면 학부모에게 전달하여 자녀의 변화를 위한 노력을 지지 · 격려한다. 아무리 자주 문제를 일으키는 학생이라고 하더라도, 사소한 긍정적인 변화 또는 성취한 점을 교사가 직접 칭찬 · 격려해 주는 것은 학부모의 마음을 편안하게 해 주는 효과가 있다. 만일 아무리 궁리해도 학생의 변화된 점을 찾을 수 없다면, 최소한 그동안 잘못하지 않은 때라도 찾아서 언급해 준다. 누구나 항상 잘못된 행동을 할 수는 없기 때문이다.

학생에 대한 칭찬과 격려는 교사의 중요한 일이다. 아무리 사소하고 작은 것이라도 교사가 학생의 긍정적 행동 · 성취 · 변화를 찾아내어 칭찬해 주고 격려를 아끼지 않는 것은 학생에게 깊은 관심이 있음을 보여 줄 뿐 아니라, 학부모에게도 모범을 보인다는 점('모델링')에서 적극 권장할 만한 일이다. 교사의 이러한 행동은 학부모에게 자녀의 긍정적인 행동이 아무리 사소하고 작더라도 관심을 가지면 보이고, 이를 찾아내서 칭찬하면 바람직한 행동은 더 자주 나타나게 된다는 강화 원리를 몸소 보여 주는 것이기도 하다. 면담 종결 단계에서는 추수면담을 위한 일정을 정하고 계획을 수립한다. 만일 학부모가 추수면담에 참석하기 어렵다고 하면, 문자, 이메일, 전화 등을 통해 반드시 후속적 논의가 이루어질 수 있도록 한다.

추수면담

끝으로, 추수면담은 학부모 면담이 종결된 후, 일정한 기간이 지난 다음 자녀지도 계획의 실행과정에서의 문제점과 실행 결과를 확인하고, 개선점을 협의 · 모색하기 위해 이루어진다. 만일 학부모가 자녀 지도를 계획대로 실행하지 못했더라도 핀잔 또는 책망하기보다는 실행 정도, 실행상의 어려움, 실행하지 못한 이유에 관해 탐색한다. 이때 학부모가 "한 며칠 하다가 말았어요."라고 말한다면, 교사는 "하루 하기도 쉽지 않았을 텐데 애 많이 쓰셨어요."라는 말로 최소한의 노력이라도 인정해 준다. 실제로 생업으로 인해 자녀교육에 신경 쓸 겨를이 없는 부모에게는 이 정도의 노력도 쉽지 않은 일일 수 있기 때문이다. 자녀지도를 위한 방안을 모색하는 과정에서는 예상치 않았던 결과 또는 문제점에 관해 의견을 교환한다. 또한 실행과정에서의 문제점은 어떻게 해결할 것인지 협의한다.

교육이 하루아침에 완성되지 않는 것처럼, 학생의 문제도 한 차례의 학부모 면담으로 해결되지 않을 수 있다. 문제해결 또는 학생이 성장하려면 대체로 많은 시간이 필요하다. 또한 문제는 나아지다가 다시 나빠지기도 하고, 또다시 나아지는 과정이 반복되기도 한다. 개인의 문제는 이미 습관화된 행동 또는 관계 패턴으로 고착되는 경향이 있어서, 일시적으로 생각 또는 행동을 바꾸더라도 새로운 습관으로 자리 잡기까지는 일정한 시간과 노력이 필요하다. 따라서 교사나 학부모는 학생의 문제가 이내 해결될 것으로 기대하지 않는 것이 현실적인 태도다.

학부모 면담 후, 교사의 조언을 학부모가 적용한 경우, 추수면담, 전화, 이메일 등을 통해 그 효과를 점검 · 협의한다. 이때 교사는 학생의 사소한 변화라도 칭찬 · 격려하고, 학부모에게도 자녀에게서 발견한 긍정적 변화에 대해 **개방형 질문**을 한다(예 "어머님께서 보시기에 그동안 현아에게 어떤 점이 조금이라도 나아졌나요?" "어머님께서 보시기에 그동안 연우가 아주 사소한 것이라도 어떤 칭찬받을 만한 행동을 했나요?"). 이런 질문은 학부모에게 긍정적 행동 또는 변화가 아무리 사소하고 작게 보이더라도 반드시 있다는 전제를 전달할 뿐 아니라, 긍정적 행동 또는 변화를 더 적극적으로 찾아보게 하는 효과가 있다.

반면, **폐쇄형 질문**(예 또는 아니오로 답하게 하는 질문유형)은 긍정적 행동 또는 변화가 있을 수도 있고 없을 수도 있음을 전제하는 것 같은 느낌을 줄 수 있다(예 "그동안 현아에게 뭔가 조금이라도 나아진 점이 있었나요?" 그동안 아주 작은 것이라도 현우가 칭찬받을 만한 행동을 한 게 있었나요?"). 또한 학부모에게 '없습니다.' 또는 '별로 없어요.'라고 쉽게 답할 수 있게 한다는 점에서 한계가 있다. 교사는 학부모에게 학생의 문제해결을 위해서는 지속적인 노력이 필요하다는 점을 강조하면서, 끈기와 인내심으로 이러한 노력을 계속하도록 학부모를 지지·격려해 준다.

교사는 판·검사가 아니다. 평소에 학부모에게 학생의 학교생활에 대해 알리는 알림장에 학생에게 문제가 되는 행동을 통보하거나 시정을 요구하는 내용만 기입할 필요는 없다. 여기에는 교육 목적을 위해 학생에 대한 칭찬 또는 학생의 긍정적인 변화와 태도에 관한 내용을 포함할 수 있다. 그렇다고 해서 교사에게 변호사 역할을 부과하는 것은 아니다. 다만, 학생에 대한 진정한 관심을 학부모와 공유할 필요가 있음을 강조하는 것이다. 학생에 대한 진정한 관심은 학생에게뿐 아니라, 학부모에게도 자주 전달될 필요가 있다. 그렇다면 학부모 면담을 성공적으로 수행하려면 어떻게 해야 할까?

학부모 면담의 전략

전략strategy이란 어떤 목표에 도달하기 위한 최적의 방법을 의미한다. 이에 학부모 면담의 전략은 학부모 면담의 목표성취를 위한 최적의 방법을 가리킨다. 여기서는 학부모 면담의 전략을 ① 학부모 면담의 걸림돌, ② 학부모 면담의 디딤돌로 나누어 살펴보기로 한다.

학부모 면담의 걸림돌

학부모 면담의 걸림돌, 즉 교사들이 흔히 범할 수 있는 실수로는 ① 심리분석 또는 해석적 말투, ② 다른 학생과 비교하는 언사, ③ 책임을 추궁하는 것 같은 어투, ④ 학부모의 사적인 문제 논의를 꼽을 수 있다. 이러한 요소들은 종종 성공적인 학부모 면담을 저해한다.

심리분석 또는 해석적 말투. 첫째, 학생의 문제행동을 심리적으로 분석 또는 해석하듯이 말하는 것이다. 교사는 전문적인 상담자, 심리치료자, 또는 정신분석가가 아니다. 더욱이, 학부모 면담은 누군가의 심리분석을 위한 시간도 아니다. 교사의 심리분석적 또는 해석적인 말투는 학생 및/또는 학부모를 폄훼 · 비난하는 것 같은 인상을 줄 수 있다. 이는 학부모의 강한 저항감을 일으켜 두 사람의 협력적 파트너십에 금이 가게 할 수 있다.

다른 학생과 비교하는 언사. 둘째, 다른 학생과 비교하는 행위다. 남과 비교하는 말은 설득이나 이해는커녕 상대를 등 돌리게 하는 행위다. 특히, 자녀의 문제행동을 다른 모범적인 학생과 비교하는 행위는 학부모에게 교사가 자녀에 대해 부정적으로 인식하고 있고, 간접적으로 비판 · 비난하는 것으로 오해를 불러일으킬 수 있다. 이런 오해는 부정적 감정을 초래하여 학부모의 마음이 닫히게 하여 더 이상의 협력을 기대하기 어렵게 할 수 있다.

책임을 추궁하는 것 같은 어투. 셋째, 학생의 문제에 대해 학부모에게 책임을 추궁하는 것 같은 언사를 내비치는 것이다. 학생의 문제행동은 종종 부모와의 관계를 비롯한 가정 문제와 연결되어 있다. 설령 그렇다 하더라도 학생의 문제행동의 원인을 전적으로 학부모의 책임으로 돌리는 것 같은 언사는 학부모와의 협력관계를 손상시킬 수 있다. 설사 학부모의 잘못에 기인한 것이라는 사실이 드러나더라도, 이를 직접적으로 지적하며 비판적으로 언급하는 것은 학부모의 저항과 방어적 행동을 초래할 수 있다. 그러므로 교사는 먼저 학부모의 입장을 충분히 공감적으로 이해해 주고 나서, 향후 어떻게 하는 것이 자녀에게 최선의 조치가 될 것인지에 대해 학부모와 협의하는 것이 학부모 면담의 목표 달성을 촉진한다.

학부모의 사적인 문제 논의. 끝으로, 학부모의 사적인 문제를 논의하는 일이다. 학생과 관련된 사안에 관해 이야기를 나누다 보면, 학부모는 때로 자신에 관한 이야기를 하면서 문제해결을 시도하는 것 같은 행동을 보일 수 있다. 학부모의 이런 행동은 교사에게는 마치 자신이 상담전문가인 양 학부모의 문제를 해결해 주고 싶은 유혹이 될 수 있다. 전문적인 상담자 교육과 훈련, 그리고 공식적으로 상담을 할 수 있는 자격증을 소지하지 않은 교사가 학부모를 상담하려 드는 것은 윤리적으로 합당하지 않을 뿐 아니라, 학부모 면담의 의미를 퇴색시킬 수 있다.

교사는 학부모 면담이 학생의 문제해결을 모색하기 위한 만남이지, 학부모의 사적인 문제를 다루기 위한 것이 아님을 기억해야 한다. 설사 학생의 문제가 부모와 연결되어 있다고 하더라도, 부모의 문제에 초점을 두고 그 문제를 해결하기 위한 상담 또는 심리치료 형태의 대화를 이어 나가는 것은 바람직하지 않다. 이는 학부모 면담의 본래 취지에 어긋나는 일이기 때문이다. 교사는 교육자이지 정신건강 전문가가 아니다. 학부모의 사적인 문제에 관한 이야기를 듣는 것은 교사에게 큰 부담이 될 수 있고, 학부모와의 협력관계를 저해할 수 있다. 그러므로 교사는 학부모의 문제해결을 위한 상담자 역할을 자제해야 한다. 대신, 학생의 성장을 위한 협력적 파트너로서, 수용적 · 공감적인 자세로 학부모를 이해 · 지지 · 격려해 주는 것이 훨씬 더 효과적이고 바람직한 선택이다.

학부모 면담의 디딤돌

학부모 면담을 성공적으로 수행하기 위한 디딤돌로는 ① 공감적 경청과 격려, ② 학생의 긍정적 변화에 초점, ③ 자료 기반의 문제행동 언급, ④ 협력관계 기반 문제해결 방안 협의, ⑤ 학부모와의 소통라인 설정이 있다.

공감적 경청과 격려. 첫째, 학부모의 이야기에 공감적으로 경청하고 격려해 준다. 학부모 면담에서 교사는 일방적으로 이야기하는 잘못을 범하지 않아야 한다. 대신, 학부모의 이야기를 공감적으로 귀 기울여 듣는다. 교사의 이러한 태도는 학부모가 교사를 자녀의 변화 · 성장을 위한 중요한 협력자임을 인식하게 한다. 특히, 학생의 잘못 또는 문제와 관련하여 학부모 면담을 하게 된 학부모의 불편한 심정을 공감적으로 이해해 줌으로써, 학부모가 편안한 마음을 가질 수 있도록 배려한다. 학부모에 대한 교사의 공감적 진술의 예는 대화상자 13-1과 같다.

대화상자 13-1. 교사의 공감적 진술 예시

> **교사:** 어머니께서는 직장도 다니시고 집안일도 바쁘실 텐데, 진아의 학업을 일일이 챙겨 주셔서 진아가 성격도 밝고 씩씩한가 봐요. 부모님의 든든한 지원을 받는 아이라는 게 학교생활에서도 잘 드러난답니다(부모와 학생의 강점을 연결 지어 부각함). 그런 어머니의 관심과 세심한 보살핌이 이제 진아가 중학생이 되었으니 조금 다른 방식이 필요한 때가 되었나 봐요.

대화상자 13-1에서 교사는 변화가 필요한 점에 대한 교사의 판단과 조언을 제시하되, 부모가 그동안 잘못 지도했음을 지적하는 것 같은 언사가 아니라, 발달시기에 걸

맞게 부모의 지도 방식에 변화가 필요할 것 같다는 의견을 제시하고 있다. 이러한 방식의 조언은 학부모에게 방어적이지 않아도 되고, 교사와 함께 어떤 변화가 필요한지 탐색해 볼 용기를 갖게 한다.

학생의 긍정적 변화에 초점. 둘째, 학생의 긍정적 변화, 즉 진척과 성장에 초점을 맞춘다. 학부모 면담에서 교사가 학생의 긍정적 측면과 변화에 초점을 맞추는 것은 자녀를 위한 아무리 작고 사소하게 보이는 노력이라도 학부모에 따라서는 그것이 얼마나 하기 힘든 일인지를 가슴('공감')과 머리('이해')로 알아주는 것이다. 학생에 대한 긍정적 피드백은 학생 자신과 부모/보호자에게도 고무적인 영향을 줄 수 있다. 교사에게 인정받는 것은 학생에게 긍정적인 영향을 줄 뿐 아니라, 학부모에게도 자녀를 칭찬해 줄 단서로 작용한다. 또한 학생의 학교생활에 대해 자주 알리는 것은 부모가 자녀의 학교생활에 더 많은 관심을 가지게 할 수 있다.

이 과정에서 교사는 자녀교육에 대한 학부모의 열의와 노고를 인정해 주고, 교사 자신도 학생의 성장을 위해 학부모와 협력하고자 하는 의지를 전달한다. 또 학생에 대한 부모의 생각과 감정, 그리고 부모가 중시하는 점을 경청한다. 이처럼 학생의 긍정적 측면을 먼저 언급하는 것은 부모를 안심시키고, 마음을 열게 하는 효과가 있다. 이러한 접근 방법은 학생의 심각한 문제행동 때문에 소환된 경우라도, 학부모에게 교사가 학생에게 균형 잡힌 인식을 하고 있다는 느낌이 들게 한다.

문제는 항상 같은 정도로 있지 않다. 심할 때가 있는가 하면 심하지 않을 때가 있고, 문제가 없었을 때('예외적 경우')도 있다(de Shazer, 1985). 예외적인 경우는 드물더라도, 학생의 가능성과 문제해결 가능성을 보여 주는 중요한 정보를 담고 있다. 교사는 학생의 문제가 덜 하거나 없었던 때가 다른 때와 어떻게 달랐는지, 전후 상황과 행동반응을 면밀히 살펴봄으로써, 이 같은 일이 더 자주 일어나도록 도울 수 있다. 이는 예외적으로 조금이라도 해 봤던 방법을 다시 하는 것이 새로운 방법을 시도하는 것보다 쉬울 것이라는 가정에 기반을 두고 있다.

자료 기반의 문제행동 언급. 셋째, 사전에 준비한 학생 관련 자료를 근거로 학생의 문제행동에 관해 조심스럽게 언급한다. 이렇게 하기 위해서는 평소에 학생에 관한 자료를 기록해 놓아야 한다. 잘 준비된 기록과 자료에 기초하여 구체적으로 언급하는 것은 교사가 학생의 성장과 발달에 대해 진정한 관심이 있음을 전달할 수 있게 한다. 또한 문제행동 또는 상황에 관해서도 부모가 세부적으로 이해할 수 있도록 도움을 준다.

협력관계 기반 문제해결 방안 협의. 넷째, 협력관계를 기반으로 문제해결 방안을 모색·결정한다. 이 작업은 학부모가 가정에서 자녀의 학업과 성장을 위해 애쓰고 있음을 지지·격려하는 말로 시작한다. 교사는 '그들'(학생과 학부모) 대 '나'(교사)로 구분된 위치에서가 아니라, '우리'(학생, 학부모, 교사)가 함께 문제를 해결하기 위해 할 수 있는 것에 관해 협의한다. 즉, 교사는 학생과 학부모를 평가·지도하는 위치가 아니라, 학생의 변화와 성장을 위해 함께 노력하는 협력자임을 인식하도록 돕는다.

학생의 문제해결을 위해 학부모와 협의해야 하는 경우, 교사는 학부모가 자녀의 문제해결을 위해 어떤 시도를 해 봤는지 탐색한다. 학생의 문제해결 방안을 협력적으로 모색하기 위해 교사는 학부모로부터 학생의 강점/장점과 보완할 점, 가정에서의 학습 태도와 습관, 보습(예 학원 수강, 그룹과외, 가정교사) 등에 관한 정보를 수집한다. 그리고 필요한 경우, 상담교사 또는 외부전문가에게 의뢰하는 방안을 조심스럽게 논의한다.

학부모와의 소통라인 설정. 끝으로, 학부모와 소통라인을 설정한다. 교사와 학부모의 만남은 일회성이 아니라, 이후에도 소통·협력을 지속할 필요가 있다. 이처럼 지속적인 소통을 통한 협력은 학생의 변화와 성장을 촉진하는 동력으로 작용한다. 이를 위해 교사는 학부모에게 자신과 연락하는 방법을 알려 주는 동시에, 필요한 경우 추후 면담 계획을 세운다. 성공적인 학부모 면담을 위한 지침을 요약·정리하면 글상자 13-2와 같다.

글상자 13-2. 교사의 성공적인 학부모 면담을 위한 지침

1. 자녀의 성장·발달을 위해 기꺼이 학교를 방문해 준 것에 대해 감사의 인사를 한다.
2. 자녀의 교육에 대한 부모의 열의와 노력을 인정해 준다.
3. 교사 자신도 부모와 함께 학생의 성장·발달을 위해 협력하려는 의지를 전달한다.
4. 학생에 대한 부모의 생각, 감정, 그리고 부모가 중요하게 여기는 점을 귀 기울여 듣는다.
5. 학생에 대한 교사의 전반적인 생각과 감정을 전달한다.
6. 특별히 주의/노력이 필요한 부분에 관한 교사의 의견을 피력한다.
7. 학생의 행동이 문제가 되는 경우, 그 문제의 성격을 설명하고, 교사의 의견을 말한다.
8. 문제해결과 향후 예방을 위한 부모의 협조사항 등에 관해 자연스럽게 의견을 교환한다.

교사를 힘들게 하는 학부모의 태도

초등학교가 '국민학교'로 불리던 시절, 자녀의 등교 첫날 어머니가 담임교사에게 머리를 조아리며 '잘 가르쳐서 부디 사람을 만들어 주세요.'라고 부탁하던 클리셰[cliché]('진부한 표현' 또는 '대체로 일관되게 나타나는 공통적인 경향')가 흔했다. 오늘날 자녀를 학교에 보내는 부모들이 행여 교사가 자녀를 함부로 대하지는 않을까 걱정하는 경향이 있음을 생각하면 세상이 많이 변한 셈이다. 교사들은 때로 학부모 면담을 힘들어한다. 교사들은 학부모의 어떤 태도를 대하기 힘들어할까? 여기서는 학부모 면담에서 교사들이 힘들어하는 학부모의 행동 또는 태도로 ① 과도한 자녀 감싸기, ② 교사/학교 불신, ③ 무관심, ④ 권위 상실로 구분하여 살펴보고, 이러한 행동 또는 태도를 보이는 학부모와의 면담 전략에 관해 알아보기로 한다.

과도한 자녀 감싸기

첫째, **과도한 자녀 감싸기**란 자녀의 잘못된 행동 또는 문제행동을 인정하기보다 교사에게 다른 저의가 있는 것으로 의심하는 행동 또는 태도를 말한다. 이러한 태도를 보이는 학부모는 학생의 문제로 학교 방문 요청에 대해서조차 짜증을 내거나 불쾌감을 표출하기도 한다(예 "다른 선생님들은 아이 칭찬만 하는데, 유독 왜 선생님만 우리 아이를 그렇게 못마땅하게 여기는지 모르겠네요, 정말!" "집에서는 아무런 문제가 없는 착한 아이인데 그럴 리가 없어요." "충분히 그럴 수도 있죠. 애들이 다 그러면서 크잖아요?").

무작정 자녀를 감싸려는 학부모는 흔히 자녀의 문제행동에 관해 논의하려고 하면, 교사의 나이나 교직경력을 운운하면서 교사의 판단력을 문제 삼거나, 재빨리 다른 화제로 옮기려고 한다. 자녀의 잘못을 인정하는 것은 부모로서 쉬운 일은 아닐 수 있다. 부모는 자녀와 유대관계를 맺고 있다. 따라서 자녀에게 문제가 있음을 인정하는 것은 부모에게 연대책임처럼 여겨질 수 있다. 이는 자신이 좋은 부모가 아니라는 생각, 아이의 잘못에 대한 부모의 죄책감으로 이어질 수 있다.

면담 전략. 과도하게 자녀를 감싸려는 학부모와의 면담에서 교사는 학부모의 반응 또는 태도에 감정적으로 반박하기보다, 학부모의 불편한 마음을 공감적 · 수용적인 태도로 이해하려고 노력한다. 또한 교사는 학생을 가장 아끼고 사랑하는 학부모의 입장을 충분히 존중하는 한편, 학생의 성장을 돕는 협력자로서 학부모와 함께 의논하려는 의도임을 전달한다. 교사가 학생의 성장을 돕는 협력자임을 인식시키기 위해서는 평소에 알림장 같은 소통 수단을 통해 학생의 바람직한 행동을 칭찬으로 인정해 주고, 이 사실을 학부모에게 수시로 전달할 필요가 있다.

학생의 문제를 학부모에게 통보할 때, 교사는 학생 자체가 잘못되었거나, 학생 때문에 교사가 골치 아파한다는 오해를 하지 않도록 유의한다. 대신, 학생의 성장 가능성을 믿고 있고, 학생의 성장을 위해 문제행동을 바로잡기 위해 학부모 면담을 가지려는 것임을 학부모에게 전달한다. 사전에 구축된 협력관계는 학부모로 하여금 교사의 면담 요청을 교사의 학생에 대한 긍정적이고 균형 잡힌 관심의 표현으로 인식하게 하는데 도움을 준다.

학부모 면담 시, 학년 초부터 학생에 관해 교사가 관찰 · 기록한 내용과 학생의 행동 방식과 성취의 근거가 되는 자료를 가지고 학생에 관해 학부모와 논의한다. 이러한 자료에는 학생의 긍정적 · 부정적 측면이 고루 포함되어 있어야 한다. 교사는 학생의 문제에 대해 명료하게 설명한다. 그런 다음, 학부모가 어떻게 생각하는지 묻는다. 이때 학부모의 감정도 표현할 수 있는 기회를 제공하고, 이를 적극적 · 공감적으로 경청한다. 만일 학부모가 교사의 진술에 대해 받아들일 수 없다고 말하더라도, 이를 불쾌하게 여기기보다 진지하게 경청한다. 이를 토대로 어떤 점을 받아들일 수 없는지, 받아들일 수 없다고 판단되는 구체적인 근거는 무엇인지 등에 관한 탐색을 통해 적극적으로 이해하려는 태도를 보인다. 교사의 이러한 태도는 학부모와의 협력관계를 강화할 수 있다.

교사 · 학교 불신

교사 및/또는 **학교 불신**이란 교사의 말을 믿으려 하지 않거나 학교 방침에 대해 강한 불만을 표출하는 행동 또는 태도를 말한다. 이러한 행동/태도를 보이는 학부모는 흔히 자녀 또는 교육에 관해 자신이 누구보다 더 잘 안다고 믿는 경향이 있다. 이들은 학부모 면담에서도 이러한 점을 직간접적으로 전달하면서, 자녀교육에 관한 한 교사나 학교를 신뢰하지 않고 있음을 피력한다. 게다가 자기 자녀에 대해 특별대우를 요구하고, 받아들여지지 않으면 강한 불만을 표하기도 한다. 그리고 교사의 학생지도 방법과 학급경영 등에 관해 간섭하기도 한다. 만일 교사가 학부모의 뜻대로 해 주지 않으면, 학교장 또는 교육지원청에 민원을 넣기도 한다. 이는 학부모의 교육수준이 높아졌고, 자녀 수도 적으며, 학부모의 스트레스 상승, 그리고 자녀가 어려서부터 사교육에 의존하는 경향이 생기면서 나타나는 현상으로 이해할 수 있다. 그러면 학부모 면담에서 이러한 태도를 보이는 학부모를 어떻게 도울 것인가?

면담 전략. 사람은 자신이 원하는 방식대로 상대방이 해 주지 않을 때 그에 대해 불신 · 불만을 토로하는 경향이 있다. 학부모 역시 크게 다르지 않다. 이에 상담에는 긍정화라는 기술이 있다. **긍정화**affirmation-giving란 내담자의 행동, 경험, 또는 사실에 대해 긍정적인 의미를 부여함으로써 인정해 주는 기술이다. 이 기술은 내담자의 경험 또는 반응에 대해 '그럴 만하다' '~한 느낌이 들 만하다'라는 형식의 반응으로 정서적 · 사회적으로 인정해 주는 것이다. 학부모 면담은 긍정화로 시작한다. 즉, 학부모가 자녀와 교육에 대한 개인적인 의견을 경청 · 존중하고 인정해 주는 것으로 시작한다. 이러한 태도는 글상자 13-3에 제시된 일화에서 찾을 수 있다.

글상자 13-3. 논쟁의 무의미성에 관한 일화

지혜로운 스승으로 명성이 높은 현자에게 한 제자가 물었다.
제자: 스승님, 영원한 행복의 비결이 무엇입니까?
현자: 그것은 어리석은 이들과 논쟁하지 않는 것이지!
제자: 음, 저는 스승님 말씀에 동의하지 않습니다.
현자: 그래, 자네 말이 맞네.

어떤 취지든, 자신의 옳음을 증명하려 드는 논쟁은 일종의 **치킨게임**chicken game(두 사람이 충돌을 불사하고 서로를 향해 차를 몰고 돌진하는 1950년대 미국 젊은이들의 게임에서 유래된 용어임)이며, 하책下策(가장 나쁜 대책 또는 방책)이다. 이는 뻔히 서로 큰 손해를 볼 것을 알면서도 서로 상대에게 약하지 않다는 것을 보여 주기 위해 경쟁하는 것이기 때문이다. 이처럼 논쟁은 상대방의 생각을 바꿔주기 쉽지 않고 오히려 갈등을 심화시킬 뿐이다.

교사나 학교에 대해 부정적인 태도를 가진 학부모는 과거에 학교 또는 다른 교사와의 관계에서 부정적인 경험을 했을 수 있다. 교사는 탐색 질문을 통해 학부모의 부정적 경험을 토로할 수 있는 기회를 제공한다(예 "어머니, 이전에 학교나 선생님과의 관계에서 불편하셨던 경험이 있으셨나 봐요." "혹시 제가 어머니를 불편하게 해드린 일이 있었는지 염려돼요."). 학부모가 질문에 답변하는 경우, 교사는 방어적으로 반응하기보다 학부모의 이야기에 경청하고 공감적으로 반응한다. 이때 학부모가 이렇다 할 반응을 하지 않는다면, 굳이 답변을 종용할 필요는 없다. 이러한 자세는 학부모의 부정적 태도를 누그러뜨리고 마음의 상처 회복에 도움이 된다. 단지 공감적 이해를 위한 마음의 준비가 되어 있음을 보여 주는 것만으로도 학부모의 부정적 태도 변화에 도움이 될 수 있다.

교사나 학교에 대해 부정적인 태도를 보이는 학부모들은 교사의 사소한 실수에도 과민하게 반응할 수 있다. 그러므로 교사는 학생 또는 학부모의 입장에서 일부 학생을 편애한다거나 싫어하는 것처럼 불필요한 오해를 하지 않도록 언행에 유의한다. 이는 교사의 이런 행동이 더 과장되거나 심각한 양상으로 인식될 가능성이 크기 때문이다. 따라서 교사는 학부모가 존중받는 느낌이 들도록 학부모를 공감적으로 이해 · 수용함으로써, 학부모도 교사와 상호 존중하는 관계를 형성할 수 있도록 돕는다.

무관심

무관심이란 자녀의 문제행동을 대수롭지 않게 여기거나, 자녀의 행동 변화를 위해 이렇다 할 노력을 하지 않는 태도를 말한다. 학부모의 이런 태도는 자녀에게 나름 기대하는 바는 크지만, 생계유지, 직장생활 등의 이유로 자녀에게 소홀할 수밖에 없음을 정당화하거나, 자녀의 문제를 적극 해결하려고 노력하지 않는 행동으로 나타난다. 또는 다양한 생활상의 이유로 부모 역할을 충실히 할 여력이 없다고 하소연하거나, 자녀교육에 무관심한 자신에 대한 자책으로도 나타난다. 자녀가 잘되기를 바라는 부모의 마음은 크게 다르지 않을 것이다. 그러나 개인의 성향, 개인/가정문제, 경제 여건 등으로 인해 자녀교육에 관심을 두지 못하는 부모가 있을 수 있다. 이런 부모는 자녀가 학교에서 문제를 일으키더라도 대수롭지 않게 여기거나 면담 요청에도 시간이 없다는 이유로 이를 피하는 경향이 있다.

면담 전략. 자녀에게 무관심한 학부모를 면담하는 경우, 교사는 먼저 학생의 문제해결과 성장을 위해 몸소 학교를 방문해 준 것에 대해 언어적 · 비언어적인 메시지(표정, 제스처, 자세, 어조 등)를 통해 감사와 환영하는 마음을 전달한다. 교사의 이런 언행은 학부모의 마음을 편안하고 안정감이 들게 하여 경계심, 긴장감, 저항감을 누그러뜨리는 데 도움이 된다. 면담은 면담 요청을 받았을 때의 생각과 느낌에 관한 탐색으로 시작한다(예 "제 전화를 받으셨을 때, 무척 걱정하셨을 거라는 생각이 들어요." "학교에서 전화만 오면 겁부터 난다고 하셨는데, 많이 당황하셨죠?"). 이런 반응은 학부모가 면담과 관련하여 경험한 자신의 생각과 느낌의 자유로운 표출을 촉진한다. 면담을 시작하면서 교사는 또한 자녀문제로 인한 학부모의 깊은 좌절감 또는 무력감을 이해해 준다.

무관심한 학부모는 가정 또는 다른 상황에서 학생의 행동에 관해 잘 모르거나 문제가 없는 것으로 인식할 수 있다. 이들은 교사와의 면담에도 소극적으로 참여할 가능성이 크다. 이 경우, 특정 상황에서 관찰된 학생의 행동, 그리고 추정되는 학생의 심경 상태를 탐색한다. 이때 교사는 혼자 일방적으로 면담을 주도하기보다 개방형 질문을 통해 학부모가 면담에 적극 참여하도록 돕는다. 만일 질문에 대한 답변이 즉각 나오지 않는다면, 교사는 여유를 가지고 잠시 기다려 준다(최대 30초 정도).

자녀에 대해 무관심한 학부모의 태도 변화를 돕기 위해서는 평소에 학생의 전반적인 학교생활의 긍정적인 면에 관해 학부모에게 자주 알림으로써 자녀의 학교생활에 대한 관심을 높여 준다. 학부모에게 알릴 학생의 학교생활에 관한 정보로는 이전보다 향상된 점, 변화를 위해 노력 중인 점, 다른 학생을 돕거나 인정받은 점 등 학생의 긍정적인 측면에 초점을 두고 지속적으로 관찰한 결과를 들 수 있다. 교사가 학생에 관한 긍정적인 관찰 결과를 학부모에게 주기적으로 알리는 것은 학부모의 사기를 높여주고 용기를 북돋아 준다. 그 결과, 학부모는 자녀의 학교생활에 더 관심을 가지게 되고, 교사와의 협력적 관계가 더 강화될 수 있다.

자녀에 대한 무관심은 학부모 개인의 성격특성을 비롯하여 부모역할에 대한 자신감 결여 또는 부정적인 자기개념으로 인한 것일 수 있다. 이 경우, 교내외에서 운영하는 부모교육 프로그램에의 참여를 권하여 자녀에게 관심을 기울이는 방법을 습득하도록 돕는다. 만일 학부모 스스로 자신에게 해결해야 할 문제가 있음을 인식하고 도움을 청한다면, 교사는 전문상담교사에게 의뢰하여 외부 상담 서비스에 관한 정보를 제공한다. 부모의 변화 · 성장은 곧 자녀의 학교생활에도 긍정적인 영향을 줄 수 있기 때문이다.

권위 상실

부모로서의 권위를 상실하여 자녀의 문제행동에 대해 지나치게 방임적인 태도를 보이는 학부모의 특징은 글상자 13-4와 같다.

글상자 13-4. 자녀에게 권위가 없는 학부모의 특징

1. 자녀가 제멋대로 해도 내버려 둔다.
2. 자녀의 문제행동에 대해 어찌할 방도가 없다고 하소연한다.
3. 자녀 양육/교육이 너무 힘들다고 푸념을 일삼는다.
4. 자녀가 잘못해도 훈육하지 못하겠다며, 자녀 때문에 힘들다고 자녀 앞에서 눈물을 보인다.
5. 자녀의 하인/심부름꾼처럼 행동한다.
6. 자녀와의 갈등에서 늘 진다고 말한다.
7. 자녀의 잘못된 행동을 통제/제어하지 못한다.

면담 전략. 부모의 역할은 보통 자녀가 성장함에 따라 변한다. 부모가 이처럼 가변적인 역할을 제대로 수행하려면 어른으로서 권위가 있어야 한다. 부모가 권위가 없으면, 자녀는 가정 안팎의 규칙을 지키지 않고, 제멋대로 하면서 훈육하려는 부모에 맞서려고 하게 된다. 가정에서 길러진 이러한 품성과 행동 경향성은 그만큼 학교생활에도 전이될 가능성이 커진다. 학교에서 교칙을 위반하면서 제멋대로 하려는 경향성은 결국 다양한 형태의 문제행동으로 이어질 가능성이 커진다. 따라서 교사는 학부모 면담을 통해 학부모가 자녀지도에 있어서 권위를 가지고 대하는 것의 중요성을 강조할 필요가 있다. 권위 있는 부모는 어른으로서의 힘과 권력을 일방적으로 휘두르는 전제적 · 권위적인authoritarian 부모와는 다르다.

권위 있는authoritative **부모**란 자녀 양육과 훈육에 있어서 일관된 태도로 원칙에 따라 엄격할 때는 엄하게, 애정이 필요할 때는 자애롭게 대하는 것을 의미한다. 부모가 자녀에 대해 권위를 상실하게 되는 이유는 다양할 수 있다. 엄격하지 못한 부모의 천성에서부터 자녀의 병치레, 손이 귀한 집안의 자녀 등의 원인으로 인해 자녀가 어렸을 때부터 자녀의 비위를 맞춰 주는 것이 습관으로 굳어져 부모는 점차 권위를 상실하고

자녀에게 끌려다니는 형국이 되었을 수 있다. 또한 자녀를 엄격하게 지도하고 싶어도 어떤 말 또는 기술을 사용해야 하는지 모르는 부모도 있다.

어른으로서의 권위를 상실한 학부모는 가정에서 학생의 행동 또는 태도 변화를 위해 구체적으로 노력한다는 게 쉽지 않을 수 있다. 이 경우, 교사는 학교에서 학생이 훈육을 위해 어떤 노력을 하겠다는 것을 먼저 제시한다. 이는 학부모가 교사를 롤모델role model로 삼아 가정에서 자신의 역할을 모색하고, 자녀의 문제해결에 적극 참여하도록 동기를 부여할 수 있다. 이때, 교사는 학부모가 가정에서 어떻게 지도할 것인지 행동적 용어로 계획할 수 있도록 돕는다. 실행 계획이 구체적일수록 실행 동기가 높아지고 성취 가능성은 커진다. 예를 들면, 자녀가 문제행동을 보이는 경우, 자녀와 사전에 약속한 후에, 자녀가 좋아하는 게임을 하지 못하도록 컴퓨터 전원 플러그를 빼놓는다. 이처럼 학생의 부적응행동에 대한 훈육 방법은 행동적이고, 실행 가능해야 한다.

복습문제

다음 빈칸에 들어갈 말을 써 보세요.

1. 교사가 학부모를 만나 학생의 당면문제 해결을 위해 협의하는 과정을 ＿＿＿＿＿(이)라고 한다.

2. ＿＿＿은/는 제3자를 돕는 과정에서 서로 다른 전문직 또는 집단에 속한 두 전문가 사이의 자발적 · 협력적 · 비위계적 관계에서 이루어지는 간접적인 활동이다.

3. 교사와 학부모의 관계는 학생의 성장과 발달을 촉진하기 위해 노력하는 ＿＿＿＿＿을/를 기반으로 한다. 이렇게 구축된 관계는 평등과 동등하다는 특징이 있다.

4. ＿＿＿＿＿ 부모란 자녀 양육과 훈육에 있어서 일관된 태도로 원칙에 따라 엄격할 때는 엄하게, 애정이 필요할 때는 자애롭게 대하는 것을 의미한다.

5. 학부모 면담의 절차는 면담 전 준비, 면담 시작, ＿＿＿＿＿, 면담 종결 순으로 이루어진다.

6. 효과적이고 성공적인 학부모 면담을 위한 지침의 첫 번째는 ＿＿＿＿＿(이)다. 교사의 이러한 태도는 학부모가 교사를 자녀의 변화 · 성장을 위한 중요한 협력자임을 인식하게 한다.

7. 학부모 면담이 종결된 후, 일정한 기간이 지난 다음 자녀지도 계획의 실행과정에서의 문제점과 실행 결과를 확인하고, 개선점을 협의 · 모색하기 위해 이루어지는 면담을 ＿＿＿ 면담이라고 한다. 이 면담에서는 학부모 면담에서 학생의 문제해결을 위한 방안의 실행 정도, 실행 상의 어려움, 실행하지 못한 이유에 관해 탐색한다.

8. 자녀의 문제행동을 대수롭지 않게 여기거나, 자녀의 행동 변화를 위해 이렇다 할 노력을 하지 않는 부모는 ＿＿＿＿형에 속한다.

9. 교사와 학부모 또는 교사와 학생 사이에서 어떤 취지에서든 자신의 옳음을 증명하려 드는 논쟁은 종종 ＿＿＿＿＿에 비유되는 하책이다. 이 말은 1950년대 미국의 젊은이들이 충돌을 불사하고 서로를 향해 차를 몰고 돌진하는 게임에서 유래되었다.

10. 학부모 면담에서 교사는 문제가 항상 같은 정도로 있는 것이 아니라, 심할 때가 있는가 하면, 심하지 않을 때가 있고, 문제가 없었을 때 즉, 해결중심단기치료에서 말하는 ＿＿＿＿＿도 있음을 기억한다. 이 개념은 드물더라도 학생의 가능성과 문제해결 가능성을 보여 주는 중요한 정보를 담고 있다.

소집단 활동

다음은 자신의 마음을 들여다보는 질문 세 가지입니다. 이 세 가지 질문에 대해 답해 보세요.

1. 나는 ________로부터 무엇을 받았는가? (남에게 받은 것에 초점)

2. 나는 ________에게 무엇을 주었는가? (남에게 준 것에 초점) 어떻게 해야 내가 느낀 감사를 사람들에게 돌려줄 수 있을까?

3. 내가 일으킨 문제와 어려움은 ________인가? (나의 생각, 말, 행동으로 다른 사람들의 삶에 어떤 고통을 끼쳤는지를 생각한다.)

소감

복습문제 해답

PART 01 생활지도의 이해

Chapter 01 생활지도의 기초

번호	정답
1	자기이해, 자기지도
2	전문적 학교상담자, 학교상담
3	학교상담자
4	개인 · 사회성, 태도
5	교실생활교육 또는 대집단 생활교육
6	직업지도
7	Wee 클래스, Wee 스쿨
8	문제해결
9	담임교사
10	전문상담교사

Chapter 02 학생 이해를 위한 상담이론

번호	정답
1	심적 결정론
2	무의식
3	불안
4	부적 강화
5	비합리적 신념, 논박, 합리적 신념
6	부정적 인지삼제, 미래(무망감)
7	인지왜곡, 임의적 추론
8	실현경향성
9	예외발견 질문
10	문제 중심의 이야기

PART 02 생활지도의 영역

Chapter 03 학생면담

번호	정답
1	비언어적 의사소통
2	적극적 경청
3	도덕적 훈계
4	경청, 충고, 조언
5	자연적 결과
6	나 전달법, 반영적 경청
7	재진술
8	직면
9	공감적 이해, 심층적 공감
10	SOLER, S

Chapter 04 학급회의

번호	정답
1	계획, 문제해결
2	감사
3	학급문제의 효과적인 해결, 학급 응집력과 소속감 강화
4	민주시민 의식 배양, 사회적 관심 증진
5	민주적 의사결정, 문제해결 과정
6	사회정서 기술
7	사회적 관심
8	안건 상정, 표결
9	나 전달법
10	회의 독점

Chapter 05 학업문제와 지도

번호	정답
1	학업, 학습
2	시험불안
3	학업소진
4	인지, 기초학습 능력
5	지능
6	한국판 웩슬러 아동용 지능검사
7	학습 전략
8	상태, 특성
9	상위인지전략, 자원관리전략
10	병리의 실타래, 빈곤함정

Chapter 06 진로지도

번호	정답
1	진로
2	진로지도
3	직업세계 탐색
4	직로결정
5	특성요인
6	진로 무선택, 현명하지 못한 선택
7	육각형, RIASEC, 예술, 실재
8	진로자기개념, 아치웨이
9	생애진로무지개, 여가인
10	중학교

Chapter 07 심리검사의 이해와 활용

번호	정답
1	심리검사, 학생 이해
2	지능검사, 적성검사
3	한국판 웩슬러 아동용 지능검사, 웩슬러 성인용 지능검사
4	성취, 학업성취도
5	통각, 주제통각검사 또는 TAT
6	투사적 그림, 나무, 사람, 집
7	미네소타 다면성격검사, 자기보고, MMPI-A
8	마이어스-브릭스 성격유형, 직관, 판단
9	문장완성, 생활태도
10	투사, 로르샤흐 잉크반점

PART 03 생활지도의 쟁점

Chapter 08 위기학생

번호	정답
1	위기, 응급상황
2	위기학생
3	3
4	6~8주
5	외상적, 과도기적
6	우연적
7	충격, 철수
8	상실감
9	혼미, 혼돈
10	학생의 사고와 감정 전환

Chapter 09 학교폭력

번호	정답
1	학교폭력예방 및 대책에 관한 법률, 학교폭력
2	셔틀
3	정서 · 관계적 공격
4	강화자, 방어자
5	Wee 스쿨, Wee 클래스
6	조치 결정 및 이행
7	학교폭력대책심의
8	피해 · 가해
9	사이버폭력
10	폭행

Chapter 10 자살 · 자해

번호	정답
1	복수
2	피암시성, 모방, 자살전염
3	베르테르 효과
4	붕괴적
5	우울증, 인지적 경직성
6	터널시야 또는 터널비전
7	사회적 지지
8	비자살성 자해
9	자살행동장애, 자살시도, 자살완수 또는 자살완료
10	타협, 우울

Chapter 11 특수아

번호	정답
1	특수아
2	장애인 등에 대한 특수교육법, 특수교육대상자
3	영재교육진흥법, 영재
4	중재반응, 개별화된
5	지적장애, 사회적, 수행적
6	자기충족예언 또는 자성예언
7	귀인
8	긍정적 행동 지원, 장애인교육
9	주의력결핍 과잉행동장애, 부주의, 주의력결핍
10	자폐스펙트럼장애, 동일성

Chapter 12 다문화가정 학생

번호	정답
1	다문화교육
2	다문화, 다양성
3	다문화주의, 샐러드 볼, 용광로
4	문화역량, 민감성
5	사회통합
6	문화적 민감성
7	방어, 수용, 통합
8	다문화역량, 다문화효능감
9	이주의 여성화
10	문화동화

Chapter 13 학부모 면담

번호	정답
1	학부모 면담
2	자문
3	협력적 파트너십
4	권위 있는
5	문제 또는 안건 협의
6	공감적 경청과 격려
7	추수
8	무관심
9	치킨게임
10	예외적 경우

참고문헌

강진령. (2015). 학교상담과 생활지도. 학지사.

강진령. (2021). 상담과 심리치료 이론과 실제. 학지사.

강진령. (2022). 심리학개론. 마인드포럼.

교육과학기술부. (2007). 2007 개정 교육과정. 저자.

교육과학기술부. (2010). 진로진학상담교사 역량 개발. 진로진학상담교사 자격연수교재.

교육과학기술부. (2011). 진로진학상담교사 역량 개발. 진로진학상담교사 활동 매뉴얼.

교육과학기술부. (2012). 학교폭력 사안처리 가이드북. 저자.

교육과학기술부, 한국교육개발원, 대전광역시교육청. (2011). 학교상담(Wee클래스), Wee 프로젝트 매뉴얼 I. 저자.

구견서. (2003). 범세계화와 문화 변동: 다문화주의의 이론적 체계. 현상과 인식. 27(3), 29-53.

국립특수교육원. (2008). 장애 영유아 선별 및 진단 · 평가 지침서 개발 I. 저자.

교육부. (2015). 특수교육 연차보고서. 저자.

권오현, 고홍월, 권순희, 김경수, 모경환, 박동열, 박선운, 박성혁, 성상환, 안경환, 우희숙, 윤희원, 조영달, 한용택. (2013). 다문화 교육의 이해. 서울대학교출판문화원.

김계현, 김동일, 김봉환, 김창대, 김혜숙, 남상인, 천성문. (2009). 학교상담과 생활지도(제2판). 학지사.

김동민, 강태훈, 김명식, 박소연, 배주미, 선혜연, 이기정, 이수현, 최정윤. (2013). 심리검사와 상담: 한국상담학회 상담학 총서 11. 학지사.

김미선. (2009). 자아존중감 증진 프로그램이 다문화 가정 아동의 자아존중감과 학교생활 적응에 미치는 효과. 숙명여자대학교 대학원 석사학위논문.

김영숙, 윤여홍. (2009). 교사와 부모를 위한 특수아 상담의 이해(개정판). 교육과학사.

김은정. (2002). 청소년 자살충동에 영향을 미치는 심리사회적 변인에 관한 연구. 청주대학교 대학원 석사학위논문.

김종운. (2013). 학교현장에 맞춘 학교폭력의 예방과 대책. 학지사.

김준호. (1998). 한국의 학교폭력에 대한 연구: 피해와 가해를 중심으로. 한국사회, 1, 109-132.

김창호, 백은희, 박민휘, Wungu Esti. (2008). 긍정적 행동지원(PBS)이 특수학교 정신지체 학생의 문제행동에 미치는 효과. 특수교육학연구, 43(3), 193-209.

대한소아청소년정신의학회 학교건강위원회. (2010). 학교 위기개입. 학지사.

모경환. (2009). 다문화 교사교육의 현황과 과제. 한국교원교육연구, 26(4), 245-270.

박경, 최순영. (2009). 심리검사의 이론과 활용. 학지사.

박명진. (2006). 학교폭력 예방을 위한 실제적 지침서: 학교폭력 예방과 상담. 학지사.

박숙영. (2014). 회복적 생활교육을 만나다. 좋은 교사.

법무부, 교육과학기술부, 부산광역시교육청. (2011). 굿바이 학교폭력. 저자.

우선유. (1999). 청소년의 자살생각에 영향을 주는 변인에 관한 연구. 서울여자대학교 대학원 석사학위논문.

이윤주. (2008). 청소년 자살상담. 학지사.

이홍식, 김동현, 김용구, 남윤영, 류성곤, 박병철, 배재남, 서동우, 오강섭, 우종민, 유승호, 유영권, 육성필, 이광자, 이동우, 이명수, 이병철, 이분희, ... 홍강의. (2008). 자살의 이해와 예방. 학지사.

전경숙. (2006). 10대 학업중단 청소년의 근로실태에 관한 실증적 고찰 연구: 가출경험 학업중단 청소년을 중심으로. 청소년상담연구, 14(1), 3-21.

청소년폭력예방재단. (2011). 2010년도 전국 학교폭력 실태조사 보고서. 저자.

최윤자, 김아영. (2003). 집단 따돌림 행동과 자아개념 및 귀인성향과의 관계. 교육심리연구, 17(1), 149-167.

통계청. (2015). 2015년 아동청소년 인권실태조사 통계. 저자.

통계청. (2021). 국내 체류 외국인 현황. https://www.index.go.kr/potal/main/EachDtlPageDetail.do?idx_cd=2756 (검색일 2022. 3. 26.).

한국교육개발원. (2012). 교육통계연보. 저자.

한국교육개발원. (2020). 다문화 가정 학생 통계: 국적 분포. 교육통계서비스. https://blog.naver.com/kedi_cesi/222131030158 (검색일 2022. 3. 26.)

한국교육심리학회. (2000). 교육심리학 용어사전. 학지사.

한국산업인력공단. (2002). 청소년용 직업흥미검사 사용자 가이드. 저자.

Adams, G. R., Gullotta, T. P., & Markstrom-Adams, C. (1994). *Adolescent life experiences*.

Brooks/Cole.

Adler, A. (1964). *Social interest: A challenge to mankind*. Capricorn.

American Psychiatric Association. (1994). *Diagnostic and statistical manual of mental disorders* (4th ed.). Author.

American Psychiatric Association. (2013). *Diagnostic and statistical manual of mental disorders* (5th ed.). Author.

American School Counselor Association. (2010). *Ethical standards for school counselors*. ACA Press.

Amstutz, L. S., & Mullet, J. H. (2015). *The little book of restorative discipline for schools: Teaching responsibility; Creating caring climates*. The Little Books of Justice and Peacebuilding.

Apple, M. W., & Beane, J. A. (2007). *Democratic schools: Lessons in powerful education* (2nd ed.). Heinemann.

Atkinson, D. R., Morten, G., & Sue, D. W. (1997). *Counseling American minorities*. McGraw.

Banks, J. A. (2006). *Cultural diversity and education: Foundation, curriculum, and teaching*. Pearson Education, Inc.

Banks, J. A. (2019). *An introduction to multicultural education* (6th ed.). Pearson.

Banks, J. A., & Banks, C. A. (2004). *Handbook of research on multicultural education*. Jossey-Bass.

Bennett, C. I. (2018). *Comprehensive multicultural education: Theory and practice* (9th ed.). Allyn & Bacon.

Bitter, J. R., Sonstegard, M. A., & Pelonis, P. (2004). *Adlerian group counseling and therapy: Step-by-step*. Brunner-Routledge.

Blau, G. M., & Gullotta, T. P. (1996). *Adolescent dysfunctional behavior*. SAGE Publications, Inc.

Bridgeland, J. M., Dilulio Jr., J. J., & Morison, K. B. (2006). *The silent epidemic: Perspectives on high school dropouts*. Civil Enterprise.

Coley, R. L., Morris, J. E., & Hernandez, D. (2004). Out-of-school care and problem behavior trajectories among low-income adolescents: Individual, family, and neighborhood characteristics as added risks. *Child Development, 75*, 948–965.

Craig, W. M. (1998). The relationship among bullying, victimization, depression, anxiety, and aggression in elementary school children. *Personality and Individual Differences, 24*, 123–130.

Craig, W. M., Peters, D., & Konarski, R. (1998). *Bullying and victimization among Canadian school children. Available online from Applied Research Branch, Strategic Policy, Human Resources Development Canada*. http://www.hrdc-dncc.gc.ca/publications/research/abw-98e.shtml

Cutler, D. M., & Lleras-Muney, A. (2006). *Education and health: Evaluating theories and evidence*. Working paper 12352, National Bureau of Economic Research. http://papers.nber.org/papers/w12352 (accessed September 12, 2013), 3–4

de Shazer, S. (1988). *Clues: Investigating solutions in brief therapy*. Norton.

de Shazer, S., & Dolan, Y. M. (with Korman, H., Trepper, T., McCullom, E., & Berg, I. K.). (2007). *More than miracles: The state of the art of solution-focused brief therapy*. Haworth Press.

Dee, T. (2004). Are there civic returns to education? *Journal of Public Economics, 88*, 1697–1720.

DePaul, G. J., Power, T. J., Anastopoulous, A. D., & Reid, R. (1998). *ADHD Rating Scale-IV: Checklist, norms, and clinical interpretation*. Guilford Press.

Dooley, D., Fielding, J., & Levi, L. (1996). Health and unemployment. *Annual Review of Public Health, 17*, 449–465.

Dreikurs, R., Corsini, R., Lowe, R., & Sonstegard, M. (1959). *Adlerian family counseling*. University of Oregon Press.

Drummond, R. J. (1992). *Appraisal procedures for counselors and helping professionals* (2nd ed.). Merrill.

Duncan, R. D. (1999). Maltreatment by parents and peers: The relationship between child abuse, bully victimization, and psychological distress. *Child Maltreatment, 4*(1), 45–55.

Eccles, J. S., Wigfield, A., & Schiefele, U. (1998). Motivation to succeed. In W. Damon (series Ed.) & N. Eisenberg (Vol. Ed.), *Handbook of child psychology* (5th ed., pp. 1017–1095). Wiley.

Egan, G. (2013). *The skilled helper: A problem-management and opportunity-development approach to helping* (10th ed.). Brooks/Cole Cengage Learning.

Elkind, D. (1986). *The miseducation of children: Superkids at risk*. Knopf.

Ellis, A. (2004). *Rational emotive behavior therapy: It works for me—It can work for you*. Prometheus.

Ellis, A., & Ellis, D. J. (2011). Rational emotive behavior therapy. American Psychological Association.

Entwisle, D. R., Alexander, K. L., & Olson, L. S. (2004). Temporary as compared to permanent high school dropout. *Social Forces, 82*, 1181−1205.

Exner, J. E. (1993). *The Rorschach: A comprehensive system, Vol. 1: Basic foundations*. John Wiley & Sons, Inc.

Follette, W. C., & Callaghan, G. M. (2011). Behavior therapy: Functional contextual approaches. In S. B. Messer & A. S. Gurman (Eds.), *Essential psychotherapies: Theory and practice* (3rd ed., pp. 184−220). Guilford Press.

France, K. (2014). *Crisis intervention: A handbook of immediate person-to-person help* (6th ed.). Charles C. Thomas Publisher, LTD.

Friedman, R., & James, J. W. (2008). The myth of the stages of dying, death and grief. *Skeptic, 14*(2), 37−41.

Gershoff, E. T. (2002). Corporal punishment by parents and associated child behaviors and experiences: A meta-analytic and theoretical review. *Psychological Bulletin, 128*(4), 539−579.

Ghosh, R., & Galczynski, M. (2016). *Redefining multicultural education: Inclusion and the right to be different*. Canadian Scholars' Press Inc.

Gibson, R. L., Mitchell, M. H., & Basile, S. K. (1993). *Counseling in the elementary school: A comprehensive approach*. Allyn and Bacon.

Gysbers, N. C., & Henderson, P. (2012). *Developing and managing your school guidance and counseling program* (5th ed.). American Counseling Association.

Hahn, R., Fuqua-Whitley, D., Wethington, H., Lowy, J., Liberman, A., Crosby, A., Fullilove, M., Johnson, R., Moscicki, E., Price, L., Snyder, S. R., Tuma, F., Cory, S., Stone, G., Mukhopadhaya, K., Chattopadhyay, S., & Dahlberg, L. (2007). *Centers for*

Disease Control and Prevention (CDC): Task Force on Community Preventive Services. Retrieved from http://www.cdc.gov/mmwr/preview/ mmwrhtml/rr5607a1.htm (2009, April).

Heward, W. Alber-Morgan, S., & Konrad, M. (2018). *Exceptional children: An introduction to special education* (11th ed.). Merrill/Prentice Hall.

Holland, J. L. (1966). *The psychology of vocational choice*. Blaisdell-Ginn.

Holland, J. L. (1973). *Making vocational choices: A theory of careers*. Prentice-Hall.

Iwata, B. A., Dorsey, M. F., Slifer, K. J., Baumna, K. E., & Richman, G. S. (1994). Toward a functional analysis of self-injury. *Journal of Applied Behavior Analysis 27*(2), 197–209.

Jacobson, E. (1938). *Progressive relaxation*. University of Chicago Press.

Keister, L. A. (2005). *Getting rich: America's rich and how they got that way*. Cambridge University Press. table 2.10.

Kirk, S., Gallagher, J., Coleman, M., & Anastasiow, N. (2009). *Educating exceptional children*. Wadsworth.

Kübler-Ross, E. (1969). *On death and dying*. Routledge.

Lasala, T., McVitie, J., & Smitha, S. (2015). 학급긍정훈육법: 활동편[*Positive discipline classroom teacher's guide*]. (김성환 역). 에듀니티. (원전은 2012년 출판).

Lynch, M. (2000). Globalization and international democracy. *International Studies Review, 2*(3), 91–102.

Maciejewski, P. K., Zhang, B., Block, S. D., & Prigerson, H. G. (2007). An empirical examination of the stages of grief. *Journal of the American Medical Association, 297*(7), 22–23.

Malecki, C. K., & Demaray, M. K. (2003). What type of support do they need? Investigating student adjustment as related to emotional, informational, appraisal, and instrumental support. *School Psychology Quarterly, 18*(3), 231–252.

McKeachie, W. J., Pintrich, P. R., & Lin, Y. C. (1986). Teaching learning strategies. *Educational Psychologists, 20*(3), 153–160.

McLloyd, V. C. (1998). Socioeconomic disadvantage and child development. *American Psychologist, 53*, 185–204.

Meece, J. I. (1997). *Child and adolescent development for educators*. McGraw-Hill.

Mehrabian, A. (1971). *Silent messages*. Wadsworth.

Mohnihan, D. P. (1965). *The negro family: The case for national action. Office of Policy Planning and Research*. U.S. Department of Labor.

Murray, H. (1943). *Thematic Apperception Test manual*. Harvard College Fellows.

Nelson, J., & Gfroerer, K. (2017). *Positive discipline: Tools for teachers*. Harmony.

Nelson, J., Lott, L., & Glenn, J. A. (2014). *Positive discipline in the classroom: Developing mutual respect, cooperation, and responsibility in your classroom* (4th ed.). Three Rivers Press.

Olweus, D. (1994). Bullying at school: Long-term outcomes for the victims and an effective school based intervention program. In L. R. Huesmann (Ed.), *Aggressive behavior: Current perspectives* (pp. 97–130). Plenum Press.

Ormrod, J. E. (2020). *Human learning* (8th ed.). Pearson.

Parad, H., & Parad, L. (1990). Crisis intervention: An introductory overview. In H. Parad & L. Parad (Eds.), *Crisis intervention. Book 2: The practitioner's sourcebook for brief therapy* (pp. 3–66). Family Service America.

Parsons, F. (1909). *Choosing a vocation*. Houghton Mifflin.

Perls, F. (1969). *In and out the garbage pail*. Bantam Books.

Perry, D. G., Hodges, E. E., & Egan, S. K. (2001). Determinants of chronic victimization by peers: A review and a new model of family influence. In J. Juvonen & S. Graham (Eds.), *Peer harassment in school: The plight of the vulnerable and victimized* (pp. 73–104). The Guilford Press.

Pierangelo, R., & Giuliani, G. (2008). *Teaching students with autism spectrum disorders: A step by step guide for educators*. Corwin Press.

Rigby, K. (2007). *Bullying in schools: And what to do about it* (Revised & Updated ed.). Jessica Kingsley Publishers Ltd.

Rigby, K., & Slee, P. T. (1999). Australia. In P. K. Smith, Y. Morita, J. Junger-Tas, D. Olweus, R. Catalano, and P. Slee (Eds.), *The nature of school bullying: A cross-national perspective* (pp. 324–339). Routledge.

Roid, G. H. (2003). *Stanford-Binet intelligence scales, technical manual* (5th ed.). Riverside

Publishing.

Rosenshine, B., & Stevens, R. (1986). Teaching functions. In D. H. Gitomer & C. A. Bell (Eds.), *Handbook of research on teaching* (3rd ed. pp. 376–391). Macmillan.

Rumberger, R. W. (2011). *Dropping out: Why students drop out of high school and what can be done about it*. Harvard University Press.

Rumberger, R. W., & Lim, S. A. (2008). *Why students drop out of school: A review of 25 years of research*. Santa Barbara, California Dropout Research Project. http://cdrp.ucsb.edu/Dropouts/Pubs_Reports.Htm#15 (accessed November 1, 2013)

Ryan, R. M. & Deci, E. L. (2018). *Self-determination theory: Basic psychological needs in motivation, development, and wellness*. The Guilford Press.

Salmivalli, C., Huttunen, A., & Lagerspetz, K. M. J. (1997). Peer networks and bullying in schools. *Scandinavian Journal of Psychology, 38*, 305–312.

Schuermann, B. K., & Hall, J. A. (2008). *Positive behavioral supports for the classroom*. Merrill/Prentice Hall.

Skinner, B. F.(1956). A case history in scientific method. *American Psychologist, 11*, 221–233.

Smith, M. S., & O'Day, J. (1991). Systemic school reform. In S. H. Fuhrman, & B. Malen (Eds.), *The politics of curriculum and testing*. Falmer Press.

Smith, T., & Miller, A. (2014). *101 tips for parents of children with autism: Effective solutions for everyday challenges*. Jessica Kingsley Publishers.

Snyder, T. D., & Dillow, S. A. (2011). *Digest of education statistics 2010* (NCES 2011–015) (National Center for Education Statistics, U.S. Department of Education, U.S. Government Printing Office, 2011), http://nces.ed.gov/Pubsearch/Pubsinfo.Asp?Pubid=2011015 (accessed November 1, 2013), table 401

Sudermann, M., Jaffe, P., & Schieck, E. (1996). *Bullying: Information for parents and teachers. London Family Court Clinic*. http://www. lfcc.on.ca/bully.htm

Sue, D. W. (2006). *Multicultural social work practice*. Wiley.

Sullivan, M. L. (1989). *Getting paid: Youth crime and work in the inner city*. Cornell University Press.

Super, D. E. (1990). A life-span, life-space approach to career development. In D. Brown, L.

Brooks, & Associates (Eds.), *Career choice and development* (2nd ed.). Jossey-Bass.

Tryon, G. S. (1980). The measurement and treatment of test anxiety. *Review of Educational Research, 50*, 343–372.

U.S. Department of Commerce. (2010). *Income, poverty, and health insurance coverage in the United States: 2009*. Census Bureau.

Williamson, E. G. (1939). *How to counsel students*. McGraw-Hill.

Wittmer, J. (2000). *Managing your school counseling program: K–12 developmental strategies* (2nd ed.). Educational Media Corporation.

Yang, J., Milliren, A., & Blagen, M. (2009). *The psychology of courage: An Adlerian handbook for healthy social living*. Routledge.

Yin, Z. N., & Moore, J. B. (2004). Re-examining the role of interscholastic sport participation in education. *Psychological Reports, 94*, 1447–1454.

Zins, E., Bloodworth, M. R., Weissberg, R. P., & Walberg, H. J. (2004). The scientific base linking social and emotional learning to school success. In J. E. Zins, R. P. Weissberg, M. C. Wang, & H. J. Walberg (Eds.), *Building academic success on social and emotional learning: What does the research say?* (pp. 3–22). Teachers College Press.

찾아보기

인명

내용

저자 소개

강진령(姜鎭靈 / Jin-ryung Kang, Ph.D. in Counseling Psychology)

미국 인디애나 대학교 상담심리학 석사(M.S.) · 박사(Ph.D.)

미국 일리노이 주립대학교 임상인턴

한국청소년상담원 상담교수

미국 플로리다 대학교 초빙교수 역임

현 경희대학교 교수

〈주요 저서〉

특수아 상담(학지사, 2023)

쉽게 풀어 쓴 상담이론과 실제(학지사, 2023)

쉽게 풀어 쓴 심리학개론(학지사, 2023)

상담과 심리치료: 이론과 실제(2판, 학지사, 2022)

상담연습: 치료적 대화 기술(2판, 학지사, 2022)

상담심리학(학지사, 2020)

집단상담과 치료: 이론과 실제(학지사, 2019)

집단상담의 실제(3판, 학지사, 2019)

상담연습: 치료적 의사소통 기술(학지사, 2016)

학교상담과 생활지도: 이론과 실제(학지사, 2015)

학교집단상담(학지사, 2012)

상담자 윤리(공저, 학지사, 2009)

상담심리 용어사전(양서원, 2008) 외 다수

〈주요 역서〉

APA 논문작성법(7판, 학지사, 2022)

DSM-5 아동 · 청소년 정신건강 가이드북(학지사, 2018)

DSM-5 노인 정신건강 가이드북(학지사, 2018)

DSM-5 진단사례집(학지사, 2018)

DSM-5 가이드북(학지사, 2018)

학교상담 핸드북(학지사, 2017)

상담심리치료 수퍼비전(학지사, 2017)

DSM-5 Selections(전 6권, 학지사, 2017)

학교에서의 DSM-5 진단(시그마프레스, 2017)

DSM-5 임상사례집(학지사, 2016)

APA 논문작성법(6판, 학지사, 2013)

간편 정신장애진단통계편람/DSM-IV-TR: Mini-D(학지사, 2008) 외 다수

학생 생활지도와 상담

Student Guidance and Counseling

2022년 8월 10일 1판 1쇄 발행
2025년 1월 20일 1판 3쇄 발행

지은이 • 강 진 령
펴낸이 • 김 진 환
펴낸곳 • (주)학지사
04031 서울특별시 마포구 양화로 15길 20 마인드월드빌딩 5층
대표전화 • 02) 330-5114 팩스 • 02) 324-2345
등록번호 • 제313-2006-000265호

홈페이지 • http://www.hakjisa.co.kr
인스타그램 • https://www.instagram.com/hakjisabook

ISBN 978-89-997-2731-3 93180

정가 21,000원